普通高等教育"十一五"国家级规划教材

PUTONG GAODENG JIAOYU SHIYIWU GUOJIAJI GUIHUA JIAOCAI

ZIDONG CELIANG JISHU

自动测量技术

主　编　丁轲轲
副主编　杨晋萍
编　写　冯江涛
主　审　吕震中　吴军基

中国电力出版社

CHINA ELECTRIC POWER PRESS

内 容 提 要

本书为普通高等教育"十一五"国家级规划教材。

本书主要论述了自动测量技术的基本传感原理以及典型测量仪表的结构、组成、特点和功能。全书共分为九章,内容包括:自动测量技术的基本知识、生产过程中各种参数的测量技术(如温度、压力、流量、物位、机械量和锅炉炉膛火焰等)、成分分析技术和智能测量技术等。

本书主要作为高等院校热能与动力工程专业的本科生教材,也可供机械类专业和相近专业的学生使用,同时可作为相关技术人员的参考书。

图书在版编目(CIP)数据

自动测量技术/丁轲轲主编. —北京:中国电力出版社, 2007.7(2023.8重印)

普通高等教育"十一五"国家级规划教材

ISBN 978-7-5083-4986-2

Ⅰ. 自... Ⅱ. 丁... Ⅲ. 传感器-高等学校-教材

Ⅳ. TP212

中国版本图书馆 CIP 数据核字(2007)第 055987 号

中国电力出版社出版、发行

(北京市东城区北京站西街 19 号 100005 http://www.cepp.sgcc.com.cn)

三河市航远印刷有限公司印刷

各地新华书店经售

＊

2007 年 7 月第一版 2023 年 8 月北京第十一次印刷

787 毫米×1092 毫米 16 开本 15 印张 365 千字

定价 45.00 元

前　言

　　自动测量技术是一门比较成熟的技术，同时也是随微电子、网络及信息等技术发展而发展的一门综合性技术。这些新的技术已不断地渗透应用于自动测量的实践中。

　　本书结合近年来自动测量技术的发展，并在总结长期的教学实践和教材建设工作经验的基础上编写而成的。本书的特点是突出实用性，书中力求以介绍传感技术为主，舍弃了以往教材在测量电路方面的大部分教学内容，对必要的测量电路（仪表）仅作典型性的、原则性的论述。

　　全书共九章。南京工程学院丁轲轲教授任主编，编写第一、第二章；山西大学工程学院杨晋萍副教授任副主编，编写第六、第七、第八章；山西大学工程学院冯江涛编写第三、第四、第五、第九章，丁轲轲教授负责全书的统稿工作。全书由东南大学博士生导师吕震中教授和南京理工大学博士生导师吴军基教授担任主审。两位资深教授对书稿提出许多宝贵意见和建议，使编者受益匪浅，在此深表谢意。

　　由于编者水平有限，书中的缺点和不足之处在所难免，恳请各位读者批评指正。

编　者

2007 年 4 月

目　录

第一章　自动测量技术基础

第一节　自动测量技术的发展和应用

一、自动测量技术的发展

各个自然科学领域的产生与发展离不开测量技术，"科学，只有当人类懂得测量时才开始"，测量是人类认识自然的主要武器。自动测量技术是随着现代科学技术的发展而迅速发展起来的一门学科。自动测量技术早在20世纪20年代已经应用在工程试验和生产过程的自动控制中。1946年电子计算机诞生，并很快渗透到工业领域中。20世纪50年代初期出现了第一批机电一体化的产品，它将加工、测量以及计算机技术结合在一起，大大提高了加工精度和生产效率。

随着物理学、化学、材料学，特别是半导体材料学、微电子学、计算机及信息化、通信技术等方面新成果的产生，使新型的自动测量系统正在向器件集成化、信息数字化和控制智能化方向发展，新型或具有特殊功能的传感器不断涌现出来，已广泛地应用在能源与动力工程、机械工程、电子通讯、国防工业、交通运输以及航空航天等一切科学技术领域。自动测量技术的发展主要表现在以下几个方面。

1. 不断提高自动测量系统的测量精确度、扩大测量范围、延长使用寿命、提高可靠性

在科学技术不断发展的同时，对自动测量系统测量精确度的要求也相应提高。近年来，人们研制出许多高精确度的自动测量仪器以满足各种需要。测量范围也不断扩大，如压力可从几十个帕的微压力到几千兆帕高压的压力传感器，能够测出极微弱磁场的磁敏传感器。从20世纪60年代开始，人们对传感器的可靠性和故障率的数学模型进行了大量的研究，使得自动测量系统的可靠性及寿命大幅度的提高，现在许多自动测量系统，如航天测量船使用的各类测量系统，可以在极其恶劣的环境下连续工作。目前人们正在不断努力，进一步提高自动测量系统的各项性能指标。

2. 应用新技术和新的物理效应，扩大自动测量的领域

自动测量原理大多以各种物理效应为基础，人们根据新原理、新材料和新工艺研究所取得的成果，将研制出更多品质优良的新型传感器。近代物理学的研究成果，如激光、红外、超声、微波、光纤、放射性同位素等的应用，都为自动测量技术的发展提供了更多的途径。研制出的传感器有光纤传感器、液晶传感器、以高分子有机材料为敏感元件的压敏传感器、微生物传感器等。激光测距、红外测温、超声波无损探伤、放射性测厚等非接触测量技术也得到迅速发展。另外，代替视觉、嗅觉、味觉和听觉的各种仿生传感器和检测超高温、超高压、超低温和超高真空等极端参数的新型传感器，将是今后传感器技术研究和发展的重要方向。

3. 发展集成化、功能化的传感器

随着超大规模集成电路技术的发展，硅电子元件的集成化有可能大量地向传感器领域渗透。人们将传感器与信号处理电路制作在同一块硅片上，得到体积小、性能好、功能强的集成传感器，使传感器本身具有检测、放大、判断和一定的信号处理功能，例如，已研制出高

精确度的 PN 结的测温集成电路。又如，人们已能将排成阵列的成千上万个光敏元件及扫描放大电路制作在一块芯片上，制成 CCD 摄像机。今后，还将在光、磁、温度、压力等领域开发新型的集成化、功能化的传感器。

4. 采用计算机技术，使自动测量技术智能化

从 20 世纪 60 年代微处理器问世后，人们已逐渐将计算机信息处理与通信技术，构成监测与远程诊断网络，使自动测量仪器智能化，从而扩展了功能，提高了精确度和可靠性。计算机技术在自动测量技术中的应用，还突出地表现在整个自动测量工作可在计算机控制下，自动按照给定的测量实验程序进行，并直接给出测量结果，构成自动测量系统。其他诸如波形存储、数据采集、非线性校正和系统误差的消除、数字滤波、参数估计、软测量、多传感器信息融合、模式识别等方面，也都是计算机技术在自动测量领域中应用的重要成果。目前，新研制的自动测量系统大都带有微处理器。

二、自动测量在生产过程中的应用

测量是人类认识和改造客观世界的一种必不可少的手段。无论是在科学实验中，还是在生产过程中，一旦离开了测量，必然会给工作带来巨大的盲目性。在人类的各项生产活动和科学实验中，为了了解和掌握整个过程的进展以及最后结果，经常需要对各种基本参数或物理量进行检查和测量，从而获得必要的信息，作为分析判断和决策的依据。检测技术就是利用各种物理效应，选择合适的方法与装置，将生产、科研、生活中的有关信息，通过检查与测量进行定性的了解和定量的掌握所采取的一系列技术措施。只有通过可靠准确的测量，才能判断科学实验和生产过程的正确性，才有可能进一步解决自然科学和工程技术上的问题。

自然科学的产生与发展离不开测量，现代科学技术的发展更离不开测量技术，特别是科学技术迅猛发展的今天，在电力工程、机械工程、电子通信、交通运输、军事技术等许多领域都离不开测量技术。

在我国社会主义经济建设中机械工业占有相当重要的地位，它既要以各种技术来装备各个工业领域，同时又要提供大量日用机电产品来满足人们日益增长的物质需求。经过 50 多年的努力和发展，我国不但可以生产具有尖端技术的航天、航空和航海设备，而且还可以生产各类高精确度的仪器仪表和机床等。

在火力发电厂中，为了保证机组安全、经济地运行，必须对表征热工过程状况的各种参数进行连续的检测和显示，随时向运行人员提供主、辅设备及热力系统的运行情况，以便监视生产，并将测量结果作为对生产过程控制和调节的依据。因此，热工测量是热工过程自动化的重要环节，而测量仪表常被喻为运行人员的耳目。另外，热工测量还为企业经济核算提供准确的数据。在发生事故时，异常参数的显示和记录，是事故分析和故障诊断的依据，据此可提出改进和防范措施。在机械制造行业中，通过对机床的许多静态、动态参数，如对工件的加工精度、切削速度、床身振动等进行在线测量，从而控制加工质量。在化工、电力等行业中，如果不随时对生产工艺过程中的温度、压力和流量等参数进行自动测量，生产过程就无法控制甚至发生危险。在交通领域，一辆现代化汽车装备的传感器就有十几种，分别用于测量车速、方位、转矩、振动、油压、油量、温度等。在国防科研中，测量技术用得更多，许多尖端的测量技术都是因国防工业需要而发展起来的。例如，研究飞机的强度，就要在机身和机翼上贴上几百片应变片并进行动态测量。在导弹、卫星、飞船的研制中，测量技术就更为重要，例如阿波罗宇宙飞船

用了 1218 个传感器，运载火箭部分用了 2077 个传感器，对加速度、温度、压力、应变、振幅、流量、声学等进行测量。测量技术也已广泛地进入人们的日常生活中，例如：空气调节、控制房间的温度和湿度等。

总之，测量技术已广泛地应用于科学研究、国内外贸易、国防建设、交通运输、工农业生产、医疗卫生、环境保护和人民日常生活中的各个方面，起着越来越重要的作用，成为国民经济发展和社会进步的一项必不可少的重要基础技术。因而，使用先进的测量技术也就成为经济高度发展和科技现代化的重要标志之一。

从另一方面看，现代化生产和科学技术的发展也不断地对测量技术提出更新的要求和课题，已成为促进测量技术向前发展的强大动力，同时科学技术的新发现和新成果也不断应用于测量技术中，有力地促进了测量技术自身的现代化。测量技术与现代化生产和科学技术的密切关系，使它成为一门十分活跃的技术学科，几乎渗透到人类的一切活动领域，发挥着愈来愈大的作用。

第二节　自动测量系统的基本组成

自动测量系统或完整的测量装置通常是由传感元件、变换元件和显示元件组成，分别完成信息获取、变换、处理和显示等功能。图 1-1 给出了测量系统的组成框图。

1. 传感元件

传感元件是测量系统的信号拾取部分，作用是感受被测量并将其转换成可用的规范信号输出，通常这种输出是电信号。如

图 1-1　测量系统的组成

将温度、压力、流量、机械位移量转换成电阻、电容、电感或电势等。对传感元件的要求是：

(1) 输出信号必须随被测参数的变化而变化，即要求传感元件的输出信号与输入的被测信号之间有稳定的单值函数关系，最好是线性关系。

(2) 非被测量对传感元件输出的影响应小得可以忽略，否则将造成测量误差。在这种情况下，一般要附加补偿装置进行补偿或修正。

(3) 传感元件应尽量少地消耗被测对象的能量，并且不干扰被测对象的状态。

2. 变换元件

变换元件是传感元件与显示元件之间的部分。它将传感元件输出的信号变成显示元件易于接受的信号。变换元件有下列功能：

(1) 变换信号的数值，如放大传感元件输出的信号，以满足远距离传输处理信号以及驱动指示、记录装置的需要，如差压流量计中的开方器把传感元件输出的信号线性化。

(2) 传感元件输出的物理量不适合显示元件的要求时，要通过变换元件把信号进行转换，如差压信号变换成电信号等。变换元件的性能应稳定。

3. 显示元件

显示元件在热工测量中常叫二次仪表，显示元件是人和仪表联系的主要环节，它的作用是向观测者显示被测参数的量值。因此，要求它的结构能使观测者便于读出数据。显示方式有模拟式、数字式和屏幕画面三种。

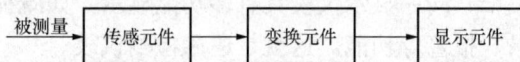

（1）模拟式显示。最常见的显示方式是仪表指针在标尺上定位，可连续指示被测参数的数值。读数的最低位由读数者估计。模拟显示设备结构简单，价格低廉，是一种常见的显示方式。模拟式显示有时伴有记录，即以曲线形式给出测量数据。

（2）数字式显示。直接以数字给出被测量值，所示不会有视差，但有量化误差。量化误差的大小取决于模/数转换器的位数，记录时可打印出数据。此种显示的形象性较差。

（3）屏幕画面显示。它是计算机技术和电视技术在测量显示上的应用，是目前最先进的显示方式。它既能按模拟式显示给出曲线，也能给出数值，或者同时按两种分式显示。它还可以给出数据表格、曲线和工艺流程图及工艺流程各处的工质参数。对于屏幕画面显示方式，生产操作人员观察十分方便，他们可以根据机组运行状态的需要任意选择监视内容，从而提高了监控水平。这类显示器可配合打印或内存、外存作记录，还可以增加在事故发生时跟踪事故过程的记录，称为事故追忆。屏幕画面显示具有形象性和易于读数的优点，但显示元件设备的投资和技术要求都比较高。

按照显示元件的功能不同，显示仪表可分为以下几类：

（1）指示被测参数的瞬时值的仪表，叫指示仪表（显示仪表）。

（2）记录被测参数随时间变化的仪表，叫记录仪表。

（3）显示被测参数对时间积分结果的仪表，叫积算仪表。

（4）反映被测参数是否超过允许限值的仪表，叫信号仪表。

（5）同一显示仪表具有多功能显示，如既能指示，又能记录和发信号并具有轮流显示、记录、报警等功能，这就是巡回检测仪表。

第三节　测量的基本方法

测量方法是基于测量原理所采用的手段。测量方法主要有六种分类。

1. 电测法和非电测法

两者的差别在于检测回路中是否含有测量信息的电信号转换。在现代测量中都是采用电测方法来测量非电量。广泛采用非电量电测法的原因是电测法可以获得很高的灵敏度和精确度，可实现远距离传输，便于实现测量过程的自动化、数字化和智能化。

2. 静态测量和动态测量

这两种测量方法是根据被测物理量的性质来划分的。静态测量是测量那些不随时间变化或变化很缓慢的物理量；动态测量是测量那些随时间而变化的物理量。静态与动态是相对的，可以把静态测量看作是动态测量的一种特殊形式。动态测量的误差分析比静态测量要复杂。

3. 直接测量和间接测量

直接测量是用预先标定好的测量仪表，对某一未知量直接进行测量，得到测量结果。例如用压力表测量压力；用万用表测量电压、电流、电阻等。直接测量的优点是简单而迅速，所以在工程上广泛应用。

间接测量是对几个与被测物理量有确切函数关系的物理量进行直接测量，然后把所得到的数据代入关系式中进行计算，从而求出被测物理量。间接测量方法比较复杂，一般在直接测量很不方便或无法进行时才采用间接测量。

4. 接触测量和非接触测量

接触测量是指测量时仪器的传感元件与工件表面或工质直接接触。

非接触测量是指测量时仪器的传感元件与工件表面或工质不直接接触。一般利用光、气、磁等中介物理量使传感元件与工件表面或工质产生联系。

5. 绝对测量和相对测量

绝对测量是指能直接从计量器具的读数装置读出被测量数值的测量,如用千分尺测量轴的直径等。

相对测量又称比较测量。先用标准器具调整计量器具的零位,测量时由仪器的读数装置读出被测量相对于标准器具的偏差,被测量的整个量值等于所示的偏差与标准量的代数和。

6. 在线测量和离线测量

在线测量又称主动测量,是在生产过程中进行的测量,它可直接测量生产过程中的参数或用来控制生产过程。离线测量又称被动测量,它是在非生产过程进行的测量。

第四节 测量系统的误差和质量指标

一、误差的表达形式

被测物理量所具有的客观存在的量值,称为真值。真值是在某一时刻和某一状态下,被测物理量的效应体现出的客观值或实际值,这是一个理想的概念,一般无法得到,实际测量中常用高精确度的测量值或平均值代表真值。所谓误差就是测量值和真值的差异。误差一般有两种表达形式。

1. 绝对误差

被测量的测量结果与真值之差称为绝对误差。

$$绝对误差 = 被测量的测量结果 - 真值 \qquad (1-1)$$

在被测量值大小相近时用绝对误差来说明测量误差是比较清楚的,但是当被测量值相差悬殊时,单纯用误差的绝对大小就很难确切地说明哪一个测量质量更高了。例如:测量 100℃温度时的绝对误差为 1℃,而测量 1000℃温度时的绝对误差为 5℃,当然绝对误差为 1℃要比绝对误差为 5℃小,但在两个被测量值相差悬殊的前提下是不宜用绝对误差比较的,而应是从被测量值大、容许的绝对误差大这一相对性出发,提出相对误差的概念。

2. 相对误差

相对误差有三种表达方式:

(1) 实际相对误差

$$实际相对误差 = \frac{绝对误差}{真值} \times 100\% \qquad (1-2)$$

(2) 示值相对误差

一般工程上所指的相对误差都以测量仪表的示值代替真值,这样计算所得到的相对误差实际上是示值相对误差。

$$示值相对误差 = \frac{测量示值的绝对误差}{测量示值} \times 100\% \qquad (1-3)$$

(3) 引用相对误差

为了工程上计算简便、合理，并且便于划分仪表的精确度等级，提出了引用相对误差的概念。

$$引用相对误差 = \frac{绝对误差}{仪表量程} \times 100\% \tag{1-4}$$

仪表量程是仪表同一测量档的刻度上限值和刻度下限值的差值。

二、误差的分类

按测量误差的性质来划分，可分为系统误差、随机误差和粗差。

1. 系统误差

定义：在相同条件下（指人员、仪表和环境等条件）多次测量同一被测量值过程中，误差值的大小和符号保持不变或者条件变化时按某一确定的规律变化的误差。

系统误差的大小表明测量结果偏离实际值的程度，可用"正确度"一词表征。

2. 随机误差

定义：在相同条件下，多次测量同一被测量值过程中，误差值的大小和符号总以不可准确预计的方式变化（时大时小，时正时负，没有确定规律），但具有抵偿性的误差。它是由于测量过程中某些尚未认知的原因或无法控制的因素所引起的，其大小、方向难以预测，无一定规律可循。所谓抵偿性，是指单次测量时误差无规律，即误差值有正负相消的机会，即单次测量不确定，但随着测量次数的增加，误差平均值趋于零。

随机误差的大小表明了测量结果的"精密度"，即重复测量同一量值时各个测量值之间相互接近的程度，或随机误差弥散的程度。测量的精密度越高，表明测量结果的重复性越好。

3. 粗差

粗差又称疏忽误差、粗大误差或过失误差。

定义：明显歪曲了测量结果的误差。通常是由于观察者对仪表不了解或思想不集中、疏忽大意导致错误的读数或不正确的观测所引起的，或测量条件的突然变化，或测量条件未达到预定的要求指标而匆忙测量等，都会带来粗差，如读错数、操作失误、记错数等，其误差值一般远大于正常条件下的误差值，无规律，出现次数极少。

含有粗差的测量值称为坏值或异常值。正确的测量结果不应包含粗差，实际测量中必须根据统计检验方法的某些准则去判断一组测量中哪个测量值是坏值，并在数据记录中将所有的坏值都予以剔除。

三、误差的判别与减少误差的方法

（一）系统误差

1. 系统误差判别

为了进行正确的测量，取得可靠的测量数据，在测量及测量过程中，必须尽量消除或减小系统误差，才能有效地提高测量精确度。但是形成系统误差的因素相当复杂或难以查明所有的系统误差，因此提出了如何发现系统误差的问题。下面介绍一些常用的发现恒值系统误差的判别方法。

（1）比较法。用多台同类或相近的仪表对同一被测量值进行测量，分析测量结果的差异来判断系统误差是否存在，以便提供一致性的数据。但该法只能说明一种仪表相对于另一种仪表有恒值系统误差，一般不能说明哪一种仪表存在误差。

（2）改变测量条件法。当系统误差与许多影响量有关并且在某一测量条件下为一确定不变的值，若改变测量条件为另一确定值时，这就是属于随测量条件而变化的系统误差。利用这一性质，即可通过改变测量条件得到几组测量数据，通过分析比较可以判断是否存在系统误差。为进一步确定这种系统误差的大小，可选用更高精确度的标准表与被测量表同时测量一个被测量，若标准仪表显示值为 x_0，被测量仪表显示值为 x，测量次数 n 个，则测量仪表的系统误差 Δ 为

$$\Delta = x - x_0 = \frac{1}{n}\left(\sum_{i=1}^{n} x_i - \sum_{i=1}^{n} x_{0i}\right) \tag{1-5}$$

（3）理论计算与分析法。对于因测量方法或测量原理引入的恒值系统误差，可通过理论计算与分析的方法来发现并加以修正。

（4）残差分析法。把测量值的残差按测量值先后排列，若其大小和符号有规律地变化，就可直接由误差数据或误差曲线来判断有无系统误差。这种方法主要适用于发现有规律变化的系统误差。当偶然误差较系统误差显著时，就不能通过观察法发现系统误差，而只能借助于一些判据加以判别。

（5）马里科夫（Маликов）判据。按测量先后顺序将等精确度测量得到的一组测量值 x_1，x_2，…，x_n 排列好，求出其相应的残差 ν_1，ν_2，…，ν_n，并将这些残差分为前后两组求和（两组数目相等），然后求两组残差和的差值 M，即

$$M = \sum_{i=1}^{k} \nu_i - \sum_{i=k+1}^{n} \nu_i \tag{1-6}$$

式中，当 n 为偶数时，$k=n/2$；当 n 为奇数时，$k=(n+1)/2$。

若计算出 M 显著不为 0，即差值 M 与残差 ν_i 相当或更大，则说明测量中存在线性系统误差（又称累进性系统误差）。该判据对线性系统误差很容易判断。

（6）阿贝—赫梅特（Abbe-Helmert）判据。该判据适用于判别周期性误差。设一组等精确度测量值为 x_1，x_2，…，x_n，相应残差为 ν_1，ν_2，…，ν_n，令 $A = \left|\sum_{i=1}^{n-1} \nu_i \nu_{i+1}\right|$，若

$$A > \sqrt{n-1}\,\sigma^2 \tag{1-7}$$

则认为测量中存在周期性系统误差。

2. 消除或减小系统误差的方法

（1）修正法。在测量前预先对测量装置进行标定或检定，求出误差，再取与误差值大小相等、符号相反的值作修正值。在测量过程中，将实际测量值加上修正值，即可得到不包含系统误差的测量结果。

（2）消除法。这是消除系统误差的根本方法，要求测量人员对测量过程中可能产生的系统误差的因素、环节做细致分析，并在测量前尽量将误差从产生根源上加以消除。例如，为了防止测量过程中仪表零点变动，在测量开始后或结束时都必须检查零点；在测量某物理参数时，从被测物体获取能量不应改变其工作状态；选取观测位置消除视差，在外界条件较稳定时读数；使用仪表时，正确选择仪表型号和量程等。

（3）补偿法。例如用热电偶测量温度时，热电偶冷端温度变化会引起系统误差，消除方法之一是在测量回路中加一个冷端温度补偿器。

（4）采取适当的测量方法。在实际测量中，选择适当的测量方法，使系统误差可以抵消

而不带入测量值中去。常用的方法有：

1) 抵消法。将测量中的某些条件（如被测物的位置）相互交换，使产生系统误差的原因对测量结果起相反的作用，从而抵消误差。

2) 置换法。在一定测量条件下，选择一个已知的适当大小的标准量去替换被测量，并通过调整标准量来保证仪表的示值不变，这时被测量的值就等于标准量的值。只要测量装置的灵敏度足够高，就可达到消除系统误差的目的。

3) 零位法。用被测量与标准量直接进行比较，用指零仪指示仪表平衡状态，调整标准量使之与被测量相等，测量系统达到平衡，指零仪表指零。只要检测系统具有足够灵敏度，就能由标准量的示值得到被测量，电位差计测量热电势就是采用零位法。

4) 微差法。用与被测量相近的固定不变的标准量与被测量相减，取得微小的差值，再对这微小的差值进行测量。此法由于差值远远小于标准量，故测量微差的误差对被测量影响极小，其测量误差主要由标准量的精确度决定。

（5）用对称测量法消除线性系统误差。对于随影响量（如时间、温度）作线性变化的系统误差，可在选择的中心测量点两侧分别进行两次对称测量。因两次测量的系统误差值大小相等、符号相反，取两次测量结果的算术平均值即可消除系统误差的影响。

（6）用半周期偶数测量法消除周期性系统误差。对于周期性系统误差（可表示为 $\Delta = a\sin\dfrac{2\pi t}{T}$，$t$ 为决定周期性误差的因素，如时间、角度等，T 为误差变化的周期），由于相隔 $T/2$ 的两次测量的误差大小相等而符号相反，故可以用相隔半个周期测量一次，取相邻两次测量值进行算术平均来消除系统误差。该方法广泛用于测角仪器上，其度盘的对径上装有一对或数对读数装置，故又称对径测量法。

（7）周期检定法消除渐变误差。渐变误差的变化往往具有随机性，故不能采用一次性检定修正的办法去减小或消除。工程上常用的方法是将仪表定期与标准量（或标准表）比对或受检，并根据检定或比对结果去调整仪表零点和量程，将渐变误差限制在允许值以内，即仪表实际精确度不低于标准精确度。校准周期主要取决于渐变误差变化速度（曲线斜率）及允许的误差限。

（二）随机误差

1. 随机误差的特性

随机误差是由测量过程中很多暂时未能掌握或不便掌握的许多独立的、微小的偶然因素（如测量装置、环境和人员方面原因）所引起的，因此对同一参数在相同条件下进行多次等精确度测量时，得到的是一系列不完全相同的测量值，每个测量值都会有误差。从每个测量结果来看，这些误差的出现似乎没有确定的规律，即由前一个误差的出现不能预计下一个误差的大小和方向，但从多次重复测量的结果看或就误差的整体而言，却具有统计规律。

若在测量结果中不包括系统误差和粗大误差，则测量列中的随机误差的分布图形一般有如下四个特点：

（1）对称性。随机误差出现的概率，即绝对值相等的正误差和负误差出现的次数相等，以零误差为中心呈对称分布。重复测量的次数越多，则误差分布图形的对称性越好。

（2）单峰性。绝对值小的随机误差比绝对值大的随机误差出现的概率大。从概率分布曲线看，零误差对应误差概率的峰值。

（3）有界性。在一定条件下，随机误差的绝对值不会超过一定的范围或出现的概率近乎为零。

（4）抵偿性。在同样条件下，对同一量的测量，随着测量次数的增加，随机误差的算术平均值（或总和）趋向于零。该特性是随机误差的最本质特性，换言之，凡具有抵偿性的误差，原则上都可以按随机误差处理。

2. 减小随机误差的方法

产生随机误差的原因是很多独立因素综合作用引起的，而且这些独立因素所起的作用也往往是随机的，因此随机误差很难消除。如仪表的活动零件与静止零件间的摩擦、振动、电噪声、热噪声等都会使仪表产生随机误差。

对于已知的因素可以采取一定的对策，例如加大驱动力，减少摩擦因素的影响，采用隔振措施减小振动的影响，利用电、磁、热屏蔽等办法减小干扰因素的影响。在使用仪表时，可以通过对同一被测量增加测量次数取平均值的方法，有效地减小随机误差。此外，选用以微处理机为核心的智能仪表，利用数字滤波法也可减小随机误差。

（三）粗大误差

粗大误差又称粗差，产生的原因主要有测量人员的主观原因（如经验不足、操作不当等）和测量条件意外变化（如机械振动、电网电压突然波动等）。粗差的数值一般比较大，必然会对测量结果产生明显的歪曲，一旦发现含有粗差的测量值，应将其从测量结果中剔除。另一方面，即使是一组正确的测量也有分散性，它客观地反映了测量对象的随机波动特性，若人为剔除一些误差较大的值也是不恰当的。因此，在判断测量值中是否含有粗差时应特别慎重。

就方法而言，一种是物理判别法，即在测量过程中读错、记录错误、仪表突然受到振动时，随时发现随时就剔除，然后重新测量。另一种是统计法判别，在整个测量完成后不能确定哪一个测量值是坏值或对怀疑为异常的值又找不出产生这种异常数据的明确原因时才采用。统计法的基本思想在于：给定一个置信概率（例如 0.99）并确定一个置信限，凡超过这个限值的误差就认为它不属于随机误差范畴，而是粗差，应予以剔除。

对粗大误差，除了采用从测量结果中加以判别和剔除外，更重要的是做到以下几点：加强测量者的工作责任心，提高测量操作技能，以严格的科学态度对待测量工作；保证测量条件满足和稳定，或者避免在外界条件发生剧烈变化时进行测量；为了及时发现或防止产生粗差，还可采用不等精确度测量或相互之间的校核方法，如对某量进行测量时，可用两台仪表或两种不同方法，由两位测量者进行测量、读数和记录。

四、测量系统的质量指标

1. 允许误差

仪表出厂时应保证它的误差不超过某一规定值，该规定值叫做仪表的允许误差。允许误差以引用相对误差的形式表示。

2. 精确度

测量误差的存在影响了测量结果的准确性。对任何一次有意义的测量，都要尽量减小误差对测量结果的影响。常用精密度和正确度来衡量测量结果与被测参数真值之间的精确程度。

（1）精密度。精密度表征了对同一被测量在相同条件下，使用同一仪表，由同一操作者进行多次重复测量所得测量值彼此之间接近的程度，也就是说，它表示测量重复性的好坏。精密度反映随机误差的影响。随机误差小，测量的重复性就好，精密度也高；反之重复性差，精密度也低（如手枪打靶：打靶成绩为 7 环、8 环和 7 环的精密度就比打靶成绩为 7 环、10 环和 7 环的精密度要高）。

（2）正确度。正确度表示测量值与被测量真值之间的符合程度。正确度反映了系统误差的影响，误差愈小，正确度愈高；反之误差愈大，正确度愈低（如手枪打靶：打靶成绩为 7 环、10 环和 7 环的正确度就比打靶成绩为 7 环、8 环和 7 环的正确度要高）。

（3）仪表的精确度等级。精确度就是精密度和正确度的综合描述。它反映测量结果与真值的一致程度。而仪表的精确度等级则是按国家统一规定的允许误差大小划分的，国家统一规定的允许误差去掉百分号就是仪表的精确度等级数字。

划分的仪表精确度等级系列大致为…0.02、0.04、0.05、0.1、0.2、0.5、1.0、1.5、2.5、4.0…。数字愈小，精确度愈高。

仪表在出厂时，不仅要在产品说明书中说明仪表的精确度等级，而且还要在仪表的表盘上标出等级数字。例如，在仪表指示面板上刻有 1.0 数字，表明该仪表的精确度等级为 1.0 级，其允许误差为 ±1.0%，即该仪表的允许误差不超过该仪表量程的 ±1.0%。一台合格的仪表，其误差要小于或等于该仪表的允许误差，否则为不合格仪表，应酌情降级使用。

例如某一温度表的精确度等级为 1.0 级，量程为 100～1100℃，那么在测量中可能产生的仪表误差不应超过量程的 1%，仪表的各处示值的绝对误差均不允许超过（1100-100）×（±1.0%）=±10℃。

应用仪表精确度这一概念时必须注意，在测量工作中只有使用同一精确度等级且量程相同的仪表时，其仪表的允许误差才相等，与被测参数大小无关。而对同一精确度等级仪表，如果仪表量程不同，其允许误差是不同的。量程愈大，仪表允许误差（以绝对误差形式表示）愈大。故在选用仪表时，在满足被测量数值范围的前提下，尽可能选择量程小的仪表，以提高测量的准确性。仪表刻度盘的分度值不应小于仪表的允许误差（以绝对误差的形式表示）值，小于允许误差值的分度是没有意义的。

3. 变差

在外界条件不变的情况下，使用同一仪表对被测参数进行正反行程（即逐渐由小到大再由大到小）测量时，在同一被测参数值下仪表的示值却不相同，这种差异的程度用变差予以表征。变差又称回程误差和滞后误差。在全量程范围内，上下行程测量差异最大的数值与仪表量程之比的百分数为测量系统或仪表的变差。变差通常是由仪表中的弹性元件、磁性元件等滞后现象引起的，也可能是由机械元件之间的间隙等原因引起的。仪表变差不应超过允许误差。为了测出仪表变差，在校验仪表时，一般应进行上、下行程的校验。

4. 灵敏度

灵敏度是表征仪表静态特性的一个基本参数，它反映仪表对被测参数变化的灵敏程度，其值为仪表的输出信号的变化量与产生该变化量的输入信号的变化量之比。

对于具有线性刻度关系的仪表，灵敏度又是一个常数。对于非线性刻度的仪表，其灵敏度随输入量的变化而变化。

仪表的灵敏度可以通过静态校准求得。灵敏度的量纲是系统输出量量纲与输入量量纲之比。系统输出量量纲一般指实际物理输出量的量纲，而不是刻度量纲。

5. 分辨率

分辨率是与灵敏度有关的仪表的另一性能指标，它反映测量系统或仪表不灵敏的程度。所谓分辨率是指能够引起测量系统或仪表输出量发生变化所对应输入量的最小变化量。通常把不能引起输出量变化的最大输入信号的值称为仪表的不灵敏区（或死区）。

6. 线性度

仪表的线性度（非线性误差）是衡量实际特性曲线与理想特性曲线符合程度的一项指标。理想仪表的输入和输出关系曲线应是线性的，即灵敏度为常数。但实际上并非如此，实际输入和输出特性曲线往往偏离理想特性曲线。偏离程度用"线性度"加以表征，其值用仪表测量范围内实际特性曲线偏离理想特性曲线的最大偏差与仪表全量程的百分比表示。

第二章 温度测量技术

第一节 概　述

温度在生产过程中是一个既普遍而又重要的物理量。生产过程中都伴随着物质的物理和化学性质的改变，都存在有能量的转换和转化，这些变化都是在一定的温度范围内进行的。在电力生产过程中，最普遍的交换形式是热量的交换，因此，温度测点高达近百个，温度是最重要的被测量之一。在化工生产过程中，温度对许多产品的质量和产量都有很大影响，要严格地测量和控制温度才能完成化工产品的生产。可见温度的测量与控制是保证生产过程正常进行，实现安全、经济、优质生产的关键之一。

一、温度的概念

温度是衡量物体冷热程度的物理量，我们对周围环境或物体冷热的感觉，以及自然界中的热效应，都是用温度这个物理量来描述的。温度高称为热，温度低称为冷。物体的冷热是由物体内部分子平均动能的大小所决定的，分子运动越快，平均动能越大，物体越热；运动越慢，平均动能越小，物体越冷。

应当注意，热量和温度是两个不同的物理量，温度相等的两个物体可能具有不同热量；相反，具有相同热量的两个物体，其温度不一定相等。热量的计量单位为焦耳（J），温度则为摄氏度（℃）。

两个温度不同的物体，在仅能发生热交换的条件下互相接触，热量将由温度高的物体传给温度低的物体，经过一定时间后达到热平衡状态，表现出相同的温度。人们利用这一原理，用已知物质的物理性质和温度之间的关系，设计出各种接触式温度测量仪表，如利用物质热胀冷缩制成玻璃温度计；利用物质的电阻值随温度变化制成电阻温度计；利用物质的热电效应制成热电偶温度计；利用热辐射原理制成辐射式温度计等。

二、温标的概念

用来度量温度高低的标尺称为温标，它是用数值来表示温度的方法，不同温标对同一定点的温度表示的数值是不同的。

1. 摄氏温标（℃）

摄氏温标也叫百分温标，它是利用水银等物体体积热膨胀的性质建立起来的，标准大气压下，冰的融点为0℃，水的沸点为100℃的一种温标，在0℃到100℃之间分成一百等分，每一等分为一摄氏度，即1℃。

2. 华氏温标（℉）

华氏温标定义在标准大气压下，冰的融点为32℉，水的沸点为212℉，中间分成180等分，每一等分为一华氏度，即1℉。

摄氏温标与华氏温标之间的关系为

$$华氏温度=(1.8×N+32)℉ \qquad (2-1)$$

式中：N 代表摄氏温标的温度示值。

华氏温度单位在我国法定计量单位中已被淘汰，如需引用时应换算为法定单位。

3. 热力学温标（K）

热力学温标是以热力学第二定律为基础的温标，它已由国际权度大会采纳作为国际统一的基本温标。热力学温标又称凯氏温标（以符号 K 表示），它规定分子运动停止时的温度为绝对零度（或称最低理论温度）。但热力学温标是纯理论的，不能付诸实用，因此又借助于气体温度计来实现热力学温标。而气体温度计装置复杂，不便实际应用。于是就采用协议性的国际实用温标，这种温标不仅与热力学温标相接近，而且复现精确度高，使用方便。

4. 国际实用温标

国际实用温标（IPTS—1968）是目前国际上统一使用的温标，是 1968 年国际权度委员会制定的，简称"68 温标"。我国自 1973 年起正式采用。"68 温标"规定：热力学温度是基本温度，用符号 T 表示。温度的单位是凯尔文，用符号 K 表示。并定义一凯尔文等于水三相点热力学温度的 1/273.16。国际实用凯尔文温度和国际实用摄氏温度是用符号 T_{68} 和 t_{68} 来加以区别的，T_{68} 和 t_{68} 的关系是

$$t_{68} = T_{68} - 273.15K \tag{2-2}$$

实际工作中 T_{68} 和 t_{68} 均用 T 和 t 表示，不必另加角码"68"。

国际实用温标的基本要点：

（1）选择了 11 种纯物质的平衡温度作为温标基准点，如水的三相点为 0.01℃，水的沸点为 100℃，锌的凝固点为 419.58℃，银的凝固点为 961.93℃，金的凝固点为 1064.43℃。

（2）规定了不同温度范围内的基准仪器，如 630.74℃用铂电阻温度计，630.74～1064.43℃用铂铑 10－铂热电偶。

（3）建立了基准仪器的示值与国际温标之间关系的补插公式，应用这些公式可以求出任何两个相邻基准点温度之间的温度值，如 0～630.74℃范围内可用式（2-3）求出：

$$R_t = R_0(1 + At + Bt^2) \tag{2-3}$$

三、测温仪表的分类

温度测量范围甚广，测温仪表也很多，常见的分类方法以下几种。

1. 按使用范围分

（1）高温计——测量温度在 600℃以上。

（2）温度计——测量温度在 600℃以下。

2. 按用途分

（1）标准温度计；

（2）范型温度计；

（3）实用温度计。

3. 按测温原理分

（1）膨胀式温度计；

（2）压力式温度计；

（3）热电阻温度计；

（4）热电偶高温计；

（5）辐射式高温计。

4. 按测量方式分

（1）接触式——如膨胀式温度计；

（2）非接触式——如辐射式高温计。

测温仪表的详细分类如表2-1所示。

表 2 - 1   **测温仪表的分类**

按测量方式分类	按测温原理分类		按测量方式分类	按测温原理分类	
接触式温度计	膨胀式温度计	固体膨胀式温度计	接触式温度计	热电偶高温计	标准材料热电偶高温计
		液体膨胀式温度计			特殊材料热电偶高温计
	压力表式温度计	充气体压力式温度计	非接触式温度计	辐射式高温计	光学高温计
		充液体压力式温度计			全辐射高温计
		充有机蒸气压力式温度计			比色高温计
	热电阻温度计	金属热电阻温度计			红外测温计
		半导体热敏电阻温度计			

主要测温仪表的特点如表2-2所示。

表 2 - 2   **测温仪表的特点**

型 式	测温仪表种类	优 点	缺 点
接触式仪表	玻璃液体温度计	结构简单，使用方便，测量准确，价格低廉	测量上限和精确度受玻璃质量的限制，易碎，不能记录与远传
	压力表式温度计	结构简单，不怕振动，具有防爆性，价格低廉	精确度低，远距离测量时仪表的滞后性较大
	双金属温度计	结构简单，机械强度大，价格低	精确度低，量程和使用范围均有限
	热电阻温度计	测量精确度高，便于远距离、多点、集中测量和自动控制	不能测量高温，由于体积大，测点温度较困难
	热电偶高温计	测温范围广，精确度高，便于远距离、多点、集中测量和自动控制	需进行冷端温度补偿，在低温段测量精确度较低
非接触式仪表	辐射式高温计	测温元件不破坏被测物体温度场，测温范围广	只能测高温，低温段测量不准，环境条件会影响测量准确度，对测量值修正后才能获得真实温度

第二节 简 单 测 温 仪 表

一、膨胀式温度计

（一）液体膨胀式温度计（即玻璃液体温度计）

1. 测温原理

玻璃液体温度计由装有液体的玻璃温包1、毛细管2和刻度标尺3三部分组成，如图2-1所示。它的测量原理是根据液体受热后体积发生膨胀，可用式（2-4）表示：

$$V_{t2} - V_{t1} = V_{t0}(\alpha - \alpha')(t_2 - t_1) \tag{2-4}$$

式中　V_{t1}、V_{t2}——液体在温度分别为 t_1 和 t_2 时的体积；

　　　V_{t0}——同一液体在 0℃ 时的体积；

　　　α——液体的体积膨胀系数；

　　　α'——玻璃温包的体积膨胀系数。

水银温度计是应用最广泛的液体温度计，在试验室和生产工艺上经常可见。虽然水银的膨胀系数 α 不大（0.00018/℃），但却有许多优点，如不粘玻璃、不易氧化、容易提纯、在 200℃ 以下膨胀系数 α 变化甚小、线性好、在 $-38\sim+356.66$℃ 范围保持液态等，一般测量范围在 $-30\sim+300$℃。如采用加压氮气，提高水银的沸点，测温上限可达 600℃。对温度计玻璃材料的要求是在长期使用后零点不变化、玻璃的膨胀率和收缩率一致，以及膨胀系数小等，一般采用硬质玻璃，400℃ 以上用高铝硅硼玻璃，600℃ 以上用石英玻璃。目前我国已制成 1200℃ 高温水银温度计。

图 2-1　玻璃液体温度计
1—玻璃温包；2—毛细管；
3—刻度标尺

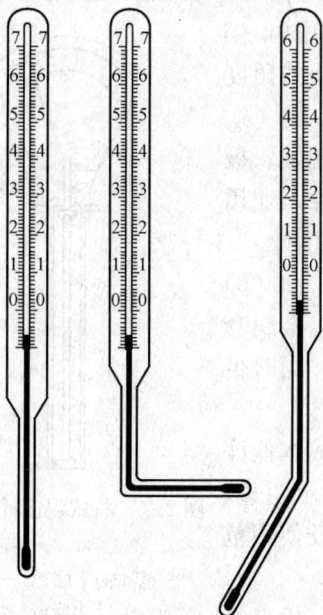

有机液体温度计主要用于低温测量，采用戊烷作工作液体，测温下限为 -200℃，而采用酒精为 -80℃。有机液体温度计的缺点：工作液体易粘玻璃而降低精确度、热容大、热惯性大、线性不好等。

2. 工业用玻璃温度计的结构

工业用玻璃温度计一般做成内标式，其尾部有直的、90°角和135°角的，如图 2-2 所示。为了避免在使用时易被碰碎，通常罩有金属保护管，如图 2-3 所示。但套管的存在使温度计的惰性增加，反应迟缓，若在温包与套管之间填充石墨、铜屑等物质可适当改善。工业玻璃温度计使用时尾部必须完全插入被测介质中，选用时应注意尾部长度（标准和实验室温度计应插到表上的标示线，否则应加修正值）。

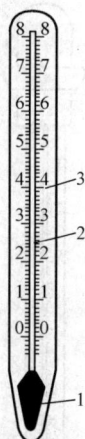

图 2-2　工业用玻璃温度计　　　　图 2-3　罩有金属保护管的工业用玻璃温度计

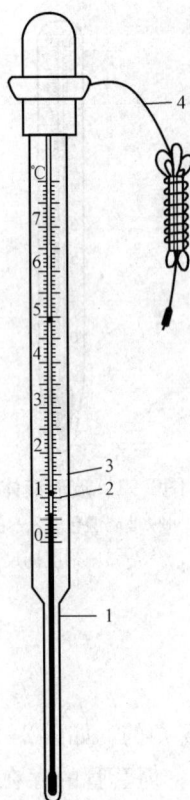

图 2-4　工业用电接点式温度计

1—水银；2—焊点；3—钨丝；4—引出线

工业用电接点式温度计如图 2-4 所示，结构为内标式，尾部有直形或角形的，它除能指示温度外，还可以用来控制温度（恒温控制器）、发信号和作为报警装置。

（二）固体膨胀式温度计

固体膨胀式温度计是基于固体（杆料）长度随温度变化而变化的性质，其关系式如下：

$$L_t = L_{t0}\left[1 + \alpha(t - t_0)\right] \qquad (2-5)$$

式中　L_t——温度为 t 时的杆料长度；

　　　L_{t0}——温度为 t_0 时的杆料长度；

　　　α——杆料在温度 t 和 t_0 之间的平均线膨胀系数。

利用固体膨胀原理制成的温度计有两种：杆式温度计和双金属温度计。

1. 杆式温度计

杆式温度计的构造如图 2-5 所示。测温管 1 是用膨胀系数大的金属材料制成的感温元件，其上端固定在外壳 5 上，管内的杆 2 是用膨胀系数极小的材料（如玻璃或石英）制成的传递元件，其下端用弹簧 4 紧压在管 1 的下端 3 上，当测温管 1 周围的被测介质温度发生变化（例如升高）时，由于测温管 1 比杆 2 的线膨胀系数大，故使杆 2 的上端向下移动，与此同时，通过摇板 6 使指针 7 转动，从而指示出温度示值。

2. 双金属温度计

双金属温度计中的感温元件是用两片线膨胀系数不同的金属片叠焊在一起制成的。双金属片受热后由于两金属片的膨胀长度不同而产生弯曲，如图 2-6 所示，温度越高产生的线膨胀长度差越大，因而引起弯曲的角度越大，双金属温度计就是按这一原理而制成的。

用双金属片制成的感温元件通常被用作温度继电控制器、极值温度信号器或某些仪表的温度补偿器。目前已制成一种工业用指示式双金属温度计，它将取代很大一部分工业用水银温度计。

工业用双金属温度计的外形和结构分别如图 2-7（a）和（b）所示，其中螺旋形感温元件是用双金属片制成的，外加以金属套管。当温度变化时，螺旋的自由端便围绕着固定端旋转，同时带动指针转动，指示出温度的数值。

双金属温度计具有工业用水银温度计的结构简单和成本低廉等优点，然而比水银温度计坚固、耐用、耐振和读数指示明显。这种温度计的缺点是精确度不高，量程不能做得很小以及使用范围有限等。

作为感温元件的双金属片也可做成螺旋锥体形状，其优点是自由端的转角大，使仪表的灵敏度有了很大提高，而且在结构上

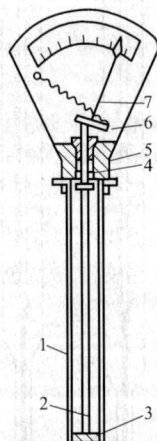

图 2-5　杆式温度计的构造

1—测温管；2—传递杆；

3—管 1 的下端；4—弹簧；

5—外壳；6—摇板；7—指针

具有很好的防振性，故适用于航空工业中的温度测量。

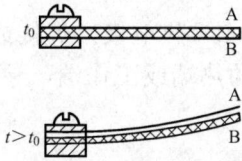

图2-6 双金属温度计

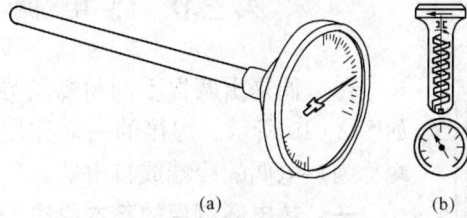

图2-7 双金属温度计的外形和结构
(a) 外形；(b) 结构

图2-8是一种双金属温度信号器的示意图，当温度变化时，双金属片产生弯曲，并和调节螺钉2相接触，使电路接通，信号灯4便发亮。如以继电器代替信号灯，便可以用来控制热源（如电热丝）而成为两位式温度调节器。温度的控制范围可通过改变调节螺钉2与双金属片1之间的距离来加以调整。

二、压力表式温度计

压力表式温度计的测温原理基于封闭容器中的工作物质（液体、气体或低沸点有机液体饱和蒸气）受热后体积膨胀而产生压力变化的性质。

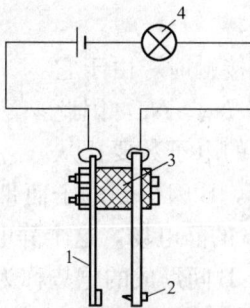

图2-8 双金属温度信号器示意图
1—双金属片；2—调节螺钉；3—绝缘子；4—信号灯

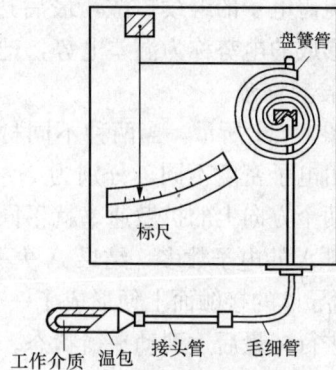

图2-9 压力表式温度计

压力表式温度计的构造如图2-9所示，它由感温元件（温包和接头管）、毛细管和盘簧管（即多圈弹簧管）等元件构成一个封闭系统。测量时温包被置于被测介质中，温包内的工作物质因温度升高而压力增大，经毛细管传给盘簧管使之产生变形，并借助于指示机构指示出被测温度的数值。

温包、毛细管和盘簧管是压力表式温度计的三个主要部分，仪表质量的高低与它们的关系极大，因此对它们有一定的要求。对感温元件的温包要求强度高、膨胀系数小、热导率高，并视被测介质腐蚀情况选用黄铜、钢或不锈钢。毛细管是用铜或钢等材料冷拉成的无缝圆管，用来传递压力变化，过细或过长会导致滞后大、反应迟钝，同样长度毛细管越细精确度越高。毛细管因碰砸、死弯会引起堵塞，所以常用蛇皮管加以保护。

第三节 热 电 偶 温 度 计

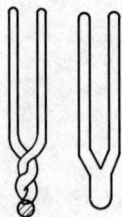

图 2-10 热电
偶热电极示意图

热电偶是由两根不同材料的导体 A 和 B（热电极）焊接或绞接而成，如图 2-10 所示。焊接的一端称作热电偶的热端或工作端，导线连接的一端称为热电偶的冷端或自由端。

一、热电偶测温的基本原理

把热电偶的热端置于热源中，所处温度为 t，把冷端置于外界环境中，所处温度为 t_0，并在冷端串接一个毫安表，我们将发现毫安表有电流流过，这种电流叫热电流，产生热电流的电势叫热电势，这种现象称为热电效应。在热电偶闭合回路中产生的热电势，包括温差电势及接触电势两部分。

1. 温差电势

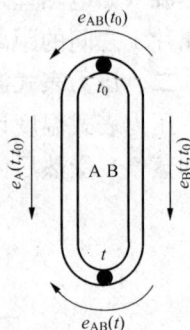

图 2-11 热电偶的
热电效应

如图 2-11 所示，导体 A 或 B 两端温度 t 和 t_0 不同，且 $t>t_0$，由于高温端的电子能量比低温端的电子能量大，高温端比低温端自由电子扩散的速率大，结果高温端因失去电子而带正电荷，低温端因得到电子而带负荷，从而形成一个由高温端指向低温端的静电场，这个静电场阻碍电子的继续扩散，最后达到动平衡。这时导体由于两端温度差而形成的电势称为温差电势，记作 $e_A(t, t_0)$ 或 $e_B(t, t_0)$。

2. 接触电势

如图 2-11 所示，当两种不同材料的导体 A 和 B 接触时，由于它们的自由电子密度不同，分别为 N_A 和 N_B，一般说来 $N_A>N_B$，因此电子在两个方向上的扩散速率就不同，从 A 扩散到 B 的电子数要比从 B 扩散到 A 的电子数多，结果 A 失去电子而带正电荷，B 因得到电子而带负电荷，于是在 A、B 两导体的接触面上便形成了一个方向由 A 指向 B 的静电场，这个静电场阻碍扩散作用的继续进行，最后达到动平衡状态。此时在热端的 A、B 间形成的电势称为接触电势，记作 $e_{AB}(t)$。接触电势的数值取决于 A、B 导体的材料性质和接触点的温度 t。角标 A、B 的顺序表示热电势的方向，如角标顺序改变，电势的正负符号也随之改变，如 $e_{AB}(t)=-e_{BA}(t)$。图 2-11 是由两种不同的导体 A、B 组成的热电偶回路，$N_A>N_B$、$t>t_0$，则在此回路内将产生两个温差电势 $e_A(t, t_0)$ 及 $e_B(t, t_0)$ 和两个接触电势 $e_{AB}(t)$ 及 $e_{AB}(t_0)$，两种电势各自的方向都相反。温差电势的大小远小于接触电势，并且方向又相反而相互抵消，所以温差电势相对接触电势可忽略不计，则回路总电势 [记作 $E_{AB}(t, t_0)$] 为

$$E_{AB}(t,t_0) = e_{AB}(t) + e_{BA}(t_0) \text{ 或 } E_{AB}(t,t_0) = e_{AB}(t) - e_{AB}(t_0) \qquad (2-6)$$

式（2-6）说明热电势 $E_{AB}(t, t_0)$ 等于热电偶两端接触电势的代数和。因为热电偶回路中 A 导体的电子密度大于 B 导体，所以 A 为正极，B 为负极。当热电偶材料一定时，热电偶的总电势 $E_{AB}(t, t_0)$ 为温度 t 和 t_0 的函数差，即

$$E_{AB}(t, t_0) = f(t) - f(t_0) \qquad (2-7)$$

而不是温度差的函数 $f(t-t_0)$，所以热电势与温度的关系不呈线性关系。

如果能使冷端温度 t_0 固定，即为某一常数，则对一定的热电偶材料，其总热电势就只与温度 t 成单值函数关系。

$$E_{AB}(t,t_0) = f(t) - C = \varphi(t) \tag{2-8}$$

它与热电偶的长短、粗细形状无关。因此，只要测出热电势的大小，就能得到热端温度（被测温度）的数值。

不同材料制成的热电偶在相同温度下产生的热电势是不同的，可在分度表（表2-8～表2-11）中查得，表中数据都是以 $t_0=0℃$ 的条件下进行分度的，配套使用的仪表也是以冷端为零度进行刻度的。如实际测温时，t_0 不是 $0℃$，则热电势与温度间的关系可按式（2-9）进行计算：

$$E_{AB}(t,t_0) = E_{AB}(t,0) - E_{AB}(t_0,0) \tag{2-9}$$

例 2-1：用一支 K 型镍铬—镍硅热电偶测量某设备的温度，已知热电偶工作端温度为 $600℃$，冷端温度为 $20℃$，求热电偶产生的热电势 E_K（600，20）。

解：由表2-10的分度表查得

$$E_K(600,0) = 24.902mV$$
$$E_K(20,0) = 0.798mV$$

将上列数据代入式（2-9），即得

$$E_K(600,20) = E_K(600,0) - E_K(20,0) = 24.902 - 0.798 = 24.104mV$$

例 2-2：某支 K 型热电偶在工作时，冷端温度 $t_0=20℃$，测得的热电势 $E(t,t_0)=30.001mV$，求被测介质的实际温度。

解：由表2-10分度表中查得

$$E_K(20，0) = 0.798mV$$

代入式（2-9）得

$$E_K(t,0) = E_K(t,20) + E_K(20,0) = 30.001 + 0.798 = 30.799mV$$

再由表2-10的分度表查得 $30.799mV$ 对应的温度为 $740℃$。

二、热电偶的几点结论及其应用

（1）相同匀质导体 A 组成的热电偶回路，无论 t 和 t_0 两接点温度如何，总热电势 $E_{AA}(t, t_0)=0$，因为它们的电子密度都是 N_A，所以 $e_{AA}(t)=0$，$e_{AA}(t_0)=0$，故 $E_{AA}(t,t_0)=e_{AA}(t)-e_{AA}(t_0)=0$。如果有热电势产生，即说明热电极是不均匀的或不相同的，因此可应用于检查热电极的不均匀性。

（2）不同材质导体 A 和 B 组成的热电偶回路，两端温度相同（t，t），总热电势仍为零，因两端接触电势相同，方向相反而互相抵消。

$$E_{AB}(t,t) = e_{AB}(t) - e_{AB}(t) = 0 \tag{2-10}$$

（3）热电偶产生的热电势与材质及两端接点温度 t 和 t_0 有关，而与热电极的长短、粗细、形状以及中间温度分布无关，所以材质相同的热电偶可以互换。

（4）热电偶丝 A 和 B 在接点温度 t_1、t_3 时的热电势等于热电偶丝 A 和 B 在接点温度为 t_1、t_2 和 t_2、t_3 时的热电势总和，如图2-12所示，即

$$E_{AB}(t_1,t_3) = E_{AB}(t_1,t_2) + E_{AB}(t_2,t_3) \tag{2-11}$$

（5）热电偶回路中接入第三种材料的导线，只要第三种材料导线的两端温度相同，就不会影响热电偶的热电势，热电偶测温系统就是这一原理的实际应用，如第三种材料 C 把热电偶和表头连接起来的，可以证明如下：

如图2-13所示，在此回路中总热电势为

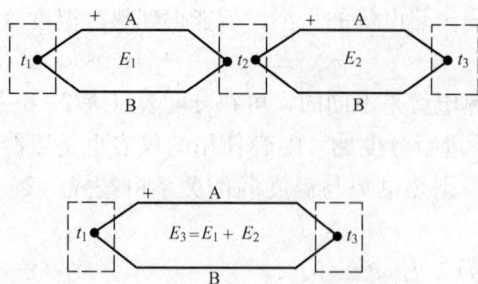

图 2-12　中间温度 t_2 引入后的示意图　　　　　图 2-13　第三种材料引入后的示意图

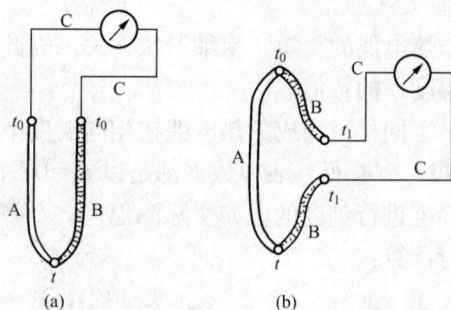

$$E_{ABC}(t,t_0) = e_{AB}(t) + e_{BC}(t_0) + e_{CA}(t_0) \qquad (2-12)$$

第三种材料导线 C 的两端温度相同为 t_0，则

$$e_{BC}(t_0) + e_{CA}(t_0) = -e_{AB}(t_0)$$

则总电势为

$$E_{ABC}(t,t_0) = e_{AB}(t) - e_{AB}(t_0) = E_{AB}(t,t_0) \qquad (2-13)$$

由式推导可知：在热电偶回路中，接入第三种导体后，只要与第三种导体接点的温度相同，则对热电偶的热电势值并无影响。同理，在回路中接入更多的导体，只要保证引入的同一种导体两端温度各自相同，就不会影响热电偶的热电势值。

三、常用热电偶的种类

制造热电偶的材料要求物理和化学性质稳定、电阻温度系数小、电导率高、热电势大、线性好、成分均匀、复现性好。目前为国际上公认的、已经标准化的有下列几种。

1. 铂铑 10—铂热电偶

铂铑 10—铂热电偶由铂铑 10 丝（铂 90％、铑 10％）和纯铂丝制成，其中铂铑丝为正极，纯铂丝为负极。

铂铑 10—铂热电偶适于在氧化性和中性介质中使用。由于高纯度的铂和铑合金容易得到，故 LB 热电偶的复制精确度和测量准确性均较高，因而常用于精密的温度测量和作为标准热电偶使用；其缺点是热电势较小，热电特性是非线性的，价格较贵，在高温时易受还原性气体和金属蒸气的侵蚀而变质，从而引起热电特性的变化，影响测量的准确性。

铂铑 10—铂热电偶分度号为 S，原分度号为 LB-3。

2. 镍铬—镍硅热电偶

镍铬—镍硅热电偶中镍铬为正极，镍硅为负极。

镍铬—镍硅热电偶适用于氧化性或中性介质中使用。当介质温度低于 500℃时亦可用于还原性介质中测量温度。此外，其热电势较大，线性好，测量范围广，造价适中，是工业测温中最常用的一种热电偶；其缺点是长期使用后，因镍铝氧化变质使热电特性改变而影响测量精确度。

镍铬—镍硅热电偶分度号为 K，原分度号为 EU-2。

3，镍铬—考铜热电偶

镍铬—考铜热电偶由镍铬丝和考铜（铜、镍合金）丝组成，镍铬为正极，考铜为负极。

镍铬—考铜热电偶适用于还原性介质或中性介质中测量温度，其特点是热电灵敏度高，价格便宜，但测量范围不大，测量温度不高，考铜合金丝易受氧化而变质，由于材料素质坚硬而不易得到均匀线径。

镍铬—考铜热电偶分度号为 EA—2。

4. 铂铑 30—铂铑 6 热电偶

此种热电偶以铂铑 30 丝（铂 70%，铑 30%）为正极，铂铑 6 丝（铂 94%，铑 6%）为负极。

铂铑 30—铂铑 6 热电偶性能稳定、精确度高，适于氧化性和中性介质中使用。当自由端温度低于 400℃时，对热电势值可不必修正，因为在低温时热电势极小；缺点是热电势小，价格贵。

铂铑 30—铂铑 6 热电偶新分度号为 B，原分度号为 LL—2。

现将常用热电偶（包括非标准化的）特性列于表 2 - 3，具体的型号和规格列于表 2 - 13 中。

表 2 - 3　　　　　　　　　　　　常用热电偶特性

热电偶名称	分度号	热电极材料		100℃时的电势（mV）	使用温度范围（℃）		0~300℃允许误差（℃）	300℃以上允许误差（℃）
		极性	化学成分		长期使用	短期使用		
铂铑10—铂	S	正	Pt90%，Rh10%	0.643	1300	1600	±3	±0.5%t
		负	Pt100%					
镍铬—镍硅	K	正	Cr9%~10%，Mn0.3%，Si0.6%，Co0.4%~0.7%，其余为 Ni	4.10	900	1200	±4	±1%t
		负	Mn0.6%，Si2%~3%，Co0.4%~0.7%，其余为 Ni					
镍铬—考铜	EA—2	正	Ni90%，Cr9.7%，Si0.3%	6.95	600	800	±4	±1%t
		负	Ni44%，Cu56%					
铁—康铜	J	正	Fe100%	5.27	600	800	±3	±0.75%t
		负	Ni40%，Cu60%					
铂铑30—铂铑6	B	正	Pt70%，Rh30%	0.034	1600	1800	±3	±0.5%t
		负	Pt94%，Rh6%					

注　t 为热电偶热端温度，℃。

四、热电偶的构造及结构形式

1. 热电偶的构造

各种热电偶通常由热电极、绝缘子、保护管和接线盒等部分组成，其结构如图 2 - 14 所示。

（1）热电极。热电极的直径由材料的价格、机械强度、电导率以及热电偶的用途和测量范围等决定。贵金属电极丝的直径一般为 0.3~0.65mm，普通金属电极丝的直径为 0.5~3.2mm，其长度由安装条件及插入深度而定，一般为 350~2000mm，热电偶的焊接可用气焊或电弧焊，铂铑—铂热电偶应注意防止渗碳影

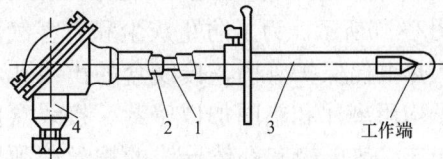

图 2 - 14　热电偶构造图
1—热电偶；2—绝缘子；3—保护管；4—接线盒

响测量精确度。

（2）绝缘子。绝缘子用于防止两根热电极短路，其材料的选用由使用温度范围而定，常用绝缘子材料及其使用范围见表2-4，它的结构形式通常有单孔、双孔及四孔的瓷和四孔的氧化铝管等，如图2-15所示。

表2-4　　　　　　　　　　　　常用绝缘子材料及其使用温度范围

材料名称	使用温度范围（℃）	材料名称	使用温度范围（℃）
橡皮、塑料	60~80	石 英 管	0~1300
丝、干漆	0~130	瓷 管	1400
氟 塑 料	0~250	再结晶氧化铝管	1500
玻璃丝、玻璃管	500 以下	纯氧化铝管	1600~1700

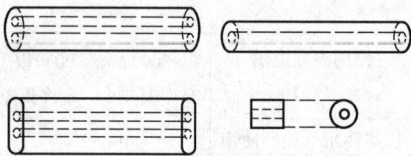

图2-15　绝缘子结构图

（3）保护管。为了使热电极免受化学作用和机械损伤，以获得较长的使用寿命和准确性，通常将热电极（包括绝缘子）装入保护管中，保护管的选用一般是根据测量范围、插入深度、环境以及测温的时间常数等条件来决定。对保护管材料和结构形式的要求是：保证能耐高温、能承受温度的剧烈变化、耐腐蚀、有良好的气密性和足够的机械强度、高的导热系数、在高温下不会分解出对热电偶有害的气体等。常用保护管材料及其适用的温度范围见表2-5。

表2-5　　　　　　　　　　　常用保护管材料及其适用的温度范围

材料名称	长期使用（℃）	短期使用（℃）	材料名称	长期使用（℃）	短期使用（℃）
铜或铜合金	400		高级耐火瓷管	1400	1600
20 号碳钢管	600		再结晶氧化铝管	1500	1700
1Cr18Ni9Ti 不锈钢	900~1000	1250	高纯氧化铝管	1600	1800
28Cr 铁（高铬铸铁）	1100		硼 化 锆	1800	2100
石 英 管	1300	1600			

（4）接线盒。热电偶接线盒是供热电偶和补偿导线连接之用的，它通常用铝合金制成的，一般分为普通式和密封式两种，如图2-16所示。为了防止灰尘和有害气体进入热电偶保护管内，接线盒的出线孔和盖子均用垫片和垫圈加以密封。接线盒内用于连接热电极和补偿导线的螺丝必须紧固，以免产生较大的接触电阻而影响测量的准确性。

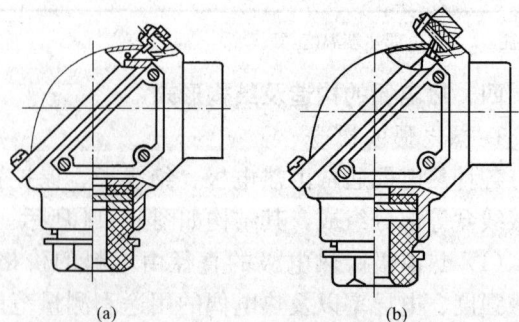

图2-16　接线盒结构图
（a）普通式；（b）密封式

2. 热电偶的结构形式

热电偶的结构形式是根据它的用途和

安装位置的具体情况来决定的。除上述带有保护套管的形式外，还有薄膜式和套管式（或称铠装）热电偶。一般在常压下可采用普通式结构热电偶（见图 2-17、图 2-18），测量变化频繁的温度时用时间常数小的热电偶，不带保护管时如图 2-19 所示；被测介质具有一定压力时，可采用固定螺纹和普通接线盒结构的热电偶，见图 2-20；当周围环境恶劣，须防水、防腐蚀性气体、防爆时则应采用密封式接线盒的热电偶；对高压流动介质，须采用具有固定螺纹和锥形保护管的热电偶（见图 2-21）；对狭小管道内的温度测量应采用套管热电偶（见图 2-22），它是由热电极、绝缘的氧化物材料和金属套管三者组合加工而成的坚实组合体，最大特点是直径可小至 $\phi 0.25$，热惰性小，时间常数为 $0.05 \sim 1.5 s$，有良好的可挠性，能耐冲击，是弯曲的狭小管道和高压装置的理想测温元件。对表面温度的测量可采用薄膜式热电偶（见图 2-23），其特点是反应速度快（$10 ms \sim 1 s$），精确度高，适宜于小面积表面温度测量。

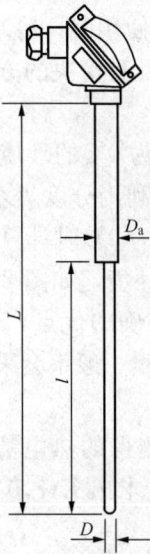

图 2-17 非金属保护管　　图 2-18 金属保护管　　图 2-19 无保护管

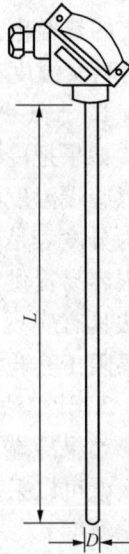

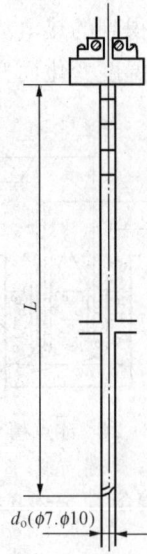

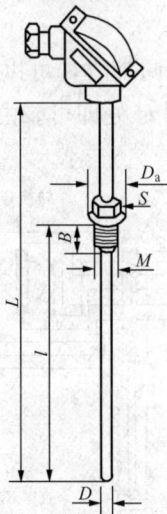

图 2-20 固定螺纹和普通接线盒结构　　图 2-21 固定螺纹和锥形保护管

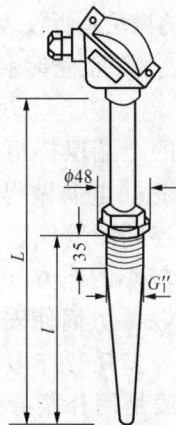

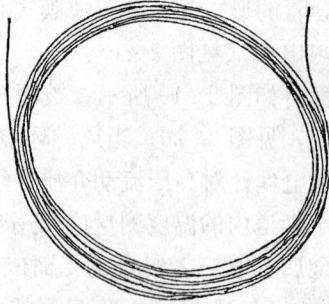

图 2-22 套管式 (或称铠装)

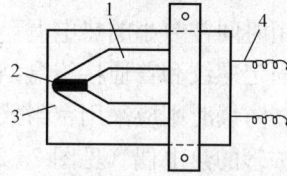

图 2-23 薄膜式
1—热电极；2—热接点；
3—绝缘基板；4—引出线

五、热电偶的冷端温度补偿问题

根据热电势的数值推导，当冷端温度保持恒定时，热电势才和被测温度成单值函数关系，通过测量得到的热电势能反映出真实的热端温度。而在实际使用时，冷端离热源很近，并且随着环境温度变化而变化，为了测得真实温度，常采用下述几种解决的方法。

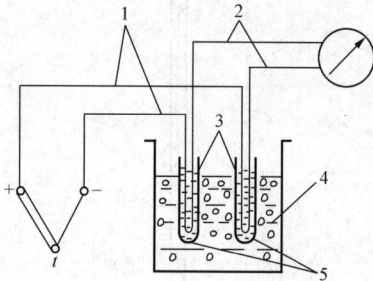

图 2-24 冰点槽
1—补偿导线；2—铜导线；3—试管；
4—冰水混合物；5—变压器油

1. 冰点法

如果把冷端置入于温度为 0℃ 的环境中，就不需要加以冷端温度的补偿，直接利用分度表获知热端温度，因为分度表是基于冷端温度为 0℃ 时计算出来的。冰点槽很容易提供温度为 0℃ 的环境，如图 2-24 所示。冰点法具有实现方便、测量准确的优点，但这种方法只能局限于实验室中，在线测量一般不会采用。

2. 计算法

如果冷端温度为 t_0 时测得的热电势为 $E(t, t_0)$，那么就可以采用式 (2-14) 求出 $E(t,0)$，再查表得出热端温度 t。

$$E(t,0) = E(t,t_0) + E(t_0,0) \qquad (2-14)$$

具体示例见例 2-2。这种方法只用于实验室中，不适合在线测量中使用。

3. 机械零点调整法

当冷端温度 t_0 比较恒定，并且仪表的机械零点又易于调整时，可以采用此法实现冷端温度的补偿。具体的做法是将仪表的机械零点从 0℃ 移动到 t_0 处即可。由于热电偶的热电势和温度是非线性的，所以测量时会存在误差。

4. 补偿导线法

为了使热电偶的冷端保持恒定（最好为 0℃），当然可以把热电偶做得很长，使冷端远离热端，并连同测量仪表一起放置在恒温或温度波动较小的地方（如集中在控制室）。但这种方法一方面使安装使用不方便，另一方面也要多耗费许多贵重的金属材料，因此，一般是用补偿导线将热电偶的冷端延伸出来，如图 2-25 所示，补偿

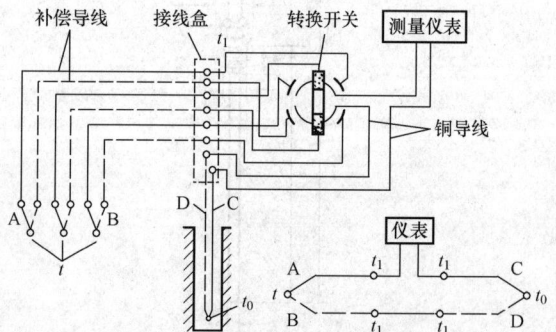

图 2-25 补偿导线在测温回路中的连接

导线在 0~100℃ 范围内具有和所连接的热电偶相同的热电特性，其材料又是廉价的金属，使用效果良好，现被广泛采用。常用热电偶补偿导线的特性如表 2-6 所列，具体的特性列于表 2-14 中。

表 2-6   **常用热电偶补偿导线的特性**

热电偶名称	补 偿 导 线				在热端温度为 100℃冷端温度为 0℃时的标准热电势（mV）	每米导线电阻值（Ω）		
	正 极		负 极			截面（1mm²）	截面（1.5mm²）	截面（2.5mm²）
	材料	颜色	材料	颜色				
镍铬－镍硅	铜	红	康 铜	棕	4.10±0.15	0.52	0.35	0.21
铂铑－铂	铜	红	99.4%Cu，0.6%Ni	绿	0.64±0.03	0.05	0.03	0.02
镍铬－考铜	镍铬合金	紫	考 铜	黄	6.9±0.3	1.15	0.77	0.46
铁－康铜	铁	白	康 铜	棕	5.02±0.05	0.61	0.41	0.24
铜－考铜	铜	红	考铜合金	黄	4.76±0.15	0.50	0.33	0.20

必须指出，补偿导线的正负极必须与热电偶的正负极对应连接。

此外，补偿导线正负极与热电偶正负极两个接点温度 t_0' 也应相同，而新的冷端温度应当恒定或配用冷端自动恒温装置，这样采用补偿导线才有意义。

还应指出，热电偶和其补偿导线连接点处的温度也不应超出 100℃，否则也会由于热电特性的不同而带来新的误差。

5. 补偿电桥法

补偿电桥（又称冷端温度补偿器）法是利用不平衡电桥产生的不平衡电压来补偿热电偶因冷端温度变化引起的热电势变化值，从而达到等效地使冷端温度恒定的一种自动补偿法，如图 2-26 所示。

不平衡电桥由电阻 R2、R3、R4（锰铜丝绕制）、R1（铜丝绕制）等四个桥臂和桥路稳压电源所组成。它串联在热电

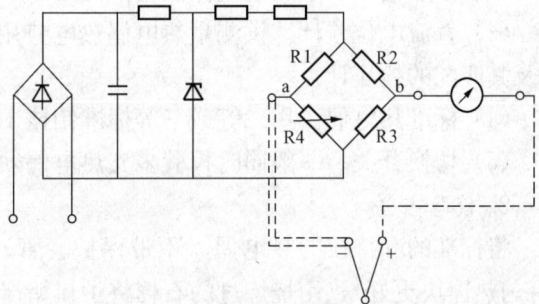

图 2-26 冷端温度补偿电桥原理

偶回路中。应该指出：热电偶冷端与电阻 R1 应具有相同的温度（20℃时）。补偿电桥通常取 20℃时处于平衡，R1=R2=R3=R4=1Ω，此时桥路输出的两点电位相等，对测温仪表读数无影响（电桥的等效电阻 1Ω）。当周围环境高于 20℃时，热电偶因冷端温度升高热电势减小，电桥则由于 R1 阻值的增加而使电桥输出一个不平衡电压，它与热电偶的热电势相叠加，一起送入测量仪表。如适当选择电阻和电流的数值，可以使电桥产生的不平衡电压正好补偿由于冷端温度变化而引起的热电势的变化值，仪表指示出正确的温度。

由于电桥在 20℃时平衡，所以采用这种补偿电桥时仍需把仪表的机械零位预先调到 20℃处。如果补偿电桥是按 0℃时电桥平衡设计的，则仪表的机械零位应调在 0℃处。桥路等效电阻（如上述的 1Ω）也应计入外接电阻之内。

几种常用的冷端温度补偿器的技术特性见表2-12。

六、热电偶的校验

热电偶在使用前要进行校验，一些主要场合的热电偶在使用过程中也要校验，因为热端被氧化、腐蚀和在高温下热电偶材料的再结晶，使热电特性发生变化而使测量误差越来越大。为了温度测量保证一定精确度，热电偶必须定期进行校验。

1. 校验装置

通常采用如图2-27所示的热电偶校验装置。包括：

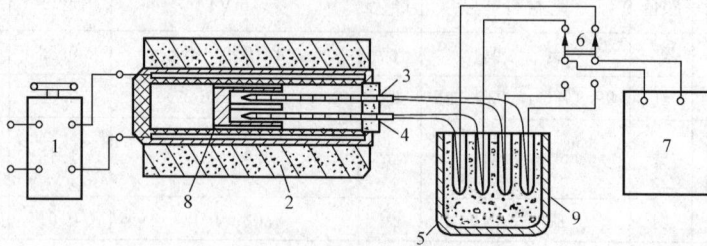

图2-27 热电偶校验装置示意

1—调压变压器；2—管式电炉；3—标准热电偶；4—校验热电偶；5—冰点槽；
6—切换开关；7—直流电位差计；8—镍块；9—试管

（1）管式电炉。最大电流10A，最高工作温度1300℃，电源电压220V，功率2kW，管子内径50～60mm，管子长度600～1000mm，管内温度场稳定，最好有100mm左右的恒温区。

（2）冰点槽。一般用玻璃保温瓶，内放冰水混合物，保证冷端为0℃。

（3）直流电位差计。供测量热电偶热电势用，精确度不低于0.02级的实验室用电位差计及其匹配的检流计。

（4）标准热电偶。用二等或三等标准铂铑10—铂热电偶。

（5）切换开关。一般同时校验多支热电偶须采用多点切换开关。

2. 校验方法

将标准的和待校的热电偶（不带保护套管）的热端用铂丝扎在一起，插入炉内恒温区（有匀热镍块更好），用烧炼过的石棉将炉口堵严，冷端置于冰点槽中保持0℃，用自耦变压器调节炉温，到达欲测温度点10℃内，保持炉温变化不超过0.2℃就可读数。每校一点读数不少于四次。多支热电偶利用转换开关依次读数，求其平均值，计算出误差值。目前，发电厂已能采用微电脑自动对热电偶进行校验。

各种常用热电偶的允许误差见表2-7。常用热电偶的分度表见表2-8～表2-11。

表2-7 各种常用热电偶的允许误差

热电偶材料	校验温度（℃）	热电偶允许偏差			
		温度（℃）	偏差（℃）	温度（℃）	偏差（℃）
铂铑—铂	600；800；1000；1200	0～600	±2.4	>600	占所测热电势的±0.4%
镍铬—镍硅	400；600；800；1000	0～400	±4	>400	占所测热电势的±0.75%
镍铬—考铜	200；400；600	0～300	±4	>300	占所测热电势的±1%

表 2 - 8 **铂铑 10—铂热电偶分度表（热电偶冷端温度为 0℃），分度号 S**

热端温度（℃）	0	10	20	30	40	50	60	70	80	90
	热　电　势　（mV）									
0	0.000	0.055	0.113	0.173	0.235	0.299	0.365	0.432	0.502	0.573
100	0.645	0.719	0.795	0.872	0.950	1.029	1.109	1.190	1.273	1.356
200	1.440	1.525	1.611	1.698	1.785	1.873	1.962	2.051	2.141	2.232
300	2.323	2.414	2.506	2.599	2.692	2.786	2.880	2.974	3.069	3.164
400	3.260	3.356	3.452	3.549	3.645	3.743	3.840	3.938	4.036	4.135
500	4.234	4.333	4.432	4.532	4.632	4.732	4.832	4.933	5.034	5.136
600	5.237	5.339	5.442	5.544	5.648	5.751	5.855	5.960	6.064	6.169
700	6.274	6.380	6.486	6.592	6.699	6.805	6.913	7.020	7.128	7.236
800	7.345	7.454	7.563	7.672	7.782	7.892	8.003	8.114	8.225	8.336
900	8.448	8.560	8.673	8.786	8.889	9.012	9.126	9.240	9.355	9.470
1000	9.585	9.700	9.816	9.932	10.048	10.165	10.282	10.400	10.517	10.635
1100	10.754	10.872	10.991	11.110	11.229	11.348	11.467	11.587	11.707	11.827
1200	11.947	12.067	12.188	12.308	12.429	12.550	12.671	12.792	12.913	13.034
1300	13.155	13.276	13.397	13.519	13.640	13.761	13.883	14.004	14.125	14.247
1400	14.368	14.489	14.610	14.731	14.852	14.973	15.094	15.215	15.336	15.456
1500	15.576	15.697	15.817	15.937	16.057	16.176	16.296	16.415	16.534	16.653
1600	16.771									

表 2 - 9 **铂铑 30—铂铑 6 热电偶分度表（热电偶冷端温度为 0℃），分度号 LL－2**

热端温度（℃）	0	10	20	30	40	50	60	70	80	90
	热　电　势　（mV）									
0	0.000	−0.001	−0.002	−0.002	0.002	0.003	0.007	0.012	0.018	0.025
100	0.034	0.043	0.054	0.065	0.073	0.092	0.017	0.123	0.141	0.159
200	0.178	0.199	0.220	0.243	0.267	0.291	0.317	0.344	0.372	0.401
300	0.431	0.402	0.494	0.527	0.561	0.606	0.632	0.670	0.708	0.747
400	0.787	0.828	0.870	0.913	0.957	1.002	1.048	1.006	1.143	1.192
500	1.242	1.293	0.003	1.397	1.451	1.505	1.560	1.617	1.674	1.732
600	1.791	1.851	1.912	1.973	2.036	2.099	2.164	2.229	2.295	2.362
700	2.429	2.498	2.567	2.638	2.709	2.781	2.853	2.927	3.001	3.076
800	3.152	3.229	3.307	3.385	3.464	3.544	3.624	3.706	3.788	3.871
900	3.955	4.039	4.124	4.211	4.297	4.385	4.473	4.562	4.651	4.741
1000	4.832	4.924	5.016	5.109	5.205	5.297	5.393	5.488	5.585	5.683
1100	5.780	5.879	5.978	6.078	8.178	6.279	6.380	6.482	6.585	6.688
1200	6.792	6.896	7.001	7.106	7.212	7.319	7.426	7.533	7.641	7.749
1300	7.858	7.967	8.076	8.186	8.297	8.408	8.519	8.630	8.742	8.854
1400	8.967	9.030	9.193	9.307	9.420	9.534	9.649	9.763	9.878	9.993

热端温度	0	10	20	30	40	50	60	70	80	90
(℃)	热　电　势　（mV）									
1500	10.108	10.224	10.339	10.455	10.571	10.687	10.803	10.919	11.035	11.151
1600	11.268	11.384	11.301	11.617	11.734	11.850	11.966	12.083	12.199	12.315
1700	12.431	12.547	12.663	12.778	12.894	13.009	13.124	13.239	13.354	13.468
1800	13.582									

表 2 - 10　　　镍铬—镍硅（镍铝）热电偶分度表（热电偶冷端温度为 0℃），分度号 K

热端温度	0	10	20	30	40	50	60	70	80	90
(℃)	热　电　势　（mV）									
−0	−0.00	−0.392	−0.777	−1.156	−1.527	−1.889				
+0	0.00	0.397	0.798	1.203	1.611	2.022	2.436	2.850	3.266	3.681
100	4.095	4.508	4.919	5.327	5.733	6.137	6.539	6.939	7.338	7.737
200	8.137	8.537	8.938	9.341	9.745	10.151	10.560	10.969	11.381	11.793
300	12.207	12.623	13.039	13.456	13.874	14.292	14.712	15.132	15.552	15.974
400	16.395	16.818	17.241	17.664	18.088	18.513	18.938	19.363	19.788	20.214
500	20.640	21.066	21.493	21.919	22.346	22.772	23.198	23.624	24.050	24.476
600	24.902	25.327	25.751	26.176	26.599	27.022	27.445	27.867	28.288	28.709
700	29.128	29.547	29.965	30.383	30.799	31.214	31.629	32.042	32.455	32.866
800	33.277	33.686	34.095	34.502	34.909	35.314	35.718	36.121	36.524	36.925
900	37.325	37.724	38.122	38.519	38.915	39.310	39.703	40.096	40.488	40.897
1000	41.269	41.657	42.045	42.432	42.817	43.202	43.585	43.968	44.349	44.729
1100	45.108	45.486	45.863	46.238	46.612	46.985	47.356	47.726	48.095	48.462
1200	48.828	49.192	49.555	49.916	50.276	50.633	50.990	51.344	51.697	52.049
1300	52.398	52.747	53.095	53.439	53.782	54.125	54.466	54.807		

表 2 - 11　　　镍铬—考铜热电偶分度表（热电偶冷端温度为 0℃），分度号 EA−2

热端温度	0	10	20	30	40	50	60	70	80	90
(℃)	热　电　势　（mV）									
−0	−0.00	−0.64	−1.27	−1.89	−2.05	−3.11				
+0	0.00	0.65	1.31	1.98	2.66	3.35	4.05	4.76	5.48	6.21
100	6.95	7.69	8.43	9.18	9.93	10.69	11.46	12.24	13.03	13.84
200	14.66	15.48	16.30	17.12	17.95	18.76	19.59	20.42	21.24	22.07
300	22.90	23.74	24.59	25.44	26.30	27.15	28.01	28.88	29.75	30.61
400	31.48	32.34	33.21	34.07	34.94	35.81	36.67	37.54	38.41	39.28
500	40.15	41.02	41.90	42.78	43.67	44.55	45.44	46.33	47.22	48.11
600	49.01	49.89	50.76	51.64	52.51	53.39	54.26	55.12	56.00	56.87

热端温度 (℃)	0	10	20	30	40	50	60	70	80	90
	热 电 势 （mV）									
700	57.74	58.57	59.47	60.33	61.20	62.06	62.92	63.78	64.64	65.50
800	66.36									

表 2-12 几种常用冷端温度补偿器的技术特性

型 号	配用热电偶	电桥平衡时温度 (℃)	补偿范围 (℃)	电 源 (V)	内 阻 (Ω)	补偿误差
WBC-01	铂铑10—铂					±0.045mV
WBC-02	镍铬—镍硅	20	0～50	～220	1	±0.16mV
WBC-03	镍铬—考铜					±0.18mV
WBC-57-S	铂铑10—铂					±（0.015±0.0015t）
WBC-57-K	镍铬—镍硅	20	0～40	=4	1	±（0.04±0.004t）
WBC-57-EA	镍铬—考铜					±（0.005±0.0065t）

注 t 为热端温度。

表 2-13 常用热电偶型号与主要规格

型 号	结构特征	测量范围 (℃)	保护管材料	总长度 (mm)	插入深度 (mm)	工作压力
WRB-110 铂铑—铂铑	普通式接线盒、碳钢套管	＜1600	高纯氧化铝或氧化镁	450	300	常压
				650	500	
				900	750	
				1000	1000	
WRS-100 铂铑—铂	无接线盒	＜1300	高级耐火陶瓷	225		常压
WRS-110 铂铑—铂	普通式接线盒、碳钢套管	＜1300	高级耐火陶瓷	450	300	常压
				650	500	
				900	700	
				1150	1000	
WRK-010 镍铬—镍硅	无外保护管（在非氧化性空气介质中使用须加装套管）	＜1000	耐酸不锈钢套管	300		常压
				350		
				450		
				550		
				650		
				900		
WREA-010 镍铬—考铜		＜600		1150		
				1400		
				1650		
				2150		

续表

型　号	结构特征	测量范围（℃）	保护管材料	总长度（mm）	插入深度（mm）	工作压力
WRK—100 镍铬—镍硅	铠装热电偶（即套管热电偶），能任意弯曲	<800	耐酸不锈钢套管	500 1000 1500 2000 3000		常压或高压（加装密封装置）
WREA—100 镍铬—考铜	铠装热电偶（即套管热电偶），能任意弯曲	<600	耐酸不锈钢套管	5000 7500 10000 15000 20000		常压或高压（加装密封装置）
WREA—111 镍铬—镍硅	普通式接线盒	600 800 1000	碳钢 20♯，耐酸不锈钢，1Cr18Ni9Ti，耐高温不锈钢 Cr25Ti	300 350 400 550 650		常压
WREA—111 镍铬—考铜	普通式接线盒	600	碳钢 20♯，不锈钢 1Cr18Ni9Ti	900 1150 1400 1650 2150		
WRK—210 镍铬—镍硅	固定螺纹普通式接线盒	600	碳钢 20♯	300	150	$p_{500}=2MPa$
				350	200	$p_{600}=500kPa$
		800	不锈钢 1Cr18Ni9ti	450	300	$p_{600}=5MPa$
				550	400	$p_{800}=1MPa$
		1000	不锈钢 Cr25Ti	650	500	$p_{600}=1MPa$
				900	750	$p_{1000}=100kPa$
WREA—210 镍铬—考铜		600	碳钢 20♯	1150	1000	$p_{500}=2MPa$
				1400	1250	$p_{600}=500kPa$
			不锈钢 1Cr18Ni9Ti	1650	1500	$p_{600}=5MPa$
				2150	2000	
WRK2—210 镍铬—镍硅	固定螺纹普通接线盒感温元件为双支式	600 800 1000	同 WRK—210	同 WRK—210 WREA—210	同 WRK—210 WREA—211	同 WRK—210
WREA2—210 镍铬—考铜		600	同 WREA—210			同 WREA—210

续表

型　号	结构特征	测量范围 （℃）	保护管材料	总长度 （mm）	插入深度 （mm）	工作压力
WRK－220 镍铬—镍硅	固定螺纹密封式接 线盒	600	同 WRK－210	同 WRK－210 WREA－210	同 WRK－210 WREA－211	同 WRK－210
		800				
		1000				
WREA－220 镍铬—考铜		600	同 WREA－210			同 WREA－210
WRK－610 镍铬—镍硅	高强度固定螺纹、 锥形保护管和普通接 线盒	<600	耐酸不锈钢 1Cr18Ni9Ti	250	100	$p_{600}=20MPa$ （动压）
WREA－610 镍铬—考铜				300	150	
				350	200	
				400	250	

表 2 - 14　　　　　　　　　　常用热电偶补偿导线的成分

热电偶 名称	电极 名称	补偿 导线	极性	成　分	胶皮色	金属色	硬度
铂铑 30—铂铑 6	＋						
	－						
铂铑 10—铂	＋	铜	＋	100%Cu	红	紫红	软
	－	铜镍	－	0.57%～0.6%Ni+ 余铜	绿	褐	硬
镍铬—镍硅	＋	铜	＋	100%Cu	红	紫红	软
	－	康铜		39%～41%Ni, 4%～1.8%Mn+余铜	棕	白	硬
镍铬—考铜	＋	镍铬		8.5%～10%Cr+余 Ni	紫	黑	硬
	－	考铜		56%Cu, 44%Ni	黄	白	软
铁—康铜	＋	铁	＋	100%Fe	白	褐	
	－	康铜		39%～41%Ni, 1.4%～1.8%Mn+余铜	褐	白	
铜—考铜	＋	铜	＋	100%Cu	红	紫红	
	－	考铜		56%Cu, 44%Ni	黄	白	

　　我们知道，在测量 600～1300℃温度范围内，热电偶是比较理想的，但是对于中低温的测量，热电偶则有一定的局限性。这是因为热电偶在中低温区域输出热电势很小，对配用的仪表质量要求较高，如铂铑 10—铂热电偶在 100℃温度时的热电势仅为 0.64mV，这样小的热电势对电子电位差计的放大器和抗干扰要求都很高，仪表的维修也困难。此外，热电偶冷端温度补偿问题，在中低温范围内的影响比较突出，一方面要采取温度补偿必然增加工作上

的不便，另一方面，冷端温度如果不能得到全补偿，其影响就较大，加之在低温时，热电特性的线性度较差，在进行温度调节时也须采取一定措施，这些都是热电偶在测温时的不足之处。因此，工业上在测量低温时通常采用另一种测量元件，即热电阻。热电阻温度计的测量范围为-200℃~+500℃。

热电阻温度计的最大优点是测量精确度高，无冷端温度补偿问题，特别适宜于低温测量，所以在工业上得到广泛应用。

第四节　热 电 阻 温 度 计

一、热电阻的测温原理

从物理学中知道，导体（或半导体）的电阻值是随着温度的变化而变化的，一般说来，它们之间有如下关系，即

$$R = f(t) \tag{2-15}$$

由式（2-15）可知，温度的变化，导致了导体电阻的变化，实验证明：大多数金属在温度每升高 1℃时，其电阻值要增加 0.4%~0.6%，而半导体的电阻值却随着温度的升高而减小，在 20℃左右，温度每变化 1℃，其电阻值要变化-2%~-6%。若能设法测出电阻值的变化，就可相应地确定温度的变化，达到测温的目的。

电阻温度计就是利用导体（或半导体）的电阻值随着温度变化这一特性来进行温度测量的，即把温度变化所引起导体电阻变化，通过测量桥路转换成电压（毫伏级）信号，然后送入显示仪表以指示或记录被测温度的，如图 2-28 所示。

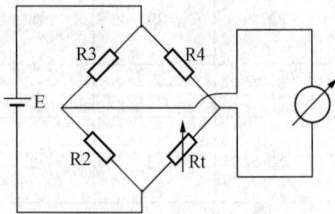

图 2-28　热电阻温度计
的测量原理

由上述可知，热电阻温度计和热电偶温度计的测量原理是不同的。热电偶温度计是把温度的变化通过测温元件热电偶转换为热电势的变化来测量温度的，而热电阻温度计则是把温度的变化通过测温元件热电阻转换为电阻值的变化来测量温度的。

热电阻温度计适用于测量-200~+500℃低温范围内液体、气体、蒸汽及固体表面温度，它和热电偶温度计一样，也具有远传、自动记录和多点测量等优点。此外，它的输出信号大，测量准确，所以早在 1927 年铂电阻温度计就被采用作复现温标的基准器，1968 年新温标（IPTS—1968）中更进一步规定，从-259.34~630.74℃温度域内以铂电阻温度计作为基准器。

二、热电阻的材料和要求

热电阻测温的机理是利用导体或半导体的电阻值随温度变化而变化的性质，但不是所有导体或半导体材料都可以作为测量元件，还得要从其他方面的性质来考虑和选择，对热电阻材料的要求有：

（1）理化性质稳定，测量精确度高，抗腐蚀，使用寿命长。

（2）电阻温度系数要大，即灵敏度要高。

（3）电阻率要高，以使热电阻的体积较小，减小测温时的时间常数。

（4）热容量要小，使电阻体热惰性小，反应较灵敏。

（5）线性好，即电阻与温度关系成线性或为平滑曲线。

（6）易于加工，价格便宜，降低制造成本。

（7）复现性好，便于成批生产和部件互换。

三、常用热电阻

最常用的热电阻是铂热电阻和铜热电阻两种。随着低温和超低温测量技术的发展，钢、锰、碳等已开始被选作热电阻材料。

1. 铂热电阻

铂电阻的特点是精确度高、稳定性好、性能可靠，但是在还原性介质中，特别是在高温下很容易被从氧化物中还原出来的蒸气所玷污而变脆，并改变电阻与温度间关系。为了克服上述缺点使用时热电阻芯应装在保护套管中。

在 0～630.74℃范围内，铂电阻与温度的关系可用式（2-16）表示：

$$R_t = R_0(1 + At + Bt^2) \tag{2-16}$$

式中　R_t——温度为 t 时热电阻的电阻值；

　　　R_0——温度为 0℃时热电阻的电阻值；

　　　A——常数，$A = \alpha(1 + \delta/100℃)$，IPTS—1968 规定 $\alpha = 3.9259668 \times 13^{-3}℃^{-1}$，$\delta = 1.496334℃$，$A = 3.96847 \times 10^{-3}℃^{-1}$；

　　　B——常数，$B = -10^{-4}\alpha\delta℃^{-2} = -5.847 \times 10^{-7}℃^{-1}$。

这个公式很近似于直线，如按公式 $R_t = R_0[1 + \alpha(t - t_0)]$ 计算，铂电阻温度系数 α 约为 $3.9 \times 10^{-3}/℃$（在 0～100℃之间）。

在 −190～0℃的范围内铂的电阻值与温度的关系可用式（2-17）表示：

$$R_t = R_0[1 + At + Bt^2 + C(t - 100)t^3] \tag{2-17}$$

式中　C——常数，$C = -4.22 \times 10^{12}℃^{-4}$。

铂的纯度通常用 R_{100}/R_0 来表示，R_{100} 代表在水沸点（100℃）时的电阻值，R_0 代表水在 0℃时的电阻值。目前技术水平已可达到 $R_{100}/R_0 = 1.3930$，其相应铂的纯度为 99.9995%。工业用铂电阻的纯度为 $R_{100}/R_0 = 1.387～1.391$。

铂电阻体是用很细的铂丝绕在云母、石英或陶瓷支架上做成的，形状如图 2-29 所示，有平板形及螺旋形。常用的 WZB 型铂电阻体是由直径 0.03～0.07mm 的铂丝绕在云母片制成的平板形支架上（如图 2-30）所示。云母片的边缘上开有锯齿形的缺口，铂丝绕在齿缝

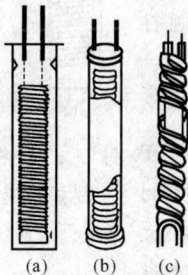

图 2-29　热电阻支架外形

（a）平板形；（b）圆柱形；（c）螺旋形

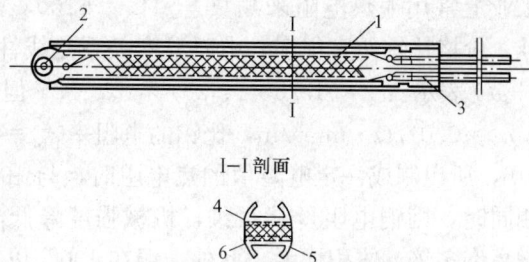

图 2-30　铂电阻体外形

1—铂丝；2—铆钉；3—银导线；

4—绝缘片；5—夹持件；6—骨架

I—I 剖面

内以防短路。铂丝绕成的绕组两面盖以云母片绝缘。为了改善热电阻的动态特性和增加机械强度。再在其两侧用金属薄片制成的夹持件与它们铆在一起。铂丝绕组的线端与 $\phi1$ 银丝引出线相焊，并穿以瓷套管加以绝缘和保护。

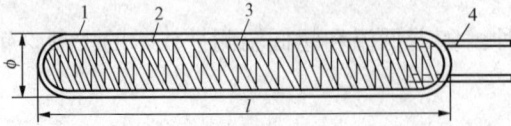

图 2-31　微型铂电阻体外形

1—套管；2—玻璃棒；3—感温铂丝；4—引出线

工业上还常用微型铂热电阻，它的体积小，热惯性小，气密性好。它的结构如图 2-31 所示，是由刻有螺纹的圆柱形玻璃棒（高温铂电阻使用石英文架）上绕以 $\phi0.04\sim\phi0.05$ 已退火的铂丝（石英支架用螺旋形铂丝），引出线用 0.5mm 的铂丝，外面套以 $\phi4.5$ 的特殊玻璃管（或石英管）作为保护套管。

从减少引出线和连接导线电阻因环境温度变化所引起的测量误差考虑，希望铂电阻初始值 R_0 越大越好，但 R_0 太大，将使电阻体体积增大，热惯性也增大。同时，流过热电阻的测量电流在热电阻上产生的热量也增大，从而造成附加的测量误差。我国常用的工业铂电阻 B_1、B_{A1} 分度号取 $R_0=46.00\Omega$，B_2、B_{A2}、Pt100 分度号取 $R_0=100\Omega$，Pt50 分度号取 $R_0=50\Omega$。标准或实验室用铂电阻的 R_0 为 10Ω 或 30Ω。

为什么同一 R_0 有两个以上的分度号呢？这是因为随着生产技术的不断发展，铂的纯度愈来愈高，而铂丝纯度的提高有利于热电阻稳定性的改善，B_{A1}、B_{A2}、Pt100 就是纯度比 B_1 和 B_2 更高的铂热电阻的新分度号（铂热电阻分度特性参见表 2-16～表 2-18），因此把原分度号 B_1 和 B_2 加在一起，同一 R_0 就有两个以上分度号。

此外，对电阻体引出线也有一定的要求，一般要求引出线对金属热电阻丝及连接的铜导线不会产生很大的热电势，且化学稳定性好。标准或规范型仪表用金或铂作引出线。工业用热电阻的引出线，高温下用银，低温下用铜。

使用电桥作测量仪表时，工业用铂电阻的引出线是三线制，以减小连接导线电阻因环境温度变化所引起的测量误差。标准或规范型铂热电阻的引出线采用四线制，既可消除连接导线电阻的影响，又消除线路中寄生电势引起的测量误差，如图 2-32 所示。

为了使电阻体免受腐蚀性介质的侵蚀和机械损伤，延长使用寿命，一般均套有保护管。保护管材料选择可参考表 2-5。

2. 铜热电阻

工业上常用铜热电阻来测量 $-50℃\sim+150℃$ 范围的温度，铜容易提纯，价格比铂便宜很多，电阻温度关系是线性的，用公式 $R_t=R_0(1+\alpha t)$ 表示，$\alpha=(4.25\sim4.28)\times10^{-3}/℃$。但是铜的电阻率（比电阻）$\rho_{Cu}=0.017\Omega\cdot mm^2/m$，比铂的电阻率 $\rho_{Cu}=0.0981\Omega\cdot mm^2/m$ 约小5/6，所以制成一定电阻值的热电阻时，与铂相比，若电阻丝的长度相同时，则铜电阻丝就很细，机械强度降低，若线径相同，长度则增高许多倍，体积增大。此外，铜在 100℃ 以上容易氧化，抗腐蚀性能又差，所以工作温度不超过 150℃。

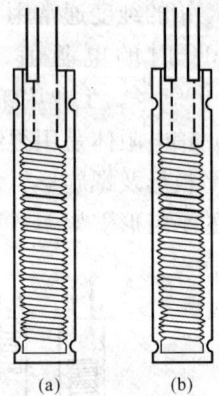

图 2-32　热电阻的三线制和四线制示意图

(a) 三线制；(b) 四线制

铜电阻体是一个铜丝绕组（包括锰铜补偿部分），它是由直径为 0.1mm 的高强度漆包铜线用双线无感绕法绕在圆柱形塑料支架上而成，如图 2-33 所示。

为了防止铜丝松散，加强机械固紧以及提高其导热性能，整个元件经过酚醛树脂（或环氧树脂）的浸渍处理，而后还必须进行烘干（同时也起老化作用），烘干温度为 120℃，保持 24h，然后冷却至常温，再把铜丝绕组的出线端子与镀银铜丝制成

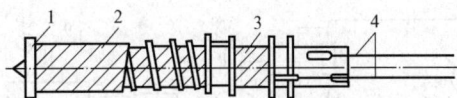

图 2-33 铜电阻体

1—线圈骨架；2—铜热电阻丝；3—补偿绕组；4—铜引出线

的引出线焊牢，并穿以绝缘套管，或直接用绝缘导线与其焊接。

铜电阻的分度号用 G 表示，取 $R_0 = 53.00\Omega$，近年来又制成分度号 Cu50，取 $R_0 = 50\Omega$；分度号 Cu100，取 $R_0 = 100\Omega$。分度特性见表 2-19～表 2-21。

四、热电阻的型号、主要规格及技术特性

热电阻通常都由电阻体、绝缘子、保护套管和接线盒四个部分组成。除电阻体外，其余部分的结构和形状与热电偶的相应部分相同，故此从略，其型号及主要规格参见表 2-22。

热电阻的型号系采用汉语拼音字母来表示，第一字母 W 表示温度，第二字母 Z 表示热电阻，第三字母则分别表示热电阻的分度号，铂电阻为 B，新型号用英文字母 P，铜电阻为 G，新型号用 C。如果下角标有"2"，则表示是双支热电阻，如铜热电阻的型号 WZG、WZC，铂热电阻的型号为 WZB，WZP 或 WZB_2、WZP_2。

热电阻的主要技术特性见表 2-15。

表 2-15 热电阻的主要技术特性

型 号	分度号	0℃时电阻值（Ω）	0℃时电阻允许误差（%）	精确度等级	电阻比（R_{100}/R_0）	测量范围（℃）
WZB（新型号 WZP）	B_{A1}	46.00	±0.05	Ⅰ	1.3910±0.0007	−200～+500
	B_{A1}	46.00	±0.1	Ⅱ	1.3910±0.001	
	B_{A2}，Pt100	100.00	±0.05	Ⅰ	1.3910±0.0007	
	B_{A2}，Pt100	100.00	±0.1	Ⅱ	1.3910±0.001	
	Pt50	50.00	±0.05	Ⅰ	1.3910±0.0007	
	Pt50	50.00	±0.1	Ⅱ	1.3910±0.001	
WZG（新型号 WZC）	G	53.00	±0.1	Ⅱ	1.425±0.001	−50～+150
		53.00		Ⅲ	1.425±0.002	
	Cu50	50.00	±0.1	Ⅱ	1.425±0.001	
		50.00		Ⅲ	1.425±0.002	

五、热电阻的校验和故障

1. 热电阻的校验

将待校的热电阻及校验用设备按图 2-34 线路连接，测出 0℃ 及 100℃ 的热电阻值，求出 R_0 和 $\dfrac{R_{100}}{R_0}$，符合技术要求即可。

校验原理如下：被校的热电阻 4、5 和标准电阻 3（一般用 1Ω 或 3Ω）、电池 1、可变电阻 2、毫安表串接在一起形成回路。调节可变电阻 2 使回路电流约为 1mA。当热电阻 4、5

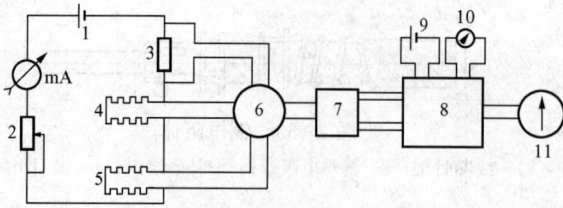

图 2-34　热电阻校验原理图

1—电池；2—可变电阻；3—标准电阻；4、5—被校电阻体；
6—切换开关；7—换向开关；8—电位差计；9—工作电池；
10—标准电池；11—灵敏检流计

插入冰水或水沸腾器中，电流在标准电阻（Rs）3、被校热电阻（Rt）4、5 上产生了一定的电压降（U_s，U_t），电压降可以通过切换开关 6 和换向开关 7 输到电位差计 8，由电位差计指示出读数。

改变切换开关 6 的接点位置，可以顺序地把标准电阻 3、被校热电阻 4、5 上的电压降输到电位差计去，换向开关 7 的作用是使测量电阻值时，能正负各测一次，以保证测量准确。被校热电阻的电阻值可按 $R_t = \dfrac{U_t}{U_s} R_s$ 的公式求得，这样就可以测得 R_0 和 $\dfrac{R_{100}}{R_0}$ 的数值。

2. 热电阻的故障

热电阻的故障常见的是断路，可先找出断线处重新焊好，即可继续使用。铂电阻断线可用电压 6～8V 电弧焊焊接。短路的故障也有时出现，可加绝缘衬垫或用漆片胶固即可，修理后的热电阻必要时应重新校验。

六、半导体点温计

半导体点温计是利用锰、镍、铜和铁等金属氧化物配制成的热敏电阻作为测温元件，其形状有珠形、圆形、垫圈形和薄片形，常用的有 61 型珠形及微型珠形半导体热敏电阻，如图 2-35 所示。与一般热电阻不同之处在于它有负电阻温度系数，温度升高，电阻降低，变化幅度也大，达 -2%～-7%，而且是非线性的，其特性曲线如图 2-36 所示。由于它具有良好的抗腐蚀性、灵敏度高、热惯性小、结构简单、寿命长、便于远距离测量等优点，可用于腐蚀性介质温度、表面温度及体温等的温度测量，缺点是测量范围小（-50～+300℃），互换性差。

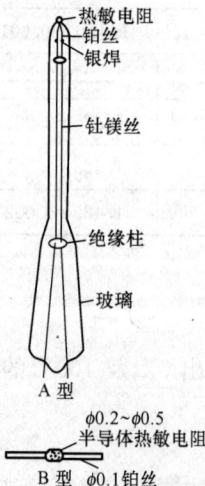

图 2-35　球形半导体热敏电阻

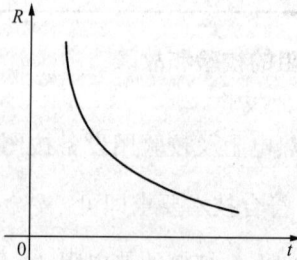

图 2-36　半导体热敏电阻的特性曲线

表 2 - 16　　　　铂热电阻分度表　分度号：B_2，B_{A2}，Pt100，$R_0 = 100\Omega$

温度 (℃)	电阻 R_t（Ω）		温度 (℃)	电阻 R_t（Ω）		温度 (℃)	电阻 R_t（Ω）	
	B_2	Pt100 B_{A2}		B_2	Pt100 B_{A2}		B_2	Pt100 B_{A2}
−200	17.72	17.28	40	115.70	115.78	280	205.97	206.53
−190	22.06	21.65	50	119.60	119.70	290	209.59	210.17
−180	26.37	25.98	60	123.48	123.60	300	213.13	213.79
−170	30.65	30.29	70	127.35	127.49	310	216.78	217.40
−160	34.90	34.56	80	131.21	131.37	320	220.36	221.00
−150	39.12	38.80	90	135.06	135.24	330	223.93	224.59
−140	43.31	43.02	100	138.90	139.10	340	227.49	228.17
−130	47.78	47.21	110	142.73	142.95	350	231.05	231.73
−120	51.62	51.38	120	146.54	146.78	360	234.56	235.29
−110	55.75	55.52	130	150.34	150.80	370	238.08	238.83
−100	59.85	59.65	140	154.13	154.41	380	241.59	242.36
−90	63.93	63.75	150	157.91	158.21	390	245.09	245.88
−80	68.00	67.84	160	161.68	162.00	400	248.58	249.38
−70	72.05	71.91	170	165.43	165.78	410	252.05	252.88
−60	76.08	75.96	180	169.18	169.54	420	255.52	256.36
−50	80.10	80.00	190	172.91	173.29	430	258.97	259.83
−40	84.11	84.03	200	176.63	177.03	440	262.41	263.29
−30	88.10	88.04	210	180.34	180.76	450	265.83	266.74
−20	92.08	92.04	220	184.04	184.48	460	269.25	270.18
−10	96.05	96.03	230	187.72	188.18	470	272.66	273.6
0	100.00	100.00	240	191.39	191.88	480	276.05	277.01
10	103.94	103.96	250	195.06	195.56	490	279.43	280.41
20	107.87	107.91	260	198.71	199.23	500	282.80	283.80
30	111.79	111.85	270	202.34	202.89			

表 2 - 17　　　　铂热电阻分度表　分度号：B_1，B_{A1}，$R_0 = 46\Omega$

温度 (℃)	电阻 R_t（Ω）		温度 (℃)	电阻 R_t（Ω）		温度 (℃)	电阻 R_t（Ω）	
	B_1	B_{A1}		B_1	B_{A1}		B_1	B_{A1}
−200	8.15	7.95	−130	21.84	21.73	−60	35.00	34.94
−190	10.15	9.99	−120	23.75	23.63	−50	36.85	36.80
−180	12.13	11.95	−110	25.64	25.54	−40	38.69	38.65
−170	14.10	13.93	−100	27.53	26.44	−30	40.53	40.50
−160	16.05	15.90	−90	29.41	29.33	−20	42.36	42.34
−150	17.99	17.85	−80	31.28	31.21	−10	44.18	44.17
−140	19.92	19.79	−70	33.14	33.08	0	46.00	46.00

温度 (℃)	电阻 R_t（Ω）		温度 (℃)	电阻 R_t（Ω）		温度 (℃)	电阻 R_t（Ω）	
	B_I	B_{A1}		B_I	B_{A1}		B_I	B_{A1}
10	47.71	47.82	180	77.82	77.99	350	106.27	106.66
20	49.62	49.64	190	79.54	79.71	360	107.90	108.23
30	51.42	51.45	200	81.25	81.43	370	109.52	109.86
40	53.22	53.26	210	82.96	83.15	380	111.13	111.48
50	55.01	55.06	220	84.66	84.86	390	112.74	113.10
60	56.80	56.86	230	86.35	96.56	400	114.35	114.72
70	58.58	58.65	240	88.04	88.26	410	115.94	116.32
80	60.36	60.43	250	89.73	89.96	420	117.53	117.93
90	62.13	62.21	260	91.40	91.64	430	119.13	119.52
100	63.89	63.99	270	93.08	93.33	440	120.71	121.11
110	65.65	65.76	280	94.75	95.00	450	122.28	122.70
120	67.41	67.52	290	96.41	96.68	460	123.86	124.28
130	69.91	69.28	300	98.07	98.34	470	125.42	125.86
140	70.90	71.03	310	99.72	100.01	480	126.98	127.43
150	72.64	72.78	320	101.37	101.66	490	128.54	128.99
160	74.38	74.25	330	103.01	103.81	500	130.09	130.55
170	76.10	76.26	340	104.64	104.96			

表 2 - 18   铂热电阻分度表   分度号：Pt50，$R_0 = 50Ω$

温度 (℃)	电阻 R_t（Ω）	温度 (℃)	电阻 R_t（Ω）	温度 (℃)	电阻 R_t（Ω）	温度 (℃)	电阻 R_t（Ω）	温度 (℃)	电阻 R_t（Ω）
	Pt50		Pt50		Pt50		Pt50		Pt50
−200	8.64	−50	40.00	90	67.62	240	95.94	390	122.94
−190	10.82	−40	42.01	100	69.55	250	97.78	400	124.69
−180	1299.00	−30	44.02	110	71.48	260	99.61	410	126.44
−170	15.14	−20	46.02	120	73.39	270	101.44	420	128.18
−160	17.28	−10	48.01	130	75.30	280	101.44	430	129.91
−150	19.40	−0	50.00	140	77.20	290	105.08	440	131.64
−140	21.51	0	50.00	150	79.10	300	106.89	450	133.37
−130	23.61	10	51.98	160	81.00	310	108.70	460	135.09
−120	25.69	20	53.96	170	82.89	320	110.50	470	136.80
−110	27.76	30	55.93	180	82.89	330	112.29	480	138.50
−100	29.82	40	57.89	190	86.64	340	114.08	490	140.20
−90	31.87	50	59.85	200	88.51	350	115.86	500	141.90
−80	33.92	60	61.80	210	90.38	360	117.64	510	143.59
−70	35.95	70	63.75	220	92.24	370	119.41	520	145.77
−60	37.98	80	65.69	230	94.09	380	121.18	530	146.95

续表

温度(℃)	电阻 R_t(Ω) Pt50	温度(℃)	电阻 R_t(Ω) Pt50	温度(℃)	电阻 R_t(Ω) Pt50	温度(℃)	电阻 R_t(Ω) Pt50	温度(℃)	电阻 R_t(Ω) Pt50
540	148.62	570	153.60	600	158.53	630	163.40		
550	150.29	580	155.25	610	160.16	640	165.01		
560	151.95	590	156.89	620	161.78	650	166.62		

表 2-19　　　　　　铜热电阻分度表　分度号：G，R_0＝53Ω

温度(℃)	电阻 R_t(Ω)	温度(℃)	电阻 R_t(Ω)	温度(℃)	电阻 R_t(Ω)	温度(℃)	电阻 R_t(Ω)
−50	41.74	5	54.13	60	66.52	115	78.90
−45	42.80	10	55.25	65	67.74	120	80.03
−40	43.99	15	56.38	70	68.77	125	81.16
−35	45.12	20	57.50	75	69.89	130	82.28
−30	46.24	25	58.63	80	71.02	135	83.41
−25	47.37	30	59.76	85	72.15	140	84.54
−20	48.50	35	60.88	90	73.27	145	85.66
−15	49.62	40	62.01	95	74.40	150	86.79
−10	50.75	45	63.14	100	75.53		
−5	51.87	50	64.26	105	76.65		
0	53.00	55	65.39	110	77.78		

表 2-20　　　　　　铜热电阻分度表　分度号：Cu50，R_0＝50Ω

温度(℃)	电阻 R_t(Ω)	温度(℃)	电阻 R_t(Ω)	温度(℃)	电阻 R_t(Ω)	温度(℃)	电阻 R_t(Ω)
−50	39.24	5	51.07	55	61.77	105	72.47
−40	41.40	10	52.14	60	62.84	110	73.54
−35	40.32	15	53.21	65	63.91	115	74.61
−30	43.55	20	54.28	70	64.98	120	75.68
−25	42.48	25	55.35	75	66.05	125	76.76
−20	45.70	30	56.42	80	67.12	130	77.83
−15	44.63	35	57.49	85	68.19	135	78.91
−10	47.85	40	58.56	90	69.26	140	79.98
−5	46.78	45	59.63	95	70.33	145	81.06
0	50.00	50	60.70	100	71.40	150	82.13

表 2-21　　　　　　铜热电阻分度表　分度号：Cu100，R_0＝100.00Ω

温度(℃)	电阻 R_t(Ω)	温度(℃)	电阻 R_t(Ω)	温度(℃)	电阻 R_t(Ω)	温度(℃)	电阻 R_t(Ω)
−50	78.49	−30	87.10	−15	89.26	0	100.00
−40	82.80	−25	84.96	−10	95.70	5	102.14
−35	80.64	−20	91.40	−5	93.56	10	104.28

续表

温度（℃）	电阻 R_t（Ω）	温度（℃）	电阻 R_t（Ω）	温度（℃）	电阻 R_t（Ω）	温度（℃）	电阻 R_t（Ω）
15	106.42	50	121.40	85	136.38	120	151.36
20	108.56	55	123.54	90	138.52	125	153.52
25	110.70	60	125.68	95	140.66	130	155.66
30	112.84	65	127.82	100	142.80	135	157.82
35	114.98	70	129.96	105	144.94	140	159.96
40	117.12	75	132.10	110	147.08	145	162.12
45	119.26	80	134.24	115	149.22	150	164.27

表 2-22　　　热电阻的型号及主要规格（WZP 旧型号为 WZB，WZC 旧型号为 WZG）

1. WZP 型铂热电阻一般型号　　分度号：B_{A1}，B_{A2}　Pt50　Pt100

型号	结构特征	适用范围（℃）	保护管材料	总长度 L（mm）		插入深度 L（mm）		工作压力
WZP-210 WZP₂-210	固定螺纹	-200~+500 -100~+500 -200~+200	不锈钢 1Cr18Ni9Ti 20#碳钢 H62 黄铜	300 350 450 550 650	900 1150 1400 1650 2250	150 200 300 400 500	750 1000 1250 1500 2000	P500=10MPa P500=2MPa P150=10MPa
WZP-310 WZP₂-310	可动法兰	-200~+500 -100~+500 -200~+200	不锈钢 1Cr18Ni9Ti 20#碳钢 H62 黄铜	300 350 450 550 650	900 1150 1400 1650 2150	可调		常压
WZP-891 WZP₂-891	室内用 多孔外罩	-50~+100	黄铜	180（长） 36（宽） 30（高）		—		常压
WZP-610 WZP₂-610	高强度 固定螺纹	低于 300	不锈钢 1Cr18Ni9Ti	300 350 450 550 650		150 200 300 400 500		P300-10MPa（动压）

2. WZC 型铜热电阻一般型号　　分度号：G，　Cu50　Cu100

型号	结构特征	适用范围（℃）	保护管材料	总长度 L（mm）	插入深度 L（mm）	工作压力
WZC-190	室内用	-50~+100	多孔黄铜管	200（长） 45（宽） 40（高）	—	常压

续表

型号	结构特征	适用范围 （℃）	保护管材料	总长度 L （mm）		插入深度 L （mm）		工作压力
WZC-200	固定螺纹 无接线盒	−50～+100	黄铜、碳钢、 不锈钢	475	625	100	300	<25MPa
				525	875	150	500	
				575		200		
WZC-210	固定螺纹 普通式	−50～+100	20♯碳钢 不锈钢	300	900	150	750	P100=16MPa P100=10MPa
				350	1150	200	1000	
				450	1400	300	1250	
				550	1650	400	1500	
				650	2150	500	2000	
WZC-310	可动法兰	−50～+100	20♯碳钢 不锈钢	300	900	可调		常压
				350	1150			
				450	1400			
				550	1650			
				650	2150			

第五节 非接触式测温仪表

非接触式测温仪表主要是基于热辐射机理的一种温度传感器，这类温度传感器的最大特点就是传感器的任何部分不与被测介质接触，它通过测量物体的辐射能或与辐射能有关的信号来实现温度测量。

由于不必与被测介质接触，非接触式测温仪表具有以下优点：

（1）不存在因接触产生传热而引起测温传热误差；

（2）不破坏被测温度场，可以测量热容量较小的物体；

（3）理论上测温上限不受测温传感器材料的限制；

（4）动态性能好，响应速度快，可测量运动物体的温度；

（5）可以测出二维温度分布。

非接触测温仪表也存在有一些缺点：

（1）测量误差较大，仪表示值一般只代表表面外观温度；

（2）在辐射通道上介质吸收及反射光干扰将影响仪表示值；

（3）被测温度表面发射率变化会影响仪表的测量数值；

（4）结构较复杂，价格较昂贵。

一、辐射测温的基础理论

1. 全辐射体的热辐射

热辐射理论是辐射式测温仪表的理论依据。只要是热力学温度不为 0K 的物体，其内部带电粒子的热运动都会向外放射不同波长的电磁波，人们把热能以电磁波的形式向外辐射，称为热辐射。物体温度越高，带电粒子的运动越剧烈，向外发出的辐射能就越强。粒子运动的频率不同，放射出的电磁波波长就不同。

普朗克定律确定了全辐射体的光谱辐射出射度与波长和温度的关系，即

$$M_{0\lambda} = c_1 \lambda^{-5} (e^{\frac{c_2}{\lambda T}} - 1)^{-1} \tag{2-18}$$

式中　λ——波长，m；

　　　c_1——普朗克第一辐射常数，$c_1 = 3.7418 \times 10^{-16} \text{W} \cdot \text{m}^2$；

　　　c_2——普朗克第二辐射常数，$c_2 = 1.4388 \times 10^{-2} \text{m} \cdot \text{K}$。

全辐射体的光谱辐射出射度与波长和温度的关系如图 2-37 所示。

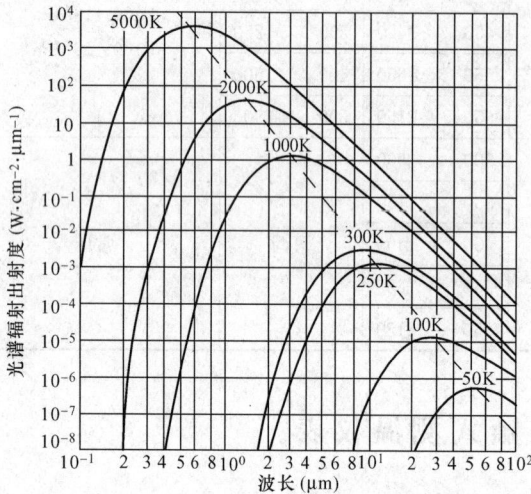

图 2-37　全辐射体的光谱辐射出射度
与波长和温度的关系

普朗克公式理论上适用于任何温度范围，但是在计算中极为不便。在温度 $T <$ 3000K 时，普朗克公式可以采用维恩公式，即

$$M_{0\lambda} = c_1 \lambda^{-5} e^{\frac{c_2}{\lambda T}} \tag{2-19}$$

此公式使用比普朗克公式方便，而且能保证误差不大于 1%。

在普朗克定律的基础上要得到波长 λ 从 $0 \sim \infty$ 之间全部光谱辐射出射度的总和，可积分求取，即

$$M_0 = \int_0^\infty M_{0\lambda} \, \mathrm{d}\lambda \tag{2-20}$$

$$\begin{aligned} M_{0\lambda} &= \int_0^\infty c_1 \lambda^{-5} (e^{\frac{c_2}{\lambda T}} - 1)^{-1} \mathrm{d}\lambda \\ &= \sigma T^4 \end{aligned} \tag{2-21}$$

式中　σ——斯忒藩—玻尔兹曼常数，$\sigma = 5.67 \times 10^{-8} \text{W}/ (\text{m}^2 \cdot \text{K}^4)$。

式（2-21）为斯忒藩—玻尔兹曼定律（全辐射体辐射定律），它指出全辐射体的辐射出射度和热力学温度的四次方成正比。

2. 实际物体（非全辐射体、非黑体）的热辐射

由物体辐射有关的原理，实际物体的光谱辐射出射度与温度、波长的关系为

$$M_\lambda = \varepsilon_\lambda M_{0\lambda} \tag{2-22}$$

式中　M_λ——波长 λ 下实际物体的光谱辐射出射度；

　　　ε_λ——实际物体在波长 λ 下的光谱发射率（光谱黑度）。

把 $M_{0\lambda}$ 公式代入式（2-22），得

$$M_\lambda = \varepsilon_\lambda c_1 \lambda^{-5} e^{\frac{c_2}{\lambda T}} \tag{2-23}$$

同样，可得实际物体全部光谱辐射出射度的总和为

$$M = \varepsilon M_0 = \varepsilon \sigma T^4 \tag{2-24}$$

式中　ε——实际物体的发射率。

实际物体的光谱发射率 ε_λ 和发射率 ε 的值在 $0 \sim 1$ 之间，均不为常数，它们的大小与物体材料性质、表面情况以及物体的温度有关，ε_λ 还随波长 λ 而改变。各种物体的 ε_λ 和 ε 值一般要通过试验来测定。

二、光学高温计

光学高温计是基于光谱辐射原理的测温仪表，物体在高温状态下会发光，在可见光的波长范围（0.35～0.75μm）内，高温物体的热辐射以光的形式表现出来，其辐射的强度与光的亮度之间有一定的关系。实际物体在某一波长 λ 下的光谱辐射亮度 L_λ 和光谱辐射出射度 M_λ 是成正比的，即

$$L_\lambda = \frac{1}{\pi} M_\lambda \tag{2-25}$$

对一个确定的物体（可近似认为 ε_λ 固定不变），在可见光波长范围内的某一波长下，因为实际物体的光谱辐射出射度 M_λ 与物体温度呈单值函数关系，所以光谱辐射亮度 L_λ 必定与温度之间也呈现出单值对应关系。这就是光学高温计测温的基本原理。通过直接测量光谱辐射亮度来确定物体的温度比较困难，光学高温计则是采用亮度比对法，具体的实现原理为：光学高温计中装有一只亮度可调的灯泡，作为比较光源。测温时，在某一波长下用灯泡灯丝的光谱辐射亮度与被测物体的光谱辐射亮度进行比较，通过改变灯丝电流人工调整灯丝的亮度，使二者亮度相等，该灯泡亮度与其灯泡灯丝的电气参数（电流或电阻）之间有一一对应关系，因此测出其电气参数就测量出物体的亮度，从而测量出物体的温度值，最终实现非接触的温度测量，其结构示意和亮度比对示意如图2-38、图2-39所示。

图2-38所示的光学高温计由光学系统与电气系统两部分组成。光学系统包括物镜、目镜、红色滤光片、灯泡、吸收玻璃等。物镜和目镜均可移动、调整，移动物镜可把被测物体的成像落在灯丝所在平面上。移动目镜是为了使人眼同时清晰地看到被测物体与灯丝的成像，以比较两者的亮度。红色滤光片的作用是与人眼构成"单色器"，以保证在一定波长（0.66μm左右）下比较两者的光谱辐射亮度。测量线路用来测量与灯丝亮度相应的灯丝的电流、电压降或电阻等电气参数，并最终显示温度示值。在图2-38中采用的是测量灯丝两端的电流。不同型号的光学高温计的结构大同小异。

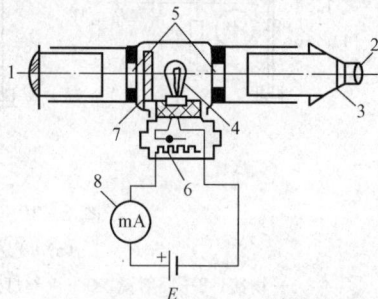

图2-38 灯丝隐灭式光学高温计
1—物镜；2—目镜；3—红色滤光片；
4—灯丝；5—光阑；6—变阻器；
7—吸收玻璃；8—毫安计

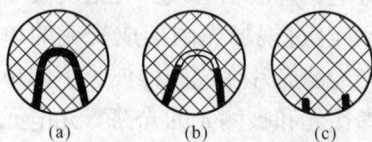

图2-39 灯泡灯丝亮度调整图
(a) 灯丝发黑；(b) 灯丝发亮；
(c) 灯丝隐灭

在使用光学高温计测量温度时，人眼通过目镜看到的图像如图2-39所示。在被测对象的背景上有一根灯丝，如看到的是暗的背景上亮的灯丝，则说明灯丝亮度高于被测物体的亮度，应调整灯丝电流使其亮度降低；如背景亮而灯丝发黑，则灯丝亮度比被测物体的亮度低，应调整增高灯丝亮度。直到灯丝隐灭而看不到时（即灯丝顶部与对象分不清），则说明两者亮度相等，即可读取测量结果了。鉴于这一原理，光学高温计也常常称为灯丝隐灭式光学高温计。

光学高温计存在不宜测量反射光很强的物体，测量精确度比热电偶和热电阻低，亮度比较的判断及调整均要人工进行，不能连续自动进行测量，同时带来人员的主观误差等缺陷。

三、光电高温计

光电高温计通俗地认识就是利用光敏传感器配以电子电路自动进行亮度比对，是在光学高温计基础上发展起来的能自动连续工作的测温仪表。

光电高温计依据的是光谱辐射亮度的原理，采用光电器件作为仪表的感受件，替代人眼来感受辐射源的亮度变化，并转换成与亮度成比例的电信号，该信号对应于被测物体的温度。随着光电检测元器件及光谱滤光片、单色器等材料性能的提高与技术的进步，光电高温计已能做得很准确。因此 1990 国际温标规定在 961.78℃ 以上温度，采用它代替光学高温计作为测温基准器。不同的光电高温计有不同的测量方式，结构方案也不相同。这里以图 2-40 为例，简单介绍 WDH-Ⅱ型光电高温计的工作原理。

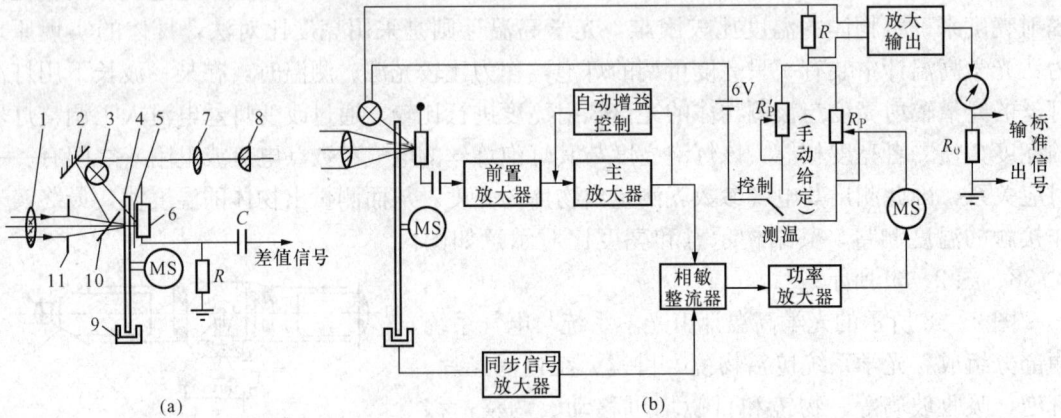

图 2-40　WDH-Ⅱ型光电高温计的工作原理

(a) 变送器内部结构示意；(b) 测量线路框图

1—物镜；2—反射镜；3—钨丝灯炮 (参比源)；4—调制盘；5—视场光阑；6—硫化铅光敏电阻；
7—倒像镜；8—目镜；9—相位同步信号发生器；10—通孔反光镜；11—孔径光阑

光电高温计由光学系统与测量、放大显示两大部分组成。被测物体的辐射光由物镜 1、孔径光阑 11、调制盘 4 上的进光孔和视场光阑 5 投射到感受器件硫化铅光敏电阻 6 (测量低于 700℃ 温度时) 或硅光电池 6 (测量高于 700℃ 温度时) 上，调制盘为圆形铁片，边缘均匀等分八齿八槽，调制盘由电动机 MS 带动，当电动机以 3000r/min 转动时，可实现 400Hz 的光调制。视场光阑上有两个进光孔分别通过被测物体和灯泡钨丝的辐射线，孔上安装有两块不同透过率的滤光片。旋转调制盘 4 变成交变的辐射光，经过视场光阑变成交变的单色光，最终到达光敏电阻 6 上，同时参比灯泡 3 产生的参比光经滤光片变成同样波长下的单色光，最终也到达光敏电阻 6 上。调制盘的旋转，交替通断参比光和被测光的光路，光电元件接受的是两个交变单色光信号的脉冲信号。此光信号照射到光电元件上产生一个差值交变电信号，经相敏检波后变成直流电信号，再经过放大最终转换成直流电流信号 (0～10mA 或 4～20mA)。该电流信号的改变经反馈电路能自动调整参比灯的亮度，使其自动与被测光亮度相平衡，实现温度测量和亮度自动跟踪。

光电高温计既可在可见光，又可在红外光波长下工作，有利于用辐射法测低温，除此之外，光电高温计还具有分辨率高 (光学高温计最高为 0.5℃，而光电高温计可达 0.01～0.05℃)、精确度高和连续自动测量、响应快等优点。

四、比色高温计

根据维恩定律，当温度发生变化时，被测物体的最大辐射出射度将向波长增大或波长减小的方向移动，使在波长 λ_1 和 λ_2 下的光谱辐射出射度比值发生变化。比色高温计就是根据被测物体在两个不同波长下的光谱辐射出射度的比值与被测物体温度的关系，通过测出两者的比值从而测量到被测温度的。

根据维恩公式，同一物体在波长分别为 λ_1 和 λ_2 下的光谱辐射出射度的比值为

$$\frac{M_{\lambda_2}}{M_{\lambda_1}} = \frac{\varepsilon_{\lambda_2} c_1 \lambda_1^{-5} e^{-\frac{c_2}{\lambda_1 T}}}{\varepsilon_{\lambda_1} c_1 \lambda_2^{-5} e^{-\frac{c_2}{\lambda_2 T}}} \qquad (2-26)$$

式中　M_{λ_1}、M_{λ_2}——物体在波长 λ_1 和 λ_2 下的光谱辐射出射度；

ε_{λ_1}、ε_{λ_2}——物体在波长 λ_1 和 λ_2 时的光谱发射率；

T——物体的温度。

经整理，可得

$$T = \frac{c_2 \left(\frac{1}{\lambda_2} - \frac{1}{\lambda_1} \right)}{\ln \frac{M_{\lambda_1}}{M_{\lambda_2}} \frac{\varepsilon_{\lambda_2}}{\varepsilon_{\lambda_1}} - 5\ln \frac{\lambda_2}{\lambda_1}} \qquad (2-27)$$

波长 λ_1 和 λ_2 是测量前的规定数值，上式表明，如发射率 ε_{λ_1} 和 ε_{λ_2} 已知，则被测温度 T 与光谱辐射出射度的比值 $M_{\lambda_2}/M_{\lambda_1}$ 有单值对应关系，测出 $M_{\lambda_2}/M_{\lambda_1}$ 即可获得被测物体的温度数值。

图 2-41 是一典型的光电比色高温计（WDS-Ⅱ型），下面具体介绍比色高温计的工作原理。

光路系统中设有两个光电检测元件（硅光电池）分别接受并检测两种不同波长的光谱辐射能。被测物体的辐射线经物镜 1 聚焦后，经平行平面玻璃 2、中间有通孔的回零硅光电池 3，再经透镜 4 到达分光镜 5。分光镜能反射可见光（$\lambda_1 \approx 0.8\mu m$），而让 $\lambda_2 \approx 1.0\mu m$ 的红外线通过。波长为 λ_1 的可见光部分的能量经可见光滤光片 9，滤去其中长波的辐射能，其余部分能量被硅光电池 8（即 E_1）接收并转换成电信号。波长为 λ_2 的红外线部分的能量则通过分光镜 5，经红外滤光片滤去其中的可见光，其余被硅光电池 7（即 E_2）

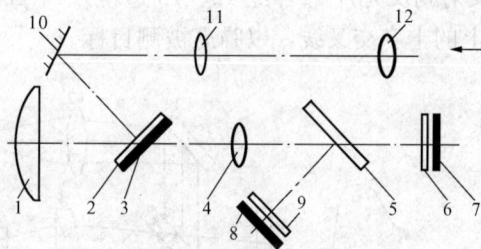

图 2-41　WDS-Ⅱ型光电比色高温计光路系统
1—物镜；2—平行平面玻璃；3—回零通孔硅光电池；
4—透镜；5—分光镜；6—红外滤光片；7—硅光电池
E_2；8—硅光电池 E_1；9—可见光滤光片；10—反射镜；
11—倒像镜；12—目镜

接收并转换成电信号。两个硅光电池 E_1 和 E_2 的输出电信号经过运算，求取比值，最终由显示部分指示出温度值。

以上介绍的为双色光电比色高温计，目前已有多色的光电比色高温计，它所测得的温度更接近于被测物体的实际温度。

五、红外测温仪

根据普朗克定律绘制的辐射曲线中可知（图 2-37），2000K 以下的曲线最高点所对应的

波长已不是可见光,而是红外线,而人眼是看不到这种射线的,所以较低温度的测量要采用红外测温仪表。红外测温仪表就工作在这个红外线波长区,因此可测较低的温度。它的原理和结构与辐射高温计、光电高温计相似。红外测温仪表是一种测温上限较低的仪表,可测量0~400℃范围的温度。

红外测温仪由光学系统、红外探测器、信号处理放大部分及显示仪表等部分组成。其中光学系统与红外探测器是整个仪表的关键,而且它们具有特殊的性质。红外光学材料又是光学系统中的关键器件,它是对红外辐射透过率很高,而对其他波长辐射不易透过的材料。红外探测器的作用是把接收到的红外辐射强度转换成电信号。它有光电型和热敏型两种类型。光电型探测器是利用光敏元件吸收红外辐射后其电子改变运动状况而使电气性质改变的原理工作的,常用的光电探测器有光电导型和光生伏特型两种。热敏型探测器是利用了物体接收红外辐射后温度升高的性质,然后测其温度工作的。根据测温元件的不同,又有热敏电阻型、热电偶型及热释电型等几种。在光电型和热敏型探测器中,前者用得较多。

此处以图 2-42 所示的红外辐射温度计为例介绍其原理及结构,被测物体 1 的辐射线由窗口 2 进入光学系统,首先到达分光片 3。分光片是由能透过红外线的专门光学材料制成,中间沉积了某种反射材料。红外线能透过分光片,而其他波长的辐射能被反射出去,不能透过。透过分光片的红外线经过聚光镜 4、调制盘 5 被调制成脉冲红外光波,它投射到置于黑体腔中的红外光敏探测器 6 上,最终转换成交变的电信号输出。使用黑体腔是为了提高光敏探测器的吸收能力,提高灵敏度。由于探测器输出的交变电信号与被测温度及黑体腔温度均有关,所以必须恒定黑体腔的温度,以消除背景温度的影响。黑体腔的温度由温度控制器控制在 40℃。输出的电信号经运算放大器 A1 和 A2 整形、放大后,送入相敏功率放大器 7,经解调器 8 整形后的直流电流由显示器指示被测温度。由分光片反射出来的其他波长下的光波反射到反光片 11,经 12、13 透镜,14 目镜组成的目镜系统,可以观察到被测目标及透镜 12 上的十字交叉线,以瞄准被测目标。

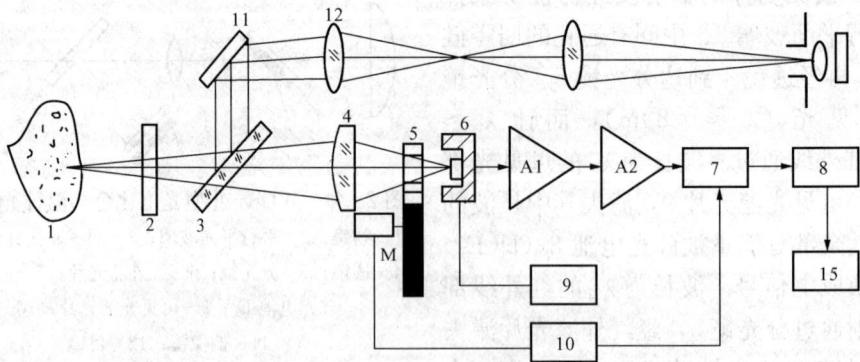

图 2-42 红外辐射温度计

1—被测物体;2—窗口;3—分光片;4—聚光镜;5—调制盘;6—红外探测器;
7—相敏功率放大器;8—解调、整形部分;9—温度控制器;10—信号发生器;
11—反光片;12、13—透镜;14—目镜;15—显示仪表

图 2-43 所示的是美国 Raytek 公司生产的 Raynger ST 系列便携式红外测温仪。它通过接受被测物体发射、反射和传导的能量来测量其表面温度。测温仪内的探测元件将采集的能

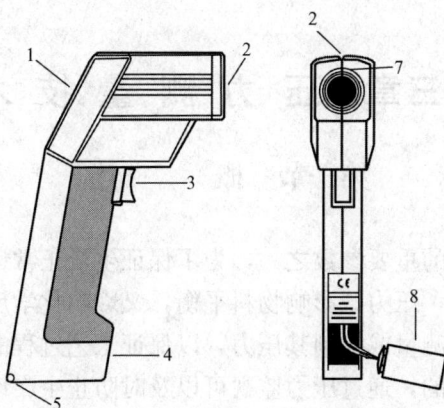

图 2-43 Raynger ST 系列便携式红外测温仪
1—液晶显示（LCD）；2—光学元件；3—扳机；
4—电池盒；5—绳/带系环；6—准星槽；
7—激光（如选有激光）；8—电池

量信息输送到微处理器中进行处理，然后转换为数字信号在 LCD 液晶屏上显示。

该仪器携带测量方便，测量精确度较高（读数值的 1‰），测温范围为 32～500℃，响应时间为 500ms（95％响应），并具有高、低温报警功能，目前得到广泛的使用。

第三章　压力测量技术

第一节　概　　述

压力是工业生产过程中的重要参数之一，为了保证生产正常运行，必须对压力进行监测和控制。比如在化学反应中，压力既影响物料平衡，又影响化学反应速度，所以必须严格遵守工艺操作规程，这就需要测量或控制其压力，以保证工艺过程的正常进行。其次压力测量或控制也是安全生产所必须的，通过压力监视可以及时防止生产设备因过压而引起破坏或爆炸。在热电厂中，炉膛负压反映了送风量与引风量的平衡关系，炉膛压力的大小还与炉内稳定燃烧密切相关，直接影响机组的安全经济运行。

一、压力单位

工程技术上，压力对应于物理概念中的压强，即指均匀而垂直作用于单位面积上的力，用符号 p 表示。在国际单位制中，压力的单位为帕斯卡（Pascal），简称帕，用符号 Pa 表示，其物理意义是 1N 力垂直均匀地作用于 $1m^2$ 面积上所产生的压力称为 1Pa，即 $1Pa = \dfrac{1N}{1m^2}$。

目前在工程技术上仍使用的压力单位还有：工程大气压、物理大气压、巴、毫米汞柱和毫米水柱等。我国已规定国际单位帕斯卡为压力的法定计量单位。

二、压力的表示方法

在测量中，压力有三种表示方式，即绝对压力、表压力、真空或负压，此外，还有压力差（差压）。

绝对压力是指被测介质作用在物体单位面积上的全部压力，是物体所受的实际压力。

表压力是指绝对压力与大气压力的差值。当差值为正时，称为表压力，简称压力；当表压力为负时，称为负压或真空。

差压是指两个压力的差值。习惯上把较高一侧的压力称为正压，较低一侧的压力称为负压。但应注意的是正压并不一定高于大气压力，负压也并不一定低于大气压力。

各种工艺设备和测量仪表通常是处于大气之中，也承受着大气压力，只能测出绝对压力与大气压力之差，所以工程上经常采用表压和真空来表示压力的大小。所以，一般的压力测量仪表所指示的压力也是表压或真空。因此，以后所提压力，在无特殊说明外，均指表压力。

三、压力测量的主要方法和分类

目前，压力测量的方法很多，按照信号转换原理的不同，一般可分为四类。

1. 液柱式压力测量

该方法是根据流体静力学原理，把被测压力转换成液柱高度差进行测量。一般采用充有水或水银等液体的玻璃 U 形管或单管进行测量。

2. 弹性式压力测量

该方法是根据弹性元件受力变形的原理，将被测压力转换成弹性元件的位移或力进行测量。常用的弹性元件有弹簧管、弹性膜片和波纹管。

3. 电气式压力测量

该方法是利用敏感元件将被测压力直接转换成各种电量进行测量，如电阻、电容量、电流及电压等。

4. 活塞式压力测量

该方法是根据液压机液体传送压力的原理，将被测压力转换成活塞面积上所加平衡砝码的重力进行测量。它普遍被用作标准仪器对压力测量仪表进行检定，如压力校验台。

在工业生产过程中，常使用弹性式压力仪表进行就地显示，使用电气式压力仪表进行压力信号的远传，所以在本章中，将重点介绍这两种压力测量方法。

第二节　弹性式压力测量技术

弹性式压力测量是利用弹性元件作为压力敏感元件把压力信号转换成弹性元件的位移或力的一种测量方法。该方法只能测量表压和负压，通过传动机构直接对被测的压力进行就地指示。为了将压力信号远传，弹性元件常和其他转换元件一起使用组成各种压力传感器。

该测量方法具有结构简单、使用方便和价格低廉的特点，应用范围广，测量范围宽，因此在工业生产中使用十分普遍。但是基于弹性元件的各种压力测量仪表和方法的共同特点是只能测量静态压力。

一、弹性元件的测量原理

弹性元件的测量原理是弹性元件在弹性限度内受压后会产生变形，变形的大小与被测压力成正比关系。

弹性元件受压力作用后通过受压面表现为力的作用，假设被测压力为 p_x，力为 F，其大小为

$$F = Ap_x \qquad (3-1)$$

式中　A——弹性元件承受压力的有效面积。

根据虎克定律，弹性元件在弹性限度内形变 x 与所受外力 F 成正比关系，即

$$F = Kx \qquad (3-2)$$

式中　K——弹性元件的刚度系数；

　　　x——弹性元件在受到外力 F 作用下所产生的位移（即形变）。

因此，当弹性元件所受压力为 p_x 时，其位移量为

$$x = \frac{F}{K} = \frac{A}{K}p_x \qquad (3-3)$$

其中弹性元件的有效面积 A 和刚度系数 K 与弹性元件的性能、加工过程和热处理等有较大关系。当位移量较小时，它们均可近似看作常数，压力与位移成线性关系。比值 $\frac{A}{K}$ 的大

小决定了弹性元件的压力测量范围，一般地，$\frac{A}{K}$ 越小，可测压力就越大。

二、弹性元件

目前，用作压力测量的弹性元件主要有弹性膜片、波纹管和弹簧管。

1. 弹性膜片

弹性膜片是一种沿外缘固定的片状形测压弹性元件，厚度一般在 0.05～0.3mm。按其

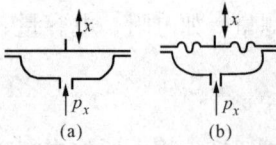

图 3-1　弹性膜片示意图

(a) 平薄膜；(b) 波纹膜

剖面形状分为平薄膜和波纹膜，见图 3-1 所示。波纹膜片是一种压有环状同心波纹的圆形薄膜，有时也将两块弹性膜片沿周边对焊起来，形成一薄膜盒子，称之为膜盒，其内部抽成真空，并且密封起来。

弹性膜片的特性一般用中心的位移和被测压力的关系来表征。当膜片的位移较小时，它们之间有良好的线性关系。此外，波纹膜的波纹数目、形状、尺寸和分布情况既与压力测量范围有关，也与线性度有关；当膜盒外压力发生变化时，膜盒中心将产生位移，这种真空膜盒常用来测量大气的绝对压力。

弹性膜片受压力作用产生位移，可直接带动传动机构指示。但是，由于弹性膜片的位移较小，灵敏度低，精确度也不高。更多的是弹性膜片和其他转换元件合起来把压力转换成电信号，如电容式压力传感器、光纤式压力传感器、力矩平衡式传感器等。

2. 波纹管

图 3-2 所示的波纹管是一种具有等间距同轴环状波纹，能沿轴向伸缩的测压弹性元件。当波纹管受轴向的被测压力 p_x 时，产生的位移为

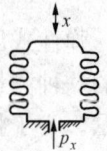

图 3-2　波纹管示意图

$$x = KAp_x \tag{3-4}$$

式中　K——系数，与泊松系数、弹性模数、非波纹部分的壁厚、完全工作的波纹数、波纹平面部分的倾斜角、波纹管的内径以及波纹管的材料有关；

　　　　A——波纹管承受压力的有效面积。

波纹管受压力作用产生位移，由其顶端安装的传动机构直接带动指针读数。相对于弹性膜片而言，波纹管的位移较大，灵敏度高，尤其是在低压区，因此常用于测量较低的压力。但是波纹管存在较大的迟滞误差，精确度一般只能达到 1.5 级。

3. 弹簧管

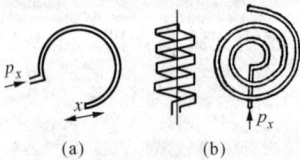

图 3-3　弹簧管示意图

(a) 单圈弹簧管；(b) 多圈弹簧管

弹簧管（又称波登管）是用一根横截面呈椭圆形或扁圆形的非圆形管子弯成圆弧形状而制成的，其中心角常为 270°。弹簧管的一端开口，作为固定端，固定在仪表的基座上。另一端封闭，作为自由端，如图 3-3 (a) 所示。当固定端通入被测介质时，被测介质充满弹簧管的整个内腔，弹簧管因承受内压，其截面形状趋于变成圆形并伴有伸直的趋势而产生力矩，同时改变其中心角，封闭的自由端产生位移，该位移的大小与被测介质压力成比例。

自由端的位移可以通过传动机构带动指针转动，直接指示被测压力，也可以配合适当的转换元件，比如霍尔元件和电感线圈中的衔铁把弹簧管自由端的位移变换成电信号（霍尔电势、线圈的电感量的变化）输出。

单圈弹簧管受压力作用后，中心角变化量一般较小，灵敏度较低。在实际测量时，可采用图 3-3 (b) 所示的多圈弹簧管以提高测量的灵敏度。

三、弹性元件的特性

1. 输出特性

弹性元件的输出特性指的是作用于弹性元件上的压力与弹性元件产生的相应位移或弹性

力之间的关系，为非线性关系，只有在弹性元件的输出位移微小的情况下，可近似认为输出位移和被测压力之间成线性关系。弹性元件的输出特性无完整的理论公式，而是用实验、统计方法得到经验公式。

弹性元件的输出特性决定着压力仪表的质量好坏，它与弹性元件的结构形式、材料、加工和热处理有关。因此目前还无法推导出输出特性的完整的理论公式，而是用实验、统计方法得到经验公式。

2. 不完全弹性

弹性元件的不完全弹性表现为弹性迟滞和弹性后效，引起非弹性误差。弹性迟滞是指给弹性元件加压力或减压力时，输出特性曲线不相重合的现象。弹性后效是指当弹性元件加压力或减压力到某一数值时，弹性变形不能同时达到相应值，而是要经过一段时间之后才能达到应有的应变量。

在实际测量中弹性迟滞和弹性后效同时产生，它们将造成非弹性误差。

3. 刚度和灵敏度

弹性元件的刚度是指使弹性元件产生单位变形所需要的压力。弹性元件的灵敏度是指在单位压力作用下产生的输出变形（力或位移）。

弹性元件的刚度与其灵敏度成倒数关系。刚度大的弹性元件，其灵敏度较小，适用于大量程压力的测量；刚度小的弹性元件，其灵敏度较大，适用于微小波动压力的测量。如果弹性元件的输出特性是线性的，则其刚度和灵敏度为常数，测量的精确度比较高。

4. 固有频率

固有频率指的是弹性元件的无阻尼自由振动频率或自振频率，它对弹性元件的动态特性影响非常大，一般希望固有频率较高。

5. 温度特性

弹性元件的温度变化时，其材料的弹性模量会发生相应变化，弹性元件的输出特性会偏离理论特性，产生附加误差。为减小温度变化的影响，弹性元件可采用恒弹性合金材料。

四、弹性元件的应用

下面将介绍几个以弹性膜片、波纹管和弹簧管为弹性元件的就地弹性式压力指示仪表。

1. 膜盒压力表

膜盒压力表的弹性元件为膜盒，适用于测量空气或其他无腐蚀性气体的微压或负压。被测介质一般由内径为 8mm 的橡皮软管插到压力表接头上引入，其结构及工作示意图如图 3-4 所示。

压力信号由接头 1、导压管 2 引入膜盒 3 内，使膜盒产生变形。变形后膜盒中心处向上位移，与膜盒中心相连的杠杆 4 动作，带动杠杆 5 绕支点 O 做逆时针转动，从而带动拉杆 7 向右移动。拉杆 7 又带动曲柄 8 和轴 12 逆时针转动，与轴相连的指针作逆时针转动进行压力

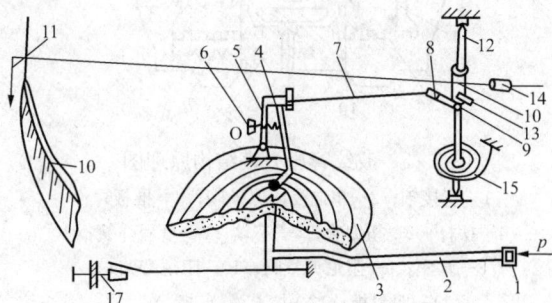

图 3-4　膜盒压力表原理结构

1—接头；2—导压管；3—金属膜盒；4，5—杠杆；6—微调螺丝；7—拉杆；8—曲柄；9—内套筒；10—外套筒；11—指针；12—轴；13—制动螺丝；14—平衡锤；15—游丝；16—标尺；17—调零机构

指示。

仪表满量程的调整是通过调节微调螺丝 6 改变杠杆 4、5 绕支点 O 旋转的半径实现的。也可以通过改变杠杆 7 与杠杆 5、曲柄 8 的连接孔位置以改变传动放大倍数来实现。仪表的零点调整是通过调节调零机构 17 来调整膜盒的初始高低位置实现的。

2. 双波纹管差压表

双波纹管差压表是一种机械位移变换就地显示压差的仪表，主要作为流量和水位等测量的中间变换或显示仪表。通入仪表正、负压室的静压一般很高，但所测量的静压差不大。

双波纹管差压表的结构和工作原理如图 3-5 所示。

当被测正、负压信号 p_+、p_- 分别引入测量室的高压侧和低压侧时，高压侧波纹管被压缩，其中的填充液（硅油）通过阻尼旁路 10 和环形间隙流向低压侧波纹管，使其自由端右移。整个连接轴系统就向低压侧方向移动，同时拉伸量程弹簧，直至差压（$p_+ - p_-$）在波纹管底面上形成的作用力与量程弹簧 7 及波纹管的变形力相平衡为止。连接轴系统移动时，通过轴上的挡板 3 拨动摆杆 4，使摆杆摆动，扭力管 5 扭转，芯轴 6 把扭转信号传给显示部件显示差压信号。

仪表量程是通过改变波纹管的刚度和有效面积以及量程弹簧的刚度和数量来实现的。另外，调节微调量程螺母亦能细调量程。阻尼调整阀 9 可以调节填充液受压流动时的流动阻力，以改善仪表阻尼特性，使仪表对短促的差压脉动不发生反应。波纹管 B_3 用于收容由于温度变化造成填充液体积变化而多出的填充液，起温度补偿作用。

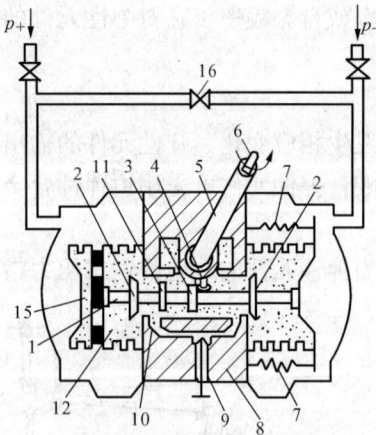

图 3-5　波纹管压力表结构原理图
1—连接轴；2—单向受压保护阀；3—推板；
4—摆杆；5—扭力管；6—芯轴；7—量程弹簧；
8—基座；9—阻尼调整阀；10—阻尼旁路；
11—阻尼板；12—填充液（硅油）；
13—滚针轴承；14—平衡锤；
15—游丝；16—标尺

图 3-6　单圈弹簧管压力表
原理结构图
1—表盘面；2—弹簧管；3—拉杆；
4—扇形齿轮；5—指针；6—中心齿轮；
7—接头；8—表壳；9—调整螺钉；
10—曲柄；11—游丝

3. 单圈弹簧管压力表

单圈弹簧管压力表的弹性元件是弹簧管，广泛用于测量对铜合金不起腐蚀作用的液体、气体和蒸汽的压力，其结构及工作示意图如图 3-6 所示。

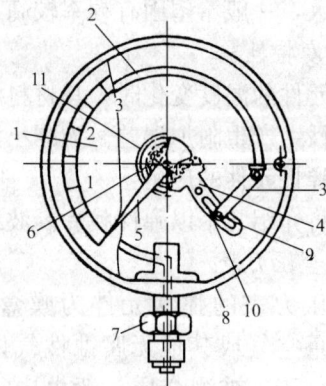

被测压力由接头 7 输入，弹簧管 2 因承受压力而使自由端产生一定的直线位移，通过拉杆 2 使扇形齿轮 4 做逆时针偏转，于是指针 5 通过同轴的中心齿轮 6 的带动而作顺时针偏转，在表盘面 1 的刻度标尺上显示出被测压力的数值。其中游丝 11 是用来克服因扇形齿轮和中心齿轮之间存在的间隙所产生的仪表变差。压力表的量程调节是通过调节调整螺钉 9 的位置，也就是改变机械传动的放大系数来实现的。

第三节　电气式压力测量技术

电气式压力测量是利用压力敏感元件将被测压力信号直接转换成各种电量的测量方法，在集中测量、自动控制等自动化场合得到广泛的应用。根据工作原理的不同，电气式压力测量方法有下列几种。

一、电阻式压力测量技术

电阻式压力测量的原理是把被测压力信号转换成电阻变化，通过测量电阻值达到测量压力目的的一种测量技术。常用的有电位器式和应变式两种，电位器式适用于压力变化比较大的场合，应变式的灵敏度较高，适用于电阻值变化比较小的场合，其变换原理将在应变式压力测量中进行介绍。

电位器式压力测量的原理是，弹性元件的形变端与电位器的滑动触点刚性相连，当弹性元件承受压力，产生形变，从而带动滑动触点移动，即把弹性元件的输出位移转换成电位器滑动触点的位移，实现了把被测量压力的变化变换成电阻值的变化。通过测量电阻值的变化，就可以得知被测压力的大小。

在该测量技术中，另一关键是如何测量电阻值的变化。目前可采用不平衡电桥的方式或者恒流源的测量方法把电阻值的变化转换成不平衡电桥输出电压或电阻两端的压降。

电位器式压力测量的优点是结构简单，性能稳定，使用比较方便，其缺点是存在滑动摩擦阻力以及电位器易磨损、污染等问题，且分辨率不太高。

二、电感式压力测量技术

电感式压力测量的原理是弹性元件受压力作用后产生位移，同时改变磁路中气隙大小，或改变铁芯与线圈之间的相对位置，使线圈的电感量发生改变，从而把压力变化的信号转换成线圈电感量变化的信号。

根据变换原理，电感式压力测量分为自感式和互感式两类。

1. 自感式压力测量

按照自感式压力测量敏感元件的结构形式的不同，有变气隙、变截面和螺管式几种，其中螺管式量程最大、灵敏度低，但结构简单、便于制作，因而应用比较广泛。下面将以螺管式压差测量为例简要介绍自感式压力测量的原理。

螺管式压差测量原理结构见图 3-7 所示。测量弹性膜片和柱形衔铁刚性相连，线圈电感量与柱形磁铁的位置有关。当被测差压信号发生变化，测量膜片产生位移，带动柱形衔

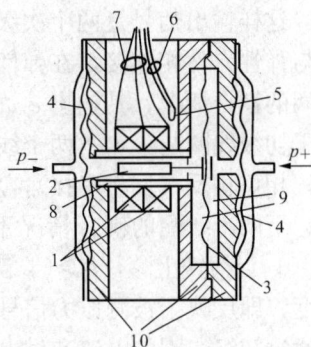

图 3-7　自感式压力测量
原理结构图

1—电感线圈；2—衔铁；3—测量膜片；
4—隔离膜片；5—温度传感器；
6、7—引线；8—非磁性套管；
9—测量室；10—基座

铁运动，改变了柱形衔铁插入螺管深度，磁力线路径上的磁阻将发生相应的变化，从而改变了输出的电感量。因此该电感量的大小反映了被测差压的大小。

另外，测量弹性膜片 3 两侧的空腔容积尽可能相等，膜片 4 比 3 软得多，以此进行温度补偿，超压时隔离膜片 4 可紧贴在形状相同的基座表面上，由此限制了位移，使测量膜片不会发生过大的变形以此进行单向超压保护，测量室空腔内充满硅油以均匀传递压力，并因硅油的流动需经过节流孔，而起到阻尼作用。通过测温传感器 5 给出电感线圈的温度值，以便对输出信号进行温度校正。

2. 互感式压力测量

互感式习惯上又称为变压器式，而且因其多做成差接式，所以又称为差动变压器式。差动变压器式压力测量的原理是利用线圈的互感作用将弹性元件输出的位移转换成感应电势的变化，其结构原理如图 3-8 所示。

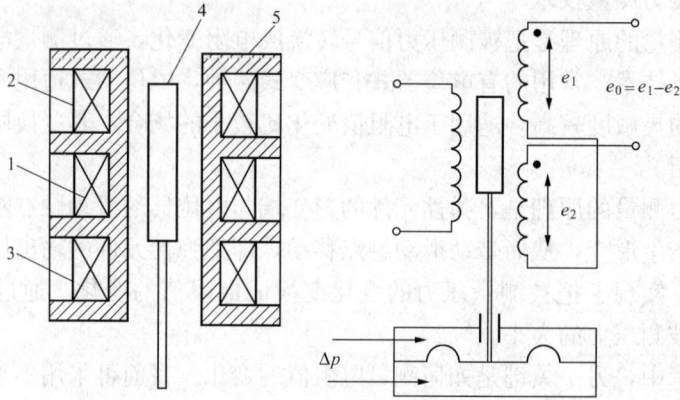

图 3-8　差动变压器压力测量原理结构图
1—初级线圈；2、3—次级线圈；4—衔铁；5—骨架

该传感器由初级线圈、两个相同次级线圈和活动衔铁组成。两个次级线圈按电势反相相接，这样输出信号是两个次级线圈输出信号的差值，即 $e_0 = e_1 - e_2$。导磁材料制成的活动衔铁与弹性元件相连接，在弹性元件的带动下在线圈中移动，改变初级线圈与上、下两个次级线圈的耦合情况，其输出 e_0 的大小随着活动衔铁的位置而变。当衔铁处于线圈中间位置时，由于初级线圈与上、下两个线圈的耦合情况相同，两个次级线圈的感应电势 e_1 和 e_2 大小相等，相位相反（反相串接），总的输出电势 e_0 为零；当衔铁偏离中间位置时，初级线圈与上、下两个线圈的耦合情况不相同，两个次级线圈的感应电势 e_1 和 e_2 大小不相等，输出 $e_0 \neq 0$；当衔铁上移，$e_0 > 0$，当衔铁下移，$e_0 < 0$。因此输出电势 e_0 的大小反映了衔铁的偏离程度，即反映了被测压力信号的大小，此外该大小还与差动线圈的匝数等结构参数有关，并随通过初级线圈的电流和供电频率的增加而增加。但是，供电电流受线圈发热所限制，过高的频率造成铁芯涡流损失反而会使传感器的灵敏度下降。

三、电容式压力测量技术

电容式压力测量的原理是把被测压力信号变化转换成电容量的变化，目前广泛采用的是以测压弹性膜片作为可变电容器的动极板，它与固定极板之间形成一可变电容器。被测压力作用于弹性膜片上，当被测压力变化，弹性膜片产生位移，使电容器的可动极板与固定极板之间的距离改变，从而改变了电容器的电容值，通过测量电容的变化量可间接获得被测压力的大小。

1. 电容式压力测量原理

1151 系列电容式传感器是目前应用非常广泛的一种压力/差压测量传感器，其工作原理如图 3-9 所示。下面将以 1151 系列电容式压力变送器为例，简要介绍电容式压力测量原理。

1151 系列电容式传感器采用全密封电容感测元件 δ 室，直接感受压力。被测压力作用于两侧的隔离膜片上，并通过充满 δ 室的硅油把压力均匀地传给中心测量膜片，中心测量膜片是一个张紧的弹性元件，该膜片作为差动式电容的动极板，定极板是在绝缘体的球形凹表面上镀一层金属薄膜而成。当被测压差发生变化，中心测量膜片产生变形位移，位移量与差压成正比，此位移转变为电容极板上形成的差动电容，并由其两侧的电容固定极板检测出来。

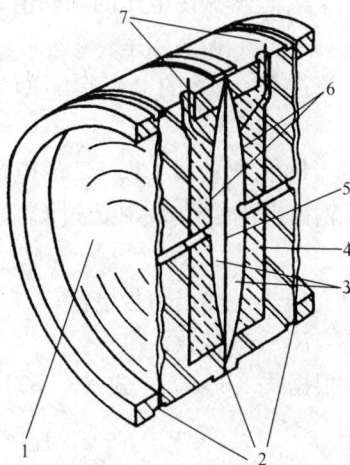

图 3-9 1151 系列电容式压力测量原理图

1—隔离膜片；2—焊接密封；3—硅油；4—刚性绝缘体；5—测量膜片；6—电容固定极板；7—引线

2. 转换原理

被测压力经 δ 室转换后的差动电容可以通过图 3-10 所示的转换电路转换成二线制 4~20mA，DC 输出信号。

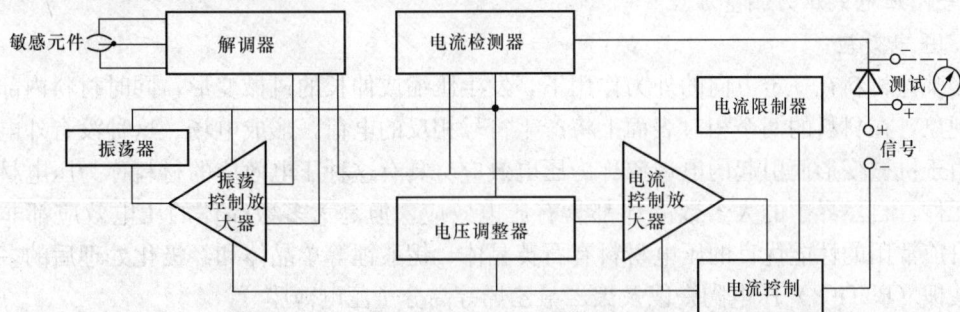

图 3-10 1151 系列电容式变送器转换电路方框图

被测压力和差动电容之间的转换关系为

$$p = K_1 \frac{C_2 - C_1}{C_2 + C_1} \tag{3-5}$$

式中　p——被测压力；

　　　K_1——常数；

　　　C_1——高压侧极板和传感膜片之间的电容；

　　　C_2——低压侧极板和传感膜片之间的电容。

传感器由一振荡器驱动，且其输出是通过解调器整流。其振荡频率和（$C_1 + C_2$）的关系为

$$fV_{p-p} = \frac{I_{ref}}{C_2 + C_1} \tag{3-6}$$

式中　I_{ref}——恒定的基准电流；

V_{p-p}——振荡电压的峰峰值；

f——振荡频率。

流过 C1、C2 的电流差与 (C_1+C_2) 的关系为

$$I_{diff} = fV_{p-p}(C_2-C_1) \tag{3-7}$$

式中　I_{diff}——流过 C1、C2 的电流差。

输出电流信号 I_{sig} 和流过 C1、C2 的电流差 I_{diff} 的关系为

$$I_{sig} = K_2 I_{diff} \tag{3-8}$$

式中　I_{sig}——输出信号电流；

　　　K_2——常数。

根据式（3-5）～式（3-8），可得

$$I_{sig} = K_2 I_{ref} \frac{C_2-C_1}{C_2+C_1} = 常数 \times p \tag{3-9}$$

1151 型压力变送器输出的电流信号与被测压力/差压之间呈线性关系。

由于电容式压力测量的测量范围宽，精确度高，灵敏度也高，过载能力强，尤其适应测高静压下的微小差压变化，故近年来广泛被采用。

四、压电式压力测量技术

压电式压力测量的原理是利用压电材料的压电效应，即压电材料受压时会在其表面产生电荷，其电荷量与所受压力成正比。

（一）压电式压力测量原理

1. 压电效应

当某些材料在一定方向的外力作用下，发生压缩或伸长的机械变形，同时材料内部产生极化现象，在材料的两个相对表面上将产生符号相反的电荷，形成电场。这种没有外电场存在，由于机械变形而引起的电现象称为压电效应。具有这种压电效应的材料称为压电材料或压电元件。自然界中的大多数晶体都具有压电效应，但是大多数晶体的压电效应都非常微弱。目前常用的性能优良的压电材料有石英晶体、铌酸锂等单晶体和经极化处理后的多晶体如钛酸钡（$BaTiO_3$）压电陶瓷以及聚二氟乙烯等高分子压电薄膜。

2. 石英晶体和压电陶瓷的压力测量原理

石英晶体和压电陶瓷的压电常数高、机械性能优良（强度高、固有振荡频率稳定）、时间稳定性好和温度稳定性好等，是比较理想的压电材料。

（1）石英晶体的压电特性及压力测量原理

如图 3-11（a）所示，石英晶体是单晶体结构，其形状为六角形晶柱，两端呈六棱椎形状。在晶体学中可以把它用三根相互垂直的轴来表示。其中纵向轴 Z 称为光轴，经过六棱柱棱线，垂直于光轴 Z 的 X 轴称为电轴，同时垂直于光轴 Z 和电轴 X 的 Y 轴称为机械轴。石英晶体各个方向的特性是不同的。把沿电轴 X 施加作用力下产生电荷的电压效应称为纵向压电效应，把沿机械轴 Y 方向的作用下产生电荷的压电效应称为横向压电效应，沿光轴 Z 方向施加作用力则不产生压电效应。其中以纵向压电效应最为明显。

从石英晶体上沿 Y 轴方向切下一块如图 3-11（b）所示晶体切片，当在电轴 X 方向施加被测压力 p_X 时，则在与电轴 X 垂直的平面上将产生电荷 q_X，其大小为

$$q_X = K_X A p_X \tag{3-10}$$

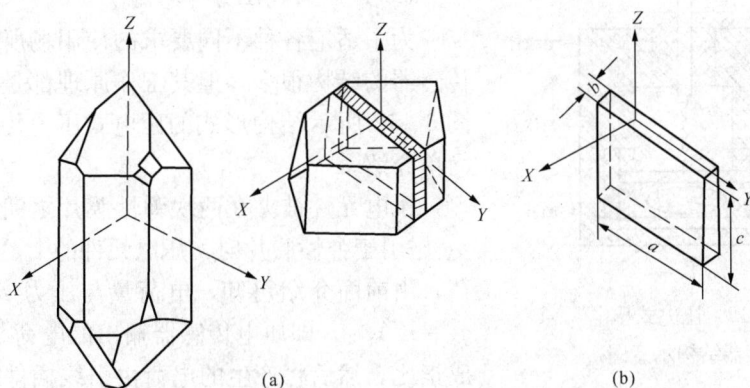

图 3 - 11 石英晶体

(a) 六棱锥形石英晶体和直角坐标系；(b) Y 方向的晶体切片

式中 K_X——电轴 X 方向受力时的压电系数；

    A——石英晶体的受力面积；

    p_X——被测压力。

从式（3-10）可知，沿电轴 X 方向的压力施加于晶体切片上时，产生的电荷量大小与切片的几何尺寸无关。

如果在同一切片上，沿机械轴 Y 方向加压力 p_Y，其电荷仍出现在与电轴 X 垂直的平面上，但极性相反，此时电荷的大小为

$$q_Y = \frac{a}{b} K_Y A p_Y = -\frac{a}{b} K_X A p_Y \tag{3-11}$$

式中 K_Y——机械轴 Y 方向受力的压电系数，因石英轴对称，所以 $K_Y = -K_X$；

    a、b——晶体片的长度和厚度。

由式（3-11）可知，沿机械轴 Y 方向的压力施加于晶体切片上时，产生的电荷量大小与切片的几何尺寸有关。其中的负号说明沿机械轴 Y 的压力所引起的电荷极性与沿电轴 X 的压力所引起的电荷极性是相反的。

（2）压电陶瓷的压电特性及压力测量原理

压电陶瓷是人造多晶体，由许多细微的单晶体各自按完全任意的方向排列。在没有极化处理之前，因各单晶体的压电效应相互抵消表现为电中性，经极化处理后的压电陶瓷具有非常高的压电系数，为石英晶体的几百倍。

对陶瓷片的极化会在其极化两端出现符号相反的束缚电荷，同时会相应吸附一层来自外界的自由电荷，因束缚电荷和自由电荷极性相反，大小相等，陶瓷片对外不呈现极性。在压电陶瓷片上施加一个与极化方向平行的压力信号，陶瓷片产生压缩变形，片内的束缚电荷之间距离变小，极化强度变小，所以，吸附在其表面的自由电荷有一部分被释放而呈现放电现象。放电电荷的多少与所施加的压力成正比关系，即

$$q_X = K_Z A p_X \tag{3-12}$$

式中 K_Z——压电陶瓷的压电系数；

    A——压电陶瓷的受力面积；

    p_X——被测压力。

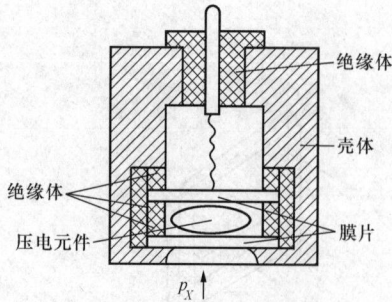

图 3 - 12 压电式压电
传感器结构示意图

（二）压电式压力传感器

为了适应各种不同要求的使用场所，压电式压力传感器的结构很多，但其工作原理都是相同，下面以图 3 - 12 所示结构形式的压电式压力传感器为例作一简单介绍。

压电元件被夹在两块弹性膜片之间，当被侧压力 p_X 作用于弹性膜片时，压电元件的上、下表面产生电荷，由前面介绍可知，电荷量与压力 p_X 成正比，即 $q_X = KAp_X$，即压电传感器输出的电荷与被测压力 p_X 成正比，然后将产生的电荷由引线插件输出给电荷或电压放大器，转换成电压或电流输出。由于压电材料上产生的电荷量非常小，属于皮库仑数量级，因此需要增加高阻抗的直流放大器（电荷或电压放大器），放大传感器输出的微弱电信号，并将传感器的高阻抗输入变换成低阻抗输出，提高测量精确度。

由于外力作用而在压电材料上产生的电荷只有在无泄漏的情况下才能够长期保存，因此需要相应的测量电路具有无限大的输入阻抗，而实际上这是不可能的，所以压电式压力传感器不宜作静态测量，只有在其上施加交变力，电荷才能够不断得到补充，可以供给测量电路一定的电流，故压电式压力传感器只适宜作动态测量。

压电式压力传感器具有结构简单、紧凑，小巧轻便，工作可靠，具有线性度好，频率响应高，量程范围大等优点。

五、应变式压力测量技术

应变式压力测量是利用金属应变片或半导体应变片将测压弹性元件的应变转换成电阻变化。

（一）应变式压力测量原理

1. 应变片的工作原理

应变片由电阻体和基座构成。当应变片受力变形时，电阻体的几何尺寸和电阻率会随着应变不同而变化，其输出电阻可以反映应变和应力。

假设一段轴向长度为 l、横向截面积为 A 和材料电阻率为 ρ 的金属导体或半导体材料制成的电阻体，其电阻值为

$$R = \rho \frac{l}{A} \qquad (3 - 13)$$

当电阻体受到外力作用时，它的电阻阻值会发生变化，其相对变化量为

$$\frac{\Delta R}{R} = \frac{\Delta l}{l} - \frac{\Delta A}{A} + \frac{\Delta \rho}{\rho} \qquad (3 - 14)$$

由材料力学可知

$$\frac{\Delta A}{A} = -2\mu \frac{\Delta l}{l} \qquad (3 - 15)$$

$$\frac{\Delta \rho}{\rho} = \pi E \frac{\Delta l}{l} \qquad (3 - 16)$$

式中　μ——材料的泊松系数；

　　　π——压阻效应；

　　　E——弹性模量。

令
$$\varepsilon = \frac{\Delta l}{l} \tag{3-17}$$

把材料轴向长度的相对变化量称为应变,一般用 ε 表示。

对式(3-14)~式(3-17)整理后可得电阻阻值的相对变化量。

$$\frac{\Delta R}{R} = (1 + 2\mu + \pi E)\varepsilon = K_1\varepsilon \tag{3-18}$$

从式(3-18)可知,材料的电阻变化取决于两部分:一是由几何尺寸变化引起的电阻变化率 $(1+2\mu)\varepsilon$,称为应变效应;二是由材料的电阻率变化引起的电阻 $(\pi E\varepsilon)$,称为压阻效应。

对于金属材料,以几何应变效应为主,压阻效应可以忽略不计;对于半导体材料,当受到机械变形时,电阻率的相对变化率 $\frac{\Delta\rho}{\rho}$ 远大于外形尺寸 l、A 的相对变化率,故半导体的电阻变化率主要由压阻效应造成的,而几何应变效应可以忽略。

2. 应变式压力测量原理

利用金属材料的应变效应和半导体压阻效应可分别制成金属应变片和压阻元件等压力敏感元件,用于压力参数的测量。

为了使应变片能在受压时产生形变,应变片应与弹性元件一起使用。应变片主要有金属应变片,如金属或合金丝、箔等以及半导体压阻片(硅片)。通常采用粘贴或非粘贴的方式将弹性元件和敏感元件(应变片)连接在一起。由于敏感元件与弹性元件处于一体,因受压而发生同一应变时,应变量 ε 与被测压力 p_X 成正比,即

$$\varepsilon = k_2 p_X \tag{3-19}$$

式中 k_2——结构常数,通常与弹性元件的结构形状、材料性质及压阻片在弹性元件上的位置有关。

所以

$$\frac{\Delta R}{R} = k_1 k_2 p_X = k p_X \tag{3-20}$$

式中 k——常数。

上式说明金属应变片及半导体压阻片的电阻变化率与被测压力成正比,这就是应变式压力测量的原理。

必须指出的是应变片测出的是弹性元件上某处的应变,而不是该处的压力或位移。只有通过换算或标定,才能得到相应的压力或位移量。换算关系可参考有关的专门资料。

3. 金属电阻应变片与半导体压阻片

金属电阻应变片是基于应变效应工作的一种压力敏感元件,有丝式和箔式两种。这里就不作详细介绍。

半导体压阻片是基于压阻效应工作的一种压力敏感元件,即在半导体材料基片上用集成电路工艺制成的扩散电阻,当有外力作用时其电阻值随着电阻率的变化而变化。扩散电阻的灵敏度是金属应变片的灵敏系数的 $50\sim100$ 倍,能直接反应出微小的压力变化,能测出十几帕斯卡的微压。目前广泛使用的敏感元件是用单晶硅制成的(常称为硅杯)——扩散硅压阻元件。它把感受压力及将压力转换成电信号的双重功能在一个组件上完成,即采用集成电路技术直接在硅杯上制成应变电阻,并接成测量电路以及带有温度补偿电路、输出放大电路

等。这种应变片由于基底和导电层（敏感元件）相互结合紧密，即两者基本上是一体的，故稳定性好，滞后和蠕变极小。

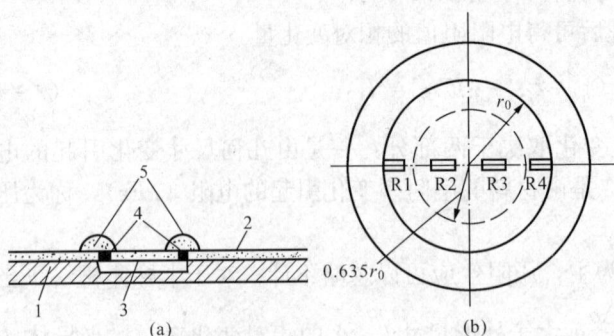

图 3-13　扩散硅压阻元件

（a）扩散硅压阻元件的组成；（b）硅膜片的示意图

1—N 型单晶硅；2—第一次 SiO_2 涂层；3—扩散 P 型区；

4—作连接导线的金属；5—第二次 SiO_2 涂层

在 N 型单晶硅片 1 上用光刻技术扩散上 P 型区 3，这个 P 型区就是压阻敏感元件。P 型区和 N 型区的边界层是这个元件的绝缘层。表面的氧化硅层 2 是保护层。P 型区的电阻由金属 4 作引线引出，它的结构如图 3-13（a）所示。

压阻敏感元件在单晶硅膜片上的位置按如图 3-13（b）所示。作为电桥桥臂电阻的 R1、R2、R3、R4 都是径向布置的。由于单晶硅的各向异性，不同径向上的压阻效应不同，为保证最大正应变量和最

大负应变量的绝对值相同，电阻 R1、R4 应取自晶轴的 $\alpha = 40° - 59°30'$ 处。这样，当硅膜片均匀受压时，四个电阻可以得到对称变化，即

$$R_2 = R_3 = R_0 + \Delta R \tag{3-21}$$

$$R_1 = R_4 = R_0 - \Delta R \tag{3-22}$$

式中　R_0——未受压时，四个电阻的静态值；

　　　　ΔR——测压时，四个电阻增量的绝对值。

由于四个压敏电阻是对称的，在电桥平衡状态下具有良好的温度补偿作用。

（二）扩散硅式压力传感器

扩散硅式压力传感器采用半导体应变式压力测量原理，其敏感元件是用单晶硅制成的硅杯。硅杯的结构有 C 型和 E 型等，其中 C 型适用于压力传感器，E 型适用于测静压。

图 3-14 所示为 E 系列扩散硅式压力传感器的工作原理图。

被测压力和大气压力分别加在两个密封膜片上，通过硅油（填充液）把压力变化均匀传递给半导体传感器。由于压阻效应，硅半导体扩散应变电阻阻值变化，再由电桥把变化的信号取出，通过测量电路得到 4~20mA，DC 的输出。

扩散硅式压力传感器采用集成电路技术直接在硅膜片上扩散形成应变测量桥路元件，单晶硅膜片集压敏元件和弹性元件于一身，因此体积非常很小。同时将温度补偿电路、输出放大电路甚至将电源变换电路集成在同一块 $4mm^2$ 的单晶硅膜片上，大大提高传感器的静态特性和稳定性。我们把这种传感器称为固态压力传感器，有时也叫集成压力传感器，是传感器的发展方向之一。

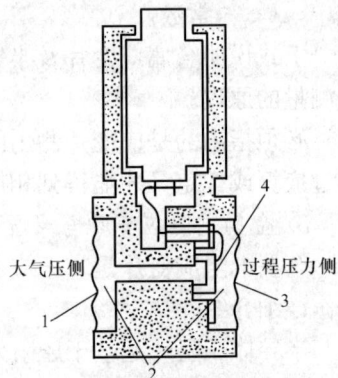

图 3-14　E 系列扩散硅式压力传感器工作原理

1、3—隔离膜片；2—硅油液；4—半导体传感器

应变式压力传感器具有结构简单可靠、体积小、重量轻、测量范围广、环境适应性较强、线性度好、灵敏度及精确度高等优点。该传感器可用于静压、动态压力测量，由于动态性较好，可用来测量高达数千赫乃至更高的脉动压力。

但是这种传感器存在的缺点是其敏感元件易受温度的影响，必须考虑对温度的补偿措施。

六、霍尔压力测量技术

霍尔压力测量是基于霍尔效应将压力作用下所产生的弹性元件的位移信号转换成电势信号，通过测电势来得到测量压力的目的。

1. 霍尔效应

金属或半导体薄片置于磁场中，在与磁场垂直方向的相对两侧面通以控制电流，在垂直于电流和磁场的方向上将产生一个大小与控制电流和磁场强度相乘积成正比的电势，这种物理现象称为霍尔效应，所产生的电势称为霍尔电势，上述的金属或半导体称作霍尔元件或霍尔片。

假设霍尔元件为 N 型半导体，垂直置于磁感应强度为 B 的磁场中，如图 3-15 所示，在霍尔元件的左右两端通以控制电流 I，那么半导体中的电子将沿着与控制电流 I 的相反方向运动。由于磁场 B 的作用，电子受到洛伦兹力 f_L 而发生偏转，结果在半导体的后端面上电子有所积累而带负电，前端面则因缺少电子而带正电，在前后端面间形成电场。该电场产生的电场力 f_E 与洛伦兹力 f_L 方向相反，从而阻止电子继续偏转。当 f_E 和 f_L 相等时，电子积累达到动态平衡。这是，在半导体前后端面之间，即垂直于电流和磁场的方向建立霍尔电场强度 E_H，相应的电势称为霍尔电势 U_H。

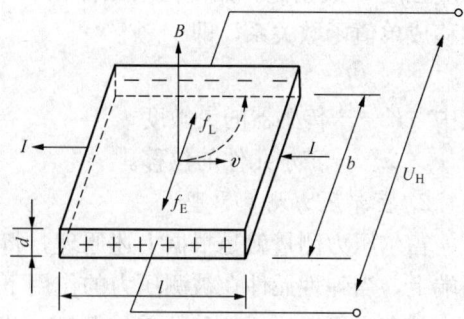

图 3-15 霍尔效应原理示意图

若电子都匀速 v 按沿与控制电流 I 相反的方向运动，那么在 B 的作用下所受的洛伦兹力为

$$f_L = evB \tag{3-23}$$

式中　f_L——洛伦兹力；

　　　e——电子电量；

　　　v——电子速度；

　　　B——磁感应强度。

同时，霍尔电场 E_H 作用于电子的力为

$$f_E = eE_H = eU_H/b \tag{3-24}$$

式中　f_E——电场力；

　　　E_H——霍尔电场强度；

　　　U_H——霍尔电势；

　　　b——霍尔元件的宽度。

当洛伦兹力 f_L 和电场力 f_E 达到动态平衡时，即

$$vB = U_H/b \tag{3-25}$$

则控制电流 I 与电子电量 e、电子浓度 n、电子速度 v 之间的关系（电子运动速度与电流方

向相反）是

$$I = nevbd \tag{3-26}$$

即

$$v = I/(nebd) \tag{3-27}$$

式中　d——霍尔元件的厚度。

　　将式（3-27）代入式（3-25），可得

$$U_{\mathrm{H}} = \frac{IB}{ned} = R_{\mathrm{H}} \frac{IB}{d} = K_{\mathrm{H}} IB \tag{3-28}$$

式中　R_H——霍尔系数，由载流材料物理性质所决定；

　　　　K_H——灵敏度系数，它与载流材料的物理性质和几何尺寸有关，表示在单位磁感应
　　　　　　　强度和单位控制电流作用时霍尔电势的大小。

　　可见，对于一定的霍尔元件，当控制电流 I 恒定时，霍尔电势与霍尔元件所在磁场的磁感应强度 B 成正比。如使霍尔元件在一个均匀梯度的磁场中作线性移动，那么霍尔电势与位移成单值函数关系，即

$$U_{\mathrm{H}} = Kx \tag{3-29}$$

式中　K——传感器的灵敏度；

　　　　x——霍尔元件的位移。

　　2. 霍尔压力测量原理

　　霍尔压力测量就是根据上述原理，将霍尔元件固定在弹性元件（弹簧管、膜盒等）的自由端上，当弹性元件在被测压力的作用下，其自由端产生正比于被测压力的位移时，霍尔元件也就产生了正比于位移的霍尔电势，此电势便反映了压力的大小。

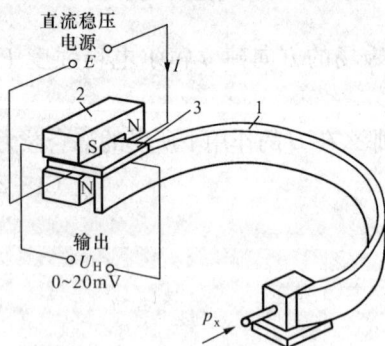

图 3-16　霍尔压力传感器的结构示意图
1—弹簧管；2—磁钢；3—霍尔元件

　　图 3-16 为霍尔压力传感器的结构示意图，霍尔元件固定在弹性元件的自由端上。当霍尔元件处于极靴间隙的中心位置时，霍尔元件两半边所处的磁场方向相反，大小相等，总的霍尔电势输出为零。当弹性元件受压产生位移时将带动霍尔元件偏离中心位置，由于两半边所处的磁感应强度不同，霍尔元件就有正比于位移的霍尔电势输出。霍尔元件位移越大，霍尔电势也就越大，反映所测压力越大。

　　为了保证霍尔传感器输出的霍尔电势与位移成单值函数关系，必须满足两个条件。第一，供给磁场中的霍尔元件以恒定的工作电流，为此应采用桥式整流、稳定的晶体管恒流源；第二，磁感应强度线性变化，即磁场梯度均匀。为此往往将磁钢的磁极片设计成特殊的形状。另外注意的是，磁场梯度越大，测量的灵敏度就越高；磁场梯度越均匀，输出的线性度越好。

　　目前已生产的霍尔集成电路，它把霍尔元件、电源部分、输出信号放大和温度补偿等线路集成在同一单晶片上，是应用最为广泛的集成传感器之一。

　　3. 霍尔压力测量中应注意的问题和特点

　　霍尔压力传感器的测量会受多种因素的影响而产生误差。一方面，由于制造工艺问题，

不可能保证将两个霍尔电极对称地焊接在霍尔元件的两侧，或者霍尔元件电阻率不均匀、厚薄不均匀或控制电流极接触不良都将使两霍尔电极不在同一等位面上而产生不等位电势。在实际使用时，由于元件安装不合理等引起零位误差。为了减小并消除不等位电势和零位误差，除了工艺上采取措施外，还需采用补偿电路加以补偿。另一方面，霍尔元件由半导体材料制成，因此它的性能参数如输入和输出电阻、霍尔常数等也随环境温度而变化，致使霍尔电势变化，产生温度误差。为了减小温度误差，除选用温度系数比较小的材料，如砷化铟外，还可以采用适当的温度补偿电路。

霍尔压力传感器的结构简单，体积小，坚固，频率响应宽（从直流到微波），动态范围大（输出电势的变化可达 1000：1），无触点，使用寿命长，可靠性高，易于微型化和集成电路化，因此在测量技术、自动化技术和信息处理等方面得到了广泛的应用。但是它的转换率较低，温度影响大，要求转换精确度较高时必须进行补偿。

七、振弦式压力测量技术

振弦式压力测量是利用被测压力改变振弦的谐振频率来进行测量的。其测量时间和频率信号易于达到较高的精确度，且输出的是频率信号，抗干扰性能好，也便于远传。

1. 振弦式压力测量原理

振弦式压力测量的基本原理可用图 3 - 17 说明。

振弦 1 是一跟拉紧的钢丝，它的上端夹紧固定在支承 2，另一端通过支承 2 与感压弹性膜片 5 相连并被拉紧。振弦中间有一小块纯铁，置于磁场缝隙之中。当被测压力发生变化时，弹性膜片产生位移，改变了振弦的张力。绷紧的振弦 1 受力激振，因受惯性力和轴向力的作用，开始作简谐振动。当忽略阻尼时，振弦的固有频率 f 为

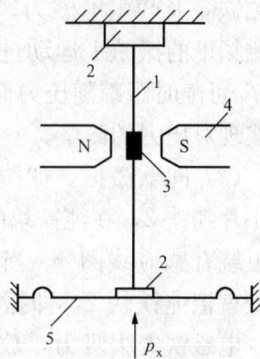

$$f = \frac{1}{2l}\sqrt{\frac{T}{\rho}} \qquad (3-30)$$

图 3 - 17 振弦式压力
测量原理结构图
1—振弦；2—支承；3—纯铁块；
4—磁钢；5—弹性膜片

式中 l、T——振弦的长度、张力；

ρ——振弦材料的线密度。

由式（3-30）可知，当振弦的材料和结构确定后，振弦的固有频率 f 只与振弦所受的张力 T 有关，即 $f = f(T)$。

当被测压力 p_x 变化时，弹性膜片 5 产生微小的位移，致使振弦所受的张力 T 发生变化，张力与被测压力 p_x 的关系可表达为

$$T \approx kp_x \qquad (3-31)$$

式中 k——系数，与振弦长度、材料的弹性模量、弹性膜片的厚度、弹性模量以及有效的工作半径有关。

综合式（3-30）和式（3-31），可得

$$f = \frac{1}{2l}\sqrt{\frac{k}{\rho}p_x} \qquad (3-32)$$

可见，只要能够测量出振弦的固有频率 f，就可以得知被测压力的大小。

由于振弦是放置在磁场中的，当它在磁场中振动且切割磁力线时，便产生感应电势，此感应电势的频率与机械振动频率 f 相等，测量出这个感应电势的电频率，就可知道振弦的

频率，从而就可以得知被测压力的大小。也就是说要测量被测压力 p_X，只要测量感应电势的频率即可。

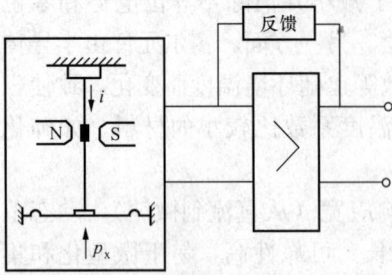

图 3-18　连续激振原理示意图

衰减，因此必须采取措施，使振弦保持持续的等幅振动。有效的方法是在激振电路中通以交流电流。

（2）线圈激振。如图 3-19 所示，激振线圈 3 在电磁铁 5 上产生电磁力，对振弦 1 激振，拾振线圈 2 对磁场中的振弦 1 运动进行拾振，放大器 6 的输出频率 f_o 可随时跟踪随压力而变化的振弦固有频率 f，从而实现对压力的测量。

（3）间歇激振。如图 3-20 所示，在振弦 1 上装一小片纯铁 2，在纯铁块的旁边放置电磁铁 3，在电磁铁上绕有感应线圈 4。当线圈通以一脉冲电流时，电磁铁就把纯铁块 2，即振弦 1 吸住。但是当电流断开后，电磁铁失去吸力，放开振弦，这样一吸一放，振弦就产生振动，振动的频率即为振弦的固有振动频率。振弦在磁场中振动时所产生的感应电势从感应线圈 4

2. 振弦振动的激发

应用振弦式测量压力的关键之一是激发振弦振动。常用的激振方式有连续激振、线圈激振、间歇激振。

（1）连续激振。振弦与激振电路相连接如图 3-18所示。当电路接通时，有一个电脉冲流经位于磁场中的振弦，由于电磁感应，振弦受到一垂直于磁力线的作用力，从而产生一定固有频率的周期运动（自振）。振弦在空气中，由于阻尼作用，自振将逐渐

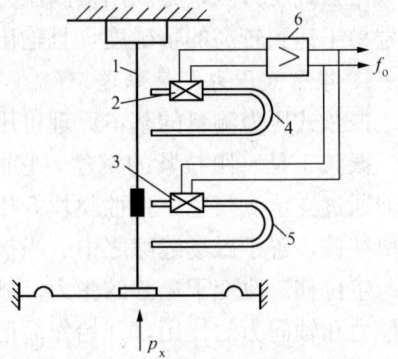

图 3-19　线圈激振法原理图
1—振弦；2—拾振线圈；3—激振线圈；
4—永久磁铁；5—电磁铁；6—放大器

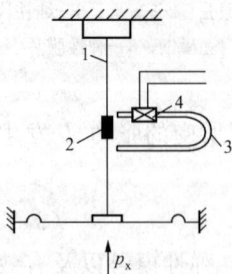

图 3-20　间歇激振原理图
1—振弦；2—纯铁块；
3—电磁铁；4—感应线圈

输出，经放大器放大、整形，然后测量其频率，实现压力显示。

3. 振弦频率的测量

振弦式压力测量传感器输出的是振弦振动时所产生的感应电势的频率值，它的测量电路是一种测频线路。测频方法有两大类：直读法和比较法，直读法是用频率计直接测出传感器频率，比较法是用一可调标准振荡器输出一频率，使此频率与传感器的频率相等，由此频率得出传感器频率。

采用连续激振时，在测量电路中还必须应用反馈网络。在采用间歇激振时，一般需要张弛振荡器或多谐振荡器和继电器组成一个时间继电器来控制电源的开关。

4. 振弦式压力传感器

振弦式压力传感器最典型的产品是福克斯波罗公司（FOXBORO）的 820 系列振弦式传感器，其工作原理如图 3-21 所示（以差压变送器为例）。

当被测正、负压信号分别引入测量室的高压侧和低压侧时，相应的膜盒感受的压力通过

液体传递通道，传递到内部张紧的振弦上，改变其张力，可使振弦的固有机械频率发生变化。此频率信号经电子器件转换成 4~20mA，DC 输出。

5. 特点

由于振弦式压力传感器输出的是频率信号，在信号输送过程中可忽略电缆的电阻、电感、电容等因素的影响，具有较强的抗干扰能力，零漂小，温度特性好，性能稳定，特别是应用了近代电子技术，容易实现数字化和线性化。特别适用于在各种恶劣环境下对被测的物理量进行长期的监视和测量。

振弦式压力传感器对振弦的要求较高，应选择抗张强度高、有良好的磁性能和导电性能、线膨胀系数小、弹性模量的温度系数要小以及性能稳定的振弦等，比如选用钨铱合金丝作为振弦。此外工作环境温度变化会引起弦长、弦密度、弦弹性模量、膜片的弹性模量等变化，从而造成测量附加误差；弦的支承夹紧程度也会影响弦的固有振动频率；膜片的弹性滞后也会带来测量误差。在使用时应注意。

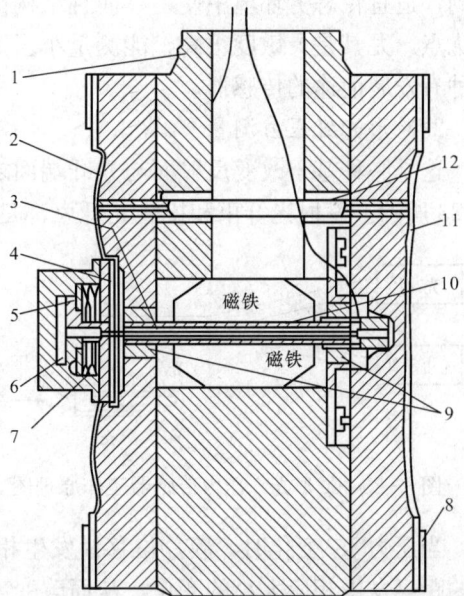

图 3-21 振弦式压力传感器工作原理图

1—基体；2—低压侧膜盒；3—振弦丝；4—预加张力弹簧；5—垫圈；6—振弦丝夹头；7—过量程保护弹簧；8—密封垫；9—绝缘体；10—金属管；11—高压侧膜盒；12—液体传递通道

八、光纤式压力测量技术

目前，光导纤维由于具有抗电磁干扰能力强、灵敏度高、电绝缘性能好、重量轻、体积小、耐腐蚀和耐高温的优点，在测量技术中的应用得到了迅速的发展。以光导纤维作为测量元件和传输通路的光纤传感器，能够用于温度、压力、液位、流量等参数的测量。下面介绍几种光纤压力测量方法。

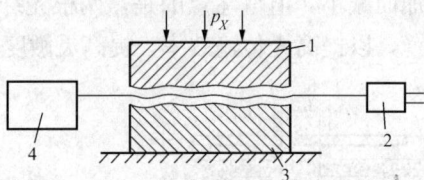

图 3-22 光纤微弯曲压力
传感器工作原理图

1—活动板；2—光探测器；3—固定板；4—光源

1. 光纤微弯曲压力测量

这是一种基于光纤微弯曲效应制成的功能型光纤位移传感器，工作原理如图 3-22 所示，它由两块波形板（变形板）构成，其中一块是活动板，另一块是固定板。波形板一般采用尼龙、有机玻璃等非金属材料制成。一根阶跃型多模光纤（或渐变形多模光纤）从一对波形板之间通过。

光导纤维夹在两块带机械式齿条的压板中间，当待测压力作用于活动板 1 上，活动板 1 与固定板 3 的齿板间产生相对微位移，引起光纤发生微弯变形，改变模式耦合，纤芯中的光部分透入包层，从而导致光能的损耗。微弯程度不同，泄漏光波的强度也不同，从而实现了光强度的调制。通过测量光纤透射光强度或泄漏出包层的散射光强度，就能测出压力信号。

光纤微弯曲传感器的突出优点是光功率维持在光纤内部，这样可以免除周围环境污染的影响，适宜在恶劣环境中使用；而且结构比较简单，具有动态范围宽、线性度好、性能稳定等优点，尤其是灵敏度很高，能测量小至 $100\mu Pa$ 的压力变化。因此，光纤微弯曲传感器是一种有发展前途的传感器。

2. Y 形光纤压力测量

这是一种基于改变反射面与光纤端面之间距离的反射光强调制型传感器，工作原理如图3-23 所示。发射光纤束和接收光纤束都是由约几百根至几千根直径为几十微米的阶跃型多模光纤集束而成，其纤维数目大小相等、长度相同。光从光源耦合到发射光纤束，照射到反射面，再被反射回到接收光纤束，最后由光电探测器接收并转换成电信号输出。发射光纤束和接收光纤束在接近反射面之前汇合成 Y 形，汇合后的光纤端面有一承压膜片（可以是金属或者是涂有发射膜的塑料膜）。

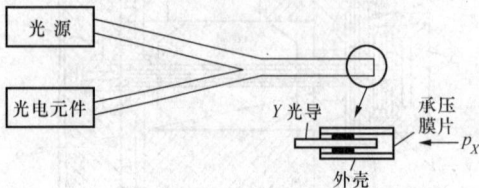

图 3-23　Y 形光纤压力传感器工作原理图

当压力 p_x 变化时，膜片位移量发生相应的变化，作为发射面的承压膜片与光纤端面之间的距离发生相应大小的变化，从而改变了反射光的光强。位移增加，反射光光强近似线性增加；位移减小，反射光光强近似线性减小。这个反射光信号由接收光纤束拾取并传播到光电探测器并转换成相应的电信号输出，就可以测量出膜片位移的大小。在小饶度下，压力与膜片中心位移量成正比，测出输出光强就可以得到被测压力的大小。

Y 形光纤压力传感器的特点是非接触测量。但是由于这类传感器测量的是输出光强与压力之间的关系，所以要求光源必须稳定。此外，反射承压膜片的反射率也应该保持不变，否则会带来测量误差。

3. 传输式光纤压力测量

这是一种传光型光纤传感器，工作原理如图 3-24（a）所示。这种传感器是采用两根同样芯径的光纤，并将两根光纤的端面靠近装配到一起，光从左侧光纤Ⅰ输入，通过两根光纤间微小空隙，进入右侧光纤Ⅱ。此时，如果两根光纤的中心轴为同轴，光通过光纤的连接处几乎不损失光能。但当两根光纤端面之间放入活动光闸门挡住部分光路，光通过光纤间连接处光能损耗增加，光纤输出光通量随活动光闸门距离的增加而减小。值得注意的是，两根光纤之间的距离相对较大，应在各自的光纤端面上组装光学透镜，以提高光传输效率，提高灵敏度。

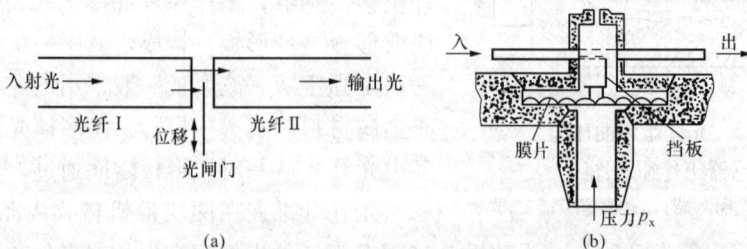

图 3-24　传输式光纤压力传感器原理图
（a）工作原理；（b）传感器结构示意

利用这一原理制作的传输式光纤压力传感器的结构示意如图 3-24（b）所示，两根光纤端面之间的活动挡板和测压弹性膜片相连。当弹性膜片承受压力时产生位移，带动活动挡板上下移动，挡板挡住部分光路，弹性膜片的位移量（也就是活动挡板的位移量）与压力成正比，因此通过的光强与压力也成反比。测出光强量就能知道被测压力的大小。

4. 球透镜式光纤压力测量

这也是一种传光型光纤传感器，工作原理如图 3-25（a）所示。发送光纤束与接收光纤束分布在可移动的球透镜两边，其中接收光纤束是由两根相同的相互贴近的光纤束组成。入射光通过发送光纤束照射到球透镜上，球透镜把光束聚焦到两个接收光纤的端面上。当球透镜处于平衡位置时，从两个接收光纤得到的光强相同的，则输出光强比等于 1。当球透镜在垂直于光路的方向上产生微小的位移时，两个接收光纤得到的光强将发生变化，其输出光强的比值大于或小于 1。球透镜输出光强的比值与球透镜的位移量成良好线性关系，且与初始光强无关。

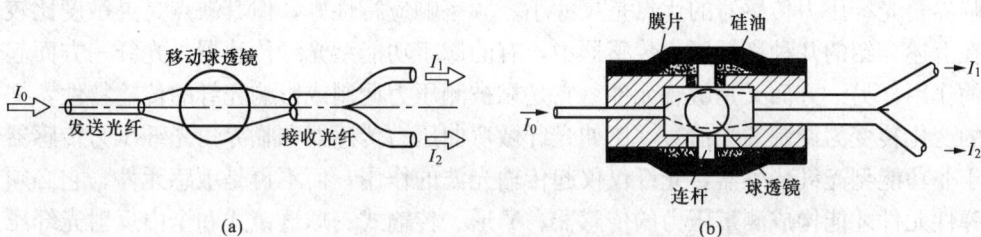

图 3-25 球透镜式光纤压力传感器工作原理图
(a) 工作原理；(b) 传感器结构示意

利用这一原理制作的球透镜式光纤压力传感器结构示意如图 3-25（b）所示，弹性膜片通过连杆与球透镜相连。当弹性膜片承受压力后产生位移，经连杆的推动，球透镜发生微小位移，引起接收光纤输出光强的比值发生变化。只要测得其变化量就可以得到被测压力值。

5. 全内反射光纤压力测量

这是一种基于全内反射的传光型光纤压力传感器，工作原理如图 3-26 所示。发射光纤束与接收光纤束由一个直角棱镜连接，棱镜斜面与弹性膜片之间有很小的气隙，约 $0.3\mu m$，在膜片的下表面镀有玻璃材料或可塑性好的有机硅橡胶的光吸收层。

当无压力作用于弹性膜片时，膜片与光纤之间保持着比较大的初始间隙，发送光纤在膜片内表面的照射面积较大，反射到接收光纤束

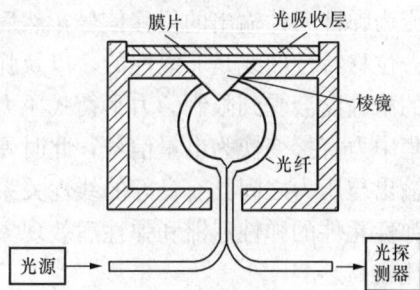

图 3-26 全内反射光纤压力传感器工作原理图

的光强也大，使光电探测器的输出电信号也大。当弹性膜片受压发生位移，致使光纤与弹性膜片之间气隙减小，发送光纤在膜片内表面的光照面积也相应缩小，光吸收层与棱镜上界面的光学接触面积改变，使棱镜上界面的全反射破坏，光纤传输到棱镜的光部分泄漏到界面之外，致使反射到接收光纤束的光强度相应减小，光电探测器输出随之减小。

在弹性膜片小挠度时，传感器的输出信号只与光纤和膜片的距离成线性关系。此外，还与弹性膜片的形状有关。

6. 临界角光纤压力测量

临界角光纤压力传感器是一种光强调制型传感器，工作原理如图 3-27 所示。

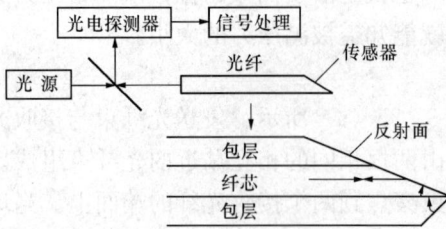

图 3-27　临界角光纤压力传感器

在一根单模光纤的端部切割并直接抛光出一个反射面，切割角刚小于临界角，而临界角完全取决于光纤中纤芯的折射率和光纤端部介质的折射率。

当入射光线在界面上的入射角一定时，由于入射角小于临界角，一部分光折射入周围介质；另一部分光则返回光纤，返回的反射光被分束器偏转到光电探测器。

当被测介质的压力变化时，纤芯的折射率和介质的折射率发生不同程度的变化，引起临界角发生改变，返回纤芯的反射光强度也就变化。测出反射光强度就可知道压力的大小。

临界角光纤压力传感器的优点是尺寸小、频率响应特性好，但其缺点是灵敏度比较低。

在上述介绍的几种光纤压力传感器中，有的属于功能型光纤传感器，光纤一方面起着传递光的作用，另一方面又是敏感元件。它是靠被测压力调制或影响光纤的传输特性，把被测压力的变化转变为调制的光信号，比如光纤微弯曲压力传感器和临界角光纤压力传感器。有的属于非功能型光纤传感器，光纤仅仅起传输光波的作用，而不再是敏感元件。它必须另外配置弹性元件才能构成测量压力的传感器。Y形、传输式、球透镜式和全内反射光纤压力传感器就属于这一类。

各种光纤压力传感器都适用于动态压力的测量。由于这种传感器尺寸非常小，对流体的流场影响不大，灵敏度很高，受环境（声、振动、温度）影响都很小，因此，在动态压力测试中是一种比较理想的传感器。

九、力平衡式压力测量技术

上述所介绍的几种压力信号的测量方法各具特色，但它们具有共同点，即首先将压力信号转变为弹性元件输出的位移信号，然后再将该位移信号变换成电量信号。由于弹性元件的压力—位移特性曲线是非线性的，以及弹性元件有弹性迟滞和弹性后效等不完全弹性现象，测量的精确度会受到限制。力平衡式压力测量则是利用力平衡的原理，将弹性元件受压后产生的集中力直接变换为电量信号，此时弹性元件自由端的位移几乎为零。由于弹性元件的集中力输出与压力之间具有良好的线性关系，以及弹性元件自由端几乎无位移，因此输出信号不受弹性元件的弹性迟滞和弹性后效现象的影响，这就使得平衡式压力测量的精确度和稳定性都比较高。

力平衡式差压测量原理及结构示意图见图 3-28 所示，主要有弹性元件、杠杆系统和矢量机构、差动变压器和位移测量、放大器以及反馈装置等组成部分。

被测差压 Δp（$p_+ - p_-$）经弹性膜片转换成一集中力 F_i 作用在主杠杆 4 的下端。集中力为

$$F_i = K_0 \Delta p \tag{3-33}$$

式中　K_0——弹性膜片的有效面积。

主杠杆以弹性密封膜片 3 为支点转动，使其下端的集中力 F_i 传递到主杠杆上端，并转换成对矢量机构 6 的作用力 F_1。

$$F_1 = K_1 F_i \tag{3-34}$$

式中　K_1——主杠杆的杠杆比。

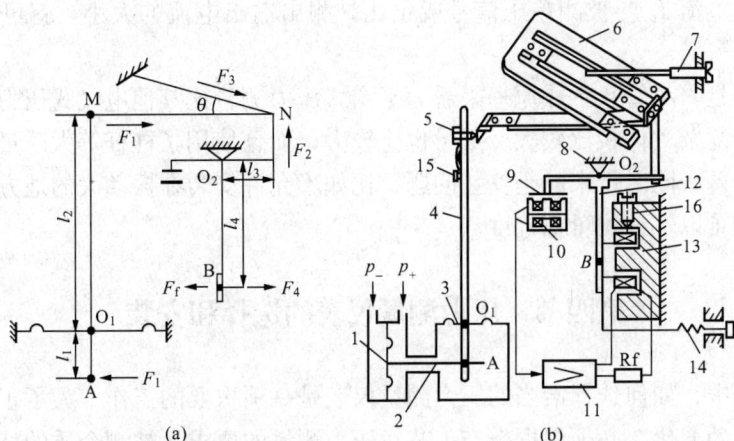

图 3-28 力平衡式差压测量原理及结构示意图

(a) 原理示意图；(b) 结构示意图

1—弹性元件；2—连杆；3—密封膜片；4—主杠杆；5—调整螺钉；6—矢量机构；7—量程调节

丝杆；8—弹性支点；9—检测片；10—位移检测和差动变压器；11—放大器；12—副杠杆；

13—反馈装置；14—调零弹簧；15—过载保护；16—限位装置及量程细调

矢量机构将主杠杆传来的水平方向的力 F_1 分解为垂直方向的力 F_2 和矢量角方向的力 F_3。由于矢量机构端部是固定在基座上的，因此分力 F_3 被固定处的反作用力所平衡，对副杠杆不起作用。而分力 F_2 则垂直向上作用于副杠杆 12，其值为

$$F_2 = F_1 \text{tg}\theta \tag{3-35}$$

式中 θ——矢量角。

分力 F_2 的作用使副杠杆 12 以弹性支点 8 为中心偏转，检测片 9 也随着移动，检测片的位移量经过位移检测器 10 转换为电量输入到放大器 11，转换为输出电流。此电流同时流经反馈装置 13 的可动线圈，形成作用力 F_4。根据副杠杆上的作用力 F_2 和 F_4 到弹性支点的距离之比可得

$$F_4 = K_2 F_2 \tag{3-36}$$

式中 K_2——副杠杆的杠杆比。

将上述四个表达式整理后可得

$$F_4 = K_0 K_1 K_2 \text{tg}\theta \Delta p \tag{3-37}$$

可动线圈与恒定磁场作用产生一个与输出电流成比例的反馈力 F_f：

$$F_f = K_3 I_o \tag{3-38}$$

式中 K_3——可动线圈的匝数、所处永久磁钢的磁感应强度及可动线圈每匝的长度的乘积；

I_o——输出电流。

F_f 与 F_4 的作用方向相反，它力使杠杆趋于回复到原来的位置。F_f 力使杠杆趋于回复到原来的位置。当 F_f 等于 F_4 时，杠杆系统重新处于力平衡状态，则有

$$K_3 I_o = K_0 K_1 K_2 \text{tg}\theta \Delta p \tag{3-39}$$

$$I_o = \frac{K_0 K_1 K_2 \text{tg}\theta}{K_3} \Delta p = K \Delta p \tag{3-40}$$

式中 K——变送器的灵敏度系数，$K = \dfrac{K_0 K_1 K_2 \text{tg}\theta}{K_3}$。

可见，输出电流 I_o 与被测差压信号成正比，测出输出电流的大小，就可知道被测差压的数值。

值得一提的是，尽管从工作原理来看力平衡式压力测量比其他电气式压力测量的精确度高，但它的结构复杂、体积比较大、重量也比较大，而且使用了杠杆等大质量部件，使得快速响应性能比较差。同时带来的是安装问题，比如不允许安装在振动大的地方，尽量不要倾斜安装等，否则难以保证测量精确度。

第四节　压力测量仪表的选择和安装

在工程应用中，如何选择恰当的压力测量仪表是一项重要的工作。为了正确、及时地反映被测对象压力的变化，必须根据生产工艺对压力测量的要求、被测介质的特性、现场使用的环境等条件，本着节约的原则合理地考虑压力测量仪表的类型、型式、量程、精确度等。

此外还必须正确选择测点，正确设计和敷设导压信号管路等，否则会影响测量结果。

一、压力测量仪表的选择

选择压力测量仪表主要是确定其种类、量程和精确度等。

1. 仪表种类的选择

压力测量仪表类型的选择主要应考虑以下几个方面。

（1）被测介质的性质：被测介质是流动的还是静止的，黏性大小，温度高低，是液体还是气体，是否具有腐蚀性、爆炸性和可燃性等。对腐蚀性较强的压力介质应使用像不锈钢之类材料的弹性元件；对氧气、乙炔等介质应选用专用的压力仪表。

（2）对仪表输出信号的要求：是就地显示还是要远传压力信号。弹性式压力测量仪表是就地直接指示型仪表，适宜于在许多工程现场中进行就地观察压力变化的情况。电气式压力测量仪表可把压力信号远传到控制室。

（3）压力测量仪表的使用环境：有无振动，温度的高低，湿度的高低，环境有无腐蚀性、爆炸性和可燃性。对爆炸性较强的环境，在使用电气式压力测量仪表时，应选择防爆型压力仪表；对于温度特别高或特别低的环境，应选择温度系数小的敏感元件以及相应的变换元件。

2. 仪表量程的选择

目前我国压力和差压测量仪表按系列生产，其量程上限为 1、1.6、2.5、4.0、6.0kPa 以及它们的 10^n 倍数（n 为整数）。

为了保证测量的精确度，测压仪表的量程上限不能取得太大，也不能取得太小。

如果所测压力比较稳定，被测压力值应在仪表满量程的 $1/3 \sim 2/3$ 范围内；如果所测压力波动较大或是脉动压力时，被测压力值应为仪表满量程的 $1/2$ 左右，且不应低于满量程的 $1/3$。如果所测压力变化范围较大，超过了上述要求，则应使仪表量程上限满足最大工作压力条件。

3. 仪表精确度的选择

应根据生产允许的最大误差来选择压力测量仪表的精确度，同时应本着节约的原则，只要测量精确度能满足生产的要求就不必追求高精确度的仪表。

二、压力测量仪表的安装使用要求

为了保证压力测量的精确度，还必须对压力测量仪表的安装和使用有所了解。下面就简单介绍一些这方面的相关知识，具体内容请参见相关资料。

1. 取压口的位置和形状

取压口是导压信号管路的入口，在此取出被测介质的压力信号。为了正确测量压力信号，取压口位置应远离各种阻力件，并使导压信号管路走向合理，不会产生积气、积液或掉进污物而堵塞。

取压口一般是垂直于容器或管道内壁的圆形开孔，且不能有倒角、凸缘物和毛刺。

测量流体压力时，取压口应引自管道截面的下部，以使液体中析出的少量气体能顺利地流回工艺管道，不至于因为进入测量管路以及仪表而导致测量不稳定。但又不能在管道的最下部，以防止工艺管路底部的固体杂质进入测量管路及仪表，最好是在管道水平中心线以下并与水平中心线成 0°～45°夹角的范围内。测量气体压力时，取压口应取自管道截面的上部，以防止气体中的少量凝结液流回工艺管路，不至于因为进入测量管路及仪表而造成测量误差。测量蒸汽介质时，取压口应在管道的上半部及水平中心线以下，并与水平中心线成 0°～45°夹角的范围内，以保证测量管路内有稳定的冷凝液，同时也要防止工艺管道底部的固体杂质进入测量管路和仪表。

2. 导压信号管路

对于水、蒸汽介质，导压管的内径一般取 $\phi7$～$\phi13$，其长度不宜过长，一般工业测量系统中规定管路长度不能大于 60m。导压管内径过小，长度太长会影响测压的动态误差。内径过大时，安装维修不方便。

导压管路应垂直或倾斜敷设，不应水平敷设，以防止测液体时聚集气泡，测气体时聚集水柱。管路应尽量直行，少急弯。

如果是差压仪表，正、负两根导压管应尽量靠近，并行敷设。如需防冻伴热，应使两管受热均匀一致，且不得过热汽化。如需隔热时，对两根管采取的措施也要一致。总之使两根管内的传压介质温度一致，以不致产生附加误差。

3. 导压信号管路附件

在导压信号管路上装设哪些附件要看实际需要，根据具体情况可具体设计选择。常用的有：

（1）防止运行中仪表发生故障时，用以切断压力，须安装一次针形阀门；

（2）为了仪表投入和停用时操作时用，须安装二次针形阀门；

（3）为隔离弹性元件，免受介质加热，且便于加装密封垫片，需安装冷凝盘管或弯头；

（4）当测量有脉动压力时，一般应加阻尼器，但测量动态压力时就不应加装阻尼器；

（5）测量腐蚀介质的压力时，可考虑采用隔离容器。

第四章　流量测量技术

第一节　概　　述

流量测量在工业生产过程中显得十分重要。生产过程中各种流动介质，如液体、气体或蒸汽、固体粉末等的流量反映了生产过程中物料、工质或能量的产生和传输的量，因此连续测量流量可以保证设备的安全、经济运行，为管理和控制生产过程提供依据。

一、基本概念

1. 流量

单位时间内通过管道中某一截面积的流体量称为瞬时流量，简称流量。如果流量用流体的体积来表示则称为瞬时体积流量 q_V，简称体积流量；如果流量用流体的质量来表示则称为瞬时质量流量 q_m，简称质量流量。它们的表达式分别是

$$q_V = \frac{\mathrm{d}V}{\mathrm{d}t} = \lim_{\Delta t \to 0} \frac{\Delta V}{\Delta t} \tag{4-1}$$

$$q_m = \frac{\mathrm{d}m}{\mathrm{d}t} = \lim_{\Delta t \to 0} \frac{\Delta m}{\Delta t} = \rho q_V \tag{4-2}$$

式中　　q_m、q_V——在时间间隔 Δt 内通过的流体质量 Δm 或体积 ΔV；

ρ——流体密度。

当流体的压力和温度参数未知时，体积流量的数据只模糊地给出了流量，严格地说要用"标准体积流量"表达，即指在温度为 20（0℃）、压力为 1.013×10^5 Pa 下的体积数值。那么，在该标准状态下，介质的密度 ρ 为定值，标准体积流量和质量流量之间的关系是确定的，满足式（4-2）。

2. 累积流量

从 t_1 到 t_2 这一段时间间隔内流体通过管道横截面的流体总量称为累积流量，累积流量可以通过该段时间内瞬时流量对时间的积分得到。与流量相对应，有体积累积流量或质量累积流量，它们的表达式是

$$V = \int_{t_1}^{t_2} q_V \mathrm{d}t \tag{4-3}$$

$$m = \int_{t_1}^{t_2} q_m \mathrm{d}t \tag{4-4}$$

累积流量除以相应的时间间隔就称为该段时间内的平均流量。

3. 流量单位

在 SI 单位制中，体积流量的单位为米³/秒（m³/s）；质量流量的单位为千克/秒（kg/s）。在工程中常用的体积流量单位有米³/时（m³/h）、升/时（L/h）；常用的质量流量单位有千克/时（kg/h）、吨/时（t/h）。体积累积流量的单位为立方米（m³），质量累积流量的单位为吨（t）。

二、流量测量中常用的物性参数

在流量测量和计算中，总要使用一些反映流体属性的物理参数（物性参数），它们都与

温度、压力有关，对流量的精确测量起着至关重要的作用。常用的物性参数有流体的密度、黏度、等熵指数、气体的压缩系数、雷诺数等。这里仅简单介绍这些物性参数的基本概念，其计算公式和详细数据资料可从有关手册中查阅。

1. 流体密度

流体密度表示单位体积内的流体质量，一般用符号 ρ 表示。各种流体的密度都随流体的状态，如温度、压力的变化而变化，但在低压和常温下，压力对液体的密度影响很小，所以工程上往往将液体视为不可压缩流体，即可不考虑压力变化对液体密度的影响。对于气体，温度、压力对其密度的影响很大，表示气体密度时，必须严格说明气体所处的温度、压力状态。

2. 流体的黏度

流体的黏度表示流体内摩擦力的大小。它随流体的温度和压力变化而变化，通常温度上升，液体的黏度下降，而气体黏度上升。液体黏度只在很高压力下才需进行压力修正，而气体的黏度与压力、温度的关系十分密切。此外，流体在流动时所受的阻力是不同的，所以流体在相同状态下也有不同的黏度。

3. 热膨胀率

当流体的温度升高时，流体所占有的体积将会增加。热膨胀率是指流体温度变化 1℃时其体积的相对变化率。

4. 压缩系数

当作用在流体上的压力增加时，流体所占有的体积将会缩小。压缩系数是指当流体温度不变，所受压力变化时，其体积的变化率。

5. 雷诺数

雷诺数是一个表征流体惯性力与黏性力之比的无量纲量。如雷诺数小，说明管道内流动占主要地位的是黏性力，流体为层流流动状态；如雷诺数很大，则惯性力是主要的，流体为湍流流动状态。

三、流量测量的主要方法和分类

由于流量测量对象的多样性和复杂性，流量测量的方法很多，是工业生产过程常见参数中测量方法最多的。流量测量方法可以按不同原则划分，至今并未有统一的分类方法。按照不同的测量原理，流量测量方法主要分为差压式、速度式和容积式三类。

差压式流量测量是通过测量流体流经安装在管道中敏感元件所产生的压力差，以输出差压信号来反映流量的大小，如节流变压降式、均速管式、楔型、弯管式以及浮子流量测量等。

速度式流量测量是通过测量管道内流体的平均速度，以输出速度信号来反映流量的大小，如涡轮式、涡街式、电磁式、超声波式等。

容积式流量测量的方法是让流体以固定的、已知大小的体积逐次从机械测量元件中排放流出，计数排放次数或测量排放频率，即可求得其体积累积流量，如椭圆式、腰轮式、刮板式和活塞式等。

第二节 差压式流量测量技术

差压式流量测量是目前工业生产过程中气体、液体和蒸汽流量最常用的流量测量方法。

其中以节流变压降式流量测量方法应用最为广泛，本节以此为重点，另外再介绍一些其他的差压式流量测量方法。

一、节流变压降式流量测量原理

节流变压降式流量测量是通过测量流体流经节流装置时所产生的静压力差来测量流量的，它是电厂中使用最多的流量测量方法。

节流变压降式流量测量的原理是，在充满流体的管道中固定放置一个流通面积小于管道截面积的阻力件，当流体流过该阻力件时，由于流体流束的收缩而使流速加快、静压力降低，其结果是在阻力件前后产生一定的压力差。它与流量（流速）的大小有关，流量越大，差压也越大。实践证明，对于一定形状和尺寸的阻力件，一定的测压位置和前后直管段，在一定的流体参数情况下，阻力件前后的差压与体积流量之间有一定的函数关系，因此通过测量阻力件前后的差压来测量流量。把流体流过阻力件因流束的收缩而造成压力变化的过程称为节流过程，其中的阻力件称为节流件。

目前最常见的节流件是标准孔板，在以下的讨论中将主要以标准孔板为例介绍节流式流量测量的原理、流量公式的推导等。

图 4-1 是流体流经节流件时的流动情况示意图，从图中可以看出，流体在节流件前后的流束、压力和速度都要发生变化。

在截面 1 处流体未受节流件的影响，流束充满管道，管道截面为 D，平均流速为 v_1，流体静压力为 p_1，流体密度为 ρ_1；流体流经节流件前就已经开始收缩，由于惯性的作用，流束通过节流件后还将继续收缩，直到在节流件后的某一距离处达到最小流束截面，即截面 2。其截面积为 d'，流体的平均流速达到最大 v_2，流束中心压力为 p_2，流体密度为 ρ_2；流体流经截面 2 时流束又逐渐扩大到充满整个圆管，流体的速度也恢复到孔板前稳定流动时的速度。截面 3 是流速刚恢复正常时的截面，管道截面为 D，平均流速为 v_3，流体

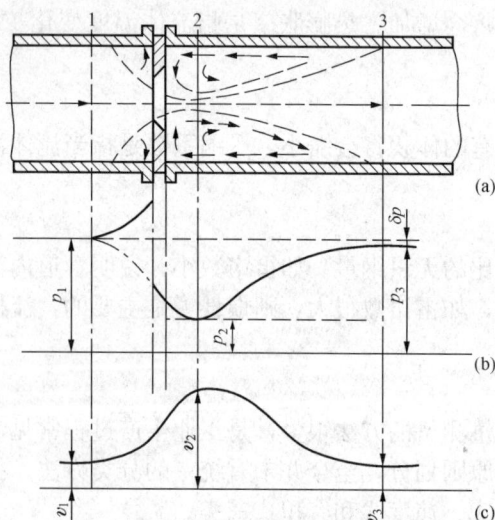

图 4-1　流体流经节流件（以孔板为例）时的流动状态
(a) 流线和涡流区示意图；(b) 沿轴向静压力示意图；(c) 沿轴向流速示意图

静压力为 p_3，流体密度为 ρ_3。

图 4-1 (b) 中的点划线代表管道中心处静压力，实线代表管壁处静压力。分析节流件前后压力的变化情况，在节流件前，流体向中心加速，管壁处静压力增加，管道中心处压力降低；至截面 2 时，流束截面收缩到最小，管壁和中心处静压力降至最低。然后流束扩张，静压力升高，直到截面 3 处。由于涡流区的存在，导致流体能量损失，因此在流束充分恢复后，截面 3 处的静压力 p_3 不能恢复到原先的静压力 p_1，而产生了压力损失 $\delta p = p_1 - p_3$。

设流经水平管道的流体为不可压缩性流体（$\rho_1 = \rho_2 = \rho$），并忽略流动阻力损失，对截面 1、2 写出下列伯努利方程：

$$\frac{p_1}{\rho} + \frac{v_1^2}{2} = \frac{p_2}{\rho} + \frac{v_2^2}{2} \tag{4-5}$$

根据流体的连续性方程，有

$$\frac{\pi}{4} D^2 v_1 \rho = \frac{\pi}{4} d'^2 v_2 \rho \tag{4-6}$$

流体流经截面 2 的体积流量为

$$q_V = \frac{\pi}{4} d'^2 v^2 \tag{4-7}$$

联立求解式（4-5）～式（4-7），可得体积流量为

$$q_V = \sqrt{\frac{1}{1 - \left(\frac{d'}{D}\right)^4}} \frac{\pi}{4} d^2 \sqrt{\frac{2}{\rho}(p_1 - p_2)} \tag{4-8}$$

应注意的是：

（1）实际测量时差压是按一定的取压方式在节流装置前后测得的，其大小与（$p_1 - p_2$）之间有一定的差异；

（2）d' 是最小流束的直径。对于标准孔板，它小于节流件的开孔直径；对于喷管，它等于节流件的开孔直径；

（3）流量公式没有考虑流动过程中的损失，而这种损失对于不同形式的节流件和不同的直径比（d'/D）是不同的。

基于上述理由，上述推导出的流量公式不是要求的流量公式，必须对它进行下列一些修正：

（1）用节流件前后实际测得的差压 Δp 代替（$p_1 - p_2$）；

（2）用节流件的开孔直径 d 代替最小流束截面直径 d'，并引入直径比 $\beta = d/D$；

（3）考虑流动过程中的压力损失。

综合考虑上述因素，在流量公式中引入一个流出系数 C 或流量系数 a，则可得体积流量为

$$q_V = \frac{C}{\sqrt{1 - \beta^4}} \frac{\pi}{4} d^2 \sqrt{\frac{2}{\rho} \Delta p} = \frac{C}{\sqrt{1 - \beta^4}} \frac{\pi}{4} \beta^2 D^2 \sqrt{\frac{2}{\rho} \Delta p} \tag{4-9}$$

或

$$q_V = a \frac{\pi}{4} d^2 \sqrt{\frac{2}{\rho} \Delta p} = a \frac{\pi}{4} \beta^2 d^2 \sqrt{\frac{2}{\rho} \Delta p} \tag{4-10}$$

其中，C 和 a 值与节流件的形式、β 值、雷诺数 Re_D、管道粗糙度及取压方式等有关，是节流装置中重要的参数，一般由实验决定。它们之间是 $\frac{1}{\sqrt{1 - \beta^4}}$ 的关系。

式（4-10）仅适用于不可压缩流体。对于可压缩流体，流体的密度变化是不可忽视的。但是，为方便起见，可以采用和不可压缩性流体相同的流量公式和流量系数 a 或流出系数 C，而把全部的流体可压缩性影响用一流束膨胀系数 ε 来考虑，同时引入节流件前的流体密度 ρ_1。于是，可得体积流量公式为

$$q_V = a\varepsilon \frac{\pi}{4} d^2 \sqrt{\frac{2}{\rho_1} \Delta p} = a\varepsilon \frac{\pi}{4} \beta^2 D^2 \sqrt{\frac{2}{\rho_1} \Delta p} \tag{4-11}$$

相应的质量流量公式为

$$q_m = a\varepsilon \frac{\pi}{4} d^2 \sqrt{2\rho_1 \Delta p} = a\varepsilon \frac{\pi}{4}\beta^2 D^2 \sqrt{2\rho_1 \Delta p} \qquad (4-12)$$

式中　q_m——质量流量，kg/s；

　　　q_V——体积流量，m³/s；

　d、D——节流件开孔直径管道直径，m；

　　　β——节流件开孔直径与管道直径之比，即 d/D；

　　　ρ_1——节流件前流体密度，kg/m³；

　　Δp——实际测得的差压，Pa；

　　　ε——流体流束膨胀系数，对不可压缩流体取 1，对可压缩性流体取小于等于 1；

　C，a——流出系数和流量系数，根据节流件的形式、β 值、雷诺数 Re_D、管道粗糙度及取压方式查表得到。

二、标准节流装置

作为流量测量用的节流装置有标准的和特殊的两种。标准节流装置在设计计算时都有统一标准的规定要求和计算所需的有关数据、图及程序，可直接按照标准制造、安装和使用，不必进行标定。特殊节流装置也称非标准节流装置，主要用于特殊介质或特殊工况条件的流量测量，它们可以利用已有实验数据进行估算，但必须用实验方法单独标定。

标准节流装置由标准节流件、符合标准的取压装置和节流件前后直管段三部分组成。

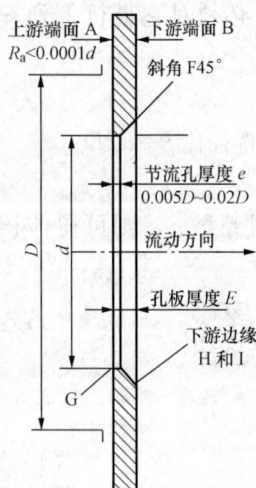

图 4-2　标准孔板

（一）标准节流件

目前国家规定的标准节流件有标准孔板、标准喷管和文丘里管等。

1. 标准孔板

标准孔板是由机械加工获得的一块具有与管道同心的圆形开孔（节流孔）、开孔边缘非常锐利的薄板，其圆筒形柱面与孔板上游侧端面垂直。用于不同的管道内径和各种取压方式的标准孔板，其几何形状都是相似的，见图 4-2 所示，其中所标注的尺寸可参阅相关标准规定。在标准孔板的所有参数中，孔板直径是一个主要的参数，任何情况下，孔径 d 不小于 12.5mm，它是不少于均匀分布的四个单测值的算术平均值，而任意单测值与平均值之差不得超过 $\pm 0.05\% d$。

2. 标准喷管

标准喷管包括 ISA1932 喷管和长径喷管。ISA1932 喷管是由两个圆弧曲面构成的入口收缩部分和与之相接的圆柱形喉部组成，如图 4-3 所示。长径喷管则是由形状为 1/4 椭圆的入口收缩部分和与之相接的圆柱形喉部组成。

3. 文丘里管

标准文丘里管分两种形式：一种为经典文丘里管，简称文丘里管；另一种为文丘里喷管，每一种又分长、短两种。

（1）经典文丘里管。经典文丘里管是与管道轴同轴旋转的旋转体，由入口圆柱形 A、圆锥收缩段 B、圆柱形喉部 C 以及圆锥扩散段 E 组成，如图 4-4（a）所示。

（2）文丘里喷管。文丘里喷管由收缩段、圆桶形喉部和扩散段构成，从其廓形上看就是 ISA1932 喷管出口接一段渐扩段。如图 4-4（b）所示，竖坐标中 $d<\frac{2}{3}D$ 指上部截短的扩散段，$d>\frac{2}{3}D$ 指下部不截短的扩散段。

（二）取压方式和取压装置

取压方式是指取压口位置和取压口结构。不同的取压方式，即取压口在节流件前后的位置不同，取出的差压值也不同。不同的取压方式，对同一个节流件，它的流出系数也将不同。

1. 取压方式

目前国际国内通常采用的取压方式有理论取压法、$D-D/2$ 取压法（又称径距取压法）、角接取压法和法兰取压法等。图 4-5 给出了各种取压方式的取压位置示意图。

理论取压的上游取压口中心位于距节流件前端面 $1D\pm0.1D$ 处，下游取压口中心位置因 β 值而异，基本上位于流束最小截面处。在推导节流变压降式流量测量公式时，用的差不

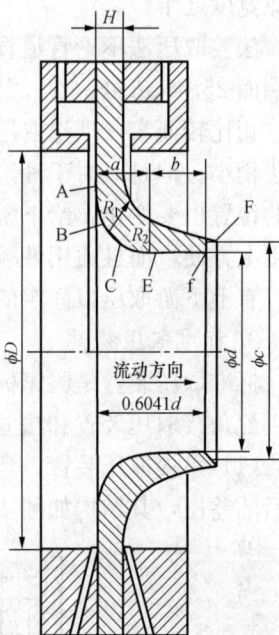

图 4-3 标准喷管

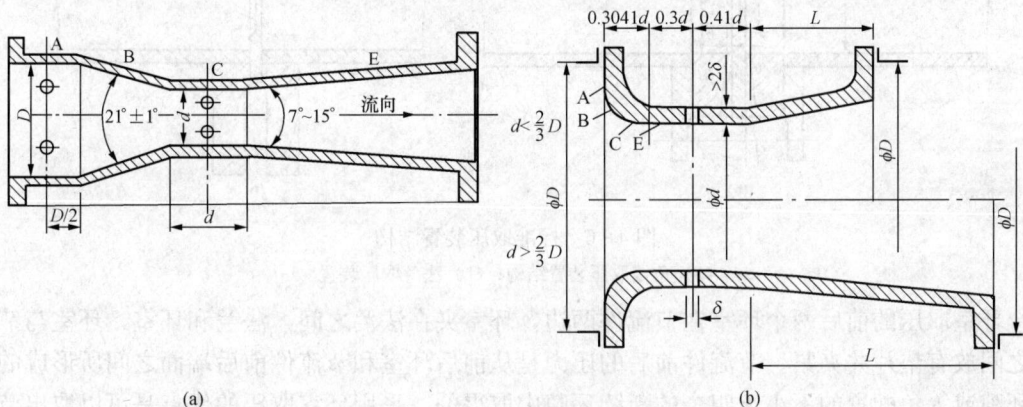

(a)   (b)

图 4-4 文丘里管

（a）经典文丘里管；（b）文丘里喷管

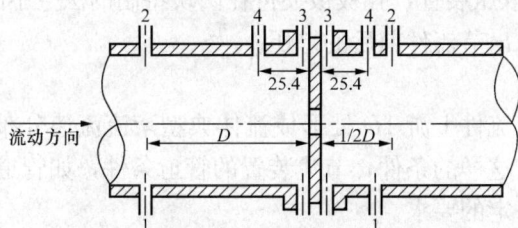

图 4-5 各种取压方式的取压位置示意图

1—1—理论取压；2—2—径距取压；

3—3—角接取压；4—4—法兰取压

多就是这两个截面上的压力差，因此称为理论取压法。

$D-D/2$ 取压（径距取压）的上游取压口中心位于距节流件前端面 $1D\pm0.1D$ 处，下游取压口中心位于距节流件前端面 $D/2\pm0.01D$ 处。

角接取压的上下游取压口位于节流件前后端面上，取压口轴线与节流件各相应端面之间的间距等于取压口半径或取压口

环隙宽度之半。

法兰取压法不论管道直径和直径比 β 的大小，上下游取压点中心均位于距离节流件上下游端面 25.4mm 处。

相比较而言，理论取压所取得的差压较大，而其他几种取压方式测得的差压值较理论取压法稍小。但是，对于理论取压法，随着直径比 β 和体积流量的变化，节流件后流束最小截面的位置也要变化，给下游取压口的设置带来困难，在实际中很少使用。法兰取压在制造和使用上方便，而且通用性较大；角接取压取出的比较均衡可以提高测量精确度；$D-D/2$ 取压具有上下游取压口固定的优势，这三种最为常用。

2. 标准取压装置

标准取压装置是国家标准中规定的用来实现取压方式的装置。下面以标准孔板为例，简单讲解角接取压装置和法兰取压装置。

(1) 角接取压装置。角接取压装置可以采用环室或夹紧环（单独钻孔）方式取得节流件前后的差压，其结构如图 4-6 (a) 所示，上半图表示环室取压，下半图表示单独钻孔取压。

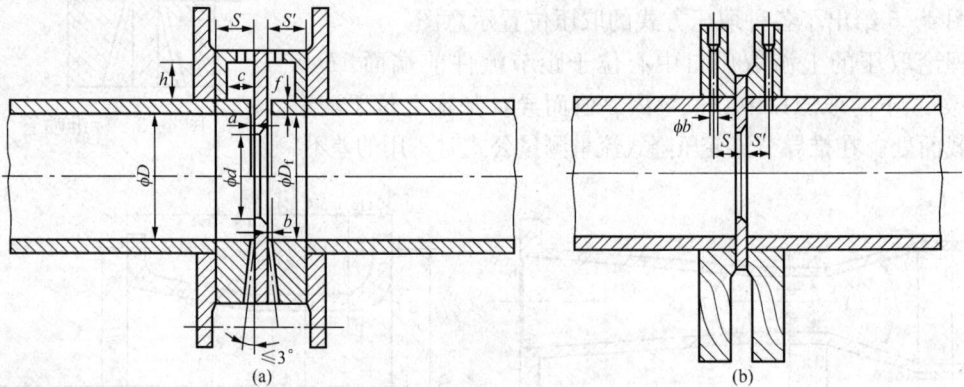

图 4-6 标准取压装置结构
(a) 角接取压装置结构；(b) 法兰取压装置

环室取压的前后两个环室在节流件两边，环室夹在法兰之间，法兰和环室，环室与节流件之间放有垫片并夹紧。节流件前后的压力是从前后环室和节流件前后端面之间所形成的连续环隙或等角配置的不小于四个的断续环隙中取得的。采用环室取压的优点是可以取出节流件前后的均衡压差，提高测量精确度。

单独钻孔取压是在孔板的夹紧环上打孔，流体上下游压力分别从前后两个夹紧环取出。

(2) 法兰取压装置。图 4-6 (b) 为法兰取压装置，孔板被夹持在两块特制的法兰中间，其间加两片垫片。法兰取压是在法兰上打孔取出节流件前后的差压。

(三) 节流件前后的直管段

标准节流装置的流量系数是在流体到达节流件上游 1D 处形成流体典型紊流流速分布的状态下取得的。为了在实际测量时能尽量接近这样的条件，节流装置的管道条件，如管道长度、管道圆度以及内表面粗糙度等必须满足一定的要求。

节流件距离其上游两个和下游的一个局部阻力件之间的距离根据各局部阻力件形式和节流件类型及其直径比决定；管道的圆度要求是在节流件上游至少 2D（实际测量）长度范围内，管道应是圆的，在离节流件上端面至少 2D 范围内的下游直管段上，管道内径与节流件上游的管道平均直径 D 相比，其偏差应在 $\pm 3\%$ 之内；管道内表面粗糙度的要求是至少在节流件上游 $10D$ 和下游 $4D$ 的范围内应清洁，无积垢和其他杂质，并满足有关粗糙度的规定。

（四）流量测量的压力温度补偿

当被测流体参数与设计节流装置时的数值不一致时，流量计算公式中的流量系数 a、流束膨胀系数 ε、节流件前流体密度 ρ 和节流件开孔直径 d 等量都会发生变化，产生很大的流量测量误差。特别是流体密度 ρ，一方面目前生产的密度计还不能测出高温高压流体的密度，不得不采用额定工况时的密度值。另一方面，它受被测介质温度、压力影响很大。一旦运行工况偏离设计工况，被测流体参数温度、压力将发生变化，将引起节流件前流体密度 ρ 发生较大的变化，从而使同一差压值 Δp 反映不同的质量流量 q_m，为了能够反映真实的流量，必须对得到的流量进行压力温度补偿。压力温度补偿的实质就是引入密度修正系数 K_ρ。

令密度修正系数为

$$K_\rho = \frac{\rho_{1s}}{\rho_{1J}} \tag{4-13}$$

则运行工况下的质量流量与设计工况下质量流量的关系为

$$
\begin{aligned}
q_{m,s} &= a\varepsilon \frac{\pi}{4} d^2 \sqrt{2\rho_{1s}\Delta p} \\
&= a\varepsilon \frac{\pi}{4} d^2 \sqrt{2K_\rho \rho_{1J}\Delta p} \\
&= \sqrt{K_\rho} q_{m,J}
\end{aligned} \tag{4-14}
$$

式中　ρ_{1J}、ρ_{1s}——设计工况时的流体密度和运行工况时的流体密度；

$q_{m,J}$、$q_{m,s}$——设计工况时的流体质量和运行工况时的流体质量流量。

1. 液体的密度修正

对于液体，密度基本只与温度 t 有关，其修正系数 K_ρ 与温度的关系可表示为

$$K_\rho = \frac{\rho_{1s}}{\rho_{1J}} = \frac{m/\{V_{20}[1 + \mu(t_s - 20)]\}}{m/\{V_{20}[1 + \mu(t_J - 20)]\}} = \frac{1 + \mu(t_J - 20)}{1 + \mu(t_s - 20)} \tag{4-15}$$

式中　m——流体质量；

V_{20}——质量 m 的流体在 20℃时的容积；

μ——液体的体膨胀系数，1/℃；

t_s、t_J——液体实际温度及设计工况温度。

2. 高压蒸汽的密度修正

对高压蒸汽，很难从理论上找到一个既简单又准确的密度修正公式。目前，使用的是高压蒸汽密度与温度、压力之间关系的经验公式，即

$$\rho = \frac{K_m p}{t - c_m p + d_m} \tag{4-16}$$

其中

$$K_m = \frac{712}{1 - \dfrac{p_m}{921}\left(\dfrac{1000}{t_m + 300}\right)^{4.53}}$$

$$c_m \approx \frac{K_m}{712}\left(\frac{1000}{t_m + 300}\right)^{3.53}$$

$$d_{\mathrm{m}} \approx K_{\mathrm{m}}\left(\frac{t_{\mathrm{m}}+300}{219}\right)-t_{\mathrm{m}}$$

式中　t_m、p_m——温度、压力变动范围的中心值。

　　当高压蒸汽的温度、压力变动范围小时，可用算术平均值作中心值。当高压蒸汽的温度、压力变动范围大时，可用几何平均值作中心值。当变动范围确定后，p_m、t_m 为常数，K_m、c_m、d_m 也为常数，根据式（4-16）可求出该变动范围内的蒸汽密度，实现对蒸汽流量的温度压力补偿。

　　但是当温度、压力变动范围比较大时，用一个公式计算蒸汽密度 ρ 很难保证准确度，为此可将整个温度、压力变化范围分成几段小范围，根据各段的 p_m、t_m 求出不同的 K_m、c_m、d_m，在不同的范围内，可以比较准确地实现对蒸汽密度 ρ 的温度压力补偿。

　　目前各仪表公司生产的分散控制系统都提供了相应的软件功能，可以很容易地实现流量的压力温度补偿。

三、其他差压式流量测量

1. 楔形流量测量

　　楔形流量测量主要用于测量泥浆、煤焦油沥青、煤水悬浮液以及其他高黏度流体及悬浮液的流量，在石油、化工、电力和污水处理等领域有较广泛的应用，尤其是在原油、重油及悬浮液的流量测量方面有其独特的优越性。

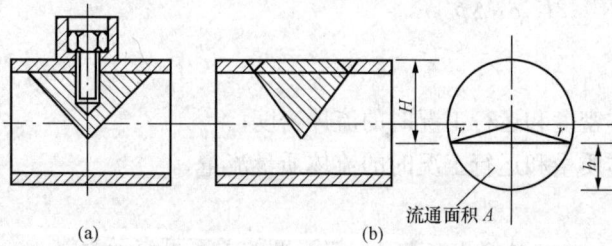

　　楔形流量传感器的节流件为 V 形的楔形件，安装时将楔形件的顶部朝下，如图 4-7 所示，取压口用双法兰连接。V 形的楔形件顶部朝下安装有利于颗粒状流体顺利通过楔形节流件，特别是有悬浮物的流体，对于水平安装的圆管来说，悬浮物容易悬浮在圆管的上半部，只要楔形件角度

图 4-7　楔形节流件示意图
(a) 分离式；(b) 整体式

设计合理，便可消除滞流区，使悬浮液顺利通过楔形节流件，防止管道堵塞等现象。即使被测介质中含有一定量的杂质，楔形流量传感器也能正常工作。

　　当被测流体流经传感器时，在楔形件的上下游将产生与流量成一定比例的静压力差 Δp，通过测量该压力差就可得到流量值，其体积流量公式为

$$q_V = \alpha\varepsilon A\sqrt{\frac{2\Delta p}{\rho}} = \frac{\pi}{4}\varepsilon m\alpha D^2\sqrt{\frac{2\Delta p}{\rho}} \tag{4-17}$$

式中　q_V——体积流量，m^3/s；

　　　　D——管道直径，m；

　　　　A——弓形流通面积；

　　　　m——弓形流通面积 A 与管道截面积之比；

　　　　ρ_1——节流件前流体密度，kg/m^3；

　　　　Δp——实际测得的差压，Pa；

　　　　ε——流体流束膨胀系数；

　　a——流量系数。

　　实际上，由于楔形节流件开口高度比较难以测量，所以弓形流通面积的大小就很难确定，因此往往将流量公式中的 maD^2 通过实验单独标定，楔形流量传感器的测量精确度也相当高。

　　根据楔形节流件与管道的连接方式，楔形流量传感器的结构可分为两种形式。当管道直径小于 50mm 时，可采用图 4-7（a）所示的分离式结构，楔形节流件和管道可以拆卸分离；当管道直径大于 50mm 时，则一般采用图 4-7（b）所示的整体式结构，楔形节流件和管道焊接成一体，不可以分离。

　　楔形流量传感器的优点不仅是它能够测量悬浮液和高黏度流体，还在于它在很低的管道雷诺数情况下，流量与差压之间仍能保持平方根关系，且结构简单，安装、使用和维修方便。

　　2. 皮托管流量测量

　　若能测出流体中某点的总压和静压，按照伯努里方程就可以求得该点的流速，该流速乘以该点所在管道截面积就得出流体的体积流量。皮托管就是依据这一原理进行测量的。

　　如图 4-8 所示，皮托管是一根双层结构的弯成直角的金属小管，在其头部迎流方向开有一总压孔 A，在总压孔 A 下游某处开有若干个静压孔 B。

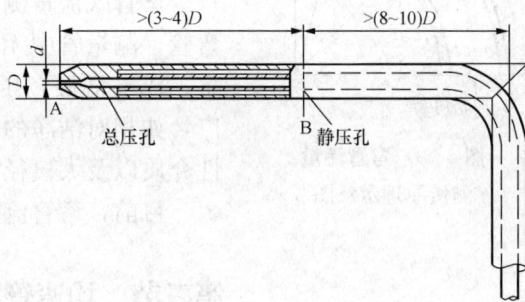

图 4-8　皮托管的结构

　　根据伯努里方程可以推出皮托管头部所对应点的流速与皮托管的总压和静压之差具有一定的关系，即

$$v = a(1 - \varepsilon) \sqrt{\frac{2(p_0 - p)}{\rho}} \tag{4-18}$$

式中　a——皮托管校准系数，用于修正总压孔和静压孔的位置不一致及流体滞止过程中的能量损耗等因素造成的差异；

　　$1 - \varepsilon$——流体可压缩性影响系数；

　　$p_0 - p$——总压和静压之差，即皮托管测得的动压力。

　　因此，流体的体积流量为

$$q_V = A\bar{v} = a(1 - \varepsilon)K_V \sqrt{\frac{2(p_0 - p)}{\rho}} \tag{4-19}$$

式中　A——测点所在截面的面积；

　　K_V——测点所在截面的平均流速与测点流速之比，即 $K_V = \bar{v}/v$。

　　这里要说明的是，皮托管只能测量流体中某一点的流速，而流体在管道中流动时，同一截面上各点的流速是不同的，为了得到流量值，应该测出管道截面上的平均流速。由于管道中各种阻力件及管道粗糙度对流动的影响，从理论上很难给出流速分布的函数和平均流速的位置，因此用皮托管测量流量，通常的做法是将管道截面分成面积相等的若干个部分，然后测量出每一部分的特征点流速，并以该特征点流速代表每一部分的平均流速，最后再算出管道截面整体的平均流速。

3. 均速管流量测量

均速管流量测量是基于皮托管原理发展起来的一种新型的差压式流量测量技术,其详细内容可参见本章第三节的介绍。

4. 弯管式流量测量

弯管流量测量是利用流体流过一90°弯头时在弯管内外侧产生的压力差来测量流量的,如图4-9所示。

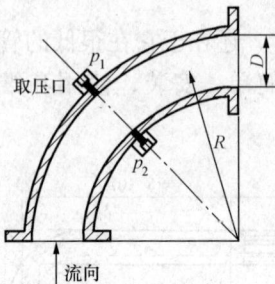
图4-9　弯管流量
测量原理示意图

当流体沿着弯管的弧形通道流动时,流体由于受到角加速度的作用而产生离心力,使弯管的外侧管壁压力增加,从而使弯管的内外侧管壁之间形成压力差。可以证明,该压力差的平方根与流量成正比。只要测出差压就可得到流量值。

弯管式流量测量可以充分利用管道上现有的弯头作为测量弯管,测量管中无阻力件,无压力损失,因此其优点是经济实惠,成本低廉;压损小,运行能耗低。可用于测量范围相当广,如相对洁净的气体、液体和蒸汽,高温、高压介质,腐蚀性介质以及大口径管道的流量测量,只是精确度比较低。

目前,弯管流量传感器逐步实现标准化。

第三节　均速管流量测量技术

均速管流量测量是20世纪60年代后期开发的基于皮托管测速原理发展起来的一种新型差压流量测量技术。

一、测量原理

均速管,又称阿牛巴(Annubar)管,其结构如图4-10(a)所示。

均速管是一根沿直径垂直插入管道中的中空金属杆(称为测量杆2),在迎流面上开有成对的测压孔1,一般说来是两对,但也有一对或多对的,其外形似笛。迎流面的多点测压孔测量的是反映平均流速的总压,与总压均值3管相连通,引出平均全压。在背流面的中心

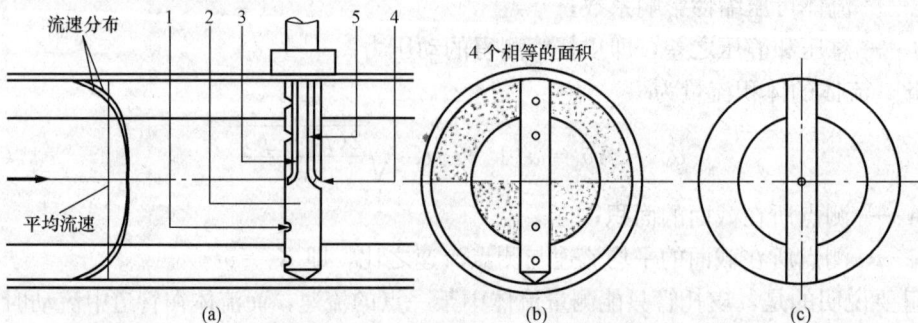
图4-10　均速管测压孔位置示意图
(a)均速管结构示意图;(b)总压孔;(c)静压孔
1—总压孔(迎流孔);2—测量杆;3—总压均值管;4—静压孔;5—静压引出管

处一般开有一只静压孔 4，与静压管 5 相通，引出静压。然后取它们的差值，即得代表平均流速的差压。

均速管的测量原理是：流过管道某一截面的连续流体，其体积流量与在此截面上测得的动压力（即总压与静压之差）的平方根成正比。均速管是利用测量流体的全压与静压之差来测量流速的。

流体平均速度 $\bar{v}$ 和均速管输出差压 Δp 之间的关系可根据经典的伯努利方程得出。

$$\bar{v} = k\sqrt{\frac{2}{\rho}\Delta p} \qquad (4-20)$$

式中　Δp——全压与静压之差，Pa；

　　　ρ——流体密度，kg/m³；

　　　k——校正系数。

则均速管的流量公式为

$$q_V = \alpha\varepsilon\frac{\pi}{4}D^2\sqrt{\frac{2}{\rho}\Delta p} \qquad (4-21)$$

$$q_m = \alpha\varepsilon\frac{\pi}{4}D^2\sqrt{2\rho\Delta p} \qquad (4-22)$$

式中　q_V——流体的体积流量，m³/s；

　　　q_m——流体的质量流量，kg/s；

　　　α——工作状态下均速管的流量系数；

　　　ε——工作状态下流体流过测量杆时的流束膨胀系数，对于不同压缩性流体，$\varepsilon=1$；对于可压缩性流体，$\varepsilon<1$；

　　　D——工作状态下管道内截面面积，m²。

二、总压的测定和测压孔的位置

均速管传感器的测量杆上之所以设有两对总压孔，是因为管道中的流速分布不均匀，为了提高测量精确度，可将整个圆截面分成四个等单元面积，两个半圆和两个半环，如图 4-10 所示。使总压孔正好处于每个单元面积之中，然后在测量杆中将各点总压平均后从总压均值管中引出。所测总压即反映了各个单元面积内的流速大小。

两对总压孔的位置，可按等分面积法求取。所谓等分面积法，就是将管道截面分割成内圆和外环的等效平均流速点，这些点就是全压孔的位置，如图 4-10（b）所示。这样，在流量变化的情况下均速管能有较好的适应能力，所反映的误差较小。

静压测量孔采用一个，是在位于测量杆的背流方向轴线位置的开孔取静压。这是因为均速管按规范是处于位势流中，而位势流的前提是管道横截面上各点静压均相等，没有横向流动。从这个角度来看，一个背压测量孔已足够。为了防止流体的流量在测量过程中阻塞背压测量孔，目前有的均速管流量传感器采用多孔的背压取压。无论单孔取压还是多孔取压，由流量的基本公式可知，只要有效地测出均速管的输出差压，就可测出流体的流量值。

三、均速管的结构形式

按测量杆的截面形状，均速管应用最多的产品是圆形及菱形，20 世纪 80 年代中期也采用过机翼形截面。

圆形截面的均速管，流量系数的稳定区域是在雷诺数 $Re<10^5$ 和 $Re>10^6$。当雷诺数 Re

处于 10^5 至 10^6 之间时，流量系数 α 则不稳定。这是由于圆形截面的均速管作为阻力件，自身存在着阻力危机，流体流经圆形截面的均速管时存在着分离点不同而导致它在迎流流体时，在其上引起的压力分布不同，从而引起了流量系数 α 的变化。

为了克服圆形截面存在流量系数不稳定区，设计了菱形截面的均速管。菱形截面无论雷诺数 Re 的数值是多少，其分离点都是确定不变的，从而较好地解决了均速管流量传感器在测量气体、蒸汽流量时不稳定区的困难。

圆形截面和菱形横截面的均速管，都存在着不可恢复的压力损失，但是相对比较小，仅占输出差压的 2% 左右。

为了进一步减少流体通过测量杆时的迎流阻力，减小压力损失，20 世纪 80 年代中期均速管采用了机翼形截面，但是其输出差压更小，和圆形截面或菱形截面相比差压减少了50%。由于差压过低，工作起来必须采用配套的较为昂贵的微差压变送器，在这种情况下工作，使得测量不稳定，从而影响了它的推广应用。

均速管流量传感器结构简单，作为一种插入式传感器，其安装、拆卸方便，维修方便。而且压损小，能耗小，长期运行，其节能效果非常好，此外，它的准确性和稳定性较好，适用于液体、气体和蒸汽等多种介质的流量测量。在实际应用过程中，均速管的输出差压较低是它的一大弱点。

第四节　浮子流量测量技术

浮子流量测量具有悠久的历史，由于它结构简单、刻度直观、使用维护方便、压损小而恒定等优点，所以被广泛应用于工业流量测量领域。浮子流量计作为直观流动指示或测量精确度要求不高的现场指示仪表，占浮子流量计应用的 90% 以上，被广泛地用在电力、石化、化工、冶金、医药等流程工业和污水处理等公用事业。

浮子流量测量是以浮子在垂直锥形管中随着流量变化而升降，改变它们之间的流通面积来进行测量体积流量的流量测量技术，又称转子流量测量。在美国、日本常称作变面积流量测量（Variable Area Flowmeter）或面积流量测量。

一、测量原理和结构

（一）结构原理

浮子流量传感器的结构如图 4-11 所示，它的流量测量元件是由一根自下向上扩张的垂直锥形管和一个置于锥形管中并可沿着锥管轴上下自由移动的浮子所组成。被测流体从下向上经过锥形管 1 和浮子 2 形成的环隙 3 时，浮子上下端产生差压形成浮子上升的力，当浮子所受上升力大于浸在流体中浮子重量时，浮子便上升，环隙面积随之增大，环隙处流体流速立即下降，浮子上下端差压降低，作用于浮子的上升力也随着减少，直到上升力等于浸在流体中浮子重量时，浮子便稳定在某一高度。在稳定工况下，浮子在锥管中高度和通过的体积流量之间有一定的比例关系。因此，可以根据浮子的位置得到体积流量。

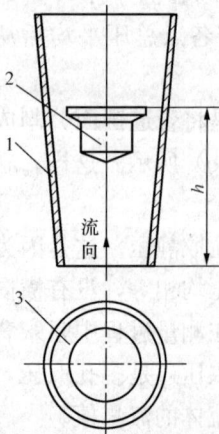

图 4-11　浮子流量
测量原理结构示意图
1—锥形管；2—浮子
（转子）；3—流通环隙

（二）流量公式

当流体沿测量元件的锥形管自下而上地通过浮子而使浮子稳定地悬浮在某一高度时，浮子主要受三个力的作用而处于平衡状态。

1. 迎面差压阻力

流体流经浮子时，由于节流作用，使得浮子上下游产生差压 Δp，该差压的大小和流体在浮子与锥形管壁间环形通道中的平均流速的平方成正比，即

$$\Delta p = C \frac{1}{2} \rho \, \bar{v}^2 \tag{4-23}$$

所以，迎面差压阻力为

$$F_1 = \Delta p A_f = C \frac{1}{2} \rho \, \bar{v}^2 A_f \tag{4-24}$$

式中　A_f——浮子工作直径（最大直径）处的横截面积，m^2；

　　　$\bar{v}$——流体流经环形面积时的平均流速，m/s；

　　　ρ——被测流体密度，如被测介质为气体则为浮子上游横截面上的密度，kg/m^3；

　　　C——阻力系数。

2. 浮子受到的浮力

$$F_2 = V_f \rho g \tag{4-25}$$

式中　V_f——浮子体积，如有延伸体也应包括，m^3；

　　　g——当地重力加速度，m/s^2。

3. 浮子自重

$$W = V_f \rho_f g \tag{4-26}$$

式中　ρ_f——浮子材料密度，kg/m^3。

在稳定工况下，即浮子在流体中处于平衡时，有

$$W = F_1 + F_2 \tag{4-27}$$

将式（4-24）~式（4-26）代入式（4-27），可得

$$\bar{v} = \sqrt{\frac{2V_f(\rho_f - \rho)g}{CA_f\rho}} \tag{4-28}$$

由上式可以看出，不管浮子停留在什么位置，流体流过环形面积的平均流速 $\bar{v}$ 是一个常数。引入流体膨胀系数，可推得体积流量公式：

$$q_V = \Delta A \varepsilon \, \bar{v} = a\varepsilon \Delta A \sqrt{\frac{2gV_f(\rho_f - \rho)}{\rho A_f}} \tag{4-29}$$

式中　ΔA——流通环形面积，m^2；

　　　a——仪表的流量系数，等于 $\sqrt{1/C}$，因浮子形状而异；

　　　ε——被测流体为气体时气体膨胀系数，通常由于此系数校正量很小而被忽略，且通过校验已将它包括在流量系数内，如为液体则 $\varepsilon=1$。

当浮子为非实芯中空结构（放负重调整量）时，则

$$q_V = a\varepsilon \Delta A \sqrt{\frac{2g(G_f - V_f\rho)}{\rho A_f}} \tag{4-30}$$

式中　G_f——浮子质量，kg。

流通环形面积与浮子高度之间的关系如式（4-31）所示，当结构设计已定，则 d、β 为常量。式中有 h 的二次项，一般不能忽略此非线性关系，只有在圆锥角很小时，才可视为近似线性。

$$\Delta A = \pi\left(dh\,\mathrm{tg}\,\frac{\beta}{2} + h^2\,\mathrm{tg}^2\,\frac{\beta}{2}\right) = ah + bh^2 \tag{4-31}$$

式中　d——浮子最大直径（即工作直径），m；

　　　h——浮子从锥管内径等于浮子最大直径处上升高度，m；

　　　β——锥管的圆锥角；

　　　a、b——常数。

将式（4-31）代入式（4-29），可得

$$q_V = a\varepsilon(ah + bh^2)\sqrt{\frac{2g(G_\mathrm{f} - V_\mathrm{f}\rho)}{\rho A_\mathrm{f}}} \tag{4-32}$$

可见，对于一定的锥形管和一定的流体，G_f、V_f、ρ、A_f、β 和 d 等均为常数，体积流量 q_V 是流量系数 a 和浮子高度 h 的函数。只要能够保持仪表的流量系数 a 为常数，则体积流量 q_V 与浮子高度 h 之间就存在一一对应的关系，当圆锥角很小时，体积流量与浮子高度成线性关系。测得浮子高度就可得到体积流量。但是，流量系数 a 与浮子的几何形状和流动雷诺数有关。形状一定时，当雷诺数大于某一界限雷诺数后，流量系数将趋于一常数，体积流量和浮子高度之间成基本线性关系；当实际雷诺数小于界限雷诺数时，流量系数将随雷诺数变化，同时被测介质密度也会发生变化，必须进行修正。

这里还要说明的是在浮子流量测量过程中，始终保持浮子前后的压降不变，所以浮子流量测量又称为恒压降流量测量，有时可以一种特例归为差压式流量测量类。

二、浮子流量测量仪表的分类及特点

1. 分类

浮子流量测量仪表有两大类，即透明锥形管浮子流量计和金属管浮子流量计。

透明锥形管浮子流量计的透明锥形管一般是由硼硅玻璃制成的，习惯简称玻璃管浮子流量计，流量分度直接刻在锥管外壁上，或者锥管旁另装分度标尺。锥管内腔有圆锥体平滑面和带导向棱筋（或平面）两种，浮子在锥管内自由移动，或在锥管棱筋导向下移动，对于较大口平滑面内壁仪表还可采用导杆导向。透明管浮子流量计以就地指示为主，装有接近开关，作流量上下限报警信号输出。

金属管浮子流量计可测量有较高温度和压力的流体的流量。金属管浮子流量计即可就地显示，也可把浮子的位移量转换成电流或气压模拟量信号输出，构成电远传和气远传浮子流量计。电远传流量计的类型很多，图4-12为其中的一种电传式金属管流量计的结构示意图，它由金属锥形管2、转子1、连动杆3、铁芯4和差动线圈5组成，其中转子、连动杆和铁芯刚性连接。

被测流体自下而上流过锥管时，浮子发生运动，通过连动杆

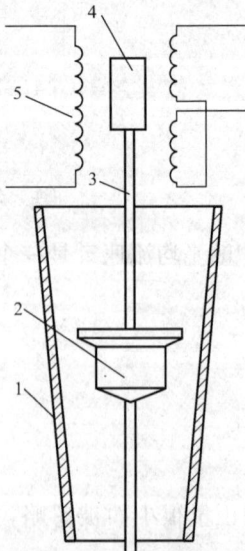

图4-12　电远传金属转子流量测量原理示意图

1—转子；2—锥形管；3—连动杆；4—铁芯；5—差动线圈

带动铁芯相对差动变压器产生位移，从而改变了输出差动电势。这样就实现了流量到浮子的位移，再到电信号的转换。测量输出差动电势就可得流量的大小。

此外，通常浮子流量计的仪表刻度的流量范围根据被测介质而定，液体是常温水标定值，气体是空气标定换算到工程标准状态（20℃，0.10133MPa）的值。当实际使用状态的介质密度不同时，需要进行压力和温度的量程修正。

2. 特点

（1）浮子流量测量适用于中小管径、低流速和较低雷诺数的单相液体或气体流体。

（2）绝大部分浮子流量计必须垂直安装在无振动的管道上，流体自下而上流过仪表。它们对上游直管段要求不高，或者说没有上游直管段要求。

（3）测量的流量范围较宽，范围度一般为 10∶1。

（4）流量测量元件的输出接近于线性，压力损失较低。

（5）测量精确度易受被测介质密度、黏度、温度、压力、纯净度、安装质量等因素的影响。

第五节 涡轮流量测量技术

涡轮式流量测量是利用置于流体中的涡轮的旋转角速度与流体速度成比例的关系，通过测量涡轮的转速来反映通过管道的体积流量，是目前流量测量中技术比较成熟的高精度测量技术，在石油、化工等部门中获得了广泛的应用。

一、测量原理与结构

1. 测量原理

如图 4 - 13 所示，被测流体流入传感器，经过导流体冲击叶轮。由于涡轮的叶片与流体流向之间有一倾角，流体的冲击力对涡轮产生转动力矩，使涡轮克服机械摩擦阻力矩和流动阻力矩开始旋转。当转动力矩与机械摩擦阻力矩、流动阻力矩相平衡时涡轮便恒速旋转。实践证明，在一定的流量范围内，一定的流体介质黏度下，涡轮的旋转角速度与通过涡轮的流量成正比，因此可以通过测量涡轮的旋转角速度来测量体积流量。

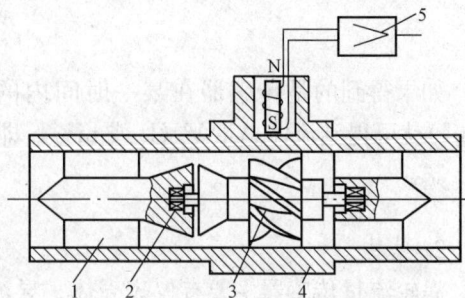

图 4 - 13 涡轮流量测量原理示意图
1—导流体；2—轴承；3—涡轮；
4—壳体；5—信号测量放大器

涡轮的旋转角速度一般都是通过安装在传感器壳体外部的信号测量放大器用磁电感应的原理来测量转换的。当涡轮转动时，涡轮上由磁性制成的螺旋形叶片轮流接近和离开固定在壳体上的永久磁钢外部的磁电感应线圈，周期性地改变感应线圈磁电回路的磁阻，使通过线圈的磁通量发生周期性的变化，从而产生与流量成正比的交流电脉冲信号。此脉冲信号经信号测量放大器放大整形后送至显示仪表或计算机显示流体瞬时体积流量或总量。

当涡轮处于均速转动的平衡状态时，忽略机械摩擦阻力矩，可写出涡轮的角速度公式：

$$\omega = \frac{v \operatorname{tg}\beta}{r}$$

（4 - 33）

式中 ω——涡轮的角速度；

    v——作用于涡轮上的流体轴向速度；

    r——涡轮叶片的平均半径；

    β——叶片对涡轮轴线的倾角。

此时磁电感应线圈输出的交流电脉冲信号的频率为

$$f = \frac{\omega}{2\pi}Z \qquad (4-34)$$

式中 Z——涡轮上的叶片数。

管道内流体的体积流量为

$$q_V = Av \qquad (4-35)$$

式中 A——传感器的有效流通面积。

将式（4-33）、式（4-35）代入式（4-34），可得

$$f = \frac{Z\,\mathrm{tg}\beta}{2\pi r A}q_V = kq_V \qquad (4-36)$$

式中 k——仪表系数，传感器的结构有关。其意义是单位体积流量通过涡轮流量传感器时
    传感器输出的信号脉冲频率（或信号脉冲总数）。

在涡轮流量传感器的使用范围内，仪表系数 k 应为一常数，其数值由实验标定得到。每一台涡轮流量传感器的校验合格证上都标明经过实流校验测得的仪表系数 k 值。

所以，当测得传感器输出的信号频率 f，除以仪表系数 k（1/L 或 1/m³）就可得到体积流量 q_V（L/s 或 m³/s），即

$$q_V = \frac{f}{k} \qquad (4-37)$$

如果得到的是传感器在某一时间内的脉冲总数 N 后，同样除以仪表系数 k（1/L 或 1/m³）就可得到流体总量 V（L 或 m³），即

$$V = \frac{N}{k} \qquad (4-38)$$

2. 结构

涡轮流量传感器主要有仪表壳体、导流器、涡轮、轴承和信号测量放大器等组成。

（1）仪表壳体。仪表壳体是传感器的主体部件，起到承受被测流体的压力，固定安装测量部件，连接管道的作用。壳体内装有导流体、涡轮、轴、轴承，壳体外壁安装有信号测量放大器。

（2）导流体。导流体安装在传感器进出口处，对流体起导向整流以及支承涡轮的作用，避免回流体自旋而改变流体对涡轮叶片的作用角。

（3）涡轮。涡轮是传感器的测量部件，它的作用是把流体动能转换为机械能。涡轮由支架中轴承支承，与壳体同轴，其叶片数视口径大小而定。涡轮几何形状及尺寸对传感器性能有较大影响，要根据流体性质、流量范围、使用要求等设计，涡轮的动态平衡很重要，直接影响仪表的性能和使用性能。

（4）轴和轴承。轴和轴承组成一对运动副，支承和保证涡轮自由旋转。它需要有足够的刚度、强度和硬度、耐磨性、耐腐性等。它决定着传感器的可靠性和使用寿命。传感器失效通常是由轴和轴承引起的，因此它的结构与材料的选用以及维护是重要问题。在实际使用中

有滚动轴承、滑动轴承，甚至流体轴承。

（5）信号测量放大器。信号测量放大器的作用是把涡轮的机械转动信号转换成电脉冲信号输出，一般采用变磁阻式，由永久磁钢、导磁棒（铁芯）、磁电感应线圈等组成。由于线圈感应得到的信号较小，需配上信号测量放大器放大、整形输出幅值较大的电脉冲信号。

3. 特点

（1）涡轮流量传感器具有测量精确度高，可达±0.5%；

（2）测量范围宽，量程比通常为 6：1～10：1，有的甚至可达 40：1，适用于流量大幅度变化的场合；

（3）重复性好，压力损失小，耐高压，耐腐蚀，安装维修方便，结构简单，安装使用方便；

（4）传感器输出的是数字信号，便于远距离传送和计算机数据处理，无零点漂移，抗干扰能力强。

但是受来流流速分布畸变和旋转流等影响较大，传感器前后应有较长的直管段；对被测介质清洁度要求较高，限制了其使用领域；流体密度、黏度对流量特性的影响较大；传感器的仪表系数一般是在常温下用水标定的，当流体密度、黏度发生变化时需要重新标定或者进行补偿。

二、典型的涡轮流量传感器

传感器结构类型不同，就有不同形式的涡轮流量传感器，如无轴承涡轮流量传感器是用高压流体来代替金属或非金属轴承使涡轮处于浮动状态以减小轴承的摩擦；广黏度式采用黏度补偿机构，使涡轮流量传感器在很高的黏度下仍能保持其线性度和范围度。下面简单介绍插入式、光纤式涡轮流量传感器。

1. 插入式涡轮流量传感器

插入式涡轮流量传感器是把涡轮流量测量头做的比较小，然后把它插到管道的平均流速点或最大流速点，根据测出的局部小面积的流量，推算出通过管道的整体流量。

插入式涡轮流量传感器与插入涡街、插入电磁以及皮托管都属于点流式插入流量传感器。这类传感器实际上是一台流速传感器，它测量管道中某个特定的局部流速（平均流速点或最大流速点），然后根据管道内的流速分布及仪表和管道的几何参数等推算出流量值。这类传感器主要用于测量大型管道的流量。

插入式涡轮流量传感器的测量头比较小，可以插到管道的相应位置。它最大的优点是，可在不断流的情况下插入或取出测量头，进行维护或检修。

插入式涡街流量传感器一般都做成带测量短管的形式，直接输出与流量成正比的频率信号，结构上并不能将漩涡发生体自由地插入或卸出。

点流式插入式流量传感器的一个关键技术是，必须知道流速在管道截面的分布情况，判别平均流速点位置或最大流速位置。

2. 光纤涡轮流量传感器

光纤涡轮流量传感器是用光纤束取代由永久磁钢、导磁棒（铁芯）、磁电感应线圈等组成的测量信号放大器，把涡轮的机械转动信号转换为电脉冲信号输出的。

光纤涡轮流量传感器是在涡轮叶片顶端上贴一小块具有高反射率的薄片或镀一层反射膜，其信号测量装置由光纤束、光源、光电探测器等组成。光纤束是由约几百根至几千根芯径为几十微米的多模阶跃型光纤集束而成，分为发送光纤束和接收光纤束，并设计成 Y 形结构。发送光纤束和接收光纤束在汇集处端面的分布为发送光纤束在内，接受光纤束在外的同轴分布。光源通过发送光纤束把光线照射到涡轮叶片上，接收光纤束接收反射光，并传送给光电探测器。

光纤涡轮流量传感器的测量原理是，当被测流体沿管道流过涡轮叶片时，涡轮叶片将产生旋转。当叶片顶端正好对准光纤端面时，光将发生反射，该反射光由接收光纤接收，并传送到光电探测器上，光电接收器将光信号转换成电信号；当叶片顶端偏离光纤端面时，光没有反射，光电接收器无信号输出。这样就把涡轮的旋转角速度信号转换成电脉冲信号输出，该信号的频率与被测流体的流量具有对应关系。

光纤涡轮流量传感器具有重复性和稳定性好，不易受电磁、温度等环境因素干扰的特点。其主要缺点是只能用来测量透明的气体或液体，不允许流体中有不透明杂质出现，否则必须在涡轮前安装过滤装置。

第六节　涡街流量测量技术

漩涡流量测量（Vortex Shedding Flow）是 20 世纪 70 年代发展起来的一种新型流量测量方法，它是利用流体振动原理来进行流量测量的，即在特定的流动条件下，一部分流体动能转化为流体振动，其振动频率与流速（流量）有一定的比例关系。因其具有许多优点，受到国内外广大用户欢迎，发展较快，应用不断扩大，在某些领域已部分取代了差压式流量传感器或其他类型的流量传感器。

一、测量原理与结构

涡街流量传感器是根据"卡门涡街"原理工作的一种流体振荡型仪表。在流体中放置一个有对称形状的非流线型阻流体（bluff body）时，从阻流体下游两侧就会交替产生两列有规则的漩涡。在一定的流量范围内漩涡分离的频率与管道内的平均流速成正比，与阻流体的宽度成反比。所以测量出漩涡分离频率便可算出流体的体积。

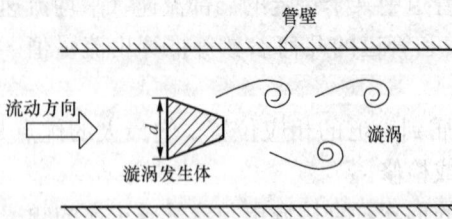

图 4-14　卡门涡街形成原理

1. 测量原理

在流体中设置非流线型阻流体，随着流体绕过漩涡发生体流动，产生附面层分离现象，形成有规则的漩涡列，左右两侧漩涡的旋转方向相反，见图 4-14。这种漩涡称为卡门涡街，产生漩涡的非流线型阻流体称为漩涡发生体。

漩涡列在漩涡发生体下游非对称地排列。根据卡门涡街原理，漩涡脱离漩涡发生体的频率为

$$f = \frac{St}{md}\bar{v} \tag{4-39}$$

$$m = 1 - \frac{2}{\pi}\left[\frac{d}{D}\sqrt{1-\left(\frac{d}{D}\right)^2} + \sin^{-1}\left(\frac{d}{D}\right)\right] \tag{4-40}$$

式中　　d——漩涡发生体迎面宽度；

f——漩涡脱离漩涡发生体的频率；

$\overline{v}$——漩涡发生体两侧的平均流速，m/s；

St——斯特劳哈尔数，与漩涡发生体的形状及雷诺数有关，对于一定形状的漩涡发生体，在一定雷诺数范围内，St 基本上是一个常数；

m——漩涡发生体两侧弓形面积与管道横截面面积之比；

D——管道内径。

所以，管道内的瞬时体积流量为

$$q_V = \frac{\pi}{4}D^2\overline{v} = \frac{\pi D^2}{4St}mdf = kf \qquad (4-41)$$

在斯特劳哈尔数为常数的情况下，涡街流量传感器输出的脉冲频率与体积流量成正比，这种关系只与漩涡发生体的形状和管道的几何尺寸有关，不受流体的温度、压力、密度和黏度等因素的影响。而且有可能不进行单独标定。

2. 结构

涡街式流量测量仪表由传感器和转换器两部分组成，如图 4-15 所示。传感器包括漩涡发生体（阻流体）、测量元件、仪表表体、安装架和法兰等；转换器包括前置放大器、滤波整形电路、接线端子、支架和防护罩等。

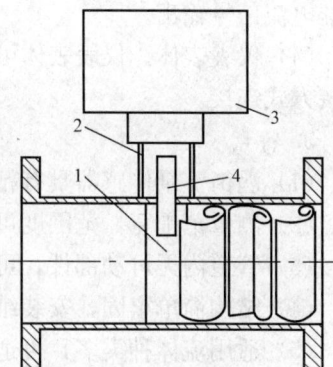

图 4-15　涡街流量传感器的结构示意图
1—漩涡发生体；2—支架；
3—转换器；4—测量元件

（1）漩涡发生体。漩涡发生体是传感器的主要部件，它的形状和尺寸与仪表的流量特性（仪表系数、线性度、范围度等）和阻力特性（压力损失）密切相关，对它的要求如下：

1）能控制漩涡在漩涡发生体轴线方向上同步分离；

2）在较宽的雷诺数范围内，有稳定的漩涡分离点，保持恒定的斯特劳哈尔数；

3）能产生强烈的涡街，信号的信噪比高；

4）形状和结构简单，便于加工和几何参数标准化，以及各种测量元件的安装和组合；

5）材质应满足流体性质的要求，耐腐蚀、耐磨蚀、耐温度变化；

6）固有频率在涡街信号的频带外。

目前已经开发出形状繁多的漩涡发生体，应根据具体情况，保证上述要求，选择合理的漩涡发生体。

（2）测量元件。漩涡频率的检测是涡街流量传感器的关键。由流体力学原理可知，在每个漩涡产生并泻下时，它会在体壁上产生一个侧向力，漩涡发生体便受到一个周期振动力的作用。如果漩涡发生体具有弹性，则将产生振动。同时，漩涡发生体周围流体会同步发生流速、压力变化和下游尾流周期振荡。根据这些现象可以进行漩涡分离频率的测量。综合起来测量技术可概括为以下两大类：

1）受力测量类，即测量漩涡产生后在漩涡发生体上受力的变化频率，一般可用应力、应变、电容、电磁等测量技术。

2）流速测量类，即测量漩涡产生后在漩涡发生体附近的流动变化频率，一般可用热敏、超声、光电（光纤）等测量技术。

不管采用哪一种测量技术，就其测量漩涡分离频率信号的方式主要有五种方式：

1）用设置在漩涡发生体内的测量元件直接测量发生体两侧差压；

2）在漩涡发生体上开设导压孔，在导压孔中安装测量元件测量发生体两侧差压；

3）测量漩涡发生体周围交变环流；

4）测量漩涡发生体背面交变差压；

5）测量尾流中漩涡列。

根据这五种测量方式，采用不同的测量技术，如热敏、超声、应力、应变、电容、电磁、光电、光纤等可以构成不同类型的涡街流量传感器。本节第二部分内容将简单介绍几种采用不同测量技术的涡街流量传感器。

（3）转换器。测量元件把涡街信号转换成电信号，该信号既微弱又含有不同成分的噪声，必须进行前置放大、滤波、整形等处理才能得出与流量成比例的脉冲信号，或者转换成标准电流信号输出。

（4）仪表表体。仪表表体可分为夹持型和法兰型，分别与管道采用法兰连接方式和法兰夹装方式连接。

3. 特点

（1）涡街流量传感器具有精确度比较高，一般可达（±1‰～±2‰）R，R 为测量值；

（2）测量范围宽，范围度可达 10：1 或 20：1；

（3）管道内无可动部件，可靠性高，压损小（约为孔板流量计 1/4～1/2）；

（4）结构简单牢固，安装维护方便、费用较低；

（5）适用流体种类多，可适用液体、气体、蒸气和部分混相流体的流量测量。

（6）它的输出为脉冲频率，其频率与被测流体的实际体积流量成正比，适用于总量计量，无零点漂移；

（7）在一定雷诺数范围内，输出频率信号不受流体物性（密度、黏度）、组分、压力和温度的影响，即流量和频率的正比关系仅与漩涡发生体及管道的形状尺寸有关，因此在一种典型介质中校验后可适用于各种介质。

但是漩涡分离的稳定性受流速分布畸变及旋转流的影响，应根据上游侧不同形式的漩涡发生体配置足够长的直管段（上游侧不小于 20D、下游侧不小于 5D）或装设流动调整器（整流器）；漩涡分离时管内局部压力会明显下降，测量液体时，当压力下降到液体当时温度所对应的饱和蒸汽时，将发生气蚀现象，因此上限流速受压损和气蚀现象限制。脉动流、混相流中对测量有影响，在某些情况下甚至难以形成涡街，仪表无法工作。涡街流量测量方法在低雷诺数情况下，斯特劳哈尔数变化比较大，不适用于低雷诺数的流量测量（$Re_D \geqslant 2 \times 10^4$），因此在高黏度、低流速、小口径情况下应用受到限制。

二、几种典型的涡街流量传感器

涡街式流量传感器按测量方式分为应力式、热敏式、电容式、超声式和光纤式等涡街流量测量。

1. 应力式涡街流量传感器

如图 4-16 所示，应力式涡街流量传感器是利用漩涡发生后在漩涡发生体上受力的变化频率来测量漩涡频率的。在漩涡发生体内（或漩涡发生体的外部）埋置压电元件，利用压电元件对应力的敏感性，将它受到的交变应力转换为交变的电荷信号，经电荷放大、滤波、整形后即得到与漩涡分离信号相应的脉冲信号或电流信号。

压电传感器响应快，信号强，工艺性好，制造成本低，与测量介质不接触，可靠性高。仪表的工作温度范围宽，现场适应性强，可靠性较高，它是目前应力式涡街流量传感器的主要产品类型。

但是，它的主要缺点是对管道振动较敏感，经过多年来生产厂家的大量工作，如对仪表本身结构、测量位置以及信号处理等采取措施，在管道安装减振方式下功夫。

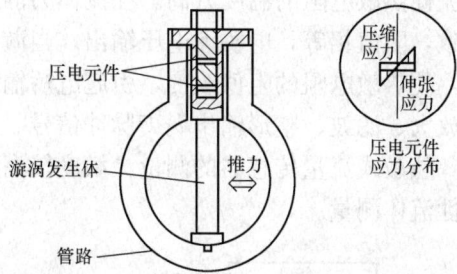

图 4 - 16 应力式涡街流量传感器

2. 电容式流量传感器

在漩涡发生体两侧面（或漩涡发生体外部）设置差动电容传感器，其结构原理如图 4 - 17 所示，安装在涡街流量传感器中的电容测量元件相当于一个悬臂梁。当漩涡产生时，在两侧形成微小的压差，使振动体绕支点产生微小变形，从而导致一个电容间隙减少，电容量增大；另一个电容间隙增大，电容量下降，通过差分电路测量电容差值。该电容差值与漩涡分离频率存在对应关系。

电容式流量传感器有两个主要的优点：一是耐振性能好，当管道有振动时，不管振动是何方向，由振动产生的惯性力同时作用于振动体及电极上，使振动体与电极都在同方向上产生变形，由于设计时保证了振动体与电极的几何结构与尺寸相匹配，使它们的变形量一致，差动信号为零。虽然由于制造工艺的误差，不可能完全消除振动的影响，但大大提高了耐振性能。试验证明，其耐振性能超过 $1g$。二是可耐高温达 $400℃$，温度对电容测量元件的影响有两方面：温度使电容间介电常数发生变化和电极的几何尺寸随温度而变，这些导致电容值发生变化；另一方面由于温度升高金属热电子发射造成电容的漏电流增大。试验证明，当温度升高至 $400℃$ 时无论电容值变化或漏电流增大都未影响仪表的基本性能。

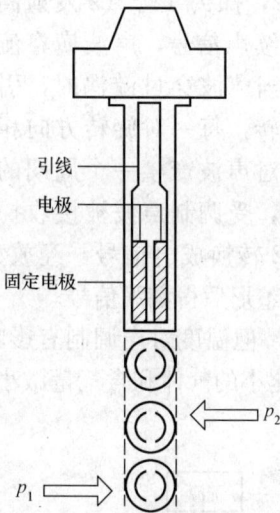

图 4 - 17 电容式涡街流量传感器

3. 热敏式流量传感器

热敏式流量传感器是采用对流速敏感的热敏元件，通过测量因漩涡分离引起的流速变化来反映分离频率。把自热式热敏电阻置于漩涡发生体底部或适当部位，如图 4 - 18 （a）所示。

两只热敏电阻对称地嵌入在漩涡发生体迎流面中间，它与其他两只固定电阻构成一个电桥。电桥通以恒定

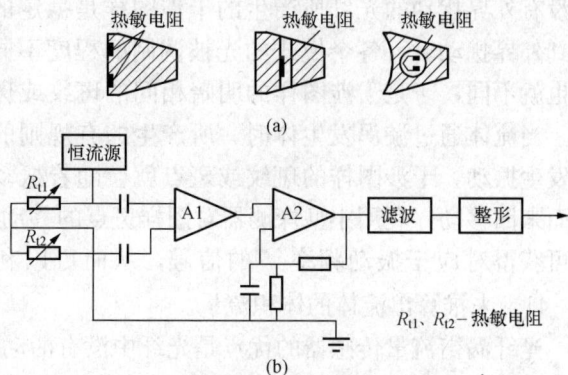

图 4 - 18 热敏式涡街流量传感器

电流使热敏电阻的温度升高。在流体为静止或漩涡发生体未发生漩涡时，两只热敏电阻温度一致，阻值相等，电桥无电压输出。当漩涡发生体两侧交替发生漩涡时，由于局部流速的变化，使热敏电阻的阻值改变，引起电桥输出一系列与漩涡分离频率相对应的电压脉冲。经差动放大、滤波、整形输出涡街脉冲信号。

热敏式流量传感器的测量灵敏度较高，下限流速低，对振动不敏感，可用于清洁、无腐蚀性流体测量。

4. 超声波涡街流量传感器

如图 4-19 所示，在漩涡发生体下游对称安装两对超声波发射换能器及接收换能器 T1、R1、T2、R2，探头 T1、T2 发射高频等幅连续声信号，声波横穿流体传播。当声波穿过漩涡时，引起声束偏转，每一对旋转方向相反的漩涡对声波产生一个周期的调制作用，受调制声波被接收探头 R1、R2 转换成电信号，经放大、检波、整形后得漩涡信号。

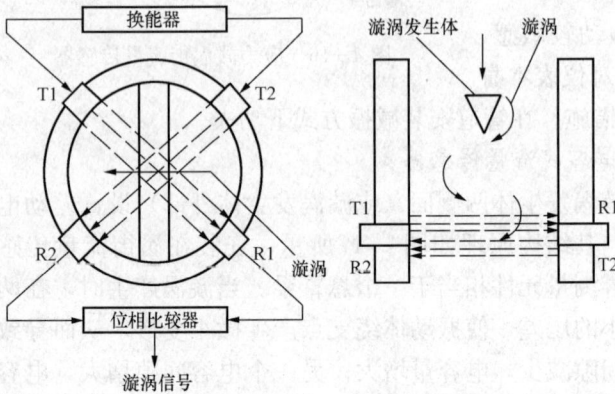

图 4-19　超声式涡街流量传感器

超声波涡街流量传感器具有较高测量灵敏度，下限流速较低，但温度对声调制有影响，流场变化及液体中含气泡对测量影响较大，所以一般用于温度变化小的气体和含气量微小的液体流量测量。

5. 光纤涡街流量传感器

光纤涡街流量传感器的结构如图 4-20 所示。在横贯流体管道的中间装设一根绷紧的多模光纤，当流体流动时，光纤就产生振动，其振动频率近似与流速成正比。光纤的振动频率将采用光纤自差技术来测量。

在多模光纤中，光以多种模式进行传输，在光纤的输出端，各模式的光就产生干涉，形成一个复杂的干涉图样。一根没有外界扰动的光纤所产生的干涉图样是稳定的。当光纤受到外界扰动时，各个模式的光被调制的程度不同，相位变化也就不同，于是干涉图样的明暗相间的斑纹或斑点发生移动。当流体通过漩涡发生体时，所产生的有规则的漩涡使光纤发生振动，干涉图样的斑纹或斑点就会随着振动的周期变化而来回移动。利用小型探测器对图样斑点的移动进行测量，即可获得对应于振动频率 f 的信号，从而可以利用表达式 (4-41) 来推算出流体的体积流量。

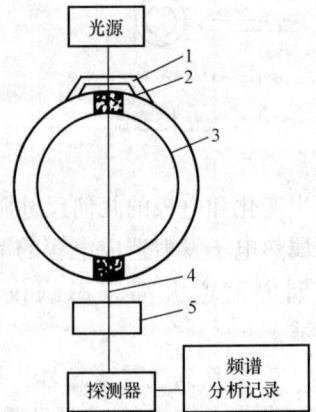

图 4-20　光纤涡街流量传感器
1—夹具；2—密封胶；3—流体管道；
4—光纤；5—张力负荷

光纤涡街流量传感器的优点是光纤中没有活动部件，测量可靠，对流体流动没有造成阻碍。这些都是孔板、涡轮等许多传统流量计所无法比拟的。它可广泛地使用于纯流体的液体和气体测量。

此外，还有利用埋于双漩涡发生体灵敏部位的应变元件测量漩涡交替分离时，柱体因受到交变的横向外力作用而产生相应的形变的原理的应变式涡街流量传感器；利用测量漩涡分离时产生的差压推动振动体上下运动测量出漩涡频率的振动体涡街流量传感器。

第七节 电磁流量测量技术

电磁式流量测量（Electromagnetic Flowmeters，简称 EMF）是 20 世纪 50~60 年代随着电子技术的发展而迅速发展起来的新型流量测量技术，它是根据法拉第电磁感应定律进行流量测量的，是目前广泛应用于各种电导率大于 10^{-5} S/cm 的导电流体的流量测量。

一、测量原理与结构

（一）测量原理

根据法拉第电磁感应定律，当导体在磁场中作切割磁力线运动时，在导体的两端中便会有感应电动势产生，其大小与磁场的磁感应强度、导体在磁场内的有效长度及导体的运动速度成正比，其方向由右手定则确定。与此相似，电磁流量传感器是在非磁性管道中测量导电流体的平均流速，其工作原理如图 4-21 所示。

在非磁性导管上装有一套励磁绕组，在与测量管轴线和磁场磁力线相互垂直的管壁上安装一对测量电极。当通入励磁电流后，产生一个与导管相垂直的磁场，导电的流体介质在磁场中作垂直方向流动而切割磁力线时，也会在管道两边的电极上产生感应电势，这个电势由测量电极输出。感应电势的方向

图 4-21 电磁流量传感器工作原理示意图
1—励磁绕组；2—铁芯；3—测量管道；
4—电磁流量转换器；5—显示仪表

由右手定则确定，只要管道内流速分布为与轴对称分布，其大小由式（4-42）决定：

$$E = BD\bar{v} \tag{4-42}$$

式中　E——感应电势；

　　B——磁感应强度；

　　D——测量管道直径，即导电流体垂直切割磁力线的长度，也是测量电极间的距离；

　　$\bar{v}$——测量管内被测流体在横截面上的平均流速。

式（4-42）中当磁场感应强度 B 恒定不变，测量管直径 D 为常数，则感应电势 E 与被测流体流速 $\bar{v}$ 成正比。

通过测量管横截面上的瞬时体积流量 q_V 与流速 $\bar{v}$ 之间的关系为

$$q_V = \frac{\pi D^2}{4}\bar{v} \tag{4-43}$$

将式（4-43）代入式（4-42）得

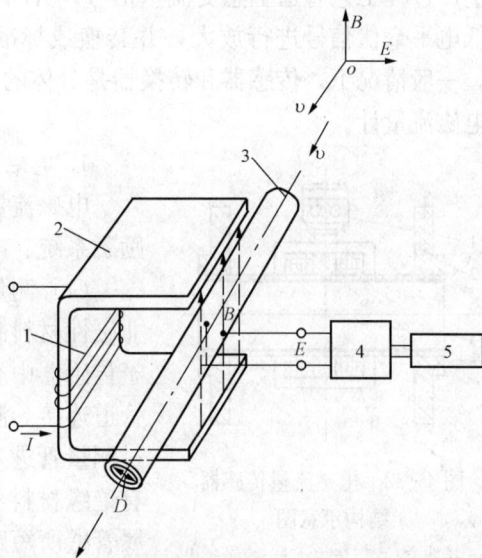

$$q_V = \frac{\pi D^2}{4B}E = kE \tag{4-44}$$

式中 k——仪表常数。

由上式可知，当测量管结构一定，体积流量 q_V 与比值 $\frac{E}{B}$ 成正比。当感应强度 B 为恒定值时，仪表常数 k 为确定的数值，体积流量 q_V 与感应电势 E 成正比。但这个关系只与磁感应强度和管道的几何尺寸有关，不受流体的温度、压力、密度和黏度等因素的影响。

（二）电磁流量计的结构

电磁流量计在结构上一般由电磁流量传感器和电磁流量转换器两部分组成。传感器安装在生产过程工艺管道上感受流量信号，并将流量信号转换为电势信号；转换器将来自传感器的低电平毫伏信号进行放大，并转换成标准信号，以便于进行显示、记录、积算和调节控制。一般情况下，传感器和转换器是分体的，也有的将转换器和传感器装在一起，组成一体型电磁流量计。

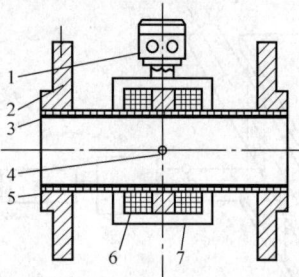

图 4 - 22　电磁流量传感器
结构示意图

1—接线盒；2—法兰；3—绝缘衬里；
4—电极；5—测量管；6—励磁线圈；
7—外壳

1. 电磁流量传感器

电磁流量传感器的结构如图 4 - 22 所示。主要由测量管、励磁系统、电极、衬里及干扰调整机构等外壳部分组成。

（1）测量管。测量管是一根内部衬有绝缘衬里的高阻抗非磁性材料制成的直管段，其作用是让被测液体通过。它位于传感器中心，两端带有连接法兰或其他形式的联结装置与管道连接。测量管的非导磁材料是为了让磁力线能顺利地穿过测量管进入被测介质，高阻抗是为了减少电涡流，内部衬有绝缘材料（绝缘衬里）是为了防止电极上的流量信号被金属管壁所短路。

（2）励磁系统。励磁系统是指在测量管外侧上、下各安装一组线圈和铁芯，用以产生励磁方式所规定波形的磁场。其中分段绕组式励磁系统可以减小流量传感器的体积，保证磁场均匀，所以目前应用比较广泛。

（3）电极。电磁流量传感器的电极一般由非导磁的不锈钢材料制成，安装在与磁场垂直的测量管两侧管壁上，宜在管道的水平方向，它的作用是把被测介质切割磁力线所产生的感应电势信号（流量信号）引出，并防止沉淀物堆积在电极上而影响测量精确度。电极要与衬里齐平，以便流体通过时不受阻碍。

（4）衬里。衬里是指在测量管内侧及法兰密封面上的一层完整的电绝缘耐蚀材料。绝缘衬里直接接触被测介质，主要作用是增加测量导管的耐磨与耐蚀性，防止感应电势被金属测量导管管壁短路。目前有的采用工业陶瓷衬里，它耐腐蚀、耐磨损、高温高压下不变形，电极与衬里间相烧结以解决管壁渗漏问题。

（5）外壳。一般用铁磁材料制成，既起保护传感器的作用（励磁线圈的外罩），又起密封作用。

此外，如采用正弦波励磁方式，传感器还应有干扰调整机构。该机构实际上是一个"变压器调零"装置，可以抑制由于"变压器效应"而产生的正交干扰。

2. 电磁流量转换器

流体流动产生的感应电势十分微弱，采用 50Hz 交流电源供电，因而各种干扰因素的影响很大。电磁流量转换器的作用是把电磁流量传感器输出的毫伏级电压信号放大，并转换成与被测介质体积流量成正比的标准电流、电压或频率信号输出，同时能抑制主要的干扰信号。

根据电磁流量计的测量特点，转换器应满足下列要求：

（1）线性放大能力。转换器应具有高稳定性能的线性放大器，能把毫伏级流量信号放大到足够高的电平，并线性地转换成标准电信号输出。

（2）要求转换器具有很高的输入阻抗。由于感应电势的通道是两个电极间的液体，被测液体的导电性能往往很低，例如 100mm 管径，被测介质是蒸馏水时，电阻约为 20kΩ 左右。转换器的输入阻抗越高，测量时就不容易受传感器内阻变化的影响，可测介质的电导率下限也可降得越低。另外，扩大了电磁流量计的应用范围。考虑到分布电容的影响，一般希望转换器的输入阻抗要大于 10MΩ，最好要超过 100MΩ。

（3）转换器能够分辨和抑制各种干扰信号。根据不同的励磁方式，转换器应有相应的措施抑制或消除各干扰信号的影响。

如果采用工频正弦波励磁方式，则存在电磁感应产生正交干扰和与感应电势同相位的共模干扰信号。对于正交干扰信号，一方面在传感器中增加干扰调整机构调零，另一方面在转换器中利用正交干扰电压自动补偿降低正交干扰电势的影响，即将经过主放大器放大后的正交干扰信号通过相敏检波的方式鉴别分离出来，然后反馈到主放大器的输入端，以抵消输入端进来的正交干扰信号。对于共模干扰信号，可在转换器的前置放大级采用差分放大电路，以利用差分放大器的高共模抑制比，使进入转换器输入端的同相干扰信号得不到放大而被抑制。在转换器的前置放大器中增加恒流源电路，能更好地抑制同相干扰。

对于矩形波励磁方式，应避开上升沿和下降沿处的微分干扰采样流量信号。

（4）应能消除电源电压和频率波动的影响。由式（4-44）可知，感应电势与磁场强度有关。如果励磁电源电压和频率有波动，必然要引起磁场强度的变化，从而影响测量的正确性。因此，必须在转换器部分采取措施，以消除电源波动的影响。

对于交流正弦波励磁的电磁流量传感器，磁感应强度 B 也为与电源频率的正弦信号。当电源电压或频率波动时，也会使感应电势 E 波动。所以，在测量流量信号时，如果只测量电势信号 E，就会使仪表的工作受电压和频率波动的影响。为了消除电源电压和频率波动的影响，可采用测量比值 E/B，而不是仅测量 E 的方法。这样，从流量的基本测量关系式（4-43）可知，当管道直径 D 固定时，所测得的信号 E/B 恰能反映瞬时体积流量 q_V，消除电源电压和频率的影响。

对于矩形波励磁的电磁流量传感器，由于磁场强度已基本不受电源的影响，可直接避开微分干扰采样流量信号。

（三）电磁流量计的特点

（1）无机械惯性，反应灵敏，可以测量瞬时脉动流量，也可以测量正反两个方向的流量。

（2）传感器结构简单，测量管内没有可动部件，没有任何阻碍流体流动的阻力件，不会产生任何附加的压力损失，属于流量测量中节能型传感器。

（3）测量管内无可动部件或突出于管道内部的部件，压力损失小。

（4）可测量具有一定电导率的酸、碱、盐溶液，脏污介质，腐蚀性介质以及含有固体颗粒（泥浆、矿浆等）悬浊性液固两相流的液体流量。

（5）电磁流量传感器输出的感应电势信号与体积流量成正比，且不受被测流体的温度、压力、黏度、密度以及电导率（在一定范围）的影响，不需进行参数补偿。电磁流量传感器只需经水标定后，就可以用来测量其他导电性流体的流量。

（6）电磁流量传感器的量程范围极宽，其测量范围度可达 100：1，有的甚至达 1000：1 的可运行流量范围。

但是电磁流量传感器测量的被测流体必须是导电的，不能测量气体、蒸汽和石油制品等含有大量气体和电导率很低的液体流量；由于测量管内衬里材料和电气绝缘材料的限制，电磁流量传感器不能用于测量高温介质的流量。此外，电磁流量传感器易受外界电磁干扰的影响。

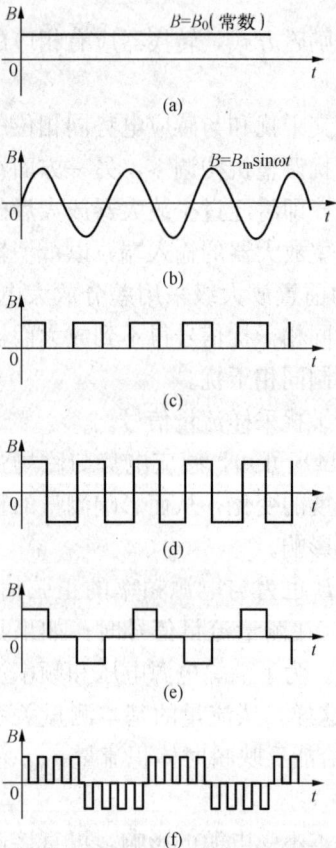

图 4-23 励磁磁场理想波形

（a）直流励磁；（b）工频正弦波励磁；（c）单极性低频矩形波励磁；（d）双极性低频矩形波励磁；（e）三值低频矩形波励磁；（f）双频矩形波励磁

二、电磁流量传感器的励磁方式

磁感应强度 B 是由电磁流量传感器的励磁系统提供。励磁系统可以给电磁流量传感器提供多种形式的磁场波形。不同的磁场波形，直接决定了电磁流量传感器工作磁场的特征，也基本上决定了电磁流量传感器流量信号的处理方法，对电磁流量传感器的工作性能有很大的影响。从电磁流量传感器产生发展到目前，使用的励磁技术主要有直流励磁、工频正弦波励磁、低频矩形波励磁、三值低频矩形波励磁及最新的双频矩形波励磁技术，各励磁磁场波形见图 4-23。

1. 直流励磁技术

直流励磁技术是利用永磁体或者直流电源给电磁流量传感器励磁绕组供电，以形成恒定的直流磁场，如图 4-23（a）所示。它的特点是简单可靠、受工频干扰影响很小以及流体中的自感现象可以忽略不计等，但也存在几个主要的问题：

（1）在电极上产生的直流感应电势会引起被测液体的电解，因而在电极上发生极化现场，破坏了原有的测量条件；

（2）直流励磁在电极间产生不均衡的电化学干扰电势叠加在直流流量信号中，无法消除，并随着时间的变化、流体介质特性以及流动状态而变化；

（3）直流放大器存在零点漂移、噪声和稳定性问题难以解决的问题，特别是在小流量测量时，信号放大器的直流稳定度必须在几分之一微伏之内，这样就限制了直流励磁技术的应用范围；

（4）当管道直径较大时，永久磁铁也要很大，这样既笨重又不经济。

2. 工频正弦波励磁技术

工频正弦波励磁技术是利用正弦波工频 50Hz 电源给电磁流量传感器励磁绕组供电，其他所产生的磁场为一正弦波交变磁场，如图 4-23（b）所示。

工频正弦波励磁的优点是励磁电源简单方便，能够基本上消除电极表面的极化现象，降低电极电化学电势的影响和传感器内阻。而且传感器输出的流量信号仍然是工频正弦波信号，易于放大处理。

但是它同样存在很多问题：

（1）电磁感应产生正交干扰（即 90°干扰），这是由于电极、引线、被测介质和电磁流量转换器的输入电路构成的闭合回路处于一交变的磁场中，即使被测介质不流动，处于该交变磁场中的闭合回路也会产生感应电势和感生电流；

（2）同相干扰，这是由于静电感应、绝缘电阻分压以及传感器管道上的杂散电路引起的同时出现在传感器的两个电极上，这种干扰信号的频率、相位和流量信号完全一致，叠加在流量信号中难以消除，会使电磁流量传感器零点不稳定；

（3）供电电源电压和频率的波动会影响磁场强度和角频率，造成测量误差。

3. 低频矩形波励磁技术

低频矩形波励磁技术是结合直流励磁和交流励磁技术的优点，并摈弃其缺点，随着集成电路技术和同步采样技术而发展起来的一种励磁技术。其励磁磁场波形见图 4-23（c）、（d）。在半个周期内，磁场是一恒稳的直流磁场，从整个时间过程来看，矩形波信号又是一个交变信号。

低频矩形波励磁方式具有直流励磁技术受电磁干扰影响小、不产生涡流效应、正交干扰和同相干扰小等特点，同时具有正弦波励磁技术基本不产生极化现象，便于放大和处理信号，避免直流放大器零点漂移、噪声、稳定性等问题的优点，所以低频矩形波励磁技术具有良好的抗干扰性能，在电磁流量传感器中得到广泛应用。

低频矩形波励磁方式存在的问题是，在励磁电流矩形波的上升沿和下降沿处存在着正交干扰（微分干扰）。其沿越陡，微分干扰电势越大，但很快消失，形成一很窄的尖峰脉冲；上升沿和下降沿变化越缓慢，则微分干扰越小，但经历时间越长。

为了消除微分干扰对流量信号的影响，通常采用的方法是，在励磁电流进入稳定的恒定阶段后，再对流量信号电压进行同步采样。一方面不影响流量信号输出，另一方面由于同步采样脉冲相对工频而言是一宽脉冲，其频率为工频周期的整数倍，这样，即使流量信号中混有工频干扰信号，因其采样时间为完整的工频周期，其平均值为零，工频干扰电压也不会对流量信号产生影响。此外，由于励磁频率低，涡电流很小，静电耦合分布电容的影响小，所以，由于静电感应而产生的同相干扰也大大减小。

低频矩形波励磁技术的采用，解决了长期困扰电磁流量传感器的电磁干扰问题，大大提高了电磁流量传感器的零点稳定性和测量精确度，缩小传感器的体积，降低励磁功率，使转换器和传感器一体化，提高电磁流量计的整体性能，拓宽了它的工业应用领域。

4. 三值低频矩形波励磁技术

三值低频矩形波励磁技术是人们在总结低频矩形波励磁技术的基础上，为使仪表零点更稳定而提出的一种励磁技术，其磁场波形如图 4-23（e）所示。

三值低频矩形波励磁方式的励磁电流一般采用工频的 1/8 频率，以 $+B$、0、$-B$ 三值进行励磁，通过对正—零—负—零—正变化规律的三种状态进行采样和处理。

三值低频矩形波励磁方式的特点是：

（1）能在零态时动态校正零点，有效地消除了流量信号的零位噪声，从而大大提高了仪表零位的稳定性；

（2）它与低频矩形波励磁技术一样，可以采用同步采样技术来消除上升沿和下降沿处的微分干扰，采用宽脉冲采样以消除混在流量信号中的工频干扰信号；

（3）它可以通过一个周期内的四次采样值，近似认为极化电势恒定，利用微处理机的数值运算功能得以消除极化电势的影响；

（4）传感器单位流速的流量信号电压可降低到工频励磁方式的 1/4，从而可进一步降低励磁功耗。

综上所述，三值低频矩形波励磁方式的优点是零点稳定、抗工频干扰能力强、励磁功耗小等，是目前电磁流量计的主要励磁方式。它的磁场波形有"正—负"二值和"正—零—负—零"三值两种，有的电磁流量计励磁频率可以由用户设定，一般小口径仪表用较高频率，大口径仪表用较低频率。

三值低频矩形波励磁方式存在的问题是无法抑制低频噪声，较高频率的矩形波磁场能消除低频噪声，但一般其零点稳定性欠佳。如在测量泥浆、纸浆等含纤维和固体颗粒的流体介质和低电导率流体流量时，固体颗粒擦过电极表面而产生的低频尖峰噪声和流体流动时噪声，往往导致励磁频率较低的三值励磁电磁流量计输出摆动不稳。

5. 双频矩形波励磁技术

双频矩形波励磁技术是目前最新的励磁技术，在电磁流量传感器中得到了很好的应用，它所产生的磁场波形如图 4-23（f）所示。励磁电流的波形是在低频矩形波上叠加高频矩形波，高频部分是 75Hz 的矩形波、用来消除含纤维和固体颗粒流体介质的低频噪声；外包络线是 1/8 工频的低频矩形波，用于保持低频矩形波励磁零点稳定的优点。

三、几种典型的电磁流量传感器及应用

1. 电容式电磁流量传感器

电磁流量传感器的电极一般需直接与被测介质接触，特殊情况下，为避免电极污染，可采用电容式电磁流量传感器。

电容式电磁流量传感器的电容电极处于测量管衬里背后，不与被测流体接触，有时也称为无电极电磁流量传感器。每个电极板和与其相对的测量管内壁形成一个电容，在该内壁上存在信号电位。流量传感器衬里材料正好是两个极板电容器的电介质。当有流体通过测量管，导电流体切割磁力线运动而在测量管的内壁上产生信号电位。与流量成正比的测量信号被送到与此两个电容器相连的前置放大器进行放大处理，输出流量值。

电容式电磁流量传感器可实现电导率（0.01μS/cm）很低的液体、浆液、渣液和泥浆等流量的液体测量，并且可以解决差压型和变面积型等流量计的堵塞、污垢和腐蚀问题。

2. 涡街电磁一体化流量传感器

俄罗斯工业仪表科研生产联合体生产的 VEPS 型涡街电磁一体化流量计用于计量带压的、充满管道的、带有导电电离子的液体的体积总量和瞬时体积流量。流量计由涡街电磁一体化流量传感器 VEPS-TI 和流量信号转换器 MKI 组成。流量传感器安装于管道上，将管道中的流量转化为电信号。流量转换器 MKI 将流量传感器 VEPS-TI 传输过来的电信号，

转换为瞬时流量和累积总量，并在液晶显示窗上显示出来。

流量传感器利用了卡门涡街测量原理。传感器将产生于管道中的涡流磁道（卡门磁道）的分离频率，转换为电信号频率。传感器的结构呈圆筒形，其内部有漩涡发生体和信号发生电极，它们被置于磁场系统的中心位置。信号发生电极在流体、漩涡发生体和磁场的共同作用下，发生位移，切割磁力线，从而不断地产生交变的电势，其频率与流体的体积流量成正比。

在被测介质所产生的涡流中，由于外界磁场的作用，会不断地产生与液体流量成正比例的有一定频率的电势，通过脉冲放大整形器加以放大后，传递到输出端V0。

流量传感器有两个带有标准脉冲值的输出端（V1和V2）。在输出端V1上的脉冲信号，根据逐个标定的特性，由微处理器在处理涡流频率时进行整形。输出端V1上的每100个脉冲，由微处理器在输出端V2上整形为1个脉冲。

3. 插入式电磁流量传感器

插入式电磁流量传感器是以测量管道内局部流速来推算整体流量的仪表，主要用于大管径管道的流量测量，可以不断流装卸流量传感器。

图4-24是德国的一种插入式电磁流量传感器结构，电磁流量传感器从管道开孔中心径向地插入管道，其测量孔中心轴固定在主管道内径的1/8处，基本在管道平均流速点附近。一般传感器应安装在上游具有10D、下游具有5D的直管段上，如果上游有三通或有未全开阀门时，则上游应有15D~25D的直管段。传感器轴应基本与上游弯头或阀门杆处于同一平面内。

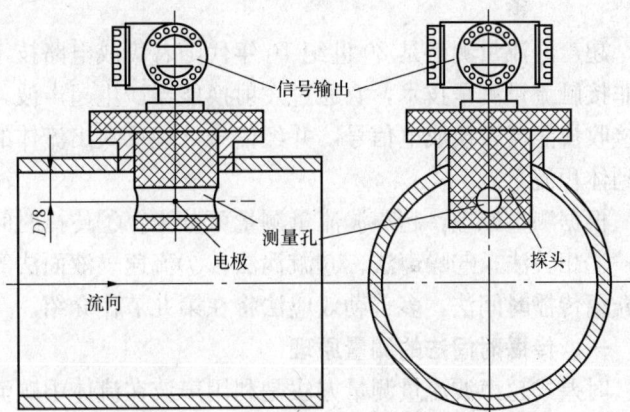

图4-24 插入式电磁流量传感器结构

插入式电磁流量计精确度较低，价格相对也比较低，一般不用来测量流体总量，而是常用于过程参数的控制系统。

目前已经出现了均速管型的插入式电磁流量传感器，探头插在直径方向上，贯穿管道直径，电极按等面积法布置在探头上。

4. 应用概况

电磁流量传感器由于其独特的优点，目前广泛应用于工业过程中各种导电液体的流量测量，如各种酸、碱、盐等腐蚀性介质；各种易燃易爆介质；污水处理以及化工、食品、医药等工业中的各种浆液流量测量，形成了独特的领域。此外，几种典型的流量传感器也在某些场合得到了应用。

（1）非满管电磁流量传感器。非满管电磁流量传感器应用于具有自由表面自然流的下水排放领域，并提高了该领域的测量精确度。将传统非满管流量或明渠流量误差从用槽式仪表的±（3~5）%FS降低到用电磁流量计的±（1~2）%FS。

（2）测量更低电导率的液体。现在可测量比传统电磁流量计电导率阈值低2~3个数量级的液体，如以前不能测量的甘油、乙二醇等。除此之外，本类仪表几乎不存在浆液噪声和流动噪声，也不会产生电极表面效应形成的噪声。衬里内表面覆盖油脂等非导电层，即使结薄绝缘垢层也不会影响测量。

（3）低功耗和二线制电磁流量计有较快发展。二线制不需另外外接激磁回路，仅用4mA，DC 电流提供仪表所需功率，通常仅数十毫瓦。低功耗电磁流量计使其有可能采用干电池或太阳电池，更方便地将电磁流量计装用于无市电的场所。

（4）二维（方向）电磁流速计和多测量点插入式电磁流量计。插入式电磁流量计的雏形是置于船体外部的船舶电磁航速仪。后来插入式电磁流量计在大中型管道中却有较大发展，也有用于明渠称作电磁流速计。但在河道流或水利实验模型不仅要测量流速还要知道流速方向。二维电磁流速计又称向量流速计，使电磁流量仪表族可以进入水文实验应用领域。

此外插入式电磁流量计还参照均速管的设计思路，在插入杆上设置多套电磁流速测量单元，提高测量精度，使插入式电磁流量计在大管径应用方面处于有利地位。

第八节　超声波流量测量技术

超声波流量测量是 20 世纪 70 年代随着集成电路技术迅速发展才开始得到实际应用的一种非接触流量测量技术，它通过发射换能器产生超声波，以一定的方式穿过流动的流体，通过接收换能器转换成电信号，并经信号处理反映出流体的流速。该流速乘以管道截面积即可得到体积流量。

根据测量原理，超声波流量测量可分为：①传播时间法；②多普勒效应法；③波束偏移法；④相关法；⑤噪声法；⑥漩涡法；⑦流速—液面法等。其中以①、②应用最多，下面主要介绍传播时间法，多普勒效应法将在第九节作介绍。

一、传播时间法的测量原理

时差式超声波流量测量方法是利用声波在流体中顺流传播和逆流传播的时间差与流体流速成正比这一原理来测量流体流量的。

声波在流体中传播，顺流方向声波传播速度会增大，逆流方向则减小，同一传播距离就有不同的传播时间。利用传播速度之差与被测流体流速之间的关系求取流速，称之传播时间法。

根据测量的具体参数，传播时间法又分为时差法、相位差法和频差法。

1. 时差法

设声波在静止流体中的传播速度为 c，流体的流速为 v。若在管道中安装两对声波传播方向相反的超声波换能器，如图 4-25（a）所示。

当声波的传播方向和流体的流动方向相同，传播速度为 $(c+v)$，则声波从超声波发射器 T1 到接收器 R1 所需要的时间为

$$t_1 = \frac{L}{c+v} \tag{4-45}$$

式中　L——超声波发射器 T1（T2）到接收器 R1（R2）之间的距离；

　　c——超声波在静止流体中的传播速度；

　　v——流体的流动速度。

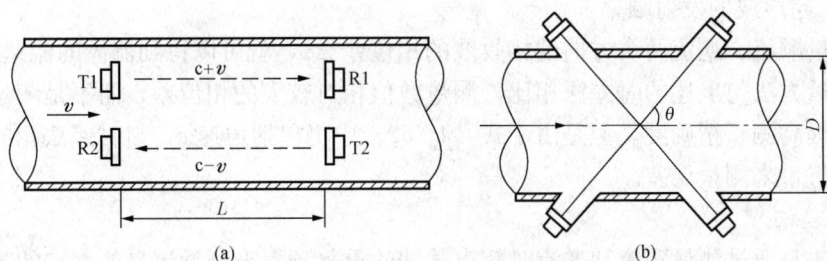

图 4 - 25　时差法测量原理

(a) 超声波换能器；(b) 换能器安装位置

当声波的传播方向和流体的流动方向相反，传播速度为 $(c-v)$，则声波从超声波发射器 T2 到接收器 R2 所需要的时间为

$$t_2 = \frac{L}{c-v} \tag{4-46}$$

两者的时间差为

$$\Delta t = t_2 - t_1 = \frac{2Lv}{c^2 - v^2} \tag{4-47}$$

一般情况下，液体中的声速 c 在 1000m/s 以上，因此多数工业系统中的流速远小于声速，即 $v^2 \ll c^2$，即

$$\Delta t \approx \frac{2L}{c^2} v \tag{4-48}$$

由式（4-48）可得流体的流速，即

$$v \approx \frac{c^2}{2L} \Delta t \tag{4-49}$$

由此可见，当声速 c 和传播距离 L 为已知时，测出时差 Δt，便可以求出流体的流速 v。

超声波流量传感器的超声波换能器一般是斜置在管壁外侧，如图 4-25 (b) 所示，图中采用了两对换能器，实际应用时也可以用一对换能器，每个换能器兼作声波的发射和接收。当超声波传播方向与管道轴线成 θ 角时，可以得到流速 v 与时差 Δt 之间的关系为

$$v = \frac{c^2 \text{tg}\theta}{2D} \Delta t \tag{4-50}$$

式中　D——管道直径。

流体的体积流量为

$$q_V = \frac{\pi D c \, \text{tg}\theta}{8} \Delta t \tag{4-51}$$

所以，当声速 c 和管道条件为已知时，测出时差 Δt，便可以求出流体的体积流量 q_V。这种测量方法存在两个问题，一是由于包括声速 c，它受温度影响比较大；二是时间差的数量级很小，一般小于 $1\mu s$，给测量带来了困难。

2. 相位差法

如果换能器发射连续超声脉冲，或者周期较长的脉冲波列，则在顺流和逆流发射时所接收到的信号之间便要产生相位差 $\Delta\varphi=2\pi f\Delta t$，代入式（4-50）可得流速与相位差的关系。

$$v = \frac{c^2 \text{tg}\theta}{4\pi f D} \Delta\varphi \tag{4-52}$$

式中 f——超声波的发射频率。

通过测量顺流、逆流两个方向的接收波的相位差 $\Delta\varphi$，就可以得到流体的流速。

这种测量方法与上述的时差法相比，测量数值相对较大的相位差，而不是测量微小的时差，有利于提高测量精确度。但是由于式（4 - 52）中仍包括声速 c，与时差法相同，声速受温度的影响将带来测量误差。

3. 频率差法

频率差法是通过测量顺流和逆流时超声脉冲的重复频率来测量流量的，它的工作原理是超声波发射换能器向被测介质发射一个超声脉冲，经过流体由接收换能器接收此信号，进行放大后再送到发射换能器产生第二个脉冲。这样，顺流和逆流时脉冲信号的循环频率分别为

$$f_1 = \frac{c + v}{L} \qquad (4 - 53)$$

$$f_2 = \frac{c - v}{L} \qquad (4 - 54)$$

其差值为

$$\Delta f = \frac{2v}{L} \qquad (4 - 55)$$

则可得流体流速与频率差的关系如下：

$$v = \frac{L}{2}\Delta f \qquad (4 - 56)$$

由此可见，测出频率差便可以求出流体流速。在式（4 - 56）中没有包括声速 c，所以流速不受声速的影响，即使超声波换能器斜置在管壁外部，则声速变化所产生的误差影响较小。所以，目前的超声波流量计采用频率差法比较多。

二、超声波流量传感器的结构和特点

1. 结构

超声波流量传感器的结构主要由安装在测量管道上的超声换能器（或由换能器和测量管组成的超声流量传感器）和转换器组成。转换器在结构上分为固定盘装式和便携式两大类。换能器和转换器之间由专用信号传输电缆连接，在固定测量的场合需在适当的地方装接线盒。夹装式换能器通常还需配用安装夹具和耦合剂。

2. 特点

（1）超声波换能器可以安装在管道外壁上，不会对管内流体的流动带来影响，实现不接触测量，可以解决其他流量传感器难以测量的强腐蚀性、非导电性、放射性流体的流量测量；

（2）夹装式换能器的超声波流量传感器可无需停流截管安装，只要在管道外部安装换能器即可；

（3）超声波流量测量为无流动阻挠测量，无额外压力损失；

（4）量程范围宽，其范围度一般可达 20∶1；

（5）换能器的安装位置必须保证足够的上、下游直管段。此外，要尽量避开有变频调速器、电焊机等污染电源的场合；

（6）流量传感器的仪表系数是可从实际测量管道及声道等几何尺寸计算求得的，即可采

用干法标定，除带测量管段式外一般不需作实流校验，在无法实现实流校验的情况下可优先选择超声波流量传感器。

（7）流速沿管道的分布情况会影响测量结果，超声波流量计测得的流速与实际平均流速之间存在一定差异，而且与雷诺数有关，需要进行修正。

但是流体的声速是温度的函数，流体的温度变化会引起测量误差；只能用于清洁液体和气体，不能测量悬浮颗粒和气泡超过某一范围的液体；外夹装换能器的超声波流量传感器不能用于衬里或结垢太厚的管道，否则带来较大的流量误差；不能用于衬里（或锈层）与内管壁剥离的管道，因为有气体会严重衰减超声信号；不能用于锈蚀严重的管道，因为锈蚀会改变超声传播路径。

3. 应用概况

近年超声流量传感器在气体（包括蒸汽）、储存交接（custody transfer，常简称CT）和财贸核算、民用住宅天然气消费计量三个领域的应用有较大进展。

（1）气体应用。当前国外能源开发，天然气比石油发展快，促进了过去发展缓慢的气体超声流量传感器的发展。有人估计工业用超声流量传感器，当前已有近15％用于气体。

近年还见到国外至少有三家制造厂向市场推出应用于蒸汽的超声流量传感器，用一棒传送声速信号到远离蒸汽的超声换能器，可测高达480℃的过热蒸汽。

（2）进入储存交接和财贸核算应用领域。超声流量传感器采用多声道测量（4～8声道）技术和短管流量传感器结构设计，并实流校准，测量精确度大幅度提高，液体用仪表精确度等级高达0.15级，气体仪表可达0.35级。今后必然将逐步替代有活动部件的仪表。1999年北京已在进京高压天然气输送管线上装用超声流量传感器，与原装有的孔板差压流量计比对，显现出其优越的使用性能，得到各方面的认可。

（3）进入住宅天然气消耗计量应用领域。20世纪90年代中期国外超声家用燃气表已达到取代应用150余年的膜式煤气表的规模。有人估计世界范围近年销售量已接近40万台/年。

第九节　多普勒流量测量技术

多普勒流量测量所依据的原理是物理学中的多普勒效应。多普勒效应描述为：波源与观察者相对于介质都是静止的，观察者接受到的波的频率与波源的频率相同；如果波源或观察者或两者同时相对于介质运动时，观察者接受到的波的频率和波源的频率就不相同。这个因相对运动而产生的频率变化与两物体的相对速度成正比。

一、超声波多普勒流量测量

1. 超声波多普勒流量测量原理

多普勒流量测量是利用声学多普勒效应进行流量测量的，波源为超声波发射换能器，观察者为超声波接收换能器。

将多普勒效应直接应用于流速测量，无异于要求发射器和接收器二者之一必须随同被测流体一起运动，但这是不现实的。为了利用多普勒效应测量流速，必须使发射器和接收器都固定，而充分利用流体中的随流体一起运动的颗粒。

当超声波发射换能器向被测流体发射固定频率的超声波，由于流体中的悬浮粒子或气泡

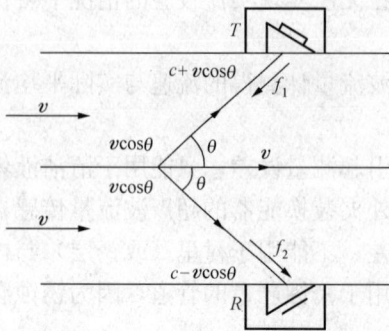

图 4-26 超声波多普勒流量测量原理图

（称为散射体）对声波的散射作用，接收换能器接收到的是散射体所产生的散射波，其频率与被测流体的流速有关，通过测量发射波和接收波的频率差，可以计算出被测流体的流速和流量。多普勒流量传感器为反射式流量传感器，只有当超声波能被流体中的颗粒或气泡反射回来时，才能进行测量。

如图 4-26 所示，超声波发射换能器向流体发出频率为 f_1 的连续超声波，经流体中散射体的散射，由接收换能器收到频率为 f_2 的超声波，其值为

$$f_2 = \frac{c + v\cos\theta}{c - v\cos\theta} f_1 \tag{4-57}$$

式中　v——散射体运动速度，即流体速度；

　　　c——流体中的超声波的速度；

　　　θ——发射换能器发射轴和流速方向的夹角；

　　　f_1——发射频率；

　　　f_2——接收频率。

当 $c \gg v$ 时，多普勒频移为

$$\Delta f = f_2 - f_1 = \frac{2v\sin\theta}{c} f_1 \tag{4-58}$$

式中　Δf——多普勒频移。

由此可见，多普勒频移 Δf 正比于散射体流动速度 v。

由 $q_V = \dfrac{\pi D^2}{4} v$ 可得

$$q_V = \frac{\pi D^2 c}{8 f_1 \cos\theta} \Delta f \tag{4-59}$$

式中　D——管道直径。

所以，只要测出多普勒频移 Δf，就可测得管道的体积流量 q_V。

2. 非满管超声波流量传感器

对于非满管的流体，如果使用电磁流量传感器则必须在管道的截面至少增加两对电极，而测量精度也较差。而利用超声波则可方便地对非满管流体的流量进行。美国 dynasonics 非满管式超声波流量传感器由液位传感器和流速传感器组成。它的测量原理是：

液位传感器向管道中发射出超声波脉冲，并且准确接收反射脉冲，从而根据往返的传播时间 t 和超声波在水中的传播速度 c 得到液位高度 h（参见第五章超声波物位测量），从而计算出流体的横截面。

流速传感器向管道液体中发射超声波脉冲，并且准确接收反射脉冲。利用多普勒原理，脉冲在流体中的频率变化值 Δf 和流速 v 成正比，即 $\Delta f \propto f(v)$ 得到流速值。

最后，根据体积流量 $q_V =$ 流体横截面×流速 v 得到流量值。

该非满管式流量传感器的精确度高，可达 $\pm 2\%$FS；重复性好，为 $\pm 1\%$FS；使用于

200~3000mm 管径内径的流量测量。

3. 特点

（1）多普勒超声波流量传感器具有一般超声波流量传感器的优点；

（2）多普勒超声波流量传感器可测量固相含量较多或含有气泡的液体，不能用于不含固体微粒或气泡的流体的流量测量；

（3）实际上多普勒频移信号来自速度参差不一的散射体，而所测得各散射体速度和载体液体平均流速间的关系也有差别。其他参量如散射体粒度大小组合与流动时分布状况、散射体流速非轴向分量、声波被散射体衰减程度等均影响频移信号；

（4）测量精确度易受流体中散射体的浓度、大小、流动状态等因素的影响，需要进行现调校。

二、微波多普勒流量测量

微波多普勒流量传感器可用于测量封闭输送管道中的流体、粉末或颗粒的流速和流量。它具有响应速度快、不影响流动场、牢固可靠等优点。

微波多普勒流量传感器是利用声学多普勒效应进行流量测量的。当由微波天线对准被测管道发射一束频率一定的微波时，管道内运动流体中的微粒、气泡或两相流中的运动微粒都会对微波产生散射，由接收天线接收到的发射微波频率与发射频率不同，其差值称为多普勒频移。

当微波的传播速度远大于物体的运动速度时，微波多普勒频移正比于运动微粒的运动速度。由于微粒运动的随机性，接收天线获得的多个微粒的多个频率的频差信号，经过混频后得到多普勒频移信号。该频移正比于微粒流速，也就是流体的流速。

此外在气粉两相流的测量中，由于散射波的功率信号与粉粒的浓度存在一定关系，所以，采用一定的方法对散射波进行处理，不仅能够测量被测流体的流速，还可以得到关于流体混合物浓度的信息。

三、激光多普勒流量测量

激光多普勒流量测量是利用运动物体散射光线的光学多普勒效应进行流量测量的，波源为光源，观察者为光接收器。当激光照射到跟随流体一起运动的微粒上时，激光被运动着的微粒所散射。和入射光的频率相比较，散射光的频率正比于流体速度的频率偏移，测量这个频率偏移，就可以测得流体速度。

为了利用多普勒效应测量流速，必须使光源和光接收器都固定，而充分利用流体中的随流体一起运动的微粒。由于微粒对入射光的散射作用，当它接收到频率为 f_1 的入射光的照射之后，也会以一定的频率向四周散射。这样随流体一起运动着的微粒既作为入射光的光源，又作为散射光的光源，向固定的光接收器发射出散射。固定的光接收器所接收到的微粒散射光频率，将不同于光源发射出的光频率，两者之间同样会产生多普勒频移。

只要入射激光波长一定，入射光与微粒到光接收器的散射光方向之间的夹角一定时，那么，多普勒频移与微粒成简单的线性关系。测量多普勒频移，可求得运动速度，从而乘以管道截面积就可得出流体的瞬时体积流量。

激光多普勒技术具有非接触测量、不干扰测量对象、测量装置可远离被测流体、空间分辨率高等优点，可用于测量某些不适于或不可能用其他方法来测量的流体速度或湍流。

激光多普勒测速技术是流体力学中已经广泛应用的测量技术，它具有分辨率高、没有电感应噪声等优点。可在此基础上采用光纤传输，将大大改善多普勒光学系统的结构，使其变得灵活和小型化，从而使系统工作更可靠，提高测量的分辨能力。

第十节　容积式流量测量技术

容积式流量测量是一种具有悠久历史的流量测量技术，它是让被测流体充满具有一定容积的空间，然后再把这部分流体从出口排出，根据单位时间内排出的流体体积可直接确定体积流量，根据一定时间内排出的总体总数可确定流体的体积总量。

基于容积式流量测量方法的流量测量传感器一般称为容积式流量传感器。

一、测量原理

为了连续地在密闭管道中测量流体的流量，可用仪表壳体和仪表内的运动部件构成一个具有一定容积的计量空间。当流体流过流量传感器时，在传感器的入、出口之间产生压力差，从而推动运动部件运动（转动或移动），并将流体一次次充满计量空间并从进口送到出口。

如果运动部件每循环动作一次，从流量传感器内送出的流体体积为 V_0，当流体流过时，运动部件动作次数为 n，则流体通过流量传感器的体积总量为

$$V = nV_0 \qquad\qquad (4-60)$$

式中　V——流体的累积体积流量；

　　　n——运动部件的动作次数；

　　　V_0——计量空间的容积。

可见，根据计量空间的容积和运动部件的动作次数就可获得通过流量传感器的流体总量。

应注意的是，基于容积式测量原理的容积式流量传感器的测量时间间隔是任意选取的，因此，一般不用它来测量瞬时流量，而是常用来计量累积流量。

二、容积式流量传感器的结构

由于传感器内部测量元件的结构不同，就形成了传感器内不同的计量空间，从而也产生了各种不同的容积式流量传感器，如椭圆齿轮流量传感器、腰轮（罗茨）流量传感器、刮板流量传感器、活塞流量传感器、湿式流量传感器及皮囊式流量传感器。其中腰轮（罗茨）、湿式及皮囊式流量传感器可以测量气体流量。下面主要介绍椭圆齿轮、刮板式的流量测量原理及结构。

1. 椭圆齿轮流量传感器的测量原理及结构

椭圆齿轮流量传感器的结构原理如图 4-27 所示，其结构特征为：在传感器的壳体内有一个计量室，计量室内有一对可以旋转的截面为椭圆的

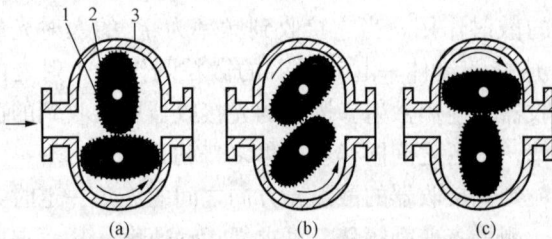

图 4-27　椭圆齿轮流量传感器结构原理图
1—椭圆齿轮；2—转轴；3—壳体

齿轮柱体，它们可以相互啮合并进行联动。

椭圆齿轮流量传感器的工作原理可以从图 4-27 的 3 个过程来分析。当被测流体由左向

右流动，在（a）位置时，传感器流体进出口差压仅作用于上面的椭圆齿轮，它在差压作用下，产生一个顺时转矩，使齿轮顺时针旋转，并把齿轮与外壳之间的初月形容积内的介质排出，同时带动下面的齿轮作逆时针旋转。在（b）位置时，由于两个齿轮同时受到进出口差压作用，产生转矩，使它们继续沿原来方向转动。在（c）位置时，只有下面的齿轮在流体进出口差压作用下产生一个逆时针转矩，使下面的齿轮旋转并带动上面齿轮一起转动，同时又把下面齿轮与外壳之间空腔内的介质排出。这样椭圆齿轮交替或同时受差压作用，保持椭圆齿轮不断地旋转，被测介质以初月形空腔为单位一次又一次地经过椭圆齿轮排至出口。

很显然，椭圆齿轮每转动一周，排出四个初月形空腔的容积，所以流体总量为4倍的初月形空腔的容积和椭圆齿轮转动次数的乘积。

椭圆齿轮流量传感器用于测量清洁流体，主要适用于油品的流量计量，有的也可用于气体测量。计量精确度高，一般可达0.2~1级。

2. 腰轮的测量原理及结构

腰轮流量传感器的测量原理与椭圆齿轮流量传感器相同，区别仅在于它的运动部件是一对或两对腰轮，并且在腰轮上没有齿，它们的相互啮合是靠安装在壳体外与腰轮同轴的驱动齿轮进行联动的。这里就不作详细介绍了。

3. 刮板式流量测量原理及结构

刮板式流量传感器的运动部件是一对刮板，有凸轮式和凹轮式两种，这里仅介绍凸轮式流量传感器，其结构原理如图4-28所示。

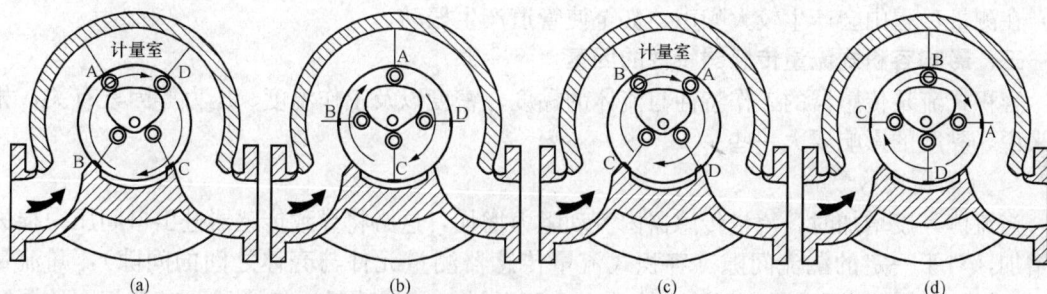

图4-28 凸轮式流量传感器的结构原理图

刮板式流量传感器的壳体内腔是圆形空筒，转子是一个空心圆筒，筒边开有四个槽，相互成90°角，可让刮板在槽内伸出或缩进。四个刮板由两根连杆联接，也互成90°角，在空间交叉，互不干扰。在每个刮板的一端装有一小滚柱，四个滚柱分别在一个不动的凸轮上滚动，从而使刮板时而伸出时而缩进。计量空间是由两块刮板和壳体内壁、圆筒外壁所形成的空间。

刮板式流量传感器的工作原理可以从图4-28的四个过程来分析。当有流体流过流量传感器时，在其进出口流体的差压作用下，推动刮板与转子旋转。在图（a）位置时，刮板A和D由凸轮控制全部伸出圆筒，与测量室内壁接触，形成密封的计量室，将进口的连续流体分隔成一个单元体积（计量室容积）。此时，刮板C和D则全部收缩到转子圆筒内。在流体差压的作用下，刮板和转子继续旋转。在图（b）位置，刮板A仍为全部伸出状态，而刮板D则在凸轮控制下开始收缩，将计量室中的流体排向出口。在刮板D开始收缩的同时，刮板B开始伸出。在图（c）位置，刮板D全部收缩到转子圆筒内，而刮板B由凸轮控制全部伸出转子圆筒与测量室内壁接触，这样刮板B和刮板A之间形成密封空间，将进口的连续流体又分隔出一个计量室容积。在流体差压的作用下，刮板和转子继续旋转。在图（d）位置，随着刮板 A 开始收缩，计量室内的流体又开始排向出口。同样的原理，接着是刮板 C、B 和刮板 D、C 形成密封空间，然后回复到图（a）由刮板 A、D 形成密封空间。

这样，转子在入口和出口差压作用下，连刮板一起旋转，四个刮板轮流伸出、缩进，把计量室内的流体逐一排至出口。转子每转动一周，共有四个计量室体积的流体通过流量传感器。只要记录转子的转动次数，同样可以得到通过流量传感器的流体总量。

刮板式流量传感器计量的精确度较高，一般可达 0.2 级；运行时振动和噪声小；它适用于液体流量的测量，也能计量含少量杂质的流体的流量。

4. 特点

（1）在所有的流量传感器中，容积式流量传感器测量准确度高，测量液体的基本误差一般可达 $\pm 0.1\% R$ 到 $\pm 0.5\% R$（R 为测量值），甚至更高；

（2）测量范围度较宽，典型的流量范围度为 5：1 到 10：1，特殊的可达 30：1；

（3）容积式流量传感器的特性一般不受流动状态的影响，也不受雷诺数大小的限制，但是易受物性参数的影响；

（4）安装方便，流量传感器前不需要直管段，这是其他类型的流量传感器不能及的；

（5）可测量高黏度、洁净单相流体的流量测量。测量含有颗粒、脏污物的流体时需安装过滤器，防止仪表被卡住，甚至损坏仪表；

（6）机械结构较复杂，体积庞大笨重，一般只适用于中小口径管道；

（7）部分形式的传感器（如椭圆齿轮式、腰轮式、卵轮式、旋转活塞式、往复活塞式等）在测量过程中会产生较大噪声，甚至使管道产生振动。

三、影响容积式流量传感器特性的因素

容积式流量传感器的工作特性与流体的黏度、密度以及工作温度、压力等因素有关，相对来说，黏度的影响要大一些。

1. 流体黏度的影响

当流体黏度增加时，流量传感器内流动阻力增加，这必将导致传感器进出口间压力损失的增加，对于一定的漏流间隙（容积式流量传感器测量元件与壳体之间的间隙），漏流量（未经计量室计量而通过漏流间隙直接从入口流向出口的流体量）将增加。对于相同的漏流间隙，黏度越高的流体应该越不容易漏流。所以，当流体黏度增加时，漏流量应减小。

2. 流体密度的影响

当被测介质为气体时，当温度、压力变化时会使气体密度发生变化，流量传感器前后压力损失也随之变化。

3. 由测量元件动作的机械阻力引起的压力损失

容积式流量传感器内部的测量元件的动作是在流体压力作用下进行的，流体要使流量传感器动作运行，必然要消耗一部分能量，这部分能量消耗最终以流量传感器前后的不可恢复压力损失的形式表现出来。显然，流量越大，压力损失就越大。此外由于流体黏性造成的流动阻力也会产生压力损失。流体黏度越大，压力损失也越大。

第十一节　质量流量测量技术

前面介绍的各种差压式、容积式以及速度式流量测量方法或者可以直接测量出体积流量，或者测量出流体的流速乘以管道（或流体）截面积得到体积流量。但是在工业生产中，物料平衡、经济核算等需要的是质量流量。要想得到质量流量，应该是体积流量乘以流体密度。一方面体积流量值受流体介质密度、温度和压力的影响，需要作相应的校正，因此不能直接得到质量流量；另一方面被测流体的密度很难测量，且随流体的温度和压力而变化，因此给质量流量的换算带来麻烦。

质量流量的测量方法是通过一定的测量装置，使它的输出直接反映出质量流量，无须体积流量与密度的乘积进行换算。

目前，质量流量的测量方法主要有三大类：

（1）直接法。测量元件的输出信号可直接反映被测流体的质量流量值，原则上与被测的流体的温度、压力等状态参数和黏度、密度等物性参数等无关。

（2）间接法。同时测量出被测流体的体积流量和流体密度，或同时用两个测量元件分别测出两个与体积流量和密度有关的信号，通过运算得到反映质量流量的信号。

（3）补偿法。同时测量出被测流体的体积流量和流体的温度、压力，应用有关公式求出流体的密度或将被测流体的体积流量自动换算成标准状态下的体积流量，最后运算得到被测流体的质量流量值。

一、直接式质量流量检测

直接式质量流量测量方法主要有利用孔板和定量泵组合实现的差压式测量方法、利用同轴双涡轮组合的角动量式测量方法、应用麦纳斯效应的测量方法、基于科里奥利力效应的测量方法以及热式质量流量测量方法等。其中，基于科里奥利力效应的质量流量测量传感器和热式质量流量传感器在质量流量测量方面具有高精度、高重复性和高稳定性的特点，在工业上得到了广泛的应用。

（一）科里奥利质量流量测量

科里奥利质量流量测量是利用流体在振动管中流动时能产生与质量流量成正比的科里奥利力原理进行质量流量的直接测量的。

1. 工作原理

如图 4-29 所示，当质量为 m 的质点以速度 v 在对 P 轴作角速度 ω 旋转的管道内轴向移动时，质点将受到两个分量的加速度及其产生的力。

（1）法向加速度，即向心力加速度 a_r，其量值等于 $\omega^2 r$，方向朝向 P 轴；

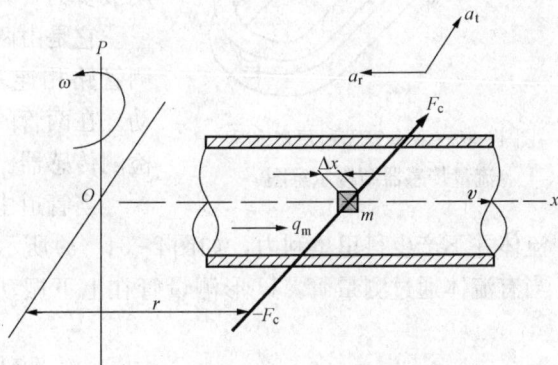

图 4-29　科里奥利力的产生原理

（2）切向加速度 a_t，即科里奥利加速度，其量值等于 $2\omega v$，方向与 a_r 垂直。

由于复合运动，在质点的 a_t 方向上作用着来自管道壁面的科里奥利力：

$$F_c = 2m\omega v \tag{4-61}$$

流体施加在管道上，与 a_t 方向相反的科里奥利力为

$$-F_c = -2m\omega v \tag{4-62}$$

当密度为 ρ 的流体在旋转管道中以恒定速度 v 流动时，任何一段长度 Δx 的管道都将受

到一个大小为 ΔF_c 的切向科里奥利力：

$$\Delta F_c = 2\omega\rho v A \Delta x \qquad (4-63)$$

式中 A——管道的流通内截面积。

由于质量流量传感器的质量流量为 $q_m = \rho v A$ ，所以

$$\Delta F_c = 2\omega q_m \Delta x \qquad (4-64)$$

式中 ΔF_c——流体作用于管道上的科里奥利力；

q_m——流体通过管道的质量流量；

ω——管道的旋转角速度；

Δx——管道长度。

因此，只要能直接或间接测量出在旋转管道中流动的流体作用于管道上的科里奥利力，就可以测得流体通过管道的质量流量，这就是科里奥利质量流量传感器的基本原理。

然而通过旋转运动产生科里奥利力是困难的，目前产品均代之以管道振动产生的，即在流体管道中固定薄壁测量管，在中点由驱动器驱动测量管以等于或接近于谐振的频率绕主管道振动，当有流体流过测量管时，将受到科里奥利力的作用，从而使测量管产生变形。该变形与流体的质量流量成正比。

另外，因为流体密度会影响测量管的振动频率，而密度与频率有固定的关系，所以用科里奥利流量传感器也可测量流体密度。

2. 科里奥利质量流量传感器的结构

利用科里奥利力构成的质量流量传感器有直管、弯管、单管、双管等多种形式。但最容易也是目前应用最多的要算是双弯管型，其结构如图 4-30 所示。

它是由两根金属 U 形管组成，其端部连通并与被测管路相连。这样流体可以同时在两个 U 形管内流动。在两管的中间 A 处装有驱动器，B、C 处各装有检测传感器。

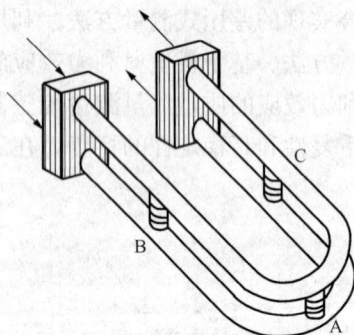

图 4-30 双弯管型科里奥利力
流量传感器结构示意图

当管道中流体不流动时，驱动器使测量管振动，管中流体并不产生科里奥利力，如图 4-31（a）所示，B 和 C 处两传感器检测的相位是相同的。当有流体通过测量管，U 形测量管在上下振动过程中，将受到科里奥利力的作用。由

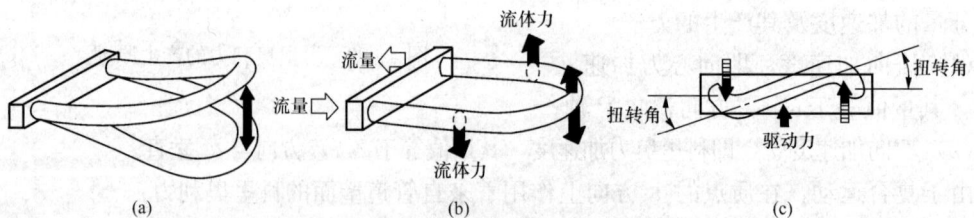

图 4-31 U 形测量管工作原理

（a）振动中的传感器；（b）向上运动时在一根 U 形管上的作用力；

（c）表示力偶及管子扭曲的 U 形管端面示意图

于 U 形测量管两臂中流体的流动方向相反，受到科里奥利力方向也相反，形成了一对力矩作用于 U 形管上，使 U 形管产生扭曲变形。流体的质量流量与测量管扭转角成正比。

检测传感器 B 和 C 用来测量两根管的振动情况。由于 B 处于进口侧，C 处于出口侧，根据出口侧振动相位超前于进口侧振动相位的规律，此相位差的大小与质量流量成正比。只要测量出两传感器的相位差，就可以测得质量流量，而与流体的参数和测试条件无关。

3. 特点

（1）科里奥利质量流量传感器测量精确度较高；

（2）可以测量黏度和密度相对较大的单相流体和混相流体的质量流量，不能用于测量低密度流体和低压气体；

（3）不受管内流动状态的影响，对上下游直管段要求不高；

（4）测量范围大，其范围度可达 10∶1~50∶1；

（5）可进行多参数测量，在测量质量流量的同时，可同期测量介质密度、体积流量、温度等参数；

（6）压力损失较大，与容积式传感器相当，有些甚至更大。

但是由于结构等原因，科里奥利质量流量传感器只适用于中小尺寸的管道的流量测量，不能用于较大管径；它对外界振动干扰较为敏感，为防止管道振动的影响，安装固定要求较高；由于零点不稳定形成的零点漂移影响精确度的进一步提高。

（二）热式质量流量测量

热式质量流量测量是利用流体流过外热源加热的管道时产生的温度场变化来进行流体的质量流量测量，或利用加热流体时流体温度上升某一值所需的能量与流体质量之间的关系来测量流体的质量流量的。一般情况下，热式质量流量测量主要用于气体测量。

按结构原理来分有浸入式、热分布式和边界层式三种。热分布式是基于测量流体温度分布来测量流量的，边界层式是利用流体边界层的传热来测量流量的，并不需要对全部介质加热，它们都属于非接触气体的流量。浸入型因结构上测量元件伸入测量管内而得名的，它是利用热消散（冷却）效应的金氏定律进行质量流量测量的，又称冷却效应式质量流量传感器。有些在使用时从管外插入工艺管内的传感器称作插入式传感器。

1. 浸入式质量流量传感器的测量原理

浸入式质量流量传感器的测量原理如图 4 - 32 所示。其典型传感元件包括两个热电阻（铂 RTD），分别置于流体中两金属细管内。其中一个是速度传感器，另一个是自动补偿气体温度变化的温度传感器。当它们被置于被测流体中时，温度传感器用于感应流体温度 t，速度传感器经功率恒定的电热器加热，其温度 t_v 高于流体温度 t。流体静止时 t_v 最高，随着质量流速 ρv 增加，气流带走更多热量，温度下降，测得温度差 $\Delta t = t_v - t$。该温度差与质量流速、电热器的功率之间的关系为

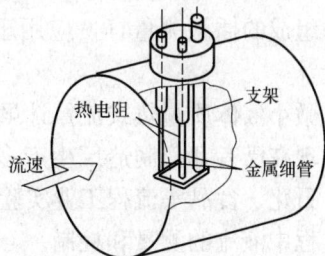

图 4 - 32　浸入式质量流量测量原理

$$P = \left[B + C(\rho v)^K \right] \Delta t \qquad (4 - 65)$$

$$\Delta t = t_v - t$$

式中　B、C、K——由经验确定的常数；

Δt——速度传感器与温度传感器的温度差；

ρv——被测流体的质量流速；

P——电热器的功率。

由式（4-65）可算出质量流速，乘上点流速与管道平均流速之间的系数和流通截面积便得到质量流量。

$$\frac{P}{\Delta t} = D + Eq_m^K \tag{4-66}$$

式中　E——与所测流体物性参数，如热导率、比热容、黏度等有关的系数，如果流体成分和物性恒定则视为常数；

D——与实际流动有关的常数。

若保持 Δt 恒定，控制加热功率随着质量流量的增加而增加，测量加热功率便可测出质量流量。若保持加热功率稳定，测量温度差也可测出质量流量。

2. 特点

（1）精确度较高，重复性较好，流量范围大；

（2）压力损失比较小；

（3）可测量低、中、偏高流速的气体流量，不能用于很低的流速；

（4）使用性能相对可靠，与间接式质量流量测量相比，不需温度传感器、压力传感器和计算单元等，仅有流量传感器，组成简单，出现故障概率小。

但是被测质量流量易受流体物性参数的影响，目前不能用参照气体进行标定，而必须以实际气体来标定。

3. 应用概况

热式质量流量传感器过去主要是热分布式，应用于气体小流量测量，较多应用于半导体工业、热处理炉、分析仪器等氢、氧、氨等流量测量和控制以及阀门制造过程中测定泄漏量等。

国外近 10 年插入式冷却效应质量流量测量在环境保护和流程工业中应用发展迅速，例如水泥工业竖式磨粉机排放热气流量控制、煤粉燃烧过程粉/气配比控制、污水处理发生的气体流量测量、燃料电池工厂各种气体流量测量等等。大管道用还有径向分段排列多组测量元件组成的插入测量杆，应用于锅炉进风量控制以及烟囱烟道排气监测 SO_2 和 NO_x 排放总量。

微小液体质量热式流量计虽然已有 20 余年历史，但在工业上应用直到近几年才较快发展，现在已有几家制造厂生产多种型号热分布式热式流量计投入市场。当前主要应用于化学、石化、食品等流程工业实验性装置。例如：药液配比系统中定流量配比控制，液化气注入过程中液流的测量和控制。

二、间接式质量流量测量

间接式质量流量测量方法是在管道上串联两个测量传感器，建立各自的输出信号与流体的体积流量、密度等之间的关系，通过联立求解方程间接推导出流体的质量流量。目前，基于这种方法的组合方式主要有以下一些。

1. 测量 ρq_v^2 的流量传感器与密度计的组合方式

通常采用差压式流量计测量 ρq_v^2，其差压输出值正比于 ρq_v^2，若配上密度计进行乘法运

算后再开方即可得到质量流量，即

$$\sqrt{K_1 \rho q_V^2 K_2 \rho} = \sqrt{K_1 K_2}\, \rho q_V = K q_m \tag{4-67}$$

2. 测量 q_V 的流量传感器与密度计的组合方式

通常采用的是容积式或速度式流量传感器，如容积式、电磁、涡轮、超声波流量传感器等测量体积流量 q_V，它们的输出值与体积流量信号成正比，配上密度计进行乘法运算后得到质量流量，即

$$K_1 q_V K_2 \rho = K q_m \tag{4-68}$$

3. 测量 ρq_V^2 的流量传感器与测量 q_V 的流量传感器的组合方式

采用差压式流量传感器或靶式流量传感器测量 ρq_V^2，它们的输出正比于 ρq_V^2；采用容积式或速度式流量传感器测量，它们的输出与 q_V 成正比。将这两个信号进行除法运算后即可得到质量流量，即

$$\frac{K_1 \rho q_V^2}{K_2 q_V} = K \rho q_V = K q_m \tag{4-69}$$

下面以第三种组合方式为例，说明其实现的原理（见图 4-33），其余两种方式的实现与此类似，就不再给出它们的测量原理图。

差压式流量传感器的输出信号为 $Y = K_1 \rho q_V^2$（K_1 为比例系数），容积式或速度式流量传感器的输出信号为 $X = K_2 q_V$（K_2 为比例系数），将 X、Y 信号输入运算器作除法运算，可得

$$Y/X = \frac{K_1 \rho q_V^2}{K_2 q_V} = K q_m \tag{4-70}$$

式中　K——比例系数。

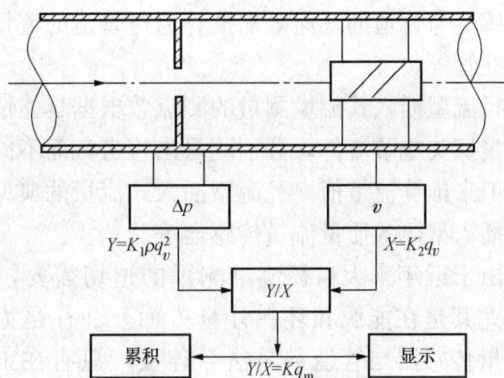

图 4-33　测量 ρq_V^2 的流量传感器与测量 q_V 的流量传感器的组合测量原理图

三、补偿式质量流量测量

补偿式质量流量测量方法是测量流体的体积流量的同时测量流体的温度和压力值，根据已知的被测流体的密度与温度、压力之间的关系，求出流体在该温度、压力工作状态下的密度，并对流量进行补偿计算得到质量流量。由于在实际使用时，连续测量温度和压力比连续测量密度容易、成本低，因此工业上质量流量的测量较多地采用这种方法。

密度 ρ 与温度 t、压力 p 的关系用非线性函数表达如下：

$$\rho = f(t, p) \tag{4-71}$$

对于体积流量传感器，其质量流量的表达式为

$$q_m = \rho q_V = f(t, p) q_V \tag{4-72}$$

对于差压式流量传感器，其质量流量的表达式为

$$q_m = K\sqrt{\rho \Delta p} = K\sqrt{\Delta p\, f(t, p)} \tag{4-73}$$

因此，只要测量出被测流体的温度 t、压力 p、q_V 或 Δp 后，根据式（4-72）和式（4-73）进行补偿运算即可得到质量流量。

很明显，补偿式质量流量测量方法除了要保证体积流量、温度、压力各参数的测量精度

外，还要寻找适合于被测流体的尽量简单的密度与温度、压力之间的函数关系，这也是补偿式质量流量测量的关键所在。相关内容可参见差压式流量测量的压力温度补偿内容。

第十二节　其他流量测量技术

一、插入式流量测量

1. 概述

插入式流量测量传感器是将以测量元件为核心的部件都封装在一不锈钢套管内组成一插入探头。它是按结构形式来划分的，包括工作原理不同的各种流量测量方法。按照测点数的多少分为点流型和径流型两大类。

点流型插入式流量测量的测点数只有一个。在使用时，将测量探头插入到管道中某特定位置，一般为管道轴线处或管道平均流速处，测量该处的局部流速，然后根据管内流速分布和传感器与管道的几何等来推算通过管道的流量值。如前面介绍的插入式涡轮、插入式电磁及皮托管等。

径流型插入式流量测量的测点数根据具体情况，一般是在沿传感器长度方向上设置若干个测量探头或节流件，分别测量出管道截面不同位置的流速值，然后根据管道直径上流速的综合值来推算流量值。径流型插入式流量的典型结构是前面介绍的均速管流量传感器，还有多点插入型热式质量流量传感器等。

由于近年来大口径流量测量的迫切需要，使得插入式流量测量处于越来越重要的地位。尤其是在能源和环保计量方面，往往是大口径、大流量加恶劣的工作条件下，通常的流量传感器与管道都是法兰连接，只有在工艺管道断流时才允许拆卸维修更换，给系统可靠运行带来很大影响。而插入式流量传感器从根本上解决了这一缺陷，因而深受用户的欢迎。虽然计量精确度稍低一些，但在某些大口径场合已在用插入式流量传感器进行流体流量测量。

2. 特点

（1）结构简单，重量轻，制造成本低，尤其是对于大口径管道；

（2）安装方便，可在不断流的情况下拆卸，便于用户维修和更换；

（3）适用的流体种类、工作状态和管道直径的范围非常广；

（4）无需校验装置的口径与点流型插入式流量传感器的口径一一对应，因而校验简便，解决了大口径流量传感器制造与使用中校验的难题；

（5）一种规格的点流型流量传感器可用于多种管道直径，减少用户备用仪表和备品备件的数量，并给设计、制造和现场制使用等带来许多方便。

但是由于仪表特性受流体流动特性的影响大，特别是点流型插入式流量传感器，对现场直管段长度的要求高；测量精度一般较低，仅适用于现代工业过程测量和控制中的流量测量和控制；标准化难度较大。

二、靶式流量测量

靶式流量传感器是基于力平衡原理进行流量测量的，它的测量元件是一个圆形靶，当它放入管道中心时，会对流体的流动造成阻力，同时流体流动时冲击到靶上，会使靶面受力，并产生相应的微小的位移，这个力就反映了流体流量的大小。

1. 工作原理

靶式流量测量的工作原理如图 4 - 34 所示，流体的流动对靶的作用力主要有以下三部分作用力组成：

（1）流体对靶的冲击力；

（2）靶对流体有节流作用，靶前后的压差形成的作用力；

（3）流体在流经圆形靶和管道内壁之间的环形截面时，对靶周产生的黏滞摩擦力。

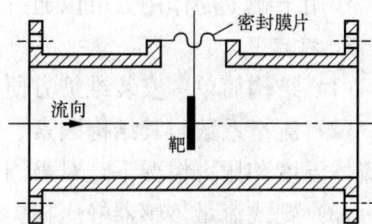

图 4 - 34 靶式流量测量原理示意图

其中第一项力与第二项力之和比第三项力大得多，当流量较大时，黏滞摩擦力可以忽略不计，流体对靶的作用力可表示为

$$F = KA \frac{\rho \bar{v}^2}{2} \tag{4 - 74}$$

$$A = \frac{\pi d^2}{4}$$

式中　F——流体作用在靶上的力，N；

　　　K——阻力系数，当雷诺数达到一定数值时，将趋于常数；

　　　A——靶的迎流面积，mm^2；

　　　d——靶径，mm；

　　　ρ——流体的密度，kg/m^3；

　　　$\bar{v}$——靶和管壁间环形截面处流体的平均流速，m^2/h。

由式（4 - 74）可以得到靶和管壁间环形截面处流体的平均流速为

$$\bar{v} = \sqrt{\frac{1}{K} \frac{2}{\rho A} F} \tag{4 - 75}$$

靶和管壁间环形面积为

$$A_0 = \frac{\pi}{4}(D^2 - d^2) \tag{4 - 76}$$

式中　D——管道直径，mm。

所以，流体的体积流量为

$$q_V = A_0 \bar{v} = 4.5119 K\alpha D \left(\frac{1}{\beta} - \beta \right) \sqrt{\frac{F}{\rho}} \tag{4 - 77}$$

$$\alpha = \sqrt{\frac{1}{K}}$$

$$\beta = \frac{d}{D}$$

式中　q_V——流体的体积流量，m^3/s；

　　　α——流量系数，由实验确定；

　　　β——直径比。

由式（4 - 77）可知，当圆形靶一定时，β 为一定值。如果被测流体密度 ρ 和流量系数 α 为常数，那么作用于靶上的力 F 与被测体积流量的平方成正比。只要测量靶所受到的力，就可以测定被测流体的流量。

作用于靶上的作用力可以通过力平衡转换器转换成 4～20mA 标准电信号输出。

2. 特点

（1）结构简单、安装维护方便、不易堵塞等特点；

（2）流量系数与其结构因素、被测介质的黏度和密度有关，在使用前应该在实际使用时的流体温度和压力情况下，对被测介质的流量系数进行标定。

（3）靶式流量传感器静压损失小，适用于 6.3MPa 和 120℃ 以下的流体，在电厂常用来测量给水、凝结水和燃油的流量。

靶式流量传感器主要用来测量管道中的高黏度低雷诺数的流体以及适量固体颗粒的浆液的流量。除此之外，还可用于测量一般液体、气体和蒸汽的流量。

三、冲量式流量测量

冲量式流量测量是一种用于连续测量自由落下的粉粒状物料的新型的固体流量测量技术，已经在化工、电力、建筑、冶金等部门得到了应用。

1. 工作原理

冲量式流量根据动量原理进行测量，当被测介质在自由落下时会对测量板产生冲击力，冲击力的大小与被测介质的瞬时重量流量成正比。

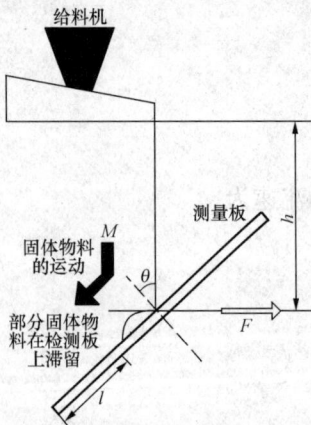

图 4 - 35　冲量式流量传感器
的测量原理图

图 4 - 35 为冲量式流量传感器的测量原理图，当固体物料从一定高度的给料机自由落下，首先落在传感器倾斜的测量板上，其中一部分物料改变运动方向，从测量板落下；另一部分物料则会滞留在测量板上。在这一过程中，物料对测量板产生了以下两种作用力：

（1）物料改变运动方向时对测量板造成的反作用冲力，这个冲力可分解成沿垂直方向的分力和沿测量板平行方向的分力；

（2）滞留在测量板上的那部分物料对测量板的重力和摩擦力作用。

理论分析证明这些作用力都和物料的质量流量成正比，根据测量板所受的力就可以计算出固体物料的质量流量。但由于某些因素的影响，目前主要是通过测量固体物料对测量板水平方向的分力来测量其流量的。

根据冲量定理的计算推导结果表明，固体物料对测量板水平方向的分力 F_n 来可表示为

$$F_n = aq_m \tag{4-78}$$

式中　F_n——固体物料对测量板水平方向的分力；

　　　a——流量系数，取决于测量板结构、安装尺寸和固体物料特性；

　　　q_m——固体物料的质量流量。

当流量系数一定时，测量板所受的水平作用力的大小与固体物料的质量流量成正比，测量该水平分力，就可以计算出固体物料的质量流量。

2. 特点

（1）和漏斗秤、皮带秤等传统的固体物料流量测量装置相比，冲量式流量传感器可以很方便地实现在线的连续测量，而且精确度可达 ±2.0%；

（2）适用于常温到 1500℃、测量范围 5kg/h～10000t/h 的被测介质的流量测量；

（3）安装维护也比较方便。

但是冲量式流量传感器的流量系数与被测介质的物性有关，测量不同介质需重新校验，否则影响测量精确度。

第十三节　流量传感器发展趋势

一、流量传感器的多参数测量

流量传感器的测量元件或传感元件除感受流量外，还可能感受其他变量，并由此衍生其他功能，可简化流程的测量系统，减少仪表数量和连接管线，降低费用。流程管道开孔的减少可降低潜在泄漏故障。下面就列举几种可进行多参数测量的流量传感器。

1. 科里奥利质量流量传感器

科里奥利质量流量传感器在测量质量流量的同时，可同期测量被测流体的密度、体积流量、温度等参数。因为流体密度会影响测量管的振动频率，而密度与频率有固定的关系，所以用科里奥利流量传感器可测量流体密度，并可由此测量体积流量。

2. 电磁流量传感器

非满管电磁流量传感器在测量流速的同时，可测量管道内液位的高度。

非满管电磁流量传感器是在测量管中央同一圆周上，水平轴及其下半圆周分别安装三对电极，其上下励磁绕组分别正向和反向串接来测量流体的流速，要得到体积流量，还必须测量出管道内的流体高度。两励磁绕组分别正向和反向串接，就产生两种不同磁场强度和磁场分布，可测得反映流速信号的电势，两电势之间的比值与液位高度有一定的函数关系。

3. 涡街流量传感器

涡街流量传感器在测量体积流量的同时，可测量漩涡发生体受到流体作用的升力以及流体的质量流量。

当漩涡分离时，漩涡发生体受到流体作用的升力 F，其大小为

$$F = k_1 \rho \bar{v}^2 \qquad\qquad (4-79)$$

式中　ρ——流体密度；

　　　$\bar{v}$——流体的平均流速；

　　　k_1——漩涡发生体升力系数。

漩涡发生体分离的漩涡频率 f 正比于流速 $\bar{v}$，即

$$f = k_2 \bar{v} \qquad\qquad (4-80)$$

式中　k_2——系数。

式（4-79）除以式（4-80），再乘以流通面积 A，可得

$$q_m = \frac{F}{f} = k \rho A \bar{v} \qquad\qquad (4-81)$$

$$k = k_1 / k_2$$

式中　k——仪表系数。

4. 超声流量传感器

超声质量流量传感器在传播时间法测量体积流量的基础上，可利用超声波测得第二参量

液体声阻抗和密度，演算后得质量流量。

非满管超声波流量传感器在测量流速的同时，也能测量管道内液位的高度值。

二、配用第二参量测量元件（或独立的第二参量传感器）组合测量质量流量或其他参量

配用第二参量测量元件（或独立的第二参量传感器）组合测量质量流量，相关内容可参见间接质量流量测量的章节。

1. 科里奥利质量流量传感器配用差压传感器测量流体黏度

流体流经科里奥利质量流量传感器时的压力损失与流体的黏度有关，同一质量流量情况下，黏度越大，压力损失也越大。当流体的黏度一定时，质量流量与压力损失成正比，因此，用质量流量除以压力损失就可求得流体的黏度。

2. 涡街流量传感器配用差压传感器测量质量流量

这是利用测量漩涡频率的同时配用一台差压传感器测量漩涡发生体前后差压大小来测量质量流量的。

流体通过漩涡发生体，产生漩涡分离和尾流震荡，部分能量被消耗和转换，在漩涡发生体前后产生压力损失 Δp，其大小为

$$\Delta p = k_1 \rho \bar{v}^2 \tag{4-82}$$

式中　k_1——涡街流量传感器阻力系数。

式（4-82）除以式（4-80），再乘以流通面积 A，可得流体的质量流量 q_m 为

$$q_m = k \rho A \bar{v} \tag{4-83}$$

它与速度传感器与差压传感器组合间接测量质量流量的不同在于差压传感器取的是漩涡发生体前后的差压。

3. 气体体积流量传感器内装压力/温度传感元件测量质量流量

在测量体积流量的同时，对密度进行温度、压力补偿，相乘后可得气体的质量流量。

4. 电磁流量传感器内装温度测量元件修正体积温度影响

日本山武公司推向市场的电磁流量传感器中，就有电极内装 Pt 电阻温度测量元件，以解决温度对体积流量的影响这类问题。

三、差压发生体和差压变送器一体化

将差压变送器直接与喷管等节流装置或均速管装在一起，省略了在现场布引压管线工程，改善动态特性，减少维护工作和故障率，降低初置费用和运行费用。

四、气固两相流的测量

气固两相流动普遍存在于工业生产过程中，如煤粉燃烧、循环流化床中旋风除尘、沉降室及过滤过程。由于流动工况相当复杂，如固相浓度沿管道截面和管道长度的分布并不均匀、参数众多，流型多样且会同时存在或互相转化，至今没有哪一个理论模型能完整地阐述其流动变化规律的特性，对它的测量存在很大的困难。现在对气固两相流的测量可以采用激光法、过程层析成像法、放射射线法、相关法、微波法和超声波法等方法。基于多普勒效应——激光入射运动颗粒产生的散射光的频率与入射光频率的差值和颗粒的运动速度成正比而发展起来的测速技术在许多复杂流动领域已有应用，该测量方法适用于管壁透明、被测流固相浓度适宜的场合。超声波流量计也已在国外用于测量四角锅炉送粉管道上的煤粉质量流量。相关法则利用相关函数根据测量介质信号在上下游传感器之间的渡越时间来计算离散相的速度、浓度、体积流量和质量流量。

随着技术的发展，两相流的测量可以采用下列几种技术：

（1）软测量技术。利用在线测量的辅助变量和离线分析信息去估计不可测或难测变量，以解决复杂性、不确定性，且又难以用数学模型精确描述的多相流系统的测试问题。

（2）采用多传感器组合，进行多参数组合确定被测参数。若直接测量某参数有难度，可采用先测量确定这一参数的若干较易测得的量然后进行处理的测量方法，如测量质量流量时，可通过测量密度和体积流量的方法，或者对同一种测量介质采用不同的测量手段。如利用超声波的相关原理和吸收原理对多相流动参数进行测量等。

（3）借助激光、微波等新技术，研制高灵敏度、高精确度和高可靠性的多相流传感器和参数检测表。

（4）应用多媒体和图像处理技术，对多相流空间区域进行直观瞬态的测量。随着计算机技术和图像处理技术的发展，多媒体技术逐渐被应用到气固两相流的测量中去，已有学者将它用于流化床的测量。由于数据采集分析综合通过计算机一次完成，从而可减少人工处理数据的误差；又由于图像能直观显示流动情况，而且还能进一步提取两相流体截面的流动参数。

五、开发普及型仪表

适度降低测量精确度等性能，取消原为通用功能改为选择功能以简化仪表组成，设计成较窄应用范围的仪表，从而降低价格扩大用户面。

1. 科里奥利质量流量计设计普及型

科里奥利质量流量计降低精确度（量程误差从 ±0.2％左右降低到 ±0.5％），功能减少，价格降低。

2. 电磁流量计从流程工业转向民用领域

降低电磁流量计测量精确度等性能，如基本误差定在 ±2％，设计成具有水表特点的电磁水表。在日本这类电磁式水表已纳入日本水表标准。

3. 超声家用燃气表

自 20 世纪 90 年代以来，气体超声流量计在天然气工业中的成功应用有了突破性进展，一些天然气流量计量的疑难问题可望得到解决。据称由于精确度高和维修费用低，多声道气体超声流量计已被气体工业界接受为最重要的流量计量器具，至今已有 12 个国家政府机构批准它为法定计量器具。在国外天然气工业的贸易输送、气体分配、调合、控制和检漏等方面都开始采用气体超声流量计。从近几年的发展看，气体超声流量计理论上也具有无需进行流量标定、与介质无关等优点，它现正逐步走向实用化，国外一些著名仪表公司都已进行批量生产，包括在主管道的大口径流量计和家用煤气表的应用上已积累有相当多的应用经验，其价格也将逐步降低以占有市场。

超声流量计的出现，已解决了国内炼油厂一些难以解决的特殊介质的流量测量问题，如高温、高精确度的渣油和腊油及带有微粒的循环水、工业污水等流量的测量。当前超声流量计有着良好的推广应用前景。

民用计量天然气价格低廉的超声流量计国外已形成规模生产，平均价格约为 200 美元/台，仅为流程工业用超声流量计平均价格的 1/30。

第五章 物位测量技术

第一节 概　述

一、基本概念

1. 物位的定义及目的

在工业生产过程中，常遇到大量的液体物料和固体物料，它们占有一定的体积，堆成一定的高度。把生产过程中罐、塔、槽等容器中存放的液体表面位置称为液位；把料斗、堆场仓库等储存的固体块、颗粒、粉粒等的堆积高度和表面位置称为料位；两种互不相溶的物质的界面位置叫做界位。液位、料位以及界面总称为物位。

通过对物位的测量，不仅可以确定容器中被测介质的存储量，以保证生产中各个环节连续供应所需的物料或进行经济核算，而且可以监测物位是否在规定的范围内，以便使生产过程正常进行，保证产品的质量、产量和生产安全。

2. 物位测量

物位测量是利用物位传感器将非电量的物位参数转换成可测量的电信号，通过对电信号的计算和处理，可以确定物位的高低。

物位传感器可分两类：一类是连续测量物位变化的连续式物位传感器；另一类是以点测为目的的开关式物位传感器即物位开关。目前，开关式物位传感器比连续式物位传感器应用得广，它主要用于过程自动控制的门限、溢流和空转防止等。连续式物位传感器主要用于连续控制和仓库管理等方面，有时也可用于多点报警系统中。本章主要介绍连续式物位传感器。

二、物位测量的主要方法和分类

常见的也是最直观的物位测量方法是直读式，它是在容器上开一些窗口以便进行观测。对于液位测量，可以使用与被测容器相连通的玻璃管（或玻璃板）来显示容器内的液体高度。这种方法很可靠、结果准确，但它只能用于容器压力不高，只需现场指示的被测对象。

在工业生产中，被测介质的特性千差万别，物位测量的方法很多以适应各种不同的测量要求，可把它们归纳为以下几个测量原理。

1. 基于力学原理

敏感元件所受到的力（压力）的大小与物位成正比，它包括静压式、浮力式和重锤式物位测量等。

（1）静压式物位测量。静压式物位测量是根据流体静力学原理，液体内某一点的压力与其所在位置的深度有关，因此可以用静压力表示液位，如连通器式、压差式和压力式等。

（2）浮力式液位测量。浮力式液位测量是根据浮在液面上的浮球或浮标随液位的高低而产生上下位移，或浸于液体中的浮筒随液位变化而引起浮力的变化的原理来测量的。前者一般称为恒浮力式测量，后者称为变浮力式测量。

（3）重锤式料位测量。重锤式料位测量是利用测量重锤从仓顶到料面的距离来测量料位的。

2. 基于相对变化原理

当物位变化时，物位与容器底部或顶部的距离发生改变，通过测量距离的相对变化可获得物位的信息。这是一种非接触式的物位测量方法，这种测量原理包括声学法、微波法和光学法等。

（1）声学式物位测量。声学式物位测量利用超声波在一定状态介质中的传播具有一定速度的特性，当声源与物位（分界面）的距离变化时，回声的时间（从发射到接收超声波的时间间隔）也要改变。根据回声的时间的变化就可测量出物位的变化。

（2）微波式物位测量。微波式物位测量是利用回声测量距离的原理工作的。

（3）激光式物位测量。激光式物位测量与超声波类似。

3. 基于某强度性物理量随物位的升高而增加的原理

（1）核辐射式物位测量。核辐射式物位测量是利用核辐射线穿透物体的能力以及物质对放射性射线的吸收特性进行测量的。目前在物位测量中，一般都采用穿透能力强的 γ 射线，其放射源采用 ^{60}Co、^{137}Cs 等同位素。

（2）电气式物位测量。电气式物位测量是利用敏感元件直接把物位变化转换为电量参数的变化。根据电量参数的不同，可分为电阻式、电感式和电容式等。目前电容式为最常见。

在上述介绍的物位测量技术中，静压式、浮力式只用于液位的测量，重锤式只用于粉状料位的测量，其余的既可用于液位，也可用于粉状料位测量。其中，声学式、光学式、微波式及核辐射式属于非接触测量。

第二节　静压式液位测量技术

根据流体静力学原理，静止液体内某一点的静压力与其所在位置的深度有关，因此可以用静压力表示液位，如连通器式、压差式和压力式等。

一、连通器式液位测量

连通器式液位测量是最简单的液位测量技术，根据连通器的原理，使用玻璃管直观地显示液位，但主要用于无压或极低压力容器的液位测量。为了适应高压、腐蚀、远传等要求和便于读数，其变形结构有玻璃板式、云母片式、双色式、电接点式等。其中玻璃板式可用于中低压锅炉汽包水位的测量，云母式液位测量可用于高压锅炉的汽包水位测量，这两种液位测量的读数是比较困难的，所以人们又将二者的结构改进，辅以光学系统，观测者看到的汽水分界面是红绿两色的分界面，非常清晰，并且有利于用电视等方式远传，这就是双色水位测量。另有磁翻转双色液位计是以磁性浮子为感测元件，并通过磁性浮子与显示色柱中的磁性体的磁耦合作用，反映被测液位或界面的测量仪表。下面以电厂中的电接点为例对其原理进行简单介绍。

1. 电接点水位测量

电接点水位测量是利用与受压容器相连通的测量筒上的电接点浸没在水中与裸露在蒸汽中的电导率的差异，通过显示指示灯来显示液位的。

电接点水位传感器如图 5-1 所示，它是一个带有若干个电接点的连通容器（测量筒壳）。连通容器的长度由水位测量范围决定，其直径主要考虑接点数目（保证开孔后有足够

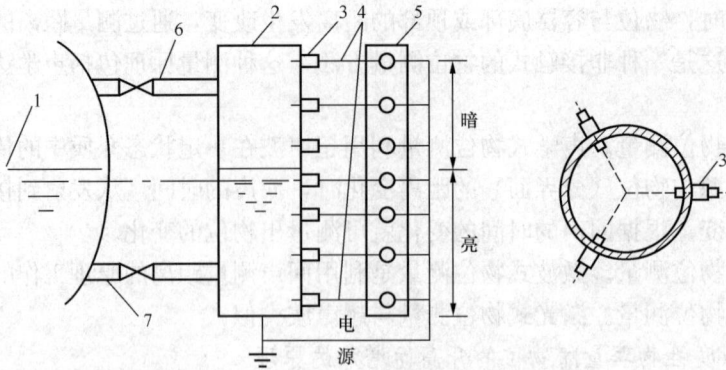

图 5-1 电接点水位传感器的基本结构
1—汽包水位；2—测量筒；3—电接点；4—电缆；5—显示器；
6—汽侧连通管；7—水侧连通管

的强度）；电接点通过绝缘子与连通容器金属壁绝缘，其数目应以满足运行中监视水位的要求确定，目前多为 15 个、17 个和 19 个。接点之间在高度上的间距不是均匀的，在正常水位附近要密一些。电接点要能在高温高压下正常工作，温度剧变时不泄露，耐腐蚀，与筒壳有很好的绝缘。常用超纯氧化铝（用于高压炉）和聚四氟乙烯（用于中压炉）作绝缘材料。

电接点水位测量的原理：连通容器通过汽水连通管将容器内的重力水位信号引出，未被水淹没的电接点因蒸汽电导率小而使所在电路处于高电阻（相当于开关断开），与它们相连的显示器不亮；被水淹没的电接点因水具有较大电导率而使所在电路处于低电阻（相当于开关闭合），与它们相连的显示器发亮，因此被水接通的电接点位置可表示水位。显示电接点已被接通（即水位位置）的方法很多，最简单的如灯泡亮，也有用带放大器的发光二极管等。

电接点水位传感器的特点是：

（1）传感器输出的是电信号，便于远传，避免使用导压管，可减小测量的迟延；

（2）传感器没有机械传动所产生的变差和刻度误差，简化了仪表的检修和调校；

（3）电接点水位传感器的输出信号变化带有节跃性，接点之间的水位变化不能反映，有盲区，虽经合理布置接点能有所改善，但始终不是一个连续变化信号，不宜用作自动调节信号。

电接点水位传感器主要用于中温中压、高温高压锅炉汽包水位的监视与控制，也适用于高压加热器、低压加热器、除氧器、凝汽器以及水箱等水位的测量。

2. 存在的问题

连通器式液位传感器存在以下问题：

（1）当液位测量传感器与被测容器的液体温度有差别时，液位传感器显示的液位不同于容器中的液位，此误差还会随着容器内压力的改变而变化。为了减少和消除该项误差，常采用保温、加热、校正等手段。当用于测量汽包水位时，因散热使水位传感器中水温低于饱和温度，因而水密度大于饱和水的密度，这就造成了显示的水位低于汽包内的实际水位。如果要校正必须知道水位传感器中水的平均密度，但该密度与当时的压力和水温、散热情况有关，所以不易确定。电厂运行中总结的经验为，在额定工况时，对中压炉，实际水位应在水位传感器显示水位的基础上加 25～35mm，高压炉则加 40～60mm。具体值取大些还是取小些，要看水位传感器的保温情况等条件。

（2）所有连通器式液位传感器都会因散热引起误差。减少的办法是适当加粗汽侧和水侧的连通导管，筒壳顶部不保温，增加凝结水量，筒壳其余部分保温以减少散热。当然也可以加蒸汽加热套。

二、压力式液位测量

压力式物位测量是基于液位高度变化时，由液柱产生的静压也随之变化的原理。如图 5 - 2 所示，A 代表实际液面，B 代表零液位，H 代表液柱高度，根据流体静力学原理可知，A、B 两点的压力差为

图 5 - 2　压力式液位测量原理

$$p = p_B - p_A = H\rho g \qquad (5-1)$$

式中　　p_A——容器中 A 点的静压，也即液面上方气体的压力，当被测对象为敞口容器，则

p_A 为大气压力；

p_B——容器中 B 点的静压，即 B 点的绝对压力；

p——容器中 A 点和 B 点的压力差，即 B 点的表压力。

由式（5-1）可知，当被测液体密度 ρ 为已知时，A、B 两点的压力差 p，即 B 点的表压力与液位高度 H 成正比，这样就把液位的测量转化为压力的测量。

由于被测对象为敞口容器，可以直接用压力仪表对液位进行测量。方法是将压力表通过引压导管与容器底侧零液位相连，压力指示值与液位高度满足式（5-1）关系。

应注意的是，压力仪表实际指示的压力是液面至压力仪表入口之间的静压力，当压力仪表与取压点（零液位）不在同一水平位置时，应对其位置高度差而引起的固定压力进行修正，否则仪表指示值不能直接用式（5-1）计算得到液位。

上述所介绍的是就地式压力液位测量方法。此外，还可以利用静压式液位传感器把液位信号转换为电信号进行远传。

静压式液位传感器是利用压力传感器，配用陶瓷或薄膜敏感元件作为探头感受容器中 B 点的表压力，从而实现将容器的液位变化经压力传感器转换成电信号的变化，通过测量电路对电信号进行处理，从而测量出液位。

静压式液位传感器的敏感元件种类很多。如膜片型传感器，它是在感压膜片上粘贴应变片，由应变片组成惠斯登电桥，将液位的变化引起的压力变化以应变片电阻值变化的形式表现出来。测出应变片的电阻值，就能得知液位的高度。也可采用半导体膜盒结构，利用金属片承受液体压力，通过封入的硅油导压传递给半导体应变片进行液位的测量。

由于固态压力传感器（压阻电桥式）性能的提高和微处理技术的发展，压力式物位传感器的应用愈来愈广。近年来，已经研制出了体积小、温度范围宽、可靠性好、精度高的压力式物位传感器，同时，其应用范围也不断地拓宽。

压力式液位测量简单，但是要求液体密度为定值，否则会引起误差。

三、差压式液位测量

如果被测对象为密闭容器时，容器下部的液体压力除与液位高度有关外，还与液面上部介质压力有关。此时，应该采用下面介绍的差压测量方法来获得液位。

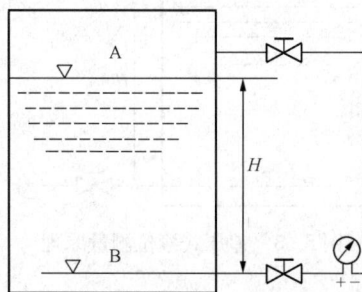

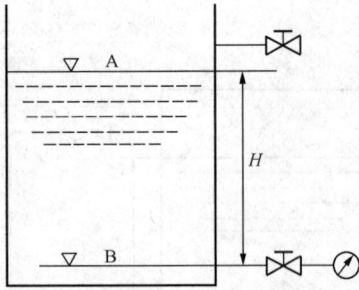

图5-3　差压式液位测量原理

（一）测量原理

差压式液位测量的原理同上面介绍的压力式液位测量，只是把 p_A 理解为液面上方气体的压力不等于大气压力。

差压式液位测量最简单的实现方法是在直接通过引压导管与液位上方和容器底侧零液位相连，并把两根引压管道直接通入差压式仪表，见图5-3所示。差压仪表的指示值与液位高度成线性关系，满足式（5-1）。

差压式液位测量在电厂应用广泛，一般用于测量汽包水位、凝汽器热水井水位、各种水箱水位、贮油罐和油箱油位等。但由于被测对象的复杂性，常用的是平衡容器，下面将对平衡容器作详细介绍。

利用平衡容器的差压式液位传感器的原理是，在容器上安装平衡容器，利用液体静力学原理使液位转换成差压，用导压管将差压信号传至显示仪表，显示仪表指示出容器的液位。受压容器的液位测量，根据测量准确度的要求不同，可选用下列几种平衡容器。

1. 单室平衡容器

单室平衡容器测量水位的原理如图5-4所示。受压容器内的蒸汽经阀门4注入平衡容器内凝结成水，并由于溢流而保持一个恒定水位。差压传感器的正压头从平衡容器引出，由于平衡容器有恒定水柱而维持不变，负压管与受压容器水侧连通，输出的负压头则随受压容器水位变化而变化。差压传感器的输出也就随着受压容器水位的变化而变化。

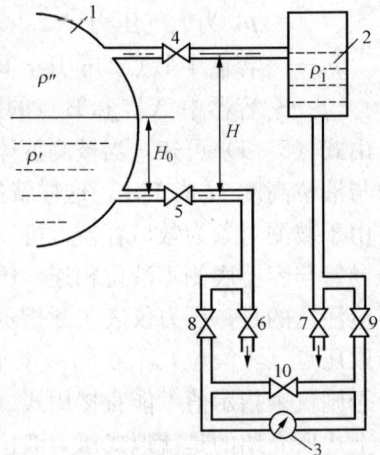

图5-4　单室平衡容器水位测量原理
1—被测受压容器；2—单室平衡容器；
3—差压传感器；4~10—阀门

按照流体静力学原理，当水位在正常水位 H_0（即零水位）时，差压传感器的输出为

$$\Delta p_0 = \rho_1 g H - [\rho' g H_0 + \rho'' g(H - H_0)]$$
$$= (\rho_1 - \rho'')gH - (\rho' - \rho'')gH_0 \tag{5-2}$$

式中　Δp_0——受压容器正常水位时对应的差压，Pa；

　　　H——受压容器水位最大测量范围，m；

　　　H_0——以最低水位为基准的容器零水位，m；

ρ'、ρ''、ρ_1——受压容器内饱和水、饱和蒸汽和平衡容器内水的密度，kg/m^3；

　　　g——重力加速度，m/s^2。

当受压容器水位偏离正常水位 ΔH 时，差压传感器的差压输出 Δp 为

$$\Delta p = (\rho_1 - \rho'')gH - (\rho' - \rho'')g(H_0 + \Delta H) \tag{5-3}$$

即

$$\Delta p = \Delta p_0 - (\rho' - \rho'')g\Delta H \tag{5-4}$$

H、H_0、g 为确定值，当 ρ'、ρ''、ρ_1 为已知值时，正常水位时的差压输出 Δp_0 为常数。传感器的输出差压值 Δp 为容器水位变化的单值函数。水位增加，输出差压减小；水位降低，输出差压加大。

单室平衡容器的特点是结构简单，一般应用于低温低压的贮水容器。但它的测量误差较大。分析其原因，主要是：

(1) 当被测介质参数，如被测介质压力偏离额定值运行时，ρ' 和 ρ'' 发生变化。此时，即使水位不变，其差压也会发生变化。

(2) 由于受压容器内的饱和水与平衡容器内的凝结水的温度不同，密度 ρ' 和 ρ_1 也不同，造成传感器输出误差。

为了减小此误差，通常使平衡容器的安装标高（正、负取压管的垂直距离）与传感器输出的全量程相一致，并在差压传感器校验时，按运行参数和环境平均温度考虑密度影响的修正值。

2. 双室平衡容器

双室平衡容器的结构如图 5-5 所示。平衡容器的水面高度是定值。当水位增高时，水可溢流；水位降低时，由蒸汽冷凝来补充。正压头从平衡容器中引出，当其中水的密度一定时，正压头也为定值。负压管置于平衡容器内，上部比水平正取压管下缘高 10mm 左右，下部与受压容器连通，其水柱随着容器水位变化而变化。它输出的压头为负压头，反映容器水位的变化。

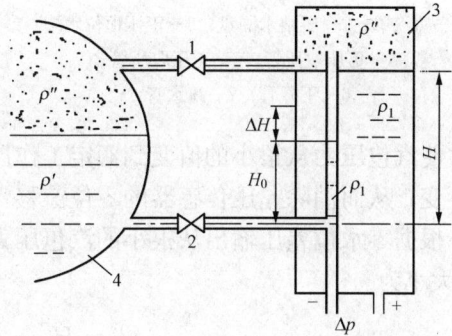

图 5-5 双室平衡容器水位测量原理
1—正取压阀门；2—双室平衡容器；
3—负取压阀门；4—被测受压容器

双室平衡容器中正负两根管内水的温度比较接近，可以近似认为正、负压管中水的密度相同，皆为 ρ_1，因此式（5-2）和式（5-4）可改为

$$\Delta p_0 = (\rho_1 - \rho'')g(H - H_0) \tag{5-5}$$
$$\Delta p = \Delta p_0 - (\rho_1 - \rho'')g\Delta H \tag{5-6}$$

双室平衡容器可以解决单室平衡容器正、负压头水的密度不相等带来的测量误差。但是它仍然存在下面的问题：

(1) 平衡容器的温度远远低于被测受压容器的温度，负压管的水面比受压容器的水面低，所以仍然存在较大的测量误差。当运行参数或平衡容器环境温度变化时，此误差是个变数。

(2) 双室平衡容器在使用过程中，由于向外散热，正、负压管中的水温由上至下逐步降低，且温度不易确定。因此同样造成正、负压头水的密度难以确定，造成测量误差。

(3) 仍然存在受压容器内被测介质参数变化对测量的影响。

3. 蒸汽罩补偿式平衡容器

针对上述平衡容器的缺点，测量中、小型锅炉汽包水位时，广泛采用蒸汽罩补偿式平衡容器补偿汽包压力对输出差压的影响，其结构如图 5-6 所示。

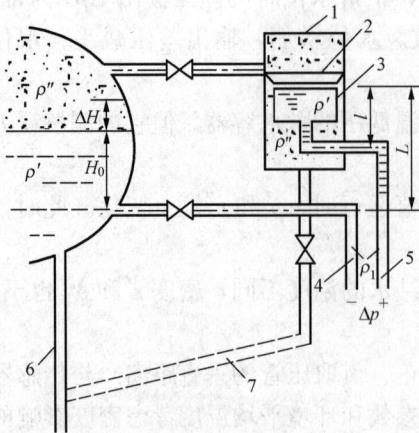

图 5-6　蒸汽罩补偿式平衡
容器水位测量原理

1—蒸汽罩；2—凝结水漏盘；3—正压恒位水槽；

4—负压取压管；5—正压取压管；

6—下降管；7—疏水管

为了使正压管中的水位恒定，一方面加大正压容器的截面积，并在其上面装一个凝结水漏盘，使凝结水不断流入正压容器。正压容器相当于一个溢出杯，其水位恒定不变。用蒸汽包围正压容器，使其中水的温度等于饱和温度。蒸汽凝结水由疏水管流入下降管。疏水管和下降管相接处的高度应保证平衡容器内无水，而下降管又不抽空，即在疏水管内保持一定高度的水。负压管直接从汽包水侧引出。为了保证压力引出管的垂直部分中水的密度等于环境密度，压力引出管的水平长度段距离要足够大。

在正常水位 H_0 时，平衡容器的输出差压 Δp_0 为

$$\Delta p_0 = (L-l)\rho_1 g - (L-H_0)\rho''g \\ + (l-H_0)\rho'g \tag{5-7}$$

在设计平衡容器时，通过确定适当的 L 和 l 值，使汽包压力从很小的值变到额定工作压力时正常水位变化（ΔH）下平衡容器输出的差压不变，从而消除差压传感器的零位漂移。

根据零水位差压输出从很小的汽包压力变到额定工作压力时得到完全补偿，可以推导出 l 的大小为

$$l = H_0 + (L-H_0)\frac{\rho_1'' - \rho_2''}{\rho_1 - \rho_2} \tag{5-8}$$

式中　ρ_1'，ρ_1''——小汽包压力下汽包饱和水和饱和蒸汽的密度；

ρ_2'，ρ_2''——汽包额定压力下汽包饱和水和饱和蒸汽的密度。

考虑平衡容器输出差压最大值应和差压传感器测量上限值一致，即在水位最低（$\Delta H = -H_0$）和汽包额定工作压力时，平衡容器输出的最大差压等于差压传感器的测量上限 Δp_{max}，可推导出 L 为

$$L = \frac{\Delta p_{max} + l(\rho_1 - \rho')g}{(\rho_1 - \rho'')g} \tag{5-9}$$

联立求解式（5-8）和式（5-9），即可求得 L 和 l。

应该指出，这种结构只能使正常水位下的差压 Δp_0 受汽包压力变化的影响大大减小。当水位偏离正常水位（$\Delta H \neq 0$），输出差压 Δp 还会受汽包压力的影响。

（二）差压水位测量的压力校正

如上所述，上述几种平衡容器测量水位时由于正负压管中水温不同，以及汽包压力变化影响正负压管中水的密度、汽包的饱和水和饱和汽密度而产生附加误差，特别是测量高参数锅炉的汽包水位时因汽包压力对输出差压的影响，已不能满足要求。所以，目前已广泛采用电气压力校正方法，其校正公式与平衡容器的结构直接相关，下面以汽包水位测量为例介绍几种压力校正方法。

1. 单室平衡容器的压力校正

水位测量系统参照图 5-4。将式（5-3）改写成汽包水位表达式为

$$H_0 + \Delta H = \frac{(\rho_1 - \rho'')gH - \Delta p}{(\rho' - \rho'')g} \qquad (5-10)$$

根据式（5-10）组成的压力校正系统框图见图 5-7。图中 $f_1(p)$ 和 $f_2(p)$ 为函数发生器，它们接受汽包压力信号，其输出量为 $(\rho_1 - \rho'')gH$ 和 $(\rho' - \rho'')g$，二者能自动地跟随汽包压力变化而变化，达到校正的目的。然后将差压信号 $(-\Delta p)$ 与反映密度变化的信号 $(\rho_1 - \rho'')gH$ 代数相加，再除以密度变化信号 $(\rho' - \rho'')g$，则测量系统的输出为汽包水位，即 $H_0 + \Delta H$。

由于采用单室平衡容器，ρ_1 会随环境温度而变化，为一变值，因此，测量上仍存在一定的误差。

2. 双室平衡容器的压力校正

蒸汽罩双室平衡容器的水位测量系统如图 5-5 所示。将式（5-5）和式（5-6）整理可得水位的表达式为

$$H_0 + \Delta H = H - \frac{\Delta p}{(\rho_1 - \rho'')g} \qquad (5-11)$$

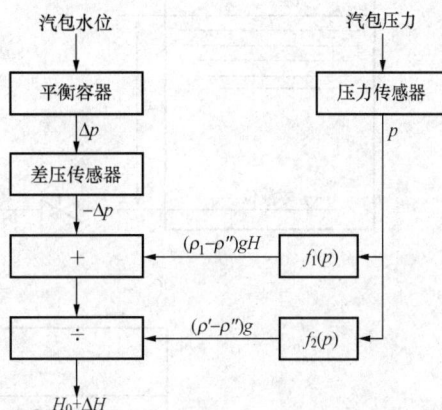

图 5-7　单室平衡容器汽包
水位测量压力校正系统

根据式（5-11）组成的压力校正系统框图见图 5-8。函数转换器 $f(p)$ 接受汽包压力信号，输出为 $\dfrac{1}{(\rho_1 - \rho'')g}$，经乘法器与差压信号相乘，再送入加法器与代表 H 的定值电压相减，便得到 $H - \dfrac{\Delta p}{(\rho_1 - \rho'')g}$，即为汽包水位 $H_0 + \Delta H$。

（三）量程迁移

在上面所介绍的各种静压式液位测量方法都要求零液位（取压口）与压力传感器的入口在同一水平高度，否则会产生附加静压误差。但是，为了读数和维护的方便，在实

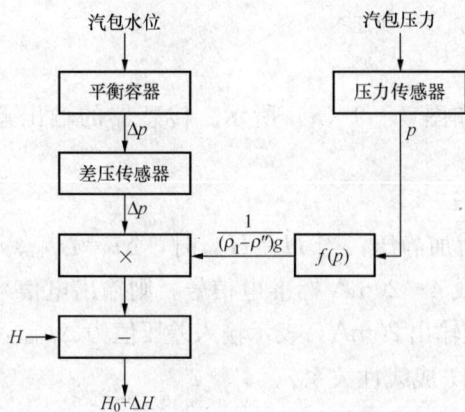

图 5-8　双室平衡容器汽包水位测量压力校正系统

际安装时不一定能满足这个要求。在这种情况下，就必须进行量程迁移。所谓的量程迁移，就是通过计算进行修正由于传感器入口不在零液位时造成的附加静压误差，常用的是对压力传感器进行零点调整，使它在只受附加静压时输出为"零"。

量程迁移有正迁移、负迁移和无迁移三种情况，下面以差压传感器测量液位为例进行介绍。

差压传感器测量液位的示意图见图 5-9，其正、负压室分别与容器下部和上部的取压点相连通，连接负压室与容器上部取压点的引压管中充满与容器液位上方相同的气体，由于气体密度相对于液体小得多，则取压点与负压室之间的静压差很小，可以忽略。

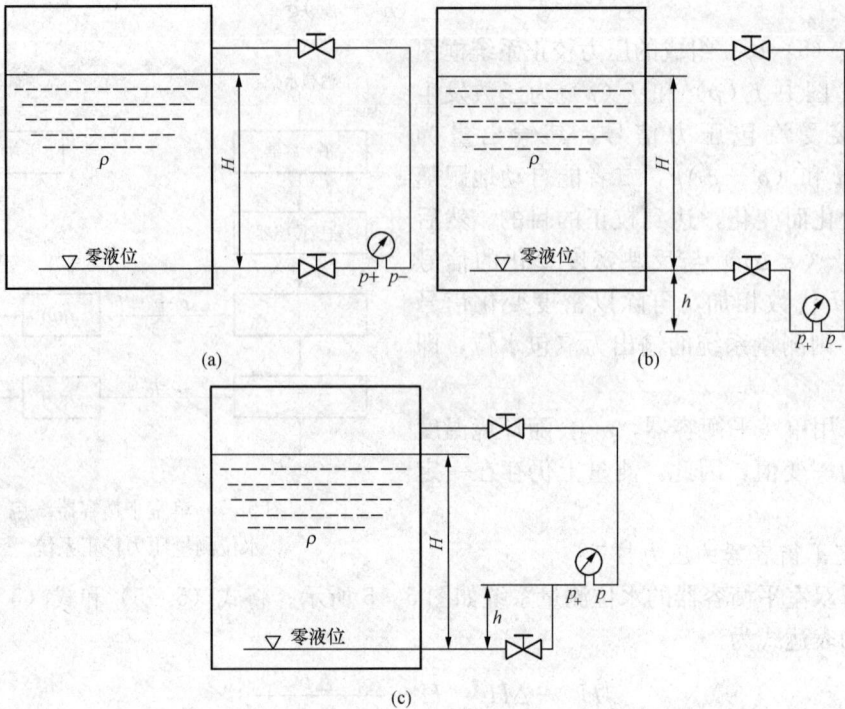

图 5 - 9　差压传感器测量无、正、负迁移示意图

(a) 无迁移；(b) 正迁移；(c) 负迁移

1. 无迁移

当差压传感器的正负压室与零液位等高，如图 5 - 9 (a) 所示。传感器的输出差压 Δp 为

$$\Delta p = \rho g H \qquad (5 - 12)$$

当 $H = 0$ 时，$\Delta p = 0$，差压传感器未受任何附加静压；当 $H = H_{max}$ 时，$\Delta p = \Delta p_{max}$。这说明差压传感器无需迁移。如果配接变送器转换成 4~20mA 标准电信号，则输出电信号为 4mA，表示输入差压值 $\Delta p = 0$，也即 $H = 0$；差变输出 20mA，表示输入差压值为 Δp_{max}，也即 $H = H_{max}$。因此，变送器的输出电流 I 与液位 H 成线性关系。

2. 正迁移

在实际安装差压传感器时，如果传感器的正压室在零液位之下，如图 5 - 9 (b) 所示。传感器的输出差压 Δp 为

$$\Delta p = \rho g H + \rho g h \qquad (5 - 13)$$

当 $H = 0$ 时，$\Delta p = \rho g h = B > 0$，差压传感器受到一个附加正差压作用，使差压变送器的输出 $I > 4mA$。为使 $H = 0$ 时，差压变送器的输出 $I = 4mA$，就要设法消去 B 的作用。由于 $B > 0$，故需要正迁移。

正量程迁移就是通过调节差压变送器上的迁移弹簧，使变送器在 $\Delta p = C$ 时，输出电流 $I = 4mA$，对应于 $H = 0$。这样，当差压变送器的输出电流 $I = 20mA$，$\Delta p = H_{max}\rho_1 g + B$，对应于 $H = H_{max}$。从而实现了差压变送器输出与液位之间的线性关系。

3. 负迁移

在实际安装差压传感器时，如果传感器的正压室在零液位之上，如图 5 - 9（c）所示。传感器的输出差压 Δp 为

$$\Delta p = \rho g H - \rho g h \tag{5 - 14}$$

当 $H=0$ 时，$\Delta p = \rho g h = C < 0$，差压传感器受到一个附加负差压作用，使差压变送器的输出 $I < 4\text{mA}$。为使 $H=0$ 时，差压变送器的输出 $I = 4\text{mA}$，就要设法消去 C 的作用。由于 $C < 0$，故需要负迁移。

负量程迁移就是通过调节差压变送器上的迁移弹簧，使变送器在 $\Delta p = -C$ 时，输出电流 $I = 4\text{mA}$，对应于 $H=0$。这样，当差压变送器的输出电流 $I = 20\text{mA}$，$\Delta p = H_{\max}\rho_1 g - C$，对应于 $H = H_{\max}$。从而实现了差压变送器输出与液位之间的线性关系。

应当说明的是，量程迁移只是因为差压传感器的安装位置等原因需要进行的，但它只改变液位的变化范围，而差压传感器的量程范围保持 $0 \sim \Delta p_{\max}$ 不变。

四、特点

静压式液位测量是最常用的液位测量方法，它们具有下列特点：

（1）结构简单，工作可靠，精确度较高；

（2）测量元件只有一、两根导压管，结构简单，安装方便，便于操作维护，工作可靠；

（3）测量元件在容器中几乎不占空间，只需在容器壁上开一个或两个孔即可；

（4）采用法兰式差压传感器可以解决高黏度、易凝固、易结晶、腐蚀性、含有悬浮物介质的液位测量问题；

（5）差压式液位计通用性强，可以用来测量压力和流量等参数。

第三节　浮力式液位测量技术

浮力式液位测量是依据阿基米德原理工作的，它包括恒浮力式液位测量和变浮力式液位测量两种。由于浮力式液位传感器结构简单，造价低，维护方便，因此在工业生产中应用广泛。

一、恒浮力式液位测量

恒浮力式液位测量方法是利用浮子本身的重量和所受的浮力均为定值，使浮子始终漂浮在液面上，并跟随液面的变化而变化的原理来测量液位的。它包括浮标式、浮球式和翻板式等各种方法，由于它们的原理比较简单，下面以 UZG 型浮子式钢带液位计为例作简单介绍。

UZG 型浮子式钢带液位计是根据力平衡原理设计的，结构原理见图 5 - 10 所示，浮子通过钢带与测量系统相连。

当浮子在平衡位置时，浮力 F、重力 W 和恒力装置提供的拉力 P 三个力的矢量和等于零，浮

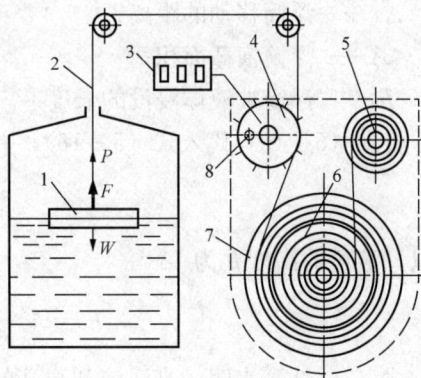

图 5 - 10　浮子式钢带液位结构原理图
1—浮子；2—钢带；3—计数器；
4—链轮；5—平衡弹簧；6—弹
簧轮；7—钢带轮；8—传输轴

子静止。

当液位发生变化，浮子随之浮动，破坏了在原位置上的力平衡，使弹簧轮6转动收进或放出钢带，液位变化停止时，浮子在新的位置上平衡。由于钢带上冲有等距的、精度高的孔，它精确地带动链轮4按位移量转动，驱动计数器3计数，就地显示新的液位；也可以在传动轴8上配接变送器实现液位信号的远传。

在这种测量方法中，重力 W 为常数，浮子平衡在任何高度的液面上时，浮力 F 值均不变，所以把这类液位测量称为恒浮力式液位测量。

二、变浮力式液位测量

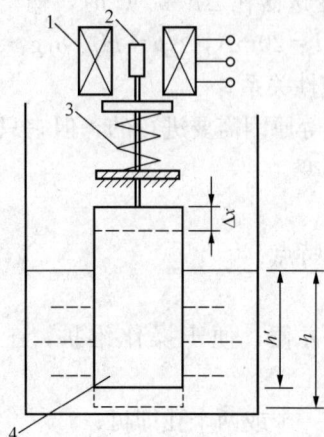

图 5-11　变浮力式液位测量原理
1—线圈；2—铁芯；3—弹簧；4—浮筒

变浮力式液位测量是利用浮筒所受到的浮力与其浸入液体深度成线性关系来测量液位的。

变浮力式液位测量的原理见图 5-11 所示。弹簧的下端固定，圆筒形空心金属浮筒悬挂在弹簧上端，弹簧因承受浮筒的重量被压缩，当浮筒的重量与弹簧力达到平衡时，有

$$mg = Cx_0 \qquad\qquad (5-15)$$

式中　C——弹簧的刚度系数；

　　　m——浮筒的质量；

　　　x_0——弹簧由于浮筒重力被压缩所产生的位移。

把浮筒浸入被测液体，浮筒的一部分被液体浸没，由于受到液体浮力作用浮筒会向上移动。

当浮筒所受浮力与弹簧力和它的重力平衡时，浮筒停止移动。这时，浮筒移动的距离，就是弹簧的位移变化量。

根据力平衡原理，下列关系成立：

$$mg = C(x_0 - \Delta x) + Ah'\rho g \qquad\qquad (5-16)$$

式中　ρ——浸没浮筒的液体密度；

　　　Δx——浮筒移动的距离；

　　　A——浮筒横截面积；

　　　h'——浮筒被液体浸没的长度。

将式（5-15）代入式（5-16），并整理后可得

$$h' = \frac{C}{A\rho g}\Delta x \qquad\qquad (5-17)$$

所以，液位的高度 h 为

$$h = h' + \Delta x = \left(1 + \frac{C}{A\rho g}\right)\Delta x \qquad\qquad (5-18)$$

式（5-18）表明，当浮筒和弹簧的刚度系数一定时，液位的高度 h 与浮筒的位移变化量成正比关系。因此只要能测出浮筒的位移变化量，从而就测量出液位的高度 h。

在浮筒的连杆上安装一铁芯，它可随浮筒一起上下移动。当液位变化时，浮筒产生位移，并带动铁芯，改变了差动变压器初级线圈和次级线圈的耦合情况，它输出的电动势与位移成正比关系，从而把液位信号转换成电信号，便于远传。

第四节 超声波物位测量技术

超声波物位测量是利用超声波在气体、液体和固体介质中传播的回声测距原理进行测量的，超声波发射到分界面（即物料表面或液体表面）后产生反射，由接收换能器接收反射回波，利用反射到接收的时间间隔及声速，通过计算可得到物位高度。

一、测量原理

超声波物位测量是一种非接触式的物位测量方法，应用领域十分广泛。既可用于液位测量，也可用于料位测量。

1. 超声波液位测量

超声波液位测量的原理如图 5 - 12（a）所示。超声波探头（既是发射换能器又是接收换能器）被置于容器底部，当它向液面发射短促的脉冲时，在液面处产生反射，回波被探头接收器接收。若超声波探头到液面的距离为 h，声波在液体中的传播速度为 v，则有下列简单关系：

$$h = \frac{1}{2}vt \qquad (5 - 19)$$

式中　t——超声脉冲从发射到接收所经过的时间。

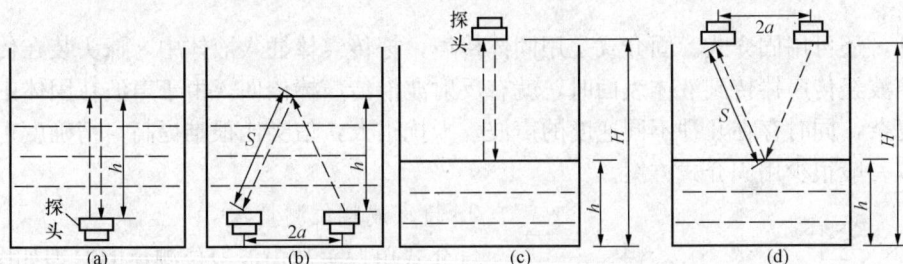

图 5 - 12　超声波液位测量原理
(a) 液介式单探头；(b) 液介式双探头；(c) 气介式单探头；(d) 气介式双探头

当超声波的传播速度为已知时，利用式（5 - 19）就可以求得液位。

利用超声波测量液位的方案较多，如图 5 - 12 所示的几种方案。

图 5 - 12（a）是单探头形式，超声波探头既是发射换能器，发射超声波，而且也是接收换能器，接收反射回来的超声波。由于它安装在容器的底部，超声波在液体中传播，称之为液介式传感器。有时也可把它安装在容器底外部。液介式单探头方案的测量原理见上面的介绍。

图（b）是一个发射一个接收的双探头式，超声波经过的路程是 $2S$，即

$$S = \frac{1}{2}vt \qquad (5 - 20)$$

$$h = \sqrt{S^2 - a^2} = \sqrt{\frac{1}{4}v^2t^2 - a^2} \qquad (5 - 21)$$

式中　a——两个探头之间距离的一半；
　　　h——超声波探头到液面的垂直距离，即液面的高度。

图（c）方案与图（a）方案基本一致，只是（c）方案中的探头应放置在高出液位可能达到的高度上，超声波在空气介质中传播，称之为气介式传感器。液位的高度应等于超声波探头距离容器底部的距离与 h 的差值。

图（d）方案与图（b）方案基本一致，所不同的是超声波探头放置在高出液位可能达到的高度上，超声波在气体中传播。

具体选择单探头还是双探头，主要应根据测量对象的具体情况考虑。一般多采用单探头方案，因为单探头简单、安装方便、维修工作量也较小，可以直接测出液位高度 h，不必修正。但是，单探头方案有一个接收盲区问题。在发射超声波脉冲时，要在探头上加比较高的激励电压，这个电压虽然持续时间较短，但在停止发射时，在探头上仍存在一定的余振。如果在余振时间将探头转向接收放大线路，则放大器的输入将还有一个足够强的信号。显然在这段时间内，即使能收到回波信号，该信号也很难被分辨出来，因此称这段时间为盲区时间。过了盲区时间后，接收换能器才能分辨回波信号。探头的盲区时间与结构参数、工作电压、频率等因素有关，可以通过实验确定。如果知道盲区时间，再求得超声波的传播速度，就可以确定盲区距离。由于盲区距离的限制，采用该方案时，不能测量小于盲区距离的液位。

采用双探头方案时，从理论上由于没有盲区问题。但是电路耦合及非定向声波对接收器的作用，在发射超声波脉冲时，接收线路中也将产生微弱的输出。此外，当探测距离较远时，为了保证一定灵敏度，应采用大功率发射换能器，加大发射功率；采用高灵敏度的接收换能器。

此外，还可用固介式。固介式是用固体传声，把传声棒插入液体中，探头装在传声棒上端，当声波经传声棒传到液体表面时，就有反射波沿传声棒传回。由于声波在固体中声波传播较为复杂，同时存在几种不同速度的声波，干扰很大，信噪比很难提高，精确度也很难提高，所以一般很少用固介式方案。

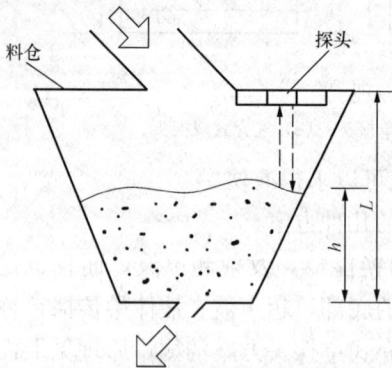

图5-13 超声波料位测量原理

2. 超声波料位测量

气介式单探头超声波液位测量的原理如图 5-13 所示。超声波探头固定在粉仓顶部，当它向料面发射一个超声脉冲波，该波在空气中传播，遇到料面时反射回来。

超声波料位计的工作原理是，从顶部的已知高度 L 处向料面发射一个超声脉冲波，该波在空气中传播（速度是 $v=340\text{m/s}$），遇到料面时反射回来。若能测得声波往返时间 t，则由式（5-22）就能求得料位高度 h 值：

$$h = L - \frac{1}{2}vt \qquad (5-22)$$

式中 t——超声脉冲从发射到接收所经过的时间；

　　　h——料位高度。

由式（5-22）可知，只要测得声波往返时间 t，就能求得料位高度 h 值。

3. 回波时间测量

从前面分析知，当超声波在传声介质中的声速一定时，只要测出超声波从发射到接收所经过的时间，就可测量物位。目前在物位测量中为了减少单位时间内超声波的发射能量，减小空化效应、温升效应以及节约仪器的能耗，同时又可提高超声脉冲的幅值，提高测量精确度，一般采用较高频率的超声脉冲。因此，回波时间可采用双稳电路测时法和脉冲电路计时法两种方法测量。

（1）双稳电路测时法。双稳电路测时法是利用一个双稳态电路来计时，即触发发射电路的脉冲同时触发这个双稳电路，当反射的回波前沿到达这个接收器时，再用这个接收波前沿脉冲触发双稳，使之翻回。显然这个双稳脉冲输出的方波宽度就是要测量的回波时间。回波时间的测量就变成了对方波宽度的测量。

（2）脉冲电路测时法。脉冲电路测时法是通过计量脉冲电路两次发出超声波脉冲的时间来测量回波时间的。超声波传感器发出第一个超声波脉冲，经过被测面反射后，当回波回到传感器上时，这个回波的前沿又接着触发探头发出第二个超声波脉冲，第一个脉冲的前沿和第二个脉冲的前沿中间经过的时间间隔 t 就是回波时间。

4. 超声波的接收和反射

超声波探头又称为超声波换能器，是完成超声波发射和接收的关键器件。它分为发射换能器和接收换能器。发射换能器将其他形式的能量转换成超声波，接收换能器是把接收到的超声波转换成其他易于测量的能量。能量的形式多种多样，因此换能器的形式也各不相同。在超声波测量中，最常用的是压电换能器，其次是磁致伸缩换能器。

（1）压电换能器。压电换能器的接收和反射是基于压电效应和逆压电效应。超声波的发射是利用压电材料的逆压电效应，将交变电压加在压电材料端面的电极上，沿着晶体厚度方向将产生与所加交变电压同频率的机械振动，向外发射声波，实现了电能与声能（机械能）的转换。超声波的接收是利用压电材料的压电效应，压电材料在受到声波声压的作用时，材料两端将会产生与声压变化同步的电荷，从而把声能（机械能）转换成电能。

压电材料可以是石英晶体、压电陶瓷、压电半导体、高分子压电材料等。根据不同的需要，压电片的振动方式有很多，如薄片的厚度振动、纵片的长度振动、圆片的径向振动、弯曲振动等。其中以薄片厚度振动用得最多。

由于压电晶体本身较脆，并因各种绝缘、密封、防腐蚀、阻抗匹配及防护不良环境要求，压电元件往往装在一壳体内而构成探头。图 5 - 14 为超声波发射换能器和接收换能器的结构示意图，其中球面音膜起改善阻抗匹配、提高辐射功率的作用，其振动频率在几百千赫以上，采用厚度振动的压电片。

（2）磁致伸缩换能器。磁致伸缩换能器的接收和发射是基于磁致伸缩效应和逆磁致伸缩效应。超声波的发射是利用磁致伸缩材料的磁致伸缩效应，将磁致伸缩材料置于交变磁场中，在沿着磁场方向使它产生机械尺寸的交替变化，即机械振动，从而产生超声波。超声波的接收是利用磁致伸缩材料的逆磁致伸缩效应，磁致伸缩材料在受到声波声压的作用时，引起内部发生形变，产生应力，使各磁畴之间的界限发生移动，磁畴磁化强度矢量转动，从而使材料的磁化强度和磁导率发生相应的变

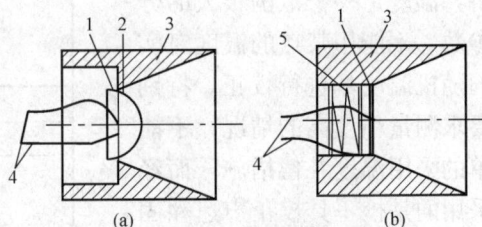

图 5 - 14 超声波换能器的结构原理图

(a) 发射换能器；(b) 接收换能器

1—压电晶片；2—音膜；3—钳形外壳；
4—引线；5—弹簧

化。在磁致伸缩材料外加一个线圈，可以把材料的磁性变化转化成为线圈电流的变化，因此可用来接收超声波。

磁致伸缩材料可以是某些铁磁材料及其合金，如镍、镍铁合金、铝铁合金、铁钴钒合金等和含锌、镍的铁氧体。不同的磁致伸缩材料在外加交变磁场时其磁致伸缩效应的大小是不同的，其中镍的磁致伸缩效应最大。

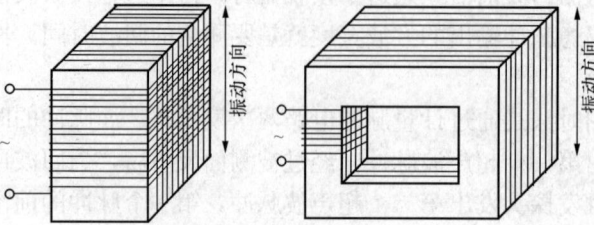

图 5 - 15　磁致伸缩换能器

常用的磁致伸缩换能器是用厚度为 0.1~0.4mm 的镍片叠加而成的，片与片之间采取绝缘措施以减少涡流电流损失，其形状有矩形、窗形等，如图 5 - 15 所示。

二、超声波物位测量中的声速校正

从前面多介绍的物位测量原理可知，超声波在介质中的传播速度恒定的情况下，物位与超声波的传播时间成正比。实际上超声波的传播速度受介质成分和温度等变化的影响。如在 0℃时，空气中声波传播速度约为 331.6m/s，在水蒸气中为 404m/s，而在氢气中将为 1269m/s。即使在同一介质中，温度不同声速也不同，例如，在 0℃空气中的声速为 331m/s，而当温度为 20℃时声速增加到 344m/s。因此为了能准确测量物位，必须采取有效的补偿措施。超声波传播速度的补偿方法主要有以下几种。

1. 温度补偿

如果超声波在被测介质中的传播速度（声速）仅随温度变化，声速与温度之间的关系已知，并假设超声波传播路径上的介质的温度处处相等，则可以采用简单的温度补偿措施。即在超声波换能器附近安装一个温度传感器，根据已知的声速与温度之间的函数关系，自动进行声速的补偿。

但是对液体介质或气体介质来讲，温度是一个范围很大的分布参数，不能用某点的温度对实际的随机温度场进行校正。特别是要求测量精度高的情况，不能简单的采用温度补偿措施，而经常采用的是校正具校正声速和固定标记校正声速的方法。

2. 设置校正具校正声速

校正具是在传声介质中，相隔一个固定距离 L_0 处安装一个探头—反射板系统，用于测出实际声速，如图 5 - 16（a）

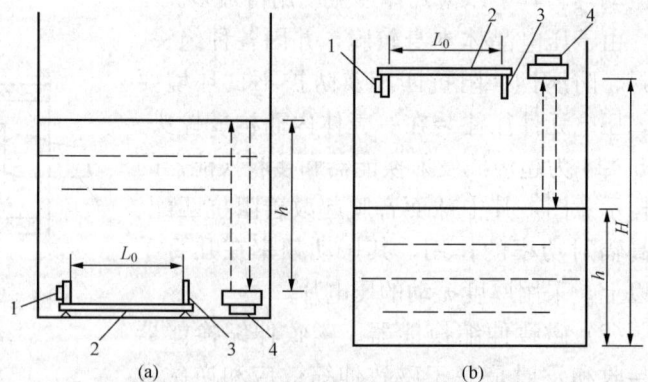

图 5 - 16　应用校正具测量物位的原理
（a）液介式超声波液位测量；（b）气介式超声波物位测量
1—校正探头；2—校正具；3—反射板；4—测量探头

所示。液介式超声波液位测量的校正具应安装在液体介质最低处，以防止液位变化时露出液面。

很显然，超声波液位测量系统中，需要安装两组换能器探头，一组用作测量探头，另一组用作构成声速校正用的校正探头，校正探头固定在校正具（一般是金属圆筒）的一端，校正具的另一端是一块反射板。

在校正具上安装的超声波探头，同时作发射和接收之用，如果超声脉冲从发射经反射再回到超声探头所用时间为 t_0，走过的距离则为 $2L_0$，就可以得到

$$v_0 = \frac{2L_0}{t_0} \tag{5-23}$$

式中　v_0——被测介质中的实际声速。

因为校正探头和测量探头在同一介质中，可认为测量段声速和校正段声速相等，即 $v = v_0$，则式（5-19）就可以变为以下形式：

$$h = \frac{t}{t_0} L_0 \tag{5-24}$$

由式（5-24）可知，只要测出两个时间 t 和 t_0，而不必测声速，就可获得液位高度 h，从而消除了声速变化引起的测量误差。

上述校正的前提是测量段声速与校正段声速相同。实际上，在很多情况下，这个假设条件得不到保证，因为校正具放在容器最低处，容器中上下温度场不均匀以及有时被测介质的密度上下不均匀等，所以容器中其他位置的声速与底面的声速不相等。因此把校正具安装在容器最低处，不能实现对声速的完全补偿。

为了更好地解决由于密度、成分、温度分布不均匀产生的一些误差问题，液介式常采用浮臂校正具对声速进行校正。浮臂式校正具的原理如图5-17所示。

校正具一端固定在液面最低处的可转动轴上，另一端与浮在液面上的浮球相连。当液面高度变化时，在浮球的带动下，校正具将围绕下边的固定轴转动。这样，校正段将随液位的变化而变化，通过这种方法求出的速度 v_0 基本包括了液位不同高度上的温度梯度及密度梯度，非常接近于测量段的实际声速 v，因此可以得到比较高的校正精确度。应当指出，这种校正虽然具有校正精确度高的优点，但是安装不方便，而且要求容器直径（或长度）要大于液位可能的高度。

对于液介式超声波液位测量，由于液体主要是受温度影响，一般温度梯度在液体中比在气体中小些，在通常情况下，即使不加校正，精确度1%。如果采用前面介绍过的校正方法，精确度可更高。因此，一般液位测量都采用液介式。

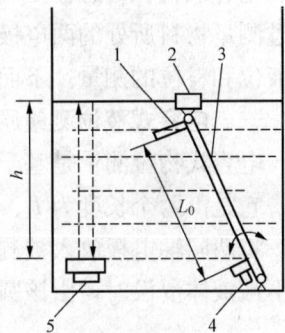

图5-17　浮臂式校正具的原理
1—反射板；2—浮子；3—校正具；4—校正探头；5—测量探头

对于气介式超声波液位测量，校正具应放在容器顶端的某个位置中，如图5-16（b）所示。超声波在气体中传播，影响气体中声速的因素很多，如气体成分和温度。在液面上部的水蒸气一般较多，其含量随压力、温度变化，而且愈接近液面变化愈显著，校正具离开液面越远时，校正误差会越大。在靠近液面处与远离液面上方气体的温度可以相差很大，往往形成明显的温度梯度。总之，成分、温度、压力对声速都有影响，而且这些因素又往往相互影响，这样给校正增加难度。因此，气介式超声波液位测量仅用于液体挥发性不强、气体温

度较均匀、压力变化不大的场合。

对于固介式超声波液位测量，因为气体、液体成分的变化几乎对声速没有影响，温度变化对固体之中声速的影响也较小，且固体（如金属）导热性好，不易形成较大的温度梯度，总之，这一切都极有利于声速校正。

三、超声波物位测量的特点

利用超声波测量物位有许多的优越性。

（1）超声波物位传感器与物料不直接接触，安装维护方便，价格便宜；

（2）测量精确度高，可达 0.1%，测量范围大，可达 $10^{-2} \sim 10^4 \text{m}$，以及换能器寿命长；

（3）超声波不受光线、料度的影响，其传播速度并不直接与媒质的介电常数、电导率、热导率有关，因此超声波传感器广泛用于测量腐蚀性和侵蚀性物粒及性质易变的物位。

但是，由于超声波的传播速度受传声介质的成分及温度梯度的影响，超声波物位传感器不能测量有汽泡和有悬浮物的液位，因为汽泡和悬浮物将使超声能量在该区域内消耗而不能传到较远处；当被测液面有很大波浪时，在测量上会引起声波反射混乱，产生测量误差。

第五节　电容式物位测量技术

电容式物位传感器是利用被测介质面的变化引起电容变化的一种变介质型电容传感器，通过测量物料所处的两电极间的电容（其中一个电容也可以是电容壁）来测量物位。它可用于液位和料位的测量。下面将分别介绍电容式液位和料位测量原理。

一、电容式液位测量原理

电容式物位测量是基于圆筒电容器工作的，电容式物位传感器的结构原理见图 5-18 所示。它是由两个长度为 L、内径分别为 D 和 d 的同轴圆筒形金属导体（电极）组成。

将两同轴电极放入被测容器中，如图 5-19 所示。当被测容器中无液体存在时，即两电极不被液体浸没时，由该圆筒组成的电容器的电容量为

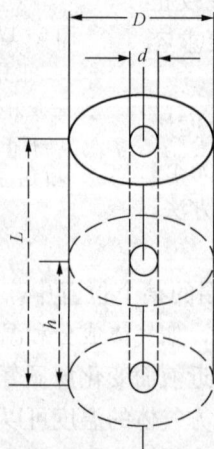

图 5-18　电容式物位
传感器原理

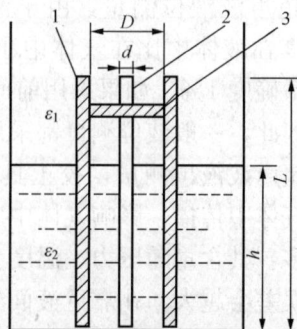

图 5-19　电容式液位测量原理
1—外电极；2—内电极；3—绝缘体

$$C_0 = \frac{2\pi\varepsilon_1 L}{\ln\dfrac{D}{d}} \tag{5-25}$$

式中 ε_1——容器中气体的介电常数。

当被测容器中有液体存在时，则两电极之间的一部分被液体浸没，设被浸没的电极长度为 h，此时电容器的电容量为

$$C = \frac{2\pi\varepsilon_1(L-h)}{\ln\dfrac{D}{d}} + \frac{2\pi\varepsilon_2 h}{\ln\dfrac{D}{d}} \tag{5-26}$$

式中 ε_2——被测液体的介电常数；

h——被测液位，即被浸没的电极长度。

则被测液位从 0 增加到 h 时，电容器的电容变化量为

$$\Delta C = C - C_0 = \frac{2\pi(\varepsilon_2 - \varepsilon_1)}{\ln\dfrac{D}{d}} h \tag{5-27}$$

式（5-27）表明，当两圆筒形电容器的几何尺寸 L、D 和 d 保持不变，且介电常数 ε_1、ε_2 也不变化时，电容器的电容增量 ΔC 与被测液体的液位，即浸没电极的长度成正比关系。而且，两种介质的介电常数的差值（$\varepsilon_2 - \varepsilon_1$）越大，直径 D 和 d 相差越小，电容变化量 ΔC 就越大，说明传感器的灵敏度越高。

因此，电容式液位测量的基本原理是将液位的变化转换为由插入电极所构成的电容器的电容量的改变，通过测量电容的变化量，来测量液位的。

应当指出，上述原理主要用于非导电液体液位的测量，对于导电性液体，圆筒形电极将被导电的液体所短路，电极必须要用绝缘物（如聚乙烯）覆盖作为中间介质，或者采用单电极结构，而液体和外圆筒一起作为外电极，或者采用单电极结构，具体情况可参见相关资料。理论推导表明，电容的变化量随液位的升高而线性增加。

二、电容式料位测量原理

电容式料位传感器可用来测量非导电固体散粒的料位。由于固体摩擦力较大，容易滞留，所以电容式料位传感器一般不用双层电极，而采用单电极结构，即电极棒与容器壁组成电容式料位传感器的两极，其测量原理见图 5-20 所示。

电容式料位传感器输出的电容变化量与被测料位之间的关系可用式（5-28）表达：

$$\Delta C = \frac{2\pi(\varepsilon_2 - \varepsilon_1)h}{\ln\dfrac{D}{d}} \tag{5-28}$$

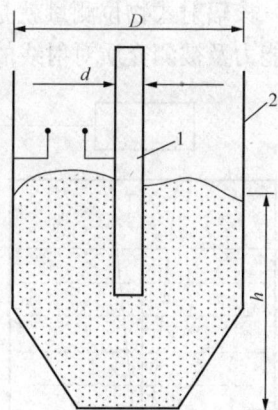

图 5-20 电容式料位测量原理
1—电极棒；2—容器壁

式中 D——被测料仓内径；

d——电极棒外径；

ε_1——空气的介电常数；

ε_2——被测物料的介电常数。

式（5-28）表明，当电极棒的尺寸 d 保持不变，且料仓内径和介电常数也不变的情况下，电容器的电容变化量 ΔC 与电极被测物料所浸没的高度成正比关系。

电容式物位传感器由于本身结构尺寸及测量对象的介电常数等限制，电容的变化量通常都比较小，往往只有几个皮法到几百皮法，因此准确测量电容量是物位测量的关键。目前在物位测量中，常见的电容测量方法主要有交流电桥、冲放电和谐振电路等方法。

电容式物位传感器具有测量精确度高，可达 0.1%~2%，测量范围在 0~2m，无机械可动部分，且敏感元件简单，形状和结构的自由度大（敏感元件的形式有棒状、线状和板状等），操作使用方便以及输出电信号，易于远传等特点，是目前应用最广的一种物位传感器。但是它的工作温度、压力要受绝缘材料的限制；由于测量电极部分的电容量很小，一些干扰电容易引起测量误差；传感器在低频时的阻抗 $X_C = 1/(2\pi f C)$ 很大，对测量电路的绝缘要求很高，否则漏电流将和传感器工作电流可相比拟而影响工作。

第六节　核辐射式物位测量技术

放射性同位素的原子核在核衰变过程中会放射出各种带有一定能量的粒子或射线，如 α 粒子、β 粒子、γ 射线等。核辐射测量是根据被测物质对这些射线的吸收、发散射或射线对被测物质的电离激发作用进行的。其中 α 射线是从放射性同位素原子核中放射出来的，由两个质子和两个中子所组成（即实际上是氦原子核），带有正电荷，它的穿透能力很弱，但电离本领最强，使气体电离比用其他射线强得多，在测量中主要用于气体分析，用来测量气体压力、流量及与气体有关的参数。β 射线是电子流，电离本领比 α 射线弱，而穿透能力较 α 射线强。它在气体中的射程可达 20m，在测量中主要是：根据对 β 射线的吸收来测量材料的厚度、密度或重量；根据对 β 射线的反射来判断覆盖层厚度；利用 β 射线的很大的电离能力来测量气体流量。γ 射线是从原子核内发出的电磁波，它的波长较短，是中性的，且不带电，它的电离本领最弱，但在物质中的穿透能力比 α 和 β 射线强，在气体中的射程为数百米，能穿透几十厘米厚的固体物质。γ 射线广泛应用在各种测量仪表中，特别是需要辐射穿透能力强的，如金属探伤、测厚以及物体的密度测量等。

核辐射式物位测量就是利用放射性同位素所放出的 β、γ 等射线穿透物体（被测介质）的能力及被测介质对射线的吸收特性，测量透过物体的射线强度可以反映物体的厚度，从而能显示物位的高低和变化。这是一种非接触测量，可用于高温、高压、旋转容器，也能用于腐蚀、有毒、易燃、熔融状等介质，并且不受环境温度、湿度、压力等变化的影响。当然应注意放射性对人身安全的影响。

一、测量原理

将射线源安装在被测容器下面，接收射线的探测器放在容器的上部相对应的位置上，如图 5-21 所示。

当射线穿透被测介质时，由于物质的吸收作用，其本身的射线强度按指数规律衰减，即随着所通过的介质厚度增加而减弱，它的变化规律为

$$I = I_0 e^{-h\mu} \tag{5-29}$$

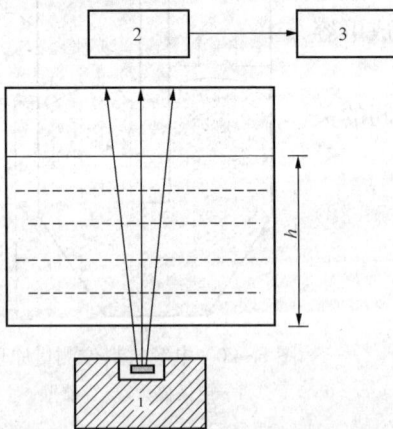

图 5-21　核辐射式物位测量原理

1—射线源；2—探测器；3—电子测量线路

$$h = \frac{1}{\mu} \ln \frac{I_0}{I}$$ (5-30)

式中 I_0——射入介质前的辐射通量的强度;

　　I——通过介质后的辐射通量的强度;

　　μ——介质对射线的线性吸收系数;

　　h——射线所通过的介质厚度,被测物体的高度。

当射线源一定时,I_0 具有确定的值;对于一定的被测介质,μ 为常数,只要测出通过介质后的辐射通量的强度 I,即可计算确定被测介质的物位。

应用核辐射进行物位测量还应考虑射线源和射线探测器的安装位置。图 5-21 将射线源和探测器分别安装在容器的下部和上部,使 γ 射线垂直地透过容器。随着内盛物料位置的变化,γ 射线衰减的程度也发生变化。此外,也可把射线源安装在容器下部,使 γ 射线倾斜透过容器,如图 5-22 (a) 所示。随着内盛物料位置的变化,γ 射线衰减的程度也发生变化,它们实际上测量的是容器内所盛物料厚度。这种方法可对物

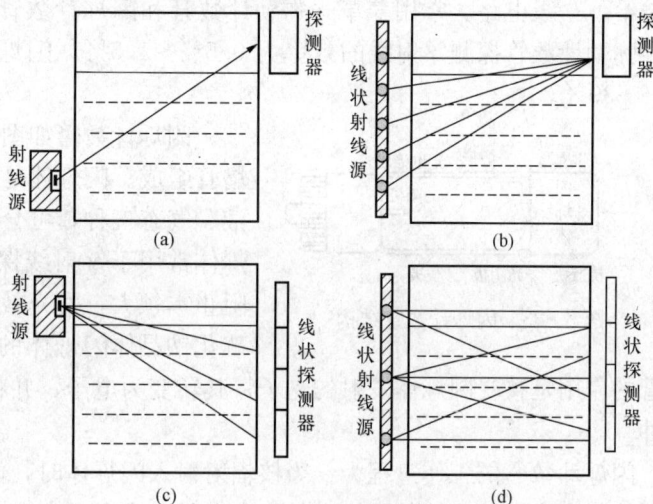

图 5-22 γ 射线测量物位的安装位置示意图

位进行连续测量,但是测量范围比较窄(一般为 300~500mm),测量准确度较低。而且确定 γ 射线通路时要注意躲避容器内部构件,否则影响测量精确度。

为了克服上述缺点,可采用线状的射线源(射线源多点组合)或采用线状的探测器(接收器多点组合),甚至两者并用的方式。如图 5-22 (b)、(c)、(d) 所示。

虽然这几种方案对射线源或探测器的要求提高了,但是它们可以适应宽量程的需要,而且物位传感器的输出与物位呈良好的线性关系。

二、核辐射式物位测量系统的组成

核辐射式物位测量系统主要由射线源、射线探测器和电信号转换电路等部分组成。

1. 射线源

射线源是由放射性同位素做成的,选择时应考虑射线的种类、强度以及半衰期等因素。在物位测量中常选择穿透能力最强的射线,能产生 γ 射线的放射性同位素有 ^{60}Co(钴)和 ^{137}Cs(铯)。^{60}Co(钴)的半衰期为 5.3 年,它产生的 γ 射线能量较大,在介质中平均质量吸收系数小,因此它的穿透能力较强。但是,半衰期较短,使用若干年后,射线强度的减弱会使测量系统的精确度下降,必要时还需要更换射线源。^{137}Cs(铯)的半衰期为 33 年,它产生的 γ 射线能量相对于 ^{60}Co 要小,在介质中平均质量吸收系数大,它的穿透能力较 ^{60}Co 要弱。但是,由于半衰期长,因此应该从保证一定的测量精确度和测量时间来选择具有一定强度、能辐射一定能量的射线源。

射线源的强度还与放射性同位素的质量有关。质量越大，所释放的射线强度也越大，这样有利于精确度的提高，但给防护带来了困难，所以必须是两者兼顾，在保证测量精确度满足要求的前提下尽量减小其强度，以简化防护和保证安全。

射线源的结构应使射线从测量方向射出，而其他方向必须使射线射出的剂量尽可能小，以减少射线对人体的危害。γ射线源一般为丝状、圆柱状或圆片状，然后将其封装在密闭且抵抗射线穿透性能强的容器中。

2. 探测器

射线探测器的作用是将其接收的与被测参数有一定关系的辐射强度信号转变成电信号，并输给下一级电路。常用盖革—弥勒计数管和闪烁计数管来进行γ射线的测量。其中，盖革—弥勒计数管探测γ射线的效率为 0.5%～1.5%，闪烁计数管对γ射线的探测效率可达 20%～30%。

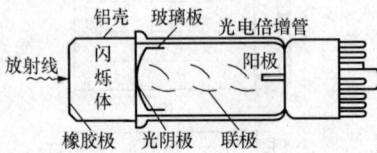

图 5-23 闪烁计数管结构

闪烁计数管如图 5-23 所示。它由闪烁体和光电倍增管组成。闪烁体是一种受激发光的物质，形态有固、液、气态三种，可分为无机和有机两种。其中无机闪烁体常用于γ射线探测，它的特点是：对入射粒子的阻止本领大，发光效率大，有很高的探测效率，其中碘化钠晶体闪烁体的探测效率达 20%～30%。光电倍增管的作用是接受闪烁体发射的光子将其转变为电子，并将这些电子倍增放大为可测量的电脉冲。

闪烁计数管的工作过程为：当核辐射射入闪烁体时，使闪烁体的原子受激发光，光透过闪烁体射到光电倍增管的阴极上打出光电子，光电子在光电倍增管中倍增，并在阳极上形成电流脉冲，最后被电子线路接收。

3. 电子线路

电子线路的作用是将探测器输出的脉冲信号进行处理并转换为统一的标准信号。

核辐射测量属于非接触式测量，无任何运动部件，且不受温度、压力等因素的影响，应用范围应该非常广泛。但是由于有放射源，需要特别防护，应用需特别批准，所以只用于其他方法不能解决的场合，应用受到一定限制。目前，采用 ^{60}Co 作为放射源可测量煤粉仓的料位，也可用于测量钢水的液位。

第七节 其他物位测量技术

一、重锤式探测料位测量

重锤式料位传感器是通过测量重锤的移动距离来测量料位的。

CTS-Z 型重锤式料位测量原理如图 5-24 所示。传感器采用重锤探测式，它放置在料仓顶部，重锤由电机通过不锈钢带或钢丝绳牵引吊在仓内，由传感器控制自动定时对料位进行探测，每次测量时重锤从仓顶起始位置开始下降，碰到料面立即返回到仓顶等待下一次测量。

重锤下降的高度距离即为仓顶到料面的距离 h_1，假设仓高为 H，则料位高度 h 为

$$h = H - h_1$$

(5-31)

料位高度信号由霍尔元件取出，既可就地显示，也可进行远传。

CTS-Z型重锤式料位传感器具有无机械触点、运行可靠等优点。特别适用于水泥、冶金、煤炭、化工、饲料、码头、电力、粮食等行业筒形料仓的粉末状、块状、颗粒状态及液态物料的料位测量与控制。

二、磁致伸缩式液位测量

磁致伸缩液位传感器是利用磁致伸缩原理进行液位测量，它主要由外管、波导管、磁性浮子和测量头组成。波导管安装在不锈钢外管内，磁性浮子内有一组磁铁，可产生磁场，它套在不锈钢外管上可随液位变化沿波导管滑动。测量头内装电子部件，可发射脉冲，也可接收脉冲。

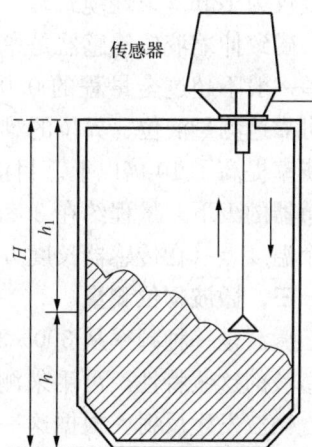

图 5-24　重锤式探测料位测量原理

测量头中的脉冲发射电路不断向波导管发射电流脉冲，该电流产生磁场并向波导管传播，与磁性浮子形成的轴向磁场相交时矢量叠加，形成螺旋磁场。在该磁场作用下，波导管发生磁致伸缩效应而产生一个扭应力波，该扭应力波以已知的速度从浮子的位置沿波导管向两端传送，直到测量头收到这个扭应力波为止。测量头通过测量起始脉冲和返回扭应力波间的时间间隔，根据时间间隔大小来判断浮子的位置，由于浮子总是悬浮在液面上，且磁性浮子位置随液面的变化而变化，即时间间隔大小也就是液面的高低，然后通过电子装置将时间间隔大小信号转换与被测液位成比例的 4～20mA 信号进行输出。

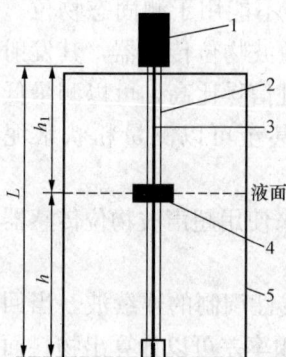

图 5-25　磁致伸缩液位传感器测量原理图

1—测量头；2—外管；3—波导管
4—浮子；5—容器

磁致伸缩液位测量原理如图 5-25 所示。将磁致伸缩液位传感器从容器顶部通到底部。因为电流以光速传递，从发射端到磁性浮子之间电流传递时间可忽略不计，因此只要测出发射电脉冲与返回扭应力波间的时间间隔，即可得到浮子距测量零点的距离 h，实现液位测量。被测液位的高度 h 可表达为

$$h = L - tv \qquad (5-32)$$

式中　L——容器高度；

　　　t——发射电脉冲与返回扭应力波间的时间间隔；

　　　v——应力波的传播速度。

式（5-32）表明，当应力波的传播速度 v 一定时，被测液位 h 与时间间隔 t 具有确定的线性关系。因为这个过程是连续不断的，测量头每秒都会发出若干个电流脉冲信号，每当磁性浮子随液位移动时，新的液位就被测量出来。

此外，还可以在同一传感器上安装两个密度不同的浮子，同时进行液位、界面的测量。一个为液面浮子，另一个为界面浮子，适当选择比重，使它们分别浮于液面和界面上，则可以同时测出液面和界面位置。若在波导管底部固定一个磁环，还可完成自校准功能，消除温度对波速 v 的影响。

磁致伸缩液位传感器除了浮子是可动部件外，其他均是固态电子组件，可靠性高，平均无故障工作时间（MTBF）可达 27 年（美国太空总署测定）。它的主要缺点是目前最长工作

长度仅为 18m（柔性缆式）。

磁致伸缩液位传感器是一种可在恶劣环境下同时测量液位、界面的极高精度测量仪表，误差一般不超过全量程的 0.01%。磁致伸缩液位测量技术的出现，很好地解决了高精度、高可靠地测量液位、界位的难题。独特的非接触、磁耦合压磁传感器比传统的干簧管的感应分辨率提高了 10 倍以上。目前，在加油站等卧式储罐中的液位计量几乎都是磁致伸缩液位传感器的天下。量程约在 3.8m 以内，精确到 1mm 以内，可以同时测量油位、油水界面及五个温度点（在传感器长度方向安置五个温度传感器，可以测量五个点的温度）。

三、微波物位测量

微波是一种频率从 300～30GHz 的电磁波，具有定向辐射、反射特性及吸收特性等。利用微波的这些特性，可用来测量某些物理量。微波遇到的障碍物的尺寸比微波波长大得多时，微波发生反射。根据这一特性可以制成液位传感器、测厚仪和微波雷达等。

1. 测量原理

微波物位传感器（俗称雷达物位传感器）是利用回波测距原理工作的，发射喇叭状或杆式天线向被测料面发射微波，微波传播到不同相对介电常数的物料表面时会产生反射，并被接收天线所接收。发射波与接收波的时间差与料面到天线的距离成正比，测出这个时间差即可得知距离。

微波物位传感器有两种工作模式：

（1）脉冲波方式。该工作模式与超声波物位传感器相似，天线周期地发射微波脉冲，并接收料面回波，对回波信号进行分析处理，确认有效回波，据之可计算得到物位。

大多数脉冲式微波物位传感器采用的微波频率为 5.8GHz，其辐射角较大，在储罐中测量或测量固态物料时容易产生干扰回波，大多数微波物位传感器不能用于测固态物位。现在，有的公司（如 Siemens）开发了采用更高频率（24GHz）的微波物位传感器，其发射指向角小于 10°，这样能量集中，不但能测得更远距离（45m），而且信噪比高，可以测量低介电常数的介质（$\varepsilon_r > 1.7$）。而且可以用于测量固态物料物位，甚至可以测量粉状水泥的物位。

一般中档以下的微波物位传感器都采用此方式，为大多数原来使用超声波物位传感器的场合所采用。

（2）调频连续波方式（FMCW）。天线发射的微波是频率被线性调制的连续波，当回波被天线接收到时，天线发射频率已经改变。根据回波与发射波的频率差可以计算出物料面的距离。

调频连续波方式测量线路较复杂，价格较高，但测量精确度较高，可以达 0.1%F·S，甚至更高。同时干扰回波也较易去除，一般较高端的产品都采用此方案。

微波是电磁波，以光速传播且不受介质特性影响，传播衰减也很小，约 0.2dB/km，影响其测量精度的主要是回波信号。回波信号的强弱与物料的相对介电常数 ε_r 有很大关系。ε_r 越大，反射率越高，得到的回波强度高。普通的微波物位传感器要求被测物料为 $\varepsilon_r > 4$，精密型的可低至 $\varepsilon_r > 2$。$\varepsilon_r < 2$ 的介质因反射波微弱而不能稳定测量，石化系统中有些介电常数低的介质，如液化气等，就得不到稳定的测量结果，必须加导波管来集中能量。

微波物位传感器有测量范围宽和性能稳定等优点，可用于测量有旋涡的液体（如带搅拌器的容器里）和有毒的、完全无菌的或特别腐蚀的介质的物位。在一些有温度、压力、蒸汽等场合，超声波物位传感器不能正常工作，而微波物位传感器可以使用。在石油及石化领域有较广阔的应用前景。微波物位传感器的缺点是精度不高，约为 2%。在实际应用时，应注意当微波频率高于 3000MHz 时，水分子吸收微波能量，会影响测量效果。

2. 导波式微波物位传感器

导波式微波物位传感器是微波物位传感器的一种变型，英文名称是 Time Domam Reflectometry（时域反射法）或简称 TDR，也俗称导波雷达，它通常采用脉冲波方式工作。与微波物位传感器不同的是微波脉冲不是通过空间传播，而是通过一根（或两根）从容器顶伸入、直达容器底的导波体传播。微波脉冲沿杆或缆的外侧向下传播，在被测物料表面上被反射，回波被天线接收，由发射脉冲与回波脉冲的时间差即可计算出传播距离。

导波体由于电场能量集中，易受外部结构影响，可以测量较低介电常数的介质（$\varepsilon_r >$ 1.5）。对于双杆（缆）及同轴管式的导波体，由于在杆之间（或管内部）容易积料，积料上会产生虚假回波，所以主要用于液体介质。单杆（缆）式的导波体可以用于液体介质，因为不易积料，也可以用于粉状或颗粒状固态物料。此外，导波式微波物位传感器还可以测量非导电液体与导电液体的分界面。

导波式微波物位传感器虽然失去了非接触的优点，但是价格较低，而且可以测量液化气、轻质汽油等低介电常数的液体，固态物位，高温、高压的液位，以及油罐中的油位及油—水界位或类似场合，所以作为一种受欢迎的测量方法得到发展。

四、激光式物位测量

激光式物位测量是一种性能优良的非接触式高精度的测量。其工作原理与超声波相同，只是把超声波换成光波。激光束很细，作为物位传感器时，即使物位表面极其粗糙，其反射波束也不过加宽到 20mm，但这仍在激光式物位传感器可以接收的范围内。

激光式物位传感器一般采用近红外光。它是把光流发射出的激光利用半透射反射镜处理，一部分作为基准参考信号输入时间变送器，另一部分通过半透射反射镜的激光经过光学系统处理成为一定宽度的平行光束照射在物体面上。反射波到达传感器接收器再转换成电信号。因为从照射到接收的时间很短，所以利用取样电路扩大成毫微秒数量级，便于信号处理，进行时间的测量。这种传感器可应用于钢铁工业连续铸造装置的砂型铁水液位高度测量。同时，它还可以应用于狭窄开口容器以及高温、高精确度的液面测量。

第八节 物位测量技术的应用和发展趋势

一、物位测量技术的应用概述

在各种物位测量方法中，有的仅适用于液位测量，有的既可用于液位测量，也可用于料位测量。液位测量最常用的方法是静压式和浮力式，它们具有结构简单、工作可靠、精确度较高等优点。但是，它们的测量结果与介质密度有关，必要时还必须进行压力温度补偿。而且需要在容器上开孔安装引压管或在介质中插入浮筒，因此不适用于高黏度介质或易燃、易爆等危险性较大的介质的液位测量。电容式、超声波、微波和核辐射测量方法既可用于液位，也用于料位的测量，其中电容式具有测量原理和敏感元件结构简单等特点，缺点是电容变化量随物位的变化量较小，对电子线路的要求较高，而且电容量易受介质的介电常数变化的影响。超声波物位传感器的换能器探头可以不与被测介质直接接触，实现非接触测量，应用范围越来越广泛，但是超声波的传播速度受介质温度的影响比较大，必须进行补偿。因而超声波物位传感器的应用受到一定限制，此外电路比较复杂，价格较高，在许多场合已被微波物位传感器代替。微波的传播速度不受介质特性影响，价格较低，能满足一般测量要求，在化工、石化、医药、食品等工业普遍存在高温、高压、腐蚀、挥发、冷凝等复杂工况条件下达到了长期可靠运行的效果，微波物位传感器在各种连续式物位计中市场增长率最高。核辐射特别适用于低温、高温、高压容器的高黏度、高腐蚀性、易燃、易爆等特殊测量对象的物位测量，而且射线源产生的射线强度不受温度、压力的影响，测量值相对稳定，但是由于射线对人体有较大的危害作用，是否选用必须慎重考虑。磁致伸缩液位传感器自推出以来，迅速在工业上得到了广泛的应用，获得了极佳的测量效果。它的高精确度、高可靠、长寿命、对测量介质要求低等特点代表了当今液位测量技术的发展方向，它齐全的产品系列能满足绝大多数现场环境的测量需要，它的优异性能正在被越来越多的用户认识和接受。

二、物位测量方法的现状和趋势

物位仪表是工业生产不可缺少的重要仪表，下面具体分析一下各类物位仪表的市场趋势。

1. 液位仪表的市场趋势

液位仪表应用场合各不相同，因而类型也繁多。

生产过程中各类塔釜罐液位的测量目前仍是以压力和差压为主。这除了其自身性价比还有一定的优势外，还有设计和应用的习惯问题。其次是磁浮子式、浮筒式、电容式液位计也有相当的应用量。随着技术发展，磁致伸缩式、超声波式和射频导纳式液位仪表的用量将会迅速增加，压力（差压）式液位仪表比例会有所下降。依据被测介质和现场条件的不同，各种液位仪表各展优势，将形成一个多元化的局面。

罐区储罐由于其容积很大，要求液位计精度很高，过去主要采用浮子钢带式液位计、伺服式和静压式液位仪表。但它们都不是测量罐区储罐液位的最佳方式。20 世纪 90 年代以来，雷达液位仪表进入市场，由于其精度较高，可靠性也高，使用方便，因此在罐区中用量迅速增加，成为近十年罐区液位首选仪表。近几年磁致伸缩式液位仪表异军突起，由于其高精度、高稳定、高可靠及长寿命而更适于罐区储罐液位测量，应用量也必将迅速增加。相比之下，把磁致伸缩液位计装在储罐顶上，同时在罐底安装高精确度压力变送器，再配上一套包括数据采集器的现场监测计算机管理和远程计算机管理系统，就可组成十分完善的混合式储罐计算系统，它在油库的实际运行中获得满意的效果。光纤液位计的突出优势可以做到现场无电测量，安全性好，但是它必须配套很多机械传动部件，故障率就会增加，安装也复杂些。超声波物位计精度略低些，但其安装简单价格适中，因此，也会在罐区中有一席之地。

污水处理行业中污水处理、水池、水箱的液位测量过去以静压式液位计居多，随着超声波液位仪表价格的不断降低，将会在环保行业中大有用武之地，特别是在泥位测量、泥水分层测量上更显出其优越性。

2. 料位仪表的市场趋势

固体料位测量一直是个难题，很难有一个准确可靠的最佳测量方式。过去以重锤式为主，但这种机械式仪表故障多，寿命短。近年来，射频导纳、超声波、雷达、激光式物位仪表在测量固体物料上显示出各自特点，使固体物料料位的测量水平显著提高。当前，相对比较，还是射频导纳物位仪表适应性更强些，价格也低些。超声波物位仪表在粉尘量不大的场合其无接触测量的优势得以充分体现。这两种仪表将是固体物料测量市场有力的竞争者。

3. 界面仪表的市场趋势

界面测量相对量度较小，但很重要。过去一般用浮筒式、磁浮子式和压力式，但效果都不佳。射频导纳物位仪表测界面有一定的优势，但精确度不高。磁致伸缩液位计在测量界面上具有优势，它不仅可靠性高，受介质变化影响小，而且准确度也高。此外导波雷达也可以测量非导电液体与导电液体的分界面。

第六章　成分分析技术

成分分析是指分析和测量混合物中的各成分含量，成分分析仪表不仅可以监测生产过程中原料、半成品和成品的成分及含量以提高产品质量；随着工业和科学的发展，需监测的内容越来越多，已由产品成分的监测发展到工业污染及大气环境的监测，而"监测"的含义为监视、测定、监控等，其中测定是比较关键的。由于篇幅有限，我们主要介绍火电厂的烟气成分、大气污染的监测。

第一节　烟气中含氧量的测量技术

氧含量分析器是目前工业生产自动控制中应用最多的在线分析仪表，主要用来分析混合气体（多为窑炉废气）和钢水中的含氧量等。

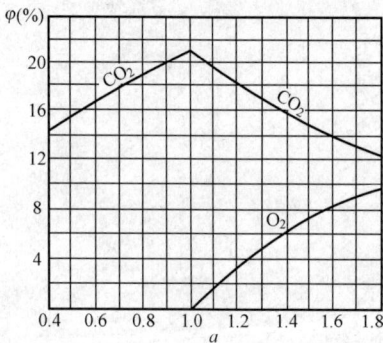

图 6-1　烟气中 O_2 及 CO_2 与 α 的关系曲线

在热力生产过程中，锅炉燃料燃烧的好坏是影响生产经济及环保要求的一个重要因素，最佳燃烧状态是提高电厂经济效益的重要手段。锅炉处于最佳燃烧状态时，应保持一定的过剩空气系数 α，即送入锅炉实际空气量与燃料完全燃烧所需空气量之比。但直接测量过剩空气系数 α 十分困难，而 α 值又与烟气中的 O_2 及 CO_2 有确定的函数关系（如图 6-1 所示），可以看出，α 值与烟气中的 O_2 是单值对应关系，因而可以通过测量烟气中的 O_2 分析锅炉的燃烧状态。

过程氧量分析器大致可分为两大类。一类是根据电化学法制成，如原电池法、固体电介质法和极谱法等，另一类是根据物理法制成，如热磁式、磁力机械式等。电化学法灵敏度高，选择性好，但响应速度较慢，维护工作量较大，目前常用于微氧量分析。物理法响应速度快，不消耗被分析气体，稳定性较好，使用维修方便，广泛地应用于常量分析。磁力机械式氧气分析器更有不受背景气体导热率、热容的干扰，具有良好的线性响应，精确度高等优点。

氧化锆氧量计是利用氧化锆固体电解质作为测量元件，将氧量信号转换为电量信号，并有氧量显示仪表将被测气体的含氧量显示出来。与磁性氧分析器相比，它具有结构简单，稳定性好，灵敏度高，响应快，价格便宜等优点，因而近年来已经得到了大面积的推广。

一、氧化锆氧量计的工作原理及结构

氧化锆氧量计的基本原理是，以氧化锆作固体电解质，高温下的电解质两侧氧浓度不同时形成氧浓差电势，氧浓差电势与两侧氧浓度有关，如一侧氧浓度固定，即可通过测量输出电势来测量另一侧的氧含量。氧化锆氧量计的发送器就是一根氧化锆管。

1. 氧化锆传感器的结构

氧化锆氧量计的传感器就是一根氧化锆管，它是氧量计的关键部件，其结构形式如图 6-2 所示。

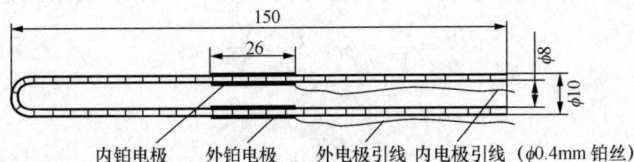

图 6-2 氧化锆管的结构

2. 浓差电势的形成

氧化锆在常温下为单斜晶体，当温度升高到 1150℃ 左右时，晶体排列变为立方晶体。如果在氧化锆中渗入一定数量的氧化钙或氧化钇，其晶体变为不随温度变化的稳定的萤石型立方晶体，即成为稳定的氧化锆材料。此时，四价的锆被二价的钙或三价的钇置换，同时产生了氧离子的空穴。在 600～1200℃ 高温下，空穴型的氧化锆就变成了良好的氧离子导体，所以说，氧化锆为固体电解质。

在氧化锆两侧氧浓度不等的情况下，浓度大的一侧的氧分子在该氧化锆管表面电极上结合两个电子形成氧离子，然后通过氧化锆材料晶格中的氧离子向氧浓度低的一侧涌动，当到达低浓度一侧时在该侧电极上释放两个电子形成氧分子放出，于是在电极上造成电荷积累，两电极之间产生电势，此电势阻碍这种迁移的进一步进行，直到达到动态平衡，这就形成了氧浓差电池，它所产生的电势称为氧浓差电势，如图 6-3 所示。

电池的右边充烟气，氧分压为 p_1，氧浓度为 φ_1，电池的左边充空气，氧分压为 p_2，氧浓度为 φ_2，氧化锆氧浓差电池可用下式表示：

图 6-3 氧浓差电池的形成

在正极上氧分子得到电子成为氧离子，即

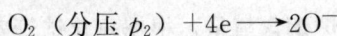

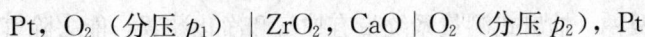

$$O_2（分压 \ p_2）+4e \longrightarrow 2O^-$$

$$Pt，O_2（分压 \ p_1）\mid ZrO_2，CaO \mid O_2（分压 \ p_2），Pt$$

负极 电解质 正极

在负极上氧离子失去电子成为氧分子，即

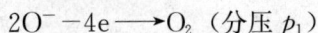

$$2O^- -4e \longrightarrow O_2（分压 \ p_1）$$

在电池两极所产生的氧浓差电势可用式（6-1）计算：

$$E=\frac{RT}{nF}\ln\frac{p_2}{p_1} \tag{6-1}$$

式中　R——氧的气体常数，$R=8.314 \mathrm{J/(mol \cdot K)}$；

　　　F——法拉第参数，$F=96.487×10^3 \mathrm{C/mol}$；

　　　T——热力学温度，K；

　　　n——反应时，一个氧分子输送的电子数。

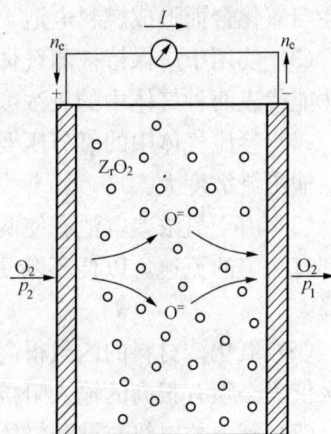

如被测气体和参考气体的总压都为 p，则式（6-1）可写成

$$E = \frac{RT}{nF} \ln \frac{p_2/p}{p_1/p} \qquad (6-2)$$

在混合气体中，某气体组分的分压与总压之比和其体积浓度成正比，即

$$\frac{p_1}{p} = \frac{V_1}{V} = \varphi_1, \quad \frac{p_2}{p} = \frac{V_2}{V} = \varphi_2 \qquad (6-3)$$

代入式（6-2）得

$$E = \frac{RT}{nF} \ln \frac{\varphi_2}{\varphi_1} \qquad (6-4)$$

二、保证氧化锆氧量计正确测量的条件

为了正确测量气体中的氧含量，使用氧化锆氧量计时必须注意以下几点：

（1）因为氧浓差电势 E 与氧化锆工作管的绝对温度 T 成正比关系，因此在测量系统中应有恒温装置，以保证输出不受温度影响。

（2）工作温度 T 要选在 800℃ 以上，一般选 850℃，以保证有足够的灵敏度。因为氧化锆本身的烧结温度为 1200℃，其使用温度不能超过 1150℃，而且温度过高时烟气的可燃物就会与氧化合而形成燃料电池，使输出增大，干扰测量。

（3）使用中应保持被测气体与参比气体的压力相等，只有这样，两种气体中的氧分压之比才能代表两种气体中的氧浓度之比。

（4）参比气体中的氧分压要恒定不变，同时要求它比被测气体中的氧分压要大得多，这样，输出灵敏度大。

（5）由于氧浓差电池有使两侧氧浓度趋于一致的倾向，所以必须保证被测气体与参比气体都有一定的流速，以便不断更新；否则氧浓差电池会使两侧含氧量逐渐平衡，输出电势下降。

（6）氧化锆材料的内阻很高，并且随工作温度降低而升高，为了使输出电势测量准确，二次仪表必须有很高的输入阻抗。

（7）氧浓差电势与被测气体氧含量成对数关系，若作为调节信号使用，应对其进行线性化处理。

三、测量系统

目前，用氧化锆氧量计测量炉烟含氧量，根据氧化锆管安装方式的不同，测量系统可分为直插式与抽出式两种。抽出式测量系统带有抽气和净化装置，能去除气样中的杂质和二氧化硫等气体，有利于保护氧化锆管，测量准确度也高。但该系统结构复杂，并失去了反应快的特点。直插式测量系统是将氧化锆管直接插入烟道高温部分，反应速度快，因此，火电厂中多采用直插式测量系统。

由于工作温度对测量有很大影响，根据工作温度处理方式的不同，氧化锆氧量计的测量系统可分为补偿式与定温式，因此，这里简单介绍直插定温式和直插补偿式两种测量系统。

1. 直插定温式测量系统

直插定温式测量系统是采用控温电炉加热方式使氧化锆管维持恒温的测量系统，该系统由氧化锆探头、温度控制器、空气泵及显示仪表等组成。

氧化锆探头结构主要由陶瓷过滤器、氧化锆管、恒温室、热电偶、气体导管及接线盒组

成，过滤器处于恒温室前端，氧化锆和热电偶置于恒温室内部，恒温室衬套内装有一组均匀排列的加热电阻丝，衬套外边是一个用绝热材料制成的保温筒，如图6-4所示。

在一端封闭的氧化锆管内外，分别通过空气和被测烟气，管外的铂铑—铂热电偶测定氧化锆管的工作温度，并通过控制设备把定温炉的温度控制在800℃。多孔陶瓷过滤器用来防止炉烟尘粒污染氧化锆，用空气泵抽吸烟气和空气，使它们的流速在一定范围内，同时使空气与烟气侧的总压力大致相等。

2. 直插补偿式测量系统

直插补偿式测量系统中的氧化锆管直接插入锅炉烟道的高温部位或插入旁路烟道中，插入深度约1～1.5m，工作温度在700～800℃之间，热电偶的热电势随测量端温度

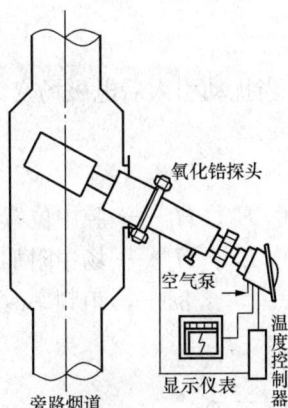

图6-4 直插定温式测量
系统示意图

的变化量与氧化锆氧浓差电势随气体温度的变化量基本相等，二者之差基本与温度无关，据此实现温度补偿，如图6-5所示。

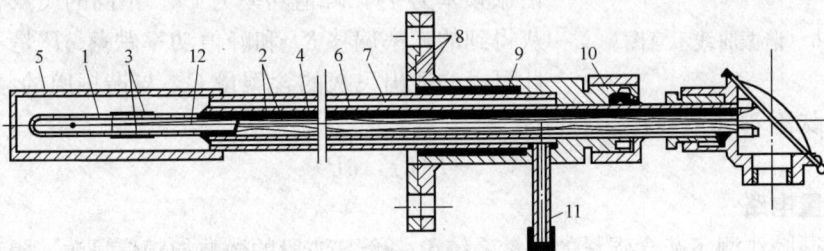

图6-5 直插补偿式测量系统示意图

1—氧化锆管；2—内外铂电极引线；3—内外铂电极；4—绝缘管；5—陶磁过渡器；6—高铝管；
7—保护套管；8—法兰；9—固定筒；10—固定螺帽；11—导气管；12—热电偶

第二节 烟气中飞灰含碳量的测量技术

锅炉的飞灰含碳量是反映锅炉燃烧是否经济的重要指标，在实际的燃烧系统中可以通过飞灰含碳量的测量来调整风煤比，从而提高机组运行的经济性。传统的测量飞灰中含碳量的方法是采用对飞灰取样后在实验室进行分析测量，是一种离线的测量方法，对于实际生产的指导存在一定的滞后性。利用微波谐振腔来检测飞灰中含碳量是一种新的方法。

一、基本原理

微波电路中的谐振腔是一个电磁振荡系统，当腔内有外来介质时，谐振腔的某些参数（如谐振频率、品质因素等）会发生相应的变化，检测外来介质进入前后这些腔体参数的变化就可以间接测量出引入的外来介质的性质和含量。微波谐振腔法测量飞灰含碳量正是基于这种原理的一种在线检测的方法。

假定在扰动前的谐振腔中的电场和磁场的关系为

$$E = E_0 e^{j\omega t}$$
$$H = H_0 e^{j\omega t}$$

当扰动引入后电磁场变为

$$E' = (E_0 + E_1) e^{j(\omega + \delta\omega)t}$$
$$H' = (H_0 + H_1) e^{j(\omega + \delta\omega)t}$$

式中　E_0、H_0——腔中位置的函数；

　　　　E_1、H_1——场中附加改变量；

　　　　$\delta\omega$——角频率改变量。

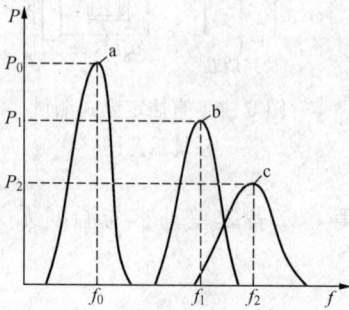

图 6-6　谐振曲线示意图

当将介质放入微波谐振腔中时，由于不同含碳量的飞灰引起的介质损耗（ε_r）不同，因此谐振腔的谐振曲线将呈现出不同的状态，如图 6-6 所示。图中横坐标代表频率，纵坐标代表功率幅度。谐振曲线 a 为测试管中没有飞灰时，其谐振频率为 f_0，峰值功率为 P_0；谐振曲线 b 为测试管中有飞灰样本 1 时，其谐振频率为 f_1，峰值功率为 P_1；谐振曲线 c 为测试管中有飞灰样本 2 时，其谐振频率为 f_2，峰值功率为 P_2。不同的飞灰含碳量的飞灰得到的频率偏移 δf 和峰值功率跌落 δP 是不同的，由此可以构造出飞灰的含碳量 C% 与谐振腔的频率偏移 δf 和峰值功率跌落 δP 之间的关系如下：

$$C\% = F(\delta f, \delta P)$$

二、测量电路

微波谐振腔法测飞灰含碳量的测量系统由一个 S 波段的微波扫频信号源、隔离器、衰减器、微波耦合器、矩形谐振腔、检波器、D/A 转换卡、A/D 转换卡、信号预处理单元、计算机、显示器等组成，如图 6-7 所示。灰样测试管穿过谐振腔宽面中心轴线，因为此处微波集中，微扰的作用最强。为了减少微波功率的损耗，测试管采用了相对介电常数较小的原料，如聚四氯乙烯、石英等。

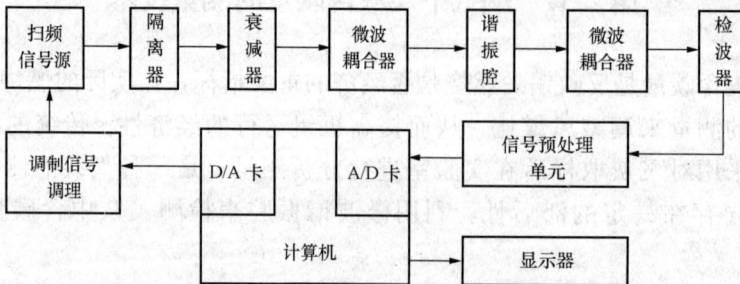

图 6-7　微波测探组成示意图

测量时首先由计算机经 D/A 转换卡发出频率调制电压，以此控制扫描信号源的压孔振荡器，改变微波信号源的输出频率，同时检波器采集的信号经过预处理后由 A/D 转换卡将模拟信号转换为数字信号送入计算机，然后由相应的软件计算出谐振功率的峰值和谐振频率，根据飞灰的含碳量与谐振腔的频率偏移 δf 和峰值功率跌落 δP 之间的关系即可得到飞灰中的含碳量。

采用微波谐振腔法测量飞灰中的含碳量时，尽管每次测量都需要检测空腔和装入灰样两种情况下的谐振功率峰值和谐振频率，但是相对于传统方法具有方便、准确、快速和可连续测量等优点，对于合理地调整锅炉燃烧、降低供电煤耗等都有重要的意义。目前，该方法已经在某些电厂的实际应用中取得了不错的效果。

三、锅炉飞灰含碳量监测

采用 WCT-2 型微波测碳系统来测量燃烧煤粉的锅炉飞灰含碳量，以指导锅炉燃烧调整。锅炉内未被燃烧的煤粉在高温条件下转化为石墨微粒，而石墨粉是吸收微波的良好材料。在微波电磁场中，石墨感生了微波电流，此电流流过石墨体积电阻而产生焦耳热，从而把微波电磁场的能量转化成了热能，飞灰中的石墨微粒浓度越高，它吸收微波能量的作用就越强，反之亦然。因此，可由测量飞灰吸收微波能量的多少来测量煤粉含碳量。微波测碳系统的组成如图 6-8 所示。仪器安装在除尘器前的尾部水平烟道下面。该系统由飞灰采集装置和测碳仪两大部分组成，灰经取样管 1 进入微波测碳仪主机 2，由排灰机 4 排出的飞灰利用烟道的负压，经抽灰管 10 吸回烟道内。

WCT-2 型微波测碳仪的输出信号为与飞灰含碳量成正比的模拟电压 0~5V 或电流 4~20mA，供显示仪表指示。飞灰含碳量的测量范围有 15%、30% 和 45% 三种，均方根相对误差不大于测量范围的 2.5%。

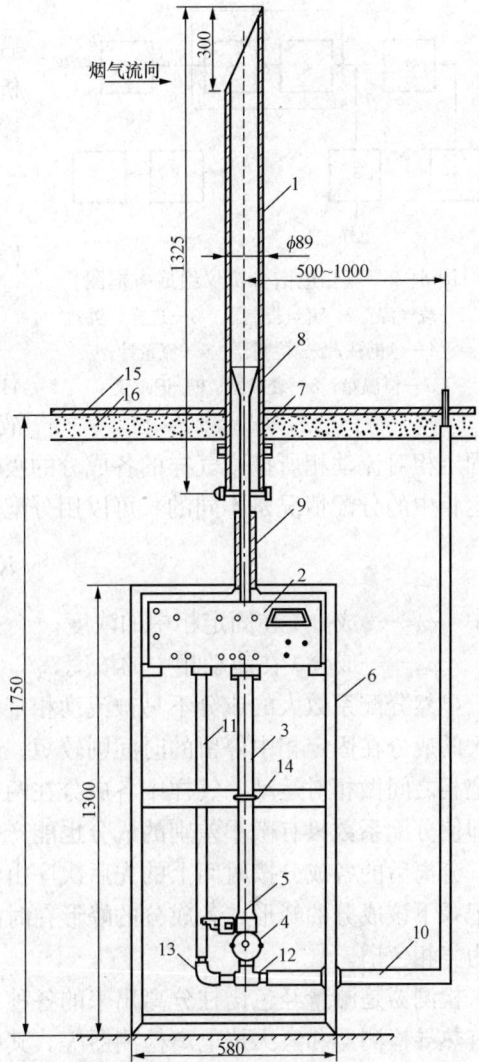

图 6-8　微波测探仪安装示意图

1—取样管；2—主机；3—封灰管；4—排灰机；5—振荡器；6—机柜；7—烟道固定法兰；8—漏斗；9—连接管；10—抽灰管；11—风冷管；12—三通阀；13—弯头；14—卡环；15—烟道下壁；16—保温层

第三节　烟气中一氧化碳的测定技术

一氧化碳是大气中主要污染物之一，它主要来自汽车排气、锅炉及冶炼等工业废气，其检测方法有气相色谱法和检气管法等。

检气管法是将含有一氧化碳的气体注射进入五氧化二碘和三氧化硫的检气管内发生反应，根据管内生成绿色络化物的长度，确定气样中一氧化碳的含量。此法仅适用于一氧化碳浓度较高的情况。

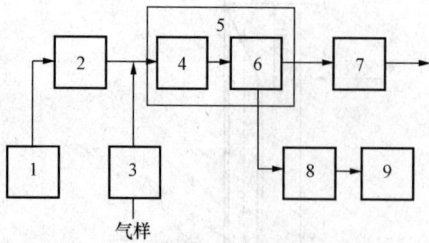

图 6-9 气相色谱分析仪组成方框图

1—载气源；2—流量控制器；3—进样装置；

4—色谱柱；5—检测器；6—流量计；

7—恒温箱；8—衰减器；9—记录仪

气相色谱分析仪是将气样中各成分进行分离后，分别加以测定，所以能对被测气样进行全分析。其特点是分析速度快，灵敏度高，能分析气样中的微量元素。

一、气相色谱分析仪的工作原理

气相色谱分析仪由载气源、流量控制器、进样装置、色谱柱、检测器、流量计、恒温箱和记录仪等部分组成，如图 6-9 所示。

当一定量的气样在纯净的载气携带下通过具有吸附性能的固体表面，或通过具有吸附性能的液体表面（这些固体和液体称为固定相）时，由于固定相对流动相所携带气样的各成分的吸附能力或溶解度不同，气样中各成分在流动相和固定相中的分配情况是不同的，可以用分配系数 K_i 表示，即

$$K_i = \frac{\varphi_s}{\varphi_m}$$

式中　φ_s——成分 i 在固定相中的浓度；

　　　φ_m——成分 i 在流动相中的浓度。

显然分配系数大的成分不易被流动相带走，因而在固定相中停留的时间较长，而分配系数大的成分在固定相中停留的时间则较短。固定相是充填在一定长度的色谱柱中，流动相与固定相之间做相对运动。气样中各成分在两相中的分配在沿色谱柱长度上反复进行多次，使得即使分配系数只有微小差别的成分也能产生很大的分离效果，也就是能使不同成分完全分离。分离后的各成分按时间上的先后次序由流动相带出色谱柱，进入检测器检出，并用记录仪记录下该成分的峰形，各成分的峰形在时间上的分布称为色谱图。由于流动相为气体，故称为气相色谱。

检测器是测量经色谱柱分离出来的各种成分含量的部件，气相色谱仪中应用最多的检测器有热导检测器和氢火焰电离检测器等。其中，热导检测器结构简单，制造、维修方便，线性范围宽，可检测有机化合物，对被测气体没有破坏作用，应用较为广泛。

热导检测器的原理是被测气体顺序通过热导室，其含量在这里转换成铂丝电阻值的变化，然后用电桥将电阻信号转换成电势信号输出。

检测器输出的电势值与被测组分含量之间的关系可根据色谱图上色谱峰的面积或高度进行计算。但要先在相同测量条件下，用成分及浓度相近标准气样输入色谱仪，得到色谱曲线图，确定出相应成分的单位峰面积或单位峰高所代表的含量，即求出检测器对各成分的灵敏度，则可根据记录下的色谱定量分析各成分含量，计算公式为

$$\varphi = \frac{A/S}{\sum(A_i/S_i)} \times 100\%$$

式中　φ、A、S——所分析成分的含量、对应的峰面积及灵敏度；

　　　A_i、S_i——所分析各成分的峰面积及灵敏度。

A 的计算公式为（参见图 6-10）

$$A = 0.94 \times 峰高 \times 半峰宽 = 0.94 \times h \times \frac{AB}{2}$$

二、测量系统

图 6-11 为一双色谱柱、单检测器系统。色谱柱 1 长 0.76m，内充填六甲基磷酰胺；色谱柱 2 长 2m，内充填活化分子筛。在气样进入之前，氦载气通过热导检测器的两个参比桥臂室 T1、T2，色谱柱 1，桥臂室 T3，色谱柱 2，经桥臂室 T4 排出。由于四个桥臂室的冷却情况相同，四个桥臂室中电阻的冷却效果相同，所以四个电阻组成的电桥输出为零。

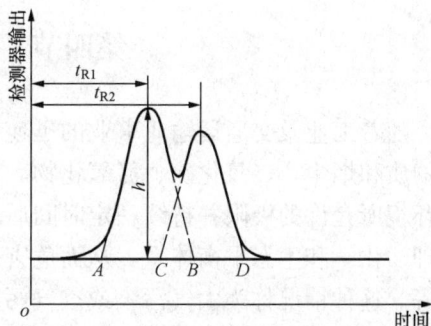

图 6-10 色谱特性计算用图

由定量管将一定容积的气样送入色谱柱，其中 CO_2 被色谱柱 1 吸附，其他成分一起流出色谱柱 1，到达桥臂室 T3，这时电桥失去平衡，记录仪上出现一合成峰，CO_2 从色谱柱流出，通过桥臂室 T3，这时记录仪上画出 CO_2 峰值，同时气样通过色谱柱 2，O_2、N_2、CH_4 和 CO 都被分离，并以一定时间间隔按顺序通过桥臂室 T4，这时记录仪上顺序画出各成分的峰值。而 CO_2 为色谱柱 2 中活化分子筛吸收，所以桥臂室 T4 不能发现它。为防止分子筛长时间吸收 CO_2 后失效，活性降低，可在桥臂室 T3 出口增设一充填碱石棉的柱子除去 CO_2。

气样进入测量系统可采用图 6-12 所示进样阀。当拉杆处在"取样"位置时，取样进入定量管中；当拉杆处在"进样"位置时，定量管中气样便进入测量系统。

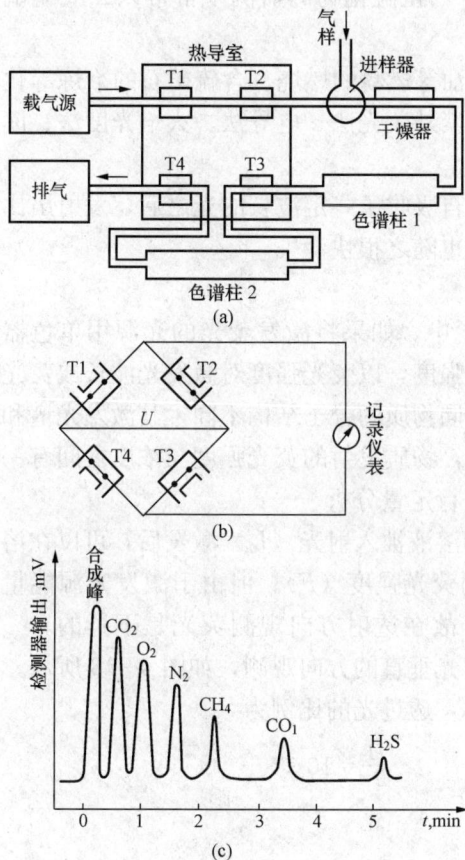

图 6-11 双柱、单检测器测量系统色谱图
(a) 结构框图；(b) 检测电桥；(c) 色谱图

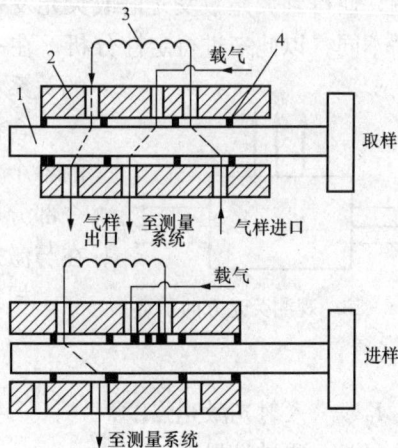

图 6-12 进样阀原理图
1—拉杆；2—阀体；3—定量管；
4—橡胶密封圈

第四节　大气污染的监测技术

随着工业及交通运输业事业的迅速发展，特别是煤和石油的大量使用，将产生大量的有害物质和烟尘，二氧化硫、氮氧化物、一氧化碳、碳氢化合物等排放到大气中，当其浓度超过环境所允许的极限并持续一定时间后，就会改变大气特别是空气的正常组成，破坏自然的物理、化学和生态平衡体系，从而危害人们的生活、工作和健康，损坏自然资源及财产、器物等。这种情况称为大气污染或空气污染。

针对大气与空气污染，我国制定了《环境监测技术规范》，规定了大气环境污染监测与污染源监测的目的、布点原则、监测项目、采样方法和监测技术等。我们主要介绍监测技术。

一、二氧化硫的测定

大气中含硫的污染物主要有 H_2S、SO_2、SO_3、CS_2、H_2SO_4 和各种硫酸盐，而二氧化硫在各种大气污染物中分布最广、影响最大，所以，在硫化物的监测中常常以二氧化硫为代表。

SO_2 是主要的大气污染物之一，来源于煤和石油等燃料的燃烧、含硫矿石的冶炼等化工产品生产排放的废气，其测量方法有分光光度法、紫外荧光法、电导法、火焰光度法、库仑滴定法等。这里介绍紫外荧光法。

荧光通常是指某些物质受到紫外光照射时，各自吸收了一定波长的光之后，发射出比照射光波长长的光，而当紫外光停止照射后，这种光也随之很快消失。

1. 原理

荧光通常发生于具有 π-π 电子共轭体系的分子中，如果将激发荧光的光源用单色器分光后照射这种物质，测定每一种波长的激发光及其强度，以荧光强度对激发光波长或荧光波长作图，便得到荧光激发光谱或荧光发射光谱。不同物质的分子结构不同，其激发光谱和发射光谱不同，以此来进行定性分析。在一定条件下，物质发射的荧光强度与浓度之间有一定的关系，以此来进行定量分析。

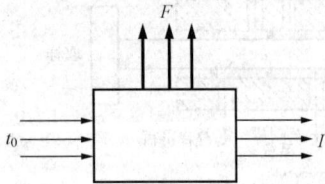

含被测物质的溶液被入射光（I_0）激发后，可以在溶液的各个方向观测到荧光强度（F）。但由于激发光源能量的一部分透过溶液，故在透射方向观测荧光是不行的。一般在与激发光源发射光垂直的方向观测，如图 6-13 所示。

图 6-13　观测荧光方向示意

根据比耳定律，透过光的比例为

$$\frac{I}{I_0} = 10^{-\varepsilon bc}$$

式中　I_0——入射光激光强度；

　　　I——透过光强度；

　　　c——被测物质的浓度；

　　　ε——被测物质摩尔吸光系数；

　　　b——透过液层厚度。

被吸收的散光的比例为

$$1-\frac{I}{I_0}=1-10^{-\varepsilon bc}$$

即

$$I_0-I=I_0(1-10^{-\varepsilon bc})$$

总发射荧光强度（F）与试验吸收的激发光的光量子数和荧光量子效率（Φ_F 为荧光物资吸收激发光后所发射的荧光量子数之比值）成正比：

$$F=\Phi_F(I_0-I)=I_0\Phi_F(1-10^{-\varepsilon bc})$$

将上式括号内的指数项展开可得

$$F=I_0\Phi_F\left[2.3\varepsilon bc-\frac{(-2.3\varepsilon bc)^2}{2!}+\frac{(-2.3\varepsilon bc)^2}{3!}-\cdots\right]$$

对于很稀的溶液，被吸收的激发光不到 2%，εbc 很小，上式括号内第二项后各项可忽略不计，则简化为

$$F=2.3\Phi_F\varepsilon bcI_0$$

对于一定的荧光物资，当测定条件确定后，上式中的 Φ_F、I_0、ε、b 均为常数，故又可简化为

$$F=kc$$

即荧光强度与荧光物资浓度呈线性关系。荧光强度与荧光物资浓度仅限于很稀的溶液。

影响荧光强度的因素有：激发光照射时间、溶液浓度的 pH 值、溶剂种类及伴生的各种散射光等。

2. 荧光计及荧光分光光度计

用于荧光分析的仪器有目视荧光计、光电荧光计和荧光分光光度计等。它们由光源、滤光片、单色器、样品池及检测系统等部分组成。光电荧光计以高压汞灯为激发光源，滤光片为色散元件，光电池为检测器，将荧光强度转换为光电流，用微电流表测定。该系统结构简单，可用于微量荧光物质的测定。

如果对荧光物质进行定性研究，则需要使用荧光分光度计，其结构如图 6-14 所示。它以氙灯作光源（在 250～600nm 有很强的连续发射，峰值在 470nm 处），棱镜或光栅为色散元件，光电倍增管为检测器。荧光信号通过光电倍增管转换为电信号，经放大后进行显示和记录；也可以送入数据处理系统经处理后进行数显、打印等。

3. 大气中 SO_2 的测定

紫外荧光法测定大气中的 SO_2，具有选择性好、不消耗化学试剂、适用于连续自动监测等特点，已被世界卫生组织在全球监测系统中采用。目前广泛用于环境地面自动监测系统中。

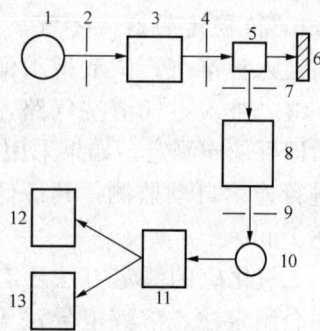

图 6-14 荧光分光度计
结构示意图

1—光源；2、4、7、9—狭缝；3—激发光单色器；5—样品池；6—表面吸光物质；8—发射光单色器；10—光电倍增管；11—放大器；12—指示器；13—记录仪

若用波长 190～230nm 紫外光照射大气样品，样品则吸收紫外光而被变为激发态，即

$$SO_2+hf_1 \longrightarrow SO_2^*$$

激发态 SO_2^* 不稳定，瞬间返回基态，发射出波峰为 330nm 的荧光，即

$$SO_2^* \longrightarrow SO_2 + hf_2$$

式中　hf_1、hf_2 为紫外光。

　　发射荧光强度和 SO_2 浓度成正比，用光电倍增管及电子测量系统测量荧光强度，即可得知大气中的密度。

　　荧光法测定 SO_2 的主要干扰物质是水分和芳香烃化合物。水的影响一方面是由于 SO_2 可溶于水造成损失，另一方面由于 SO_2 遇水产生荧光猝灭而造成负误差，可用半透膜渗透法或反应室加热法除去水的干扰。芳香烃化合物在 $190\sim230nm$ 紫外光激发下也能产生荧光造成正误差，可用装有特殊吸附剂的过滤器预先除去。

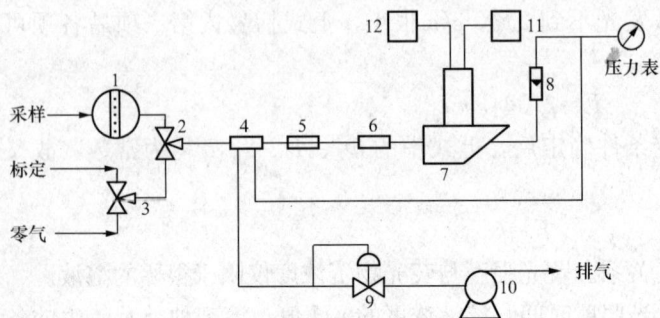

图 6-15　紫外荧光监测仪气路系统
1—除尘过滤器；2—采样电磁阀；3—零气/标定电磁阀；4—渗透膜过滤器；
5—毛细管；6—除烃器；7—反应室；8—流量计；9—调节阀；10—抽气泵；
11—电源；12—信号处理及显示系统

　　紫外荧光 SO_2 监测仪由气路系统及荧光计两部分。如图 6-15 和图 6-16 所示。大气试样经除尘过滤器后通过采样阀进入渗透膜除水器、除烃器到达荧光反应室，反应后的干燥气体经流量计测定流量后排出。气样流速为 $1.5L/min$。荧光计脉冲紫外光源发射脉冲紫外光经激发滤光片（光谱中心 $220nm$）进入反应室，分子在此被激发产生荧光，经发射光滤光片（光谱中心 $330nm$）投射到光电倍增管上，将光信号转换成电信号，经电子放大系统等处理后直接显示深度读数。

　　该仪器操作简便。开户电源预热 30min，待稳定后通入零气，调节零点，然后通入标准气，调节指示标准气浓度值，继之通入零气清洗气路，待仪器指零后即可采样测定。如果采用微机控制，可进行连续自动监测，其最低检测浓度可达 1ppb。

　　二氧化硫的测定方法还有恒电流电流库仑滴定法、溶液电导法等，这里不一一介绍。

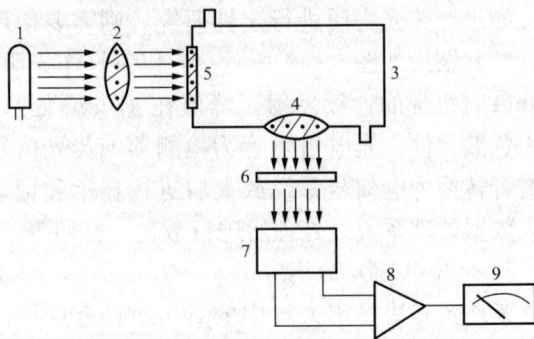

图 6-16　监测仪荧光计工作原理
1—紫外光源；2、4—透镜；3—反应室；5—激发滤光片；
6—发射光滤光片；7—光电倍增管；8—反应室；9—放大器

二、氮氧化物的测定

　　氮气是大气组成中占绝对多数的气体。氮的氧化物有一氧化氮、二氧化氮、三氧化二氮、四氧化三氮等多种形式，大气中的氮氧化物主要以一氧化氮、二氧化氮的形式存在。一氧化氮在大气中易被氧化成二氧化氮，二者可以分开测量，也可以测量其总量。常用的方法有盐酸钠乙二胺分光光度法、化学发光法、恒电流库仑滴定法及原电池库仑滴定法等，这里只介绍原电池库仑滴定法。

　　原电池库仑滴定法是依据原电池原理工作的如图 6-17 所示。库仑池中有两个电极，一是活性炭阳极，二是铂网阴极，池内存 0.1mol/L 磷酸盐缓冲液（pH＝7）和 0.3mol/L 碘化钾溶液；当进入库仑池的气样中含有 NO_2 时，则与电解液中的 I^- 反应，将其还原成 I_2，而生成的 I_2 又立即在

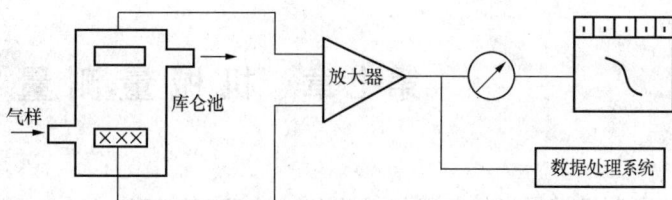

图 6-17　原电池库仑滴定法测定 NO_x 原理

铂网阴极上还原为 I^-，便产生微小电流。如果电流效率达 100％，则在一定条件下，微电流大小与气样中 NO_2 浓度成正比，所以，可根据法拉第电解定律将产生的电流转换成 NO_2 浓度，直接进行显示和记录。

该方法的缺点是 NO_2 流经水溶液时发生歧化反应，造成电流损失，使测得的电流仅为理论值的 70％。此外，该仪器维护量较大，连续运行能力差，应用受到限制。

此外，大气中还有碳氧化物的污染，其测量方法与第三节中一氧化碳的方法相同。

三、环境监测仪器的现状分析及发展趋势

1. 现状分析

目前，全国已形成了国家、省、市、县四级环境监测网络，共有专业、行业监测站 4800 多个，其中环保系统监测站 2200 多个，行业监测站 2600 多个，国控的空气质量监测网站 103 个，酸雨监测网站 113 个，水质监测网站 135 个。同时，还建有噪声监测网、辐射监测网和区域监测网等。

到 2005 年，国控环境监测网络调整为：环境空气监测网站 226 个，测点数 793 个；酸雨监测网站 239 个，测点数 472 个；水质监测网站 197 个，监测断面 1074 个；生态监测网站 15 个。

目前，我国已制定各类国家环境标准 410 项，覆盖了大气、水质、土壤、噪声、辐射、固体废物、农药等领域。已开展了环境质量监测，环境质量周报、日报、预报监测，污染源监测，污染事故应急监测，污染物总量控制监测，污染源解析监测，环境污染治理工程效果监测等，需监测的污染因子达百余种。

而我国环境监测仪器多是中小型企业生产，产品基本集中在中低档的环境监测仪器，远不能适应我国环境监测工作发展的需要。主要表现为：①技术档次低，低水平和重复生产严重，规模效益差；②产品质量不高，性能不稳定，一致性较差，使用寿命短，故障率高；③研究开发能力较低，在线监测仪器的系统配套生产能力较低，不能适应市场的需要。

2. 环境监测及监测仪器发展趋势

（1）以目前人工采样和实验室分析为主，向自动化、智能化和网络化为主的监测方向发展。

（2）由劳动密集型向技术密集型方向发展。

（3）由较窄领域监测向全方位领域监测的方向发展。

（4）由单纯的地面环境监测向与遥感环境监测相结合的方向发展。

（5）环境监测仪器将向高质量、多功能、集成化、自动化、系统化和智能化的方向发展。

（6）环境监测仪器将向物理、化学、生物、电子、光学等技术综合应用的高技术领域发展。

第七章 机械量测量技术

所谓机械量指的是以位移为基础的量,包括位移、速度、加速度等。由于汽轮机的监视保护系统中包含了这些量,如汽轮机的转速、加速度,汽缸的膨胀值,转子的轴向位移等,本章以汽轮机为例介绍机械量的测量,也可用于测量大型风机和水泵的相应机械量。

第一节 汽轮机状态监测的基本参数

大型汽轮机是火力发电厂最重要的设备之一,任何因故障而酿成的事故都会造成重大的经济损失,为了确保汽轮发电机组的安全经济运行,在机组上装设了各种安全监视和保护装置,对各种重要热工参数、振动和位移机械量等进行监视和控制。当汽轮机在启停和运行过程中出现异常或故障时,汽轮机安全监视保护装置立即起作用,驱动信号报警控制系统,发出声光报警信号,以提醒运行人员注意并及时采取相应措施,避免发生事故或使事故扩大化。如果故障未及时消除,则驱动信号保护控制系统,立即关闭主汽门和调速汽门,实行紧急停机,以保护机组的安全。

汽轮机热工监视和保护装置的发展和汽轮机的容量、热力参数以及自动化程度密切相关。开始,由于汽轮机的容量较小,工作参数较低,需要监视和保护的内容很少,而且要求也不高,因而有些保护项目未被人们十分重视。随着机组容量不断增大,蒸汽机参数越来越高,需要监视和保护的项目也越来越多。汽轮机采用高参数后,金属承受的压力很大,机组的金属材料又多在接近极限值的情况下工作,运行中产生接近极限值的热应力,就很容易造成汽轮机的损坏。同时,大功率机组为了提高其运行经济性,其级效率都设计得很高,径向间隙、轴向间隙都选择的很小。运行中如控制不当,很容易发生转动部件与静止部件间的摩擦,造成大轴弯曲,振动过大等,进而发展为严重破坏事故。大功率机组一旦损坏,恢复周期长,影响生产,造成的损失是巨大的。因此,为保护大功率机组的安全,需要监视和保护的项目也就增多。而且对各种热工监视和保护装置也提出了更高的要求,对于运行中的汽轮机要有效而准确地进行监视。在正常情况下,保护装置不应发生误动动作;当被监视的参数超过允许极限值时,保护装置应能够准确可靠地动作,关闭主汽门和调速汽门,实现紧急停机,以免机组损坏并且防止事故的进一步扩大。

汽轮机监视和保护装置是实现汽轮机组运行自动化的基础,没有完善可靠的监视保护装置,汽轮机的自启停就根本无法实现。因此,现在汽轮机监视和保护装置不仅被人们重视,成为汽轮机的重要组成部分,而且已逐渐向更加完善化的方向发展。

目前,汽轮机热工监视和保护的项目有:

(1)凝汽器真空低保护;

(2)润滑油压低保护;

(3)转速监视与超速保护;

(4)转子轴向位移监视与保护;

(5) 高压加热器水位监视与保护；

(6) 转子与汽缸的相对胀差监视；

(7) 汽缸热膨胀监视；

(8) 汽轮机振动监视；

(9) 大轴弯曲（偏心度）监视；

(10) 油箱油位监视；

(11) 轴承温度与润滑油温度监视；

(12) 推力瓦温度监视；

(13) 汽缸应力监视；

(14) 汽轮机各部件温差监视。

其中汽轮机轴系监视保护项目主要包括汽轮机振动的监测、转子轴向位移监测、转速监测、缸胀及胀差监测、偏心监测等。

由于汽轮机的型式、结构以及组成不尽相同，因而各种型式的汽轮机所配置的监视和保护装置，其项目和要求也不尽相同。有的监测项目，如轴向位移，当被测参数超过允许极限值时，保护装置动作，立即关闭主汽门和调速汽门，实行紧急停机，与此同时发出声光报警信息。而对于另外一些监测项目，如相对胀差，当被测参数超过允许极限值时，保护装置只发出声光报警信息，提醒运行人员注意。

使用完善可靠的保护系统来保证机组的安全，是汽轮机监视和保护的可靠手段。

一、设备的维修方式

为了确保设备安全运行，节约维修费用以及增加经济效益，选择合理的维修体制就显得非常重要。

当前，在国内外大多数工业领域中，设备维修体制可分为三种形式，即故障维修（或称事后维修）、定期维修（或称预防维修）和预测维修，而每种维修体制都有其各自的长处和不足，但事实已证明，预测维修应是最佳的选择。

预测维修是对测试结果进行分析处理后，证明有必要时才安排检修的一种方法。它不规定检修周期，但需定期或连续地对设备进行状态监测和故障诊断，并根据其结果，查明设备有无异常或故障趋势，再安排在必要时进行维修。它能在设备失效前监测和诊断出存在的故障，并可利用预测预报技术，较准确地估计出继续运行的可靠时间，因而，使设备使用寿命最长和意外停机事故最小。还因为控制了过剩维修，从而减少了备件消耗和维修工作量，也防止了因不必要的检修而出现的人为故障，致使维修费用最少。

预测维修的实质是将定期维修改为定期监测及诊断，这一技术将成为汽轮机组监测系统的重要发展方向。

例：日本新日铁公司采用预测维修技术后，每年维修费用降低 10%，获净利 200 亿日元。企业采用这一技术后，设备停机时间平均下降 50%，事故率下降 75%，维修费用下降 25%~50%，日本还推荐 100 亿日元的设备要配备 1 亿日元的预测维修的配套系统。

国内设备管理中采用预测维修技术的工作虽然起步较晚，但这样的实例也很多，现举一例。

例：过去某厂曾对核反应堆进行定期维修，其中石墨套管，一个周期换一次，现在进行预测维修可延长 3~4 个周期换一次，仅此一项就可节约 150 多万元，并能保证反应堆安全运行。

综上所述，应用诊断技术，实行预测维修为主体的维修体制有下列优点：

（1）避免"过剩维修"，防止因不必要的拆卸使设备精度降低，延长设备寿命；

（2）缩短维修时间，降低维修费用，提高生产效率和经济效益；

（3）减少和避免重大事故发生，故不仅能获得巨大经济效益，而且能获得良好的社会效益；

（4）在一定范围内合理安排维修时间计划，以使停机所造成的经济损失达到最低限度。

预测维修价值最大。利用预测维修，工厂机器的运行周期就可根据机器本身的状态确定，而不再以运行时间作为基础。下面我们将对预测维修中需进行监测的主要参数进行简要的讨论。

任何一部运转的机器，都伴随有振动信息的产生，它的变化常常隐含着初期故障特征信号，因而常常对振动信号进行监测，这种监测方法有以下特点：

（1）方便性：利用现代的各种振动传感器及其二次仪表，可以很方便地监测出设备振动的信号；

（2）在线性：监测可以在现场即在正常运行的情况下进行；

（3）无损性：在监测过程中，通常不会给研究对象造成任何形式的损坏。

但是一部机械是非常复杂的，仅仅靠振动信号来判断它是否正常，显然不够，这就需要对它多方面进行了解，亦即需要对多方面的参量进行测量。

随着监测技术和仪器的发展，能够直接测量汽轮机发电机组的运行状态参数，分析判断机组运行是否正常，进而形成预测性维修方案，实现对机组运行状态进行连续长期监测和保护。

二、汽轮机状态监测的基本参数

为了对旋转机械进行预测性维修，必须能够随时地、准确地了解机组的运行状态，而运行状态是由可靠的、精确的监测仪器提供的信息所表明的，本节将讨论估价机组运行状态的一些参数。

（一）动态运行（振动）参数

1. 振幅

振幅是表示机组振动严重程度的一个重要指标，它可以用位移、速度或加速度表示。根据振幅的监测，可以判断"机器是否平稳运转"。

过去，对机组振动的检测，只能测得机壳振幅。虽然机壳振幅能表明某些机械故障，但由于机械结构、安装、运行条件以及机壳的位置等，转轴与机壳之间存在着阻抗，所以机壳的振动并不能直接反映转轴的振动情况，所以机壳振动不足以作为机械保护的合适参数，但是机壳振动通常作为定期监测的参数，能及早发现叶片共振等高频振动的故障现象。

由于接近式传感器能够直接测量转轴的振动状态，便能够提供机组振动保护的重要参数，把接近式电涡流传感器永久地安装在轴承架上，便能随时观测到转轴相对于轴承座的振幅。振动幅值一般以峰—峰密耳位移值或峰—峰微米位移值表示。一台运行正常的机组的振幅值都是稳定在一个允许的限定值内，一般来说，振幅值的任何变化都表明了机械状态有了改变。机组的振幅无论增加或减少，操作和维修人员均应对机组作进一步分析调查。

2. 频率

汽轮发电机组等旋转机械的振动频率（每分钟周期数），一般用机械转速的倍数来表示，因为机械振动频率多以机械转速的整数倍和分数倍形式出现的。这是表示振动频率的一种简单的方法，只把振动频率表示为转速的 1 倍、2 倍或 1/2 倍等，而不用把振动频率分别表示为每分钟周期数或赫兹。

因为在机壳测量中，振幅和频率是可供测量和分析的惟一主要参数，所以频率分析在机壳振幅测量中是很重要的，而且某些故障现象确实与一定的频率有关。但是，并不能说，频率与故障是有一一对应关系的，也就是说，一种特定频率的振动往往与一种以上的故障有关。频率是分析旋转机械的一种重要资料，但必须综合分析所有的数据，才能对机器作出正确的诊断。

表示频率的常用办法为：

1 倍转速频率，振动频率与机器转速相同；

2 倍转速频率，振动频率二倍于机器转速；

1/2 倍转速频率，振动频率为机械转速的一半；

0.43 倍转速频率，振动频率为机器转速的 43%。

要注意区分两种不同的振动，同步振动和非同步振动。同步振动的频率是机器转速的整数倍或数分数倍，例如 1 倍频转速，2 倍频转速，1/2 频转速，1/3 分频转速等。在这些例子中，振动频率与机械转速是"锁定"关系。非同步振动则发生在非"锁定"频率。

3. 相角

相位角测量是描述转子在某一瞬间所在位置的一种方法。一个好的相位角测量系统能够确定对应于每个变速器的转子的高点的位置，这个高点的位置是相对于机组上某固定点而言的。通过确定旋转体上高点的位置，就能确定转子的平衡状态及残余不平衡量的位置，或者说，由于高点的改变而导致的转子的平衡状态的改变会显示为相位角的改变。

精确的相位角测量在转子的平衡中及分析某些机器故障是非常重要的。整个机组上的各变速器所对应的转子的相位角测量，为机组运行状态及时地提供了重要信息，有助于分析问题。

以键相位（轴上的固定标志）作为参考基准时，相角被定义为从键相位脉冲到振动的第一正向峰值之间的角度数，即振动信号经过变换器输出所显示的第一正向峰之间的角度数。振动信号经过变换器输出所显示的第一正向峰值相当于转子的"高点"。

为了能精确地读出相位角值，需要把变换器输出的振动信号，经滤波后变成与转速成一倍频关系的信号，然后仪器才能准确地测量和显示相位角值。

相位角的改变可能是因为汽轮机叶片丢失或叶片上集积污垢引起的。另外轴承座过载，轴弯曲，阻尼的变化，有裂纹的轴或其他任何影响轴的动力学特性的作用都可能使相位角变化。

在稳定状态条件下，沿着汽轮机身测量相位角，可用来找出平衡故障所在的位置。然而，因为汽轮机发电机有很多的轴承和跨距，常常很难精确指出故障的位置。通过分析每个监测点的振幅和相位角，可以确定与转速相关的模态形状。这个模态形状可用于故障定位。在汽轮机启动或停机的过程中，变化着的相位角在分析机器状态中起着至关重要的作用。每一台机器有一个特有的振幅和相位角特性曲线，特性曲线的变化对诊断汽轮机的故障很有作用。

4. 振动形式

振动形式也许是分析振动数据的最重要的方法。通过振动形式的观测，能直观地了解机组的运行状态。以上讨论的振幅、频率、相位角等三种参数都是可测量的参数，并能使仪表指示或显示出来，而振动形式是显示在示波器上的原始振动波形。

振动形式可分为两种：时基形式是振动信号经变送器转入到示波器，并以时基模式显示在萤光屏上，一般振动信号为正弦波，表示转轴的位置与示波器上水平时间轴的关系曲线；轴心轨迹是由两个互成 90°的接近式电涡流传感器感受的振动信号，分别输入到示波器的两个通道内，并以 X-Y 模式显示在荧光屏上，在这种模式中，所显示的是对应于两传感器的轴截面的中心线的运动。如果传感器安装在轴承上则轴轨迹是轴的中心线相对于轴承的运动关系。

这两种振动形式对维修人员是很有用的，通过观测时基振动形式，就能确定基本的振幅，频率和相位角。通过观测轴心轨迹，能够了解轴的实际运动情况，所以振动形式无论对于预防性维修和预测性维修都是最根本的参数。

对于动态运动（振动）来说，还有个"相对测量"和"绝对测量"问题，一个固定在轴承座上的接近式电涡流传感器可以测得轴相对于轴承座的相对运动。一个固定在机壳上的速度传感器可以测量机壳的绝对运动。采用复合式传感器，可测得轴的绝对运动。

在 TSI 监视系统中，X-Y 测量方法对于大型旋转机组是很重要的。在轴承的垂直和水平方向上，完全可能存在着两种不同的振动，例如：在一个轴承的两个不同平面上，完全可能有不同的振幅和频率（通常相应地还有不同的相位角）。

（二）静态参数（位置测量）

对估价总体的机械性能，分析特定的机器结构和故障，静态参数同样重要。

1. 轴向位移

轴向位移是推力环对推力轴承的相对位置测量值，轴向位移是汽轮机组最重要的一个监测参数。监测轴向位移的主要目的是要避免转子与定子之间产生轴向摩擦，轴向推力轴承的故障可能产生灾难性的后果。因此要千方百计防止这种机械故障发生。

注意仔细选择传感器的安装位置，确保转轴的热膨胀和推力轴承组件的弹性对仪表读数的影响减至最低限度。由于推力轴承组件的偏差和转轴热膨胀，以至在正常运行条件下，转轴的轴向位移比冷态时的正常浮动还要宽。转子与定子之间有足够的轴向间隙，因此，可采用宽设定点，既使推环剧烈地摩擦推力轴承的巴氏合金衬套，也不至引起转子与定子的摩擦。汽轮机在正常运行条件下，轴向位移也会随机械负荷而改变，因此轴位置测量是允许在一定范围内变化的。

2. 相对膨胀

对于大型汽轮机机组，要求启动时机壳和转子必须以同样的比率受热膨胀。如果转子与机壳受热膨胀的比率不同，就可能产生轴向摩擦而使机器受到损害。为了测量差胀，要把接近式电涡流传感器安装在机器工作面相反的一侧，在该处可以观测到机壳和转子之间的相对膨胀。

3. 机壳膨胀

对大型机组，除了测量差胀以外，还要进行机壳膨胀的测量，这种机壳膨胀测量通常由安装在机壳外部，以地基为参考基准的线性差动变压器进行的。知道了机壳膨胀和差胀，就可以确定转子还是机壳的膨胀率较快，如果机壳膨胀不正常，机壳的"滑脚"就会卡住。

4. 轴在轴承内的径向位置（或称偏心位置）

所谓径向位置，是指转子轴承中的径向平均位置。在转轴没有内部和外部负荷的正常运转情况下，大多数转轴会在油压阻尼作用下，在设计确定的位置浮动。然而，一旦机器承受一定的外部或内部的预加负荷（稳态力），轴承内的轴颈就会出现偏心。这种偏心是测量轴承磨损、预负荷状态（例如不对中）的一种指示。

定期测量偏心位置是绝对必要的。因为在出现重大负荷情况下，偏心较大，振幅无法增加，在这种情况下当振幅没有报警的情况下，可能由于偏心太大而发生故障。因此必须及时地检查偏心位置，才能对故障作出早期预报。

在机器启动期间，应该密切注意偏心位置。机器在启动时，人们一般预计由于油流的作用，转轴会从轴承底部逐渐向轴承中心处升起。一般认为，油膜厚度约为 1 密耳，对许多轴承的观察表明，油膜厚度常常约为转轴预加负荷方向的轴承间隙的 1/3。

偏心位置的测量是通过安装在轴承处的监测径向振动的同一个传感器进行的，其输出信号的直流成分即代表偏心位置（径向间隙）。

因为偏心位置随机器负荷、轴线对中情况而改变，所以电涡流传感器要有足够大的线性范围，使偏心位置的改变不致使转轴越出传感器的测量范围。对大多数机器来说，定期检查偏心位置对预测性维修是足够了，但是对于在中心线偏移或其他的预负荷条件被视为可能导致故障时，必须密切地监测偏心位置，以致于需要连续监测。收集整理机组的"冷"偏心位置和"热"偏心位置的数据，建立一个参考系统，对以后比较偏心位置是很重要的。

偏心度峰—峰值是对转轴在静态时弯曲的测量。在发电用的大型蒸汽透平和某些工业用的汽轮机中，经常需要测量偏心度峰—峰值。当转轴在启动时，机器可以启动，而无须顾虑因残余弯曲及相应的不平衡引起的密封零件与转轴之间的摩擦影响。慢转速偏心度最好由安装在远离轴承处的传感器来测量，以测得最大的弯曲偏差。

（三）其他测量参数

1. 转速

在机械运行状态分析中找出振动和转速之间的关系是很重要的，在设计离心类机器时，它的转速运行范围应避开机器的平衡共振，并且使其运行转速也不激发机器的这些特殊共振。机器启动时的数据在确定平衡共振时是重要的，这些数据可表示为振动幅度和相角与机器转速之间的关系曲线，在描绘这种曲线和寻找这些参数之间的关系时，可以很容易地确定机器的平衡共振（临界共振）。

2. 温度测量

在旋转机械运行状态的分析中，温度就是最常用和最重要的参数之一。径向和轴向轴承的巴氏合金衬的温度测量现在正变得越来越重要。找出温度数据和振动测量结果以及（或者）温度数据和位置测量结果之间的关系有助于我们发现机器可能存在的故障。

3. 相关性

在对运行中机器进行全面系统分析时，弄清温度、压力、流量和其他一些可能影响机器运行状态的外部参数之间的相互关系是非常重要的。搞清这种相互关系，我们就能订出一个满意的预测性维修方案。

如果一个工程师对以上讨论的参数有一个全面的了解，那么在了解离心类机器的机械运行状态时，就会有一个很好的开端。通过了解这些参数，就能最终确定"某一特定机器的运行状态"，并制订一个较好的预测维修方案。

第二节 基本参数的测量原理

国内有很多 300MW 机组汽轮机轴系监测系统（TSI）采用美国本特利·内华达公司 3300 汽轮机轴系监测系统，实现汽轮机转子、轴承座振动的监测，转子轴向位移的监测，转速监测，缸胀及胀差监测，偏心度监测等。

为了运行的安全性和经济性，旋转机械需要应用各种各样的传感器。没有传感器提供必要的运行信息，就发现不了机器所处的危险和不经济的运行状态。理想的传感器应该是这样的，即当机器振动状态产生很小的变化，便能产生一个很大的信号输出变化，而且这一传感器应该是既能够用于机器在线监视又能用于故障诊断。同样，由于大多数机器的振动问题来源于轴或转子系统，所以最佳的传感器应该能够检测出轴振动的变化。

在旋转机械上进行的基本测量项目如下：

（1）径向振动测量。它可指出轴承的工作状态，并可测出诸如转子的不平衡、不对中以及轴裂纹等机械故障。

（2）轴向位置测量。它可指出止推轴承的磨损或潜在轴承失效，同时利用同一个趋近式探头，也可测量轴向振动。

（3）轴在轴承内的平均径向位置。它可用来决定方位角，它也是转子是否稳定、轴是否对中的一种指示。

（4）振幅和相位角。可给出故障诊断信息。

（5）偏心度对于大型汽轮发电机组，在启动时，需要测量轴的弯曲，即偏心度。

（6）键相器信号。是为测量轴的旋转速度以及相角之用。轴振动的相角，可为监测及故障诊断之用。

从力学观点看，振动传感器系统按其测量参数的类型通常分为三种：趋近式探头传感器系统测量轴相对振动，绝对式传感器（速度和加速度）测量轴承箱体绝对振动，复合式探头测量轴绝对振动。对于某一具体机器，选择哪种理想传感器关键要取决于机器的振动特性。

一、电涡流传感器

电涡流检测技术是一种非接触式测量技术。由于电涡流传感器具有结构简单、灵敏度高、测量线性范围大、不受油污介质的影响、抗干扰能力强等优点，所以在各个工业部门得到广泛应用。火电厂汽轮机的轴向位移、振动、主轴偏心度的测量已广泛采用电涡流传感器，此外还可用来探测金属材料表面的缺陷和裂纹。

由于它具有上述特点，因而被广泛用于石油、化工、冶炼、机械、电力、大专院校、航空航天等部门作为旋转机械轴向位移、轴的（径向）振动、轴转速的在线检测和安全监控，也可用于转子动力学研究、零件尺寸检测等方面。

该传感器由探头、延伸电缆、前置器等三部分组成。图 7-1、图 7-2 所示为趋近式系统基本构成及趋近式系统的等效电路图，探头端部与被测物表面之间有一间隙，二者不能接触，这是电涡流探头的特点之一。

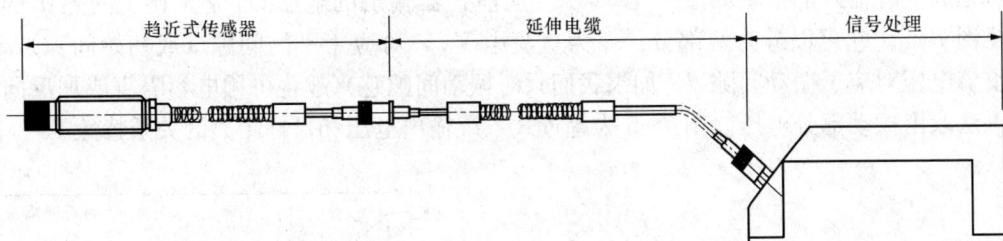

图 7-1 趋近式系统基本构成

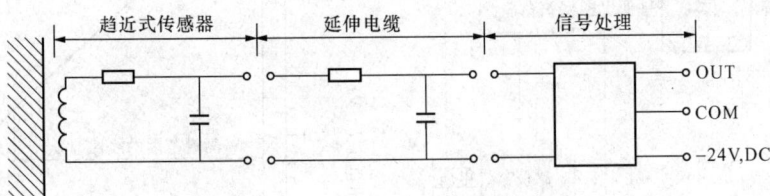

图 7-2 趋近式系统等效电路图

(一) 电涡流传感器的工作原理

电涡流传感器是通过传感器端部线圈与被测物体（导电体）间的间隙变化来测量物体的振动和静位移的。它与被测物体之间没有直接的机械接触，因此，特别适合于测量具有表面线速度的转子振动。电涡流传感器具有很宽的使用频率范围，从 0～10kHz。因此，它不仅可以测量频率较高的振动位移，而且可以测量转子和平均静位移，比如轴心的偏心率。虽然，有好几种其他变换原理的传感器也可进行不接触式测量，但相比之下，电涡流传感具有线性范围宽（一般是端部线圈直径的一半）、在线性范围内灵敏度不随初始间隙而变等优点。因此，目前被广泛应用于转子的振动监测。现将电涡流位移传感器的变换原理简要介绍如下。

在传感器的端部有一线圈，线圈通以频率较高（一般以 1～2MHz）的交变电压，线圈便产生高频电磁场（见图 7-3）。当线圈平面靠近某一导体面时，由于线圈磁通链穿过导体，

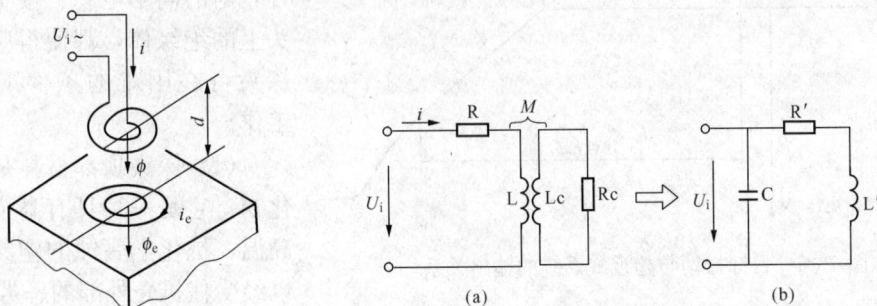

图 7-3 电涡流传感器原理图

使导体的表面层感应出一涡流 i_e。而这一涡流 i_e 所形成的磁通链 ϕ_e 又穿过原线圈。这样，原线圈与涡流 "线圈" 形成了有一定耦合的互感。耦合系数的大小又与二者之间的距离及导体的材料有关。为了实现电涡流位移测量，必须有一个专用的测量路线。这一测量路线应包括频率为 f_0 的稳定的振荡器（一般用石英振荡器）和一个检波环节等。传感器加上测量线

路（称之为前置器）的框图如图 7-4 所示。从前置器输出的电压 U_d 是正比于间隙 d 的电压，见图 7-5。它可以分为两部分：一为直流电 V_{do}，对应于平均间隙（或初始间隙）d_0，一为交流电压对应于振动间隙 d。如果我们只对振动间隙感兴趣，可用电容隔直或加反向偏置的办法取出振动部分电压。图 7-5 为趋近式系统输出电压和目标距离的关系特性。

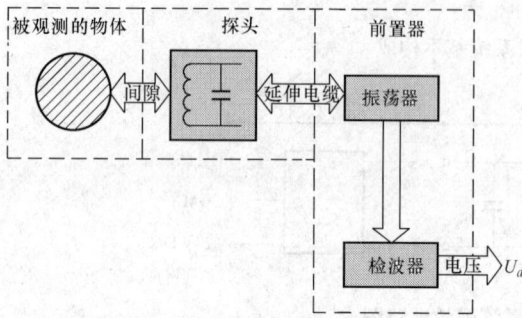

图 7-4　前置器原理简图

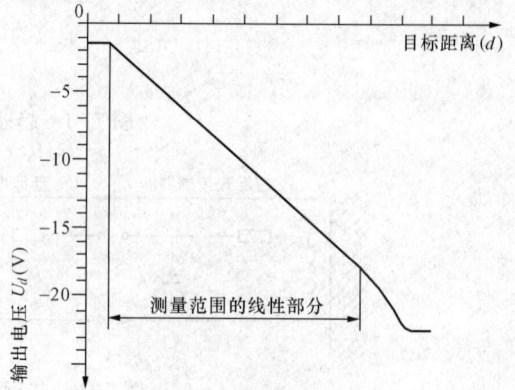

图 7-5　趋近式系统输出电压和目标距离的关系特性

在安装电涡流传感器时，要注意平均间隙的选取。要求平均间隙加上振动间隙，亦即总间隙应在传感器线性范围之内，如图 7-6 所示。

3300 系列传感器探头，其头部是一种新的设计总成，它包括了对以前型式做了很多改进的内容，这种新探头的寿命更长。此外，新的同轴电缆、接头以及接头上的绝缘体，都使得坚固的新探头可在困难的条件下更好地工作。

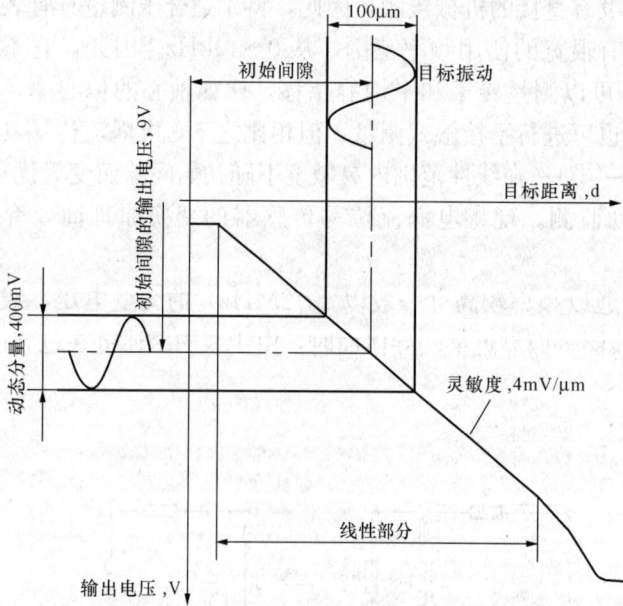

图 7-6　目标振动与趋近式系统的输出关系

（1）探头顶部材料是聚苯硫化物，它是一种具有高强度、耐高温、抗化学腐蚀的塑料，它可以经受住机壳外部的恶劣环境。

（2）探头顶部是一个内螺纹，并被连在一个不锈钢的壳上，这种方法可以保证顶部的结构安全可靠，同时可承受来自齿轮油或其他化学过程产生的不同压力。

（3）电缆通信线路，具有内部附加的连接强度，探头电缆和探头顶部接触。这种连接方法可以保证在探头安装以及在线工作时，由于不慎受力过大，也不致破坏。

（4）加强的同轴电缆，具有附加的机械保护，可用在恶劣的环境中。它具有双重编织的屏蔽装置，可防止接地而形成回路，从而把电缆破坏。

（5）不锈钢接头是标准的，强度更大，还有优质保护装置。

（6）每一条延伸电缆接头的绝缘体，都是标准的，它们可以保护接头不受环境污染、物理性破坏和电的干扰。

（7）关于电缆长度的选择，可以更加灵活，以便于探头的安装，它们可以选 0.5、1.0、5.00 和 9.0m 长，都可以和探头做成一个整体，在这种情况下，5.0 和 9.0m 长的电缆，则不再需要附加的延伸电缆，以满足前置器对电缆长度的正确需要。

探头可以选择英制，也可选公制。同时也可能提供装在探头壳体总成内部套筒上的反装探头。

3300 系统前置器的设计，采用了新的电子技术，使系统的精确度比以前更高，所有 3300 传感器系统，都可以达到这一应用水平，办法是通过采用先进的电子元件和生产技术，它们允许系统的零部件有完全的互换性。这种改善了的精确度也影响到温度，对于整个使用范围，温度的稳定性也十分理想。同时，前置器的绝缘体现在也是标准的，它取消了以前系统中需要应用的前置器绝缘装置。

在探头与前置器之间，有两种长度可选，用以满足布线和安装的要求，5m 长的系统是最常用的，而 9m 长的系统有更大的灵活性，可以使安装的距离更长一些。在前置器和监测器之间，可以用 1000 尺（305m）电缆相联，而不会降低系统的使用功能。三股导线拧成一股的三合一的屏蔽导线，可用来联接本特利公司的监测器和故障诊断设备，其效果很好。

表 7-1　广东韶关电厂 300MW 机组 TSI 系统采用 BN3300 电涡流传感器类型及性能

用　　途	性　　能
轴振，偏心转速，键相	8mm 电涡流传感器，线性范围 0.25～2.3mm，灵敏度 7.87V/mm±4%
轴向位移	14mm 电涡流传感器，线性范围 0.25～4.1mm，灵敏度 3.94V/mm±10%
胀　差	25mm 电涡流传感器，线性范围 0.64～12.7mm，灵敏度 7.87V/mm±4% 50mm 电涡流传感器，线性范围 1.27～27.9mm，灵敏度 3.94V/mm±2%

（二）影响趋近式系统的因素

有一些因素可能使趋近系统的实际特性不同于理论特性，比如所用目标材料，环境温度，机械、电气缺陷以及某些空间限制（如最小距离等）。

1. 目标材料影响

为使趋近系统正常运行，目标材料必须导电，它们可以是钢、铜、铝等，目标材料类型大大影响系统灵敏度和测量范围的线性区域。

2. 温度影响

环境温度影响目标材料的导电性、导磁性、电缆电容和其他因素，因而温度会影响测量结果的精确度。

3. 摇摆效应

摇摆效应是由两类产生于非理想目标的误差来源之和，它们是：机械摇摆，由于目标机械缺陷，对于旋转轴，可能由于同心性不好（不圆），也可能是由于轴表面状况不平（如裂痕等）；电气摇摆，由于轴表面导电性分布不均匀。用趋近系统测量时，这些摇摆效应表现为实际不存在的振动信号，可用数值方法消除这种效应。

（三）电涡流探头安装时应考虑的问题

为了传感器安装的正确，在安装之前，必须确定一些基本条件。在新的安装（更新）及停机或系统校验后的重新安装中，这些条件必须加以考虑。

1. 初步条件

（1）组成传感器系统的各部分之间必须相互匹配。

（2）各个部分必须与应用的目的及环境相适合。

（3）检查各部分是否有损坏，需要时应更换。

（4）对各部分予以确认并加标签，这会对以后的安装过程及应用提供帮助。

（5）为保证系数的完整性，在安装之前和之后必须对传感器系统进行校验。

（6）设定并保持探头定向方案，这会为后来的应用及机械故障诊断提供帮助。

2. 探头目标区域的准备

被测量的表面必须具有一致的导电和导磁参数，不能有剩磁和表面的不平整（例如划痕、压痕、锈斑、腐蚀等）。要正确地决定和解决问题，做"假信号"检查，如果需要应做表面处理。轴的表面处理，例如镀铬，假如应用不当会引起"假信号"问题。理想情况下，希望去除镀层来观测原始金属。但假如镀层要保留，就必须至少要均匀，并且前置器要根据镀层重新校验。

3. 探头目标区域的材料

本特利内华达公司的标准趋近式传感器在工厂中是按照 AISIE4140 号钢标定的。正确地确定轴的材料十分关键。假如与标准不同，前置器就必须根据轴的材料重新标定。这方面的资料可以从原始设备制造厂（OEM）或机械的运行和维护手册中获得。

4. 探头目标区域的空间

为了得到被测量参数的准确信号，每一传感器都要求有足够的侧向间隙和轴表面目标区域。就像必须有足够的探头磁场区域所要求的目标区域以防止目标区域的干扰一样，探头头部周围也需要足够的空间以防止侧向干扰（side reading）。同样，探头头部之间也需要足够的距离以防止干扰。间隙不足或目标区域不够会改变传感器输出的灵敏度，在相互作用的探头范围内由干扰导致产生错误信号。

当两只探头安装的太近，以致于它们的无线电频率（RF）信号区域相互影响时会发生相互干扰。由于探头的无线电频率可能不同，因此当它们相互混合、干扰，就会产生一个频率。这一频率经常处于可能出现的振动频率范围之内，因此当目标静止时，有可能显示出振动。根据每只传感器尺寸和型号不同，探头体间的最小安装距离也不同。

当探头安装在探头体侧面空间不足的地方时，会发生侧视现象（side view）。涡流将在这一区域的每一块导体材料上产生。这将导致系统中不是基于真正目标的损失。最小安装范围应是探头头部直径的 2 倍，对于 8mm 探头应为 16mm。具有足够侧向空间的效果可以从图 7-8 中看到。目标尺寸必须足够大，以使得能够接触到探头体正前部的全部无线电频率区域。目标最小尺寸应是探头体直径的 2 倍，对于 8mm 探头应为 16mm。尺寸过小的目标，根据产生的涡流的状况对系统线性范围和灵敏度会产生不同的影响。两个传感器之间的最小距离见图 7-7，探头头部的侧向间隙见图 7-8 所示。

5. 机械状态

必须辨明一些永久性的机械结构，例如管道、其他设备、支架、盖等不会与传感器相互

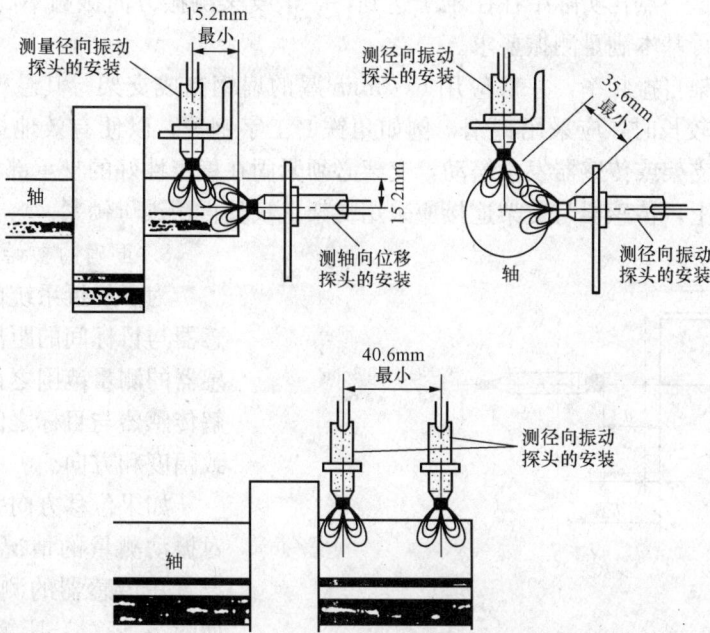

图 7-7 两个传感器之间的最小距离

干扰或妨碍传感器的安装与操作。当在机械调速器范围内的机械超速保护装置附近安装探头支架要特别小心。假如不经考虑或安装不正确,机械由冷态到运行温度时的热膨胀会引起严重问题。当在轴的一端安装时,要确认在转子膨胀时法兰盘、倒角、轴阶不会损坏探头,滑动及目标在轴向的移动不会超出所用的传感器的观测范围。要确信安装的安装结构,如支架,保险且稳固,同时机械的运行状态不会引起导致错误的输出或发生施加于传感器或支架上引起损坏的应力的移动。

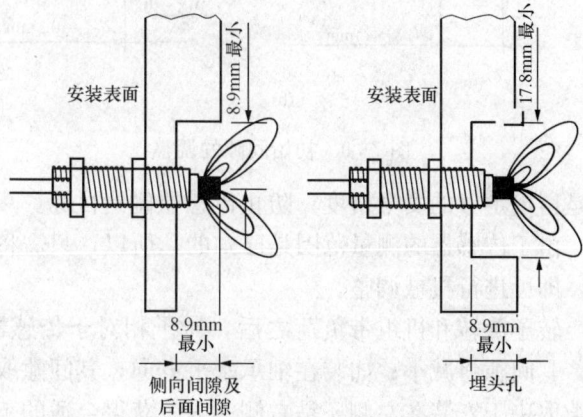

图 7-8 探头头部的侧向间隙

6. 工作温度

一般电涡流传感器最高允许温度≤180℃,目前多数电涡流传感器最高允许温度在120℃以下,实际上工作温度超过70℃,不仅其灵敏度会显著降低,还会造成传感器的损坏,因此,测量汽轮机轴振动时,传感器必须安装在轴瓦内,只有特制的高温传感器才允许安装在汽封附近。

7. 避免支架共振和松动

传感器支架在测振方向的自振频率必须高于机器的最高转速对应的频率,否则会因支架共振使测量结果失真。本特利厂规定传感器支架在测振方向的自振频率应高于机器 10 倍的最高工作频率，这一点在实际中往往难于达到，一般支架测振方向振频率高于 2～3 倍的转子工作频率时就可基本满足测振要求。

为了提高支架自振频率，一般应用 6～8mm 厚的扁钢制成支架，其悬臂长度不要超过 100mm。当悬臂较长时，应采用型钢，例如角铁、工字钢等，以便有效地提高支架自振频率。测试中防止支架或传感器发生松动，支架必须紧固在稳定性好的支承部件上，最好固定在轴瓦或轴承座上，传感器与支架连接应采用支架上攻丝再用锁母锁紧。

8. 正确的初始间隙

为了趋近系统的正常工作，传感器与目标间的距离必须在趋近传感器的测量范围之内。因此必须了解传感器与目标之间相对位移的大致幅度和方向。

如果位移方向是变化的（如相对振动测量的情况），初始间隙应设置在传感器的测量范围的中点，如图 7-9（a）所示。

如果位移是单向的（如轴向位移的测量情况），应将初始间隙按预期的位移方向设置在传感器的量程范围的一端，如图 7-9（b）所示。

在以上两种情况下，非常重要

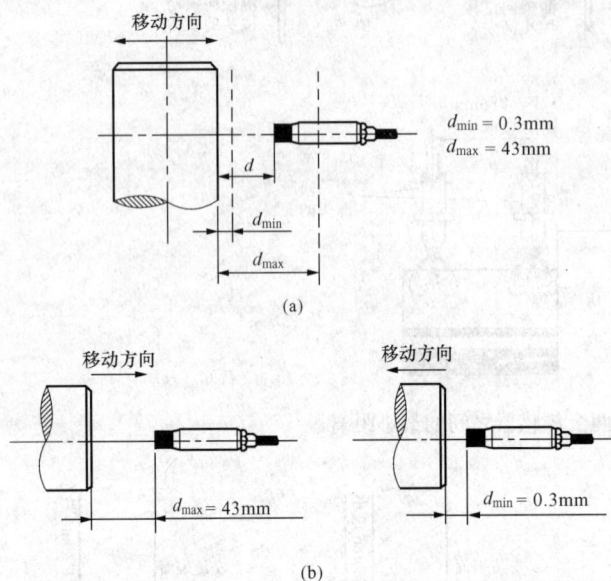

图 7-9 初始间隙的调整

的是留出足够的安全裕度，防止传感器碰到目标。

由于传感器的测量范围是已知的，所以，只需将所需的厚度塞尺插到传感器头与目标之间，即可进行机械调整。

转子旋转和机组带负荷之后，转子相对于传感器将发生位移，如把传感器装在轴承顶部，其间隙将减小；如装在轴承水平方向，其间隙取决于转子旋转方向；当转向一定时，其间隙取决于安装在左侧还是右侧。为了获得合适的工作间隙值，在安装时应估算转子从静态到转动状态机组带负荷后轴颈位移值和位移方向。从静态到工作转速，轴颈抬高大约为轴瓦顶隙的 1/2，水平方向位移与轴瓦型式、轴瓦两侧间隙和机组滑销系统工作状况有关，一般位移值为 0.05～0.20mm。位移方向如图 7-10 所示，传感器安装在右侧水平位置，转子旋转后，间隙 c 增大，装在左侧，d 减小。

轴颈在轴瓦内发生位移除与转速有关外，还与机组有功负荷有关，对于质量较小的汽机高压转子和带减速器的转轴，在部分进汽和齿轮传递力矩作用下，会把轴颈推向轴瓦的一侧，其位移值有可能接近于轴瓦的直径间隙。

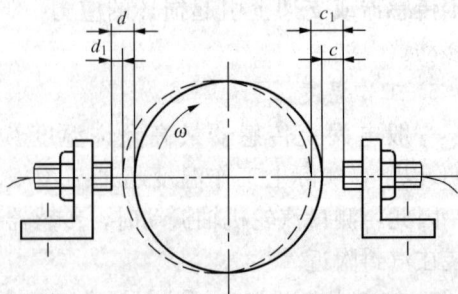

图 7-10 轴颈水平位移方向与传感器安装位置的关系

在调整传感器初始间隙时，除了要考虑上述这些因素外，还要考虑最大振动值和转子原始晃摆值。

（四）电涡流传感器应用简介

电涡流传感器的应用范围很广泛，主要用于以下几个方面：

（1）测位移。用于测量汽轮机的轴向位移、汽缸的热膨胀及胀差，也可用于测量液位、压力等。

（2）测振动。用于测量汽轮机主轴的振动、叶片的振幅等。

（3）测转速。用于测量汽轮机等旋转体的转速。

（4）测温度。用于测量液体、气体或金属材料的表面温度。

（5）测厚度。用于测量金属板的厚度。

（6）其他用途。用于检查金属表面裂纹、热处理裂纹、探伤等，也可用作接近开关或制成非接触连续测量的硬度计等。

二、速度传感器

1. 速度传感器工作原理

速度传感器适用于测量轴承座、机壳及基础的一般频带内的振动速度和振动位移（经积分后）。其频带大约为 5~500Hz（即 300~30000r/min）。

惯性式速度传感器属电动力式变换原理的传感器。这种传感器具有较高的速度灵敏度（一般可达 100~500mV/cm/s）和较低的输出阻抗（一般为 1~3kΩ 范围），能输出较强的信号功率，因此，不易受电磁场的干扰，即使在复杂的现场，接用很长的导线，仍能获得较高的信噪比。一般说来，这类传感器勿需设置专门的前置放大器，测量线路比较简单。再加上安装、使用简易，因此被广泛应用于旋转机械的轴承、机壳和基础等非转动部件的稳态振动测量。

本特利·内华达公司生产的惯性式速度传感器结构简图如图 7-11 所示。

线圈及线圈支架通过弹簧连接在壳体上构成传感器的可动部分，永久磁铁与外壳构成传感器的磁路部分，可动部分，只能轴向平移，因此它是一单自由度振动系统。

传感器的工作原理是这样的：传感器的单自由度可动系统将被测物的绝对振动速度 v_x（输入）接收为可动部分相对于外壳（即动线圈相对磁隙）的相对振动速度 v_y（响应），然后由传感器变换部分将 v_y 变换为电势 e_0，设 v_x、v_y、U 分别为稳定情况下的输入绝对振动速度、相对振动速度、开路输出电压的复数幅值，则有

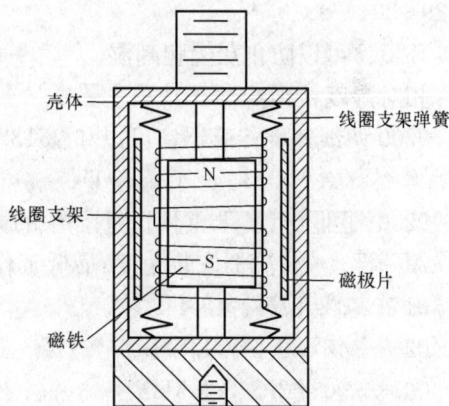

图 7-11 惯性式速度传感器结构简图

$$U = Blv_y$$
$$v_y = H(f)v_x$$

式中　B——磁隙中的磁感应强度；

　　l——动圈导线的有效长度；

　$H(f)$——相对速度对于输入绝对速度的频率函数。

$$U = BlH(f)v_x$$

这样，一旦传感器系统确定，传感器的输出电压就与振动速度成确定的正比关系，测得速度传感器的输出电压就可确定振动速度。

速度传感器的输出电压与振动速度成正比，因此，对于那些以振动速度的大小作为监测标准的机械，速度传感器的输出电压可直接提供分析和处理。对于那些以位移幅值做为监测标准的机械，则需对传感器的电压输出进行积分处理，使得经过积分线路后的输出电压正比于振动位移。

2. 本特利公司生产的 9200 速度传感器

9200 速度传感器，是用来测量轴承壳或结构振动的，它可输出所测结构的绝对速度，当然经过积分，也可得到绝对位移，这种测量可给出被测量的旋转机械或往复机械的综合评价。一般情况下，机械振动是由于轴的振动产生的，诸如不平衡、不对中或摩擦等原因都可以使轴产生振动。对于某些机械，其轴的振动可以大部分传到轴承座上，在这种情况下，应用装在轴承座上的速度传感器，测量得到的绝对速度，对评价机械的综合状态，可提供有意义的信息。对于下面两种情况，推荐用速度传感器：①大部分具有滚动轴承的机械；②虽然具有油膜轴承，但轴的振动可忠实地传到轴承座上。

对于绝大多数机械，最好用电涡流探头，直接观察轴的振动，但有些机械不能安装探头。在这种情况下，如果轴的振动能足够大地传到轴承座上，就可以用速度传感器测量机壳的振动。但应指出，只用速度传感器进行测量，有可能失去对机器有意义的保护。

9200 是两线速度传感器，当与 3300 双通道速度监测器或者复合式探头监测器一起联用时，可用来进行连续监测。9200 速度传感器的型式，包括标准的 9200 型和高温 74712 型。

工作和贮存温度范围：9200 型 $-20 \sim 250$℉（$-29 \sim 121$℃）；74712 型，$-20 \sim +400$℉（$-29 \sim 204$℃）。

环境：可以防止灰尘和潮湿。

相对湿度：到 95% 不冷凝。

9200 两线速度传感器，可以和 9513 速度位移转换器一起作用。

   A B C D

9200-□□-□□-□□-□□中的方框选择说明：

A□□——传感器安装角度/最低工作频率选择：

01——0°±2.5°，4.5Hz。

02——45°±2.5°，4.5Hz。

03——90°±2.5°，4.5Hz。

06——0°±100°，10Hz。

09——0°±180°，15Hz。

B□□——接头选择：

01——安装在顶部。

02——安装在侧面。

05——接线端块，在顶部。

06——同轴接头（只限用于试验设备）。

07~50——能在较差环境中稳定工作的整体电缆，选择号即相当于电缆长度。7.0ft

（2.1m）最小，50.0ft（15m）最大，订货时以 1ft 递增。

C□□——安装基座的选择：

01——圆形，1/4-20UNC 双头螺栓。

02——圆形，1/4-28UNF 双头螺栓。

03——长方形法兰。

04——圆形，有三个 8-32 螺纹的双头螺栓，分布在直径为 1.75in（44mm）螺栓分布圆上。

05——没有基座：1/2-20UNF-32A 双头螺栓。

06——绝缘的圆形：1/4-20UNF 螺栓。

07——绝缘的圆形：1/4-28UNF 螺栓。

08——绝缘的长方形法兰。

09——绝缘的圆形：5/8-18UNF 螺栓。

10——圆形 M10×1 螺栓。

D□□——批准单位的选择。

00——不要求。

01——CSA。

02——BASEEFA。

03——FM。

3. 速度传感器安装时应考虑的问题

速度传感器一般是用来测量轴承座振动，在少数情况下也会用来测转轴振动。测量转承振动时，速度传感器安装比较简单。目前在现场采用手扶、橡皮泥粘接、永磁盘固定、螺丝固定等四种安装方式。在临时性振动测试中，绝大多数采用手扶传感器，这种方式测试灵活，使用方便，特别是传感器数目不足和各个传感器互换性不好时，它有突出的优点，但是测试误差较大，而且劳动强度也大。

用橡皮泥粘接传感器比较方便，测量正确性较手扶高得多，但是橡皮泥粘接性不大，它不能将传感器粘接到垂直平面上，只能固定在水平面上，例如测量轴承座顶部垂直、水平、轴向振动。在粘接牢靠时，50Hz 时，最大能测量 $300\mu m$ 振动。

橡皮泥粘接传感器的主要缺点是其粘接力受温度影响较大，温度较高和较低都使粘接力显著降低，因此它不适用于温度较高的汽机高中压转子和带盘车齿轮的轴承，冬季冷态起动时，轴承温度过低也不宜采用。

永磁吸盘固定传感器较橡皮泥更方便，而且目前国内也能制造出尺寸为 $\phi50$ 或 50mm×50mm 的永磁吸盘，其吸力可达 196N，用这样的吸盘固定 500g 以下的传感器，吸附在水平平面上，最大可测量 $1000\mu m$ 振动。但是一般机组轴承座都涂有泥子和油漆，使吸盘的吸力降低，因此当吸附在垂直平面上，振幅较大时，仍需手扶，以免脱落，摔坏传感器。用螺丝直接将传感器固定在轴承上，不仅可以牢固地测量转承座顶部三个方向振动。这种安装方法是四种安装方法中最牢靠的一种，所以在固定式传感器安装中均采用这种方法，临时性测试中显得有些麻烦。

为了获得正确的测量结果，速度传感器的安装应注意下列几点：

（1）工作温度。一般速度传感器工作温度均在 120℃ 以下，温度过高会使传感器绝缘损坏和退磁，使其灵敏度降低。对于高中压转子的轴承，当其轴封漏气严重时，传感器不能较长时间装在轴承上。

（2）避免传感器固定不稳和共振。传感器连接不论是采用哪一种方式，传感器都必须紧密地固定在被测物体上，不能有松动，否则会引起传感器的撞击，使测量结果失真。传感器采用单个螺丝固定，有时会引起传感器的共振，使传感器产生较明显的横向振动，引起测量误差。为了避免传感器固定在振动物体上发生共振，其连接螺丝不能小于 M8。而且传感器与被测物体之间接触面要平整，接触面的直径不能小于 20mm。如果采用外加的夹具把传感器固定在轴承座上，夹具高度尽量降低，否则会把被测的振动放大。

（3）测点位置前后一致。一般机组的轴承在不同的位置振动有较大的差别，因此凡是采用手扶、橡皮泥粘接和永磁吸盘固定传感器，都应标出测点位置，避免因前后测点位置不同而发生误差。这一点对于振动故障诊断和转子平衡中振动测量尤为重要。

（4）传感器的互换性。为了减轻测试中劳动强度，目前在机组振动测试中一般采用几个以至十几个传感器测量各种振动。对同一点振动来说，当前后采用不同的传感器测量时，各个传感器灵敏度和相位特性应统一，只有经过严格试验的传感器在测试中才能互换，否则会引起较大的测量误差。为了避免传感器互换性不好引起的测量误差，传感器应对号入座（测点）。

（5）传感器安装方向与要求测量方向应一致。轴承振动往往在某一方向上特别显著，当传感器方向稍为偏离测量方向时，表计指示值就会发生较大的变化，特别是采用手扶传感器，传感器不大的偏斜往往不易觉察。另外采用橡皮泥粘接传感器时，由于轴承温度的升高，橡皮泥软化，传感器发生倾斜而偏离测量方向。测振动时应随时注意传感器安装方向。

三、机壳膨胀传感器

（一）机壳膨胀传感器系统的特点及应用

机壳膨胀是汽轮机监测仪表（TSI）的一个重要测量参数。机壳膨胀（有时称构架膨胀），是指在机组启动或正常运转时汽轮机膨胀造成的汽缸热膨胀，典型的情况下，传感器安装在绝对死点的相对端基础上，在这个相对端，汽轮机汽缸压在基础上，机壳膨胀传感器系统提供的是汽缸相对于基础的热膨胀。

完整的机壳膨胀信息应由两个传感器获得，即使用两个传感器来分别测定汽机中心线两侧的汽缸热膨胀。这种布置可以了解汽缸板滑销系统的工作情况。如果滑销被卡住，将造成汽缸变形进而引起机组损坏。此双传感器机壳膨胀传感器系统通过使用 3300/48 机壳膨胀监测器可发生报警。

机壳膨胀的测定也能确定机组温差是否升高。开始时，机壳膨胀是一个启动参数，它标志着机壳和转子是否可以近似相同的速度膨胀，不同速率的热膨胀能够造成转子部件和固定部件之间的内部摩擦，这种情况可以由机壳膨胀监测装置来探测。

（二）机壳膨胀传感器的工作原理

本特利公司的机壳膨胀传感系统使用一个线性变量差值互感器（LVDT）来测量机器壳体的热膨胀。在 LVDT 上有一个与机器相连的探测棒，当机壳膨胀时，这个探测棒进入 LVDT，在 LVDT 中产生一个与机壳膨胀值成比例的输出，这个信号随后转化成电压信号输入到监测器中。

机壳膨胀传感器如图 7 - 12 所示，它被装在一个不受外界气候影响的保护罩内

（NEMA3），最高温度可达+93℃。

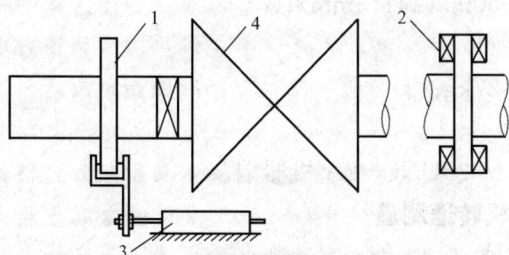

图 7-12　本特利公司的膨胀差传感器　　　　　　图 7-13　LVDT 结构示意图

1—凸缘；2—推力轴承；3—线性差动变压器；4—汽轮机转子

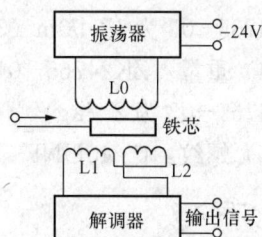

线性差动变压器（LVDT）的结构示意图如图 7-13 所示，它由三个线圈组成，其中 L0 为激磁绕组，由 1kHz 振荡器提供交流激磁电源；L1、L2 为输出绕组，反向差动连接，输出的交流电压正比于铁芯偏离中心位置的距离。交流信号经解调器检波后变为直流电压信号输出。当 LVDT 用于测量缸胀时，外壳固定于基础上；当 LVDT 用于测量差胀时，需要在转子轴上的相应部位车削出专用的凸缘作为检测元件的可动部分，铁芯与汽轮机转子上凸缘相吻合。

此系统三种型号的线性测量范围分别为 25、50 和 100mm，其技术规格如下述。

1. 电气性能

（1）灵敏度

a　24765-01：9V/in（0.35V/mm）。

b　24765-02：10V/in（0.39V/mm）。

c　24765-03：3.5V/in（0.14V/mm）。

（2）线性范围

a　24765-01：±0.5（±12.7mm）。

b　24765-02：±1.0（±25.4mm）。

c　24765-03：±2.0（±51mm）。

（3）频率

a　24765-01：20Hz。

b　24765-02：15Hz。

c　24765-03：10Hz。

（4）线性误差：±15％满量程。

（5）稳定性：0.125％满量程。

（6）刻度指标温度修正系数：0.04％/（0.07℃）。

2. 环境条件

温度范围：

运行：0~+160℉（-18~+71℃）。

保存：-54~923℃。

3. 物理条件

（1）高度：24765-01，-02，-03 均为 3.50in（88.9mm）；

(2) 宽度：24765−01，−02，−03 均为 4.50in（116.8mm）；

(3) 长度：ZK24765−01 和−02，为 9.50in（241.3mm）；

24765−03 为 12.90in（327.7mm）。

(4) 重量：ZK24765−01 和−02，为 2.27kg；

24765−03 为 2.7kg。

(5) 螺纹：6−40UNF−2B 探棒端；1/4−20UNC−2A 机器端。

四、汽轮机转速测量

1. 测量方法

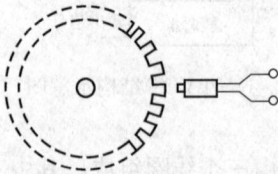

图 7-14　转速传感器示意图

通常采用测频的方法测量汽轮机的转速，就是利用转速传感器将汽轮机的转速信号转换为频率信号，再用频率表进行测量，测量汽轮机转速传感器示意如图 7-14 所示。在汽轮机的轴上装一个有齿的测量盘，测速探头安装在测量盘的直径方向上，当汽轮机旋转时，测量盘上的凸齿使测速探头输出脉冲序列，脉冲出现的频率与轴的转速成正比。探头的输出频率可以用数字式频率表进行测量，测得的结果经转换即可得出轴的转速。

转速的具体测量方法有很多，常用的有离心式、磁阻式、测速发电机式、磁敏式、电涡流式等。

2. 数字转速表

数字转速表的测量原理一般为计数法测频率，即在一定时间间隔内对被测脉冲进行计数，图 7-15 为数字转速表框图。

由转速传感器将转速转换成数字脉冲信号 f_x，通过整形电路将脉冲信号变换成窄脉冲信号送

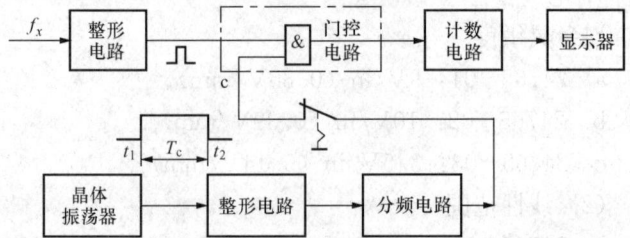

图 7-15　数字转速表框图

入门控电路的输入端。门控电路实际是一个具有"与"门功能的电路，当控制端 c 为高电平时，"与"门电路导通。送至控制端 c 的基准时间信号是由高精度石英晶体振荡器的振荡信号，经整形和多级分频后形成。因此，门控信号是一个宽度为 $T_c = t_2 - t_1$ 的矩形脉冲。在 T_c 时间内，被测信号 f_x 通过门控电路输入计数器计数。

第三节　本特利·内华达 3500TSI 系统的监测器

本套汽轮机安全监视装置用于连续监视汽轮机本体各种参数，其监视参数有转速、轴向位移、胀差、轴承盖振动、轴振动偏心和汽缸绝对膨胀等。

某电厂 300MW 机组 TSI 系统监测装置分进口部分和国产部分，进口部分配置美国 B. N 公司生产的 3500TSI 监视系统，由两个 16 位机箱和相应的监视器、传感器、前置器和延伸电缆组成，用以监视汽轮机的转速、轴向位移、胀差、轴承盖振动、轴振动、偏心并输出相应的 4~20mA 信号，监视值如有越限则输出停机信号。国产部分为 DF9000 监控系统和智能瞬态转速表，由绝对膨胀监测器、相应的传感器和智能瞬态转速表组成。智能瞬态转速表

用以监测汽机的转速。绝对膨胀监测器用以监视汽缸绝对膨胀，左右各一，并输出相应的 4～20mA 信号。每个监视装置输入电源均为 220V(AC)、50Hz。

某电厂 300MW 机组配套传感器如下：

19 个 8mm 电涡流传感器中，5 个用于转速的测量，1 个用于键相的测量，12 个用于 1～6 号 X、Y 方向振动的测量，1 个用于偏心度的测量。2 个 11mm 电涡流传感器用于 1、2 号轴向位移的测量。25mm 差胀传感器用于高中压缸胀差的测量。50mm 差胀传感器用于低压缸胀差的测量。

BN3500TSI 监视保护系统和 BN3500/53 超速保护装置均采用 BN 公司生产的系列电涡流传感器和速度传感器；转速、偏心和键相测量用 8mm 电涡流传感器；轴向位移测量用 11mm 的电涡流传感器；胀差测量用 25mm 和 50mm 趋近式传感器，1～6 号轴振动测量用 8mm 电涡流传感器（每个轴振动包括 X、Y 方向）。

1～6 号轴承盖振动用 9200 系列速度传感器测量，采用 50mmLVDT 传感器进行热膨胀的监测。

300MW 机组安全监视系统技术指标见表 7-2。

表 7-2　　　　　　　　　**300MW 机组安全监视系统技术指标**

监测项目	测量范围	模拟量输出	报警值	危险值	
汽机转速	0～5000r/min	4～20mA	≤2r/min，或≥3240r/min	3500r/min	B.N 装置
轴向位移	0～±2mm	4～20mA	−1.05，+0.6	−1.65，1.2	B.N 装置
高中压胀差	−4～+8mm	4～20mA	−3，+6		B.N 装置
盖振	0～100μm（P−P）	4～20mA	50μm（P−P）		
轴振	0～400μm（P−P）	4～20mA	127μm（P−P）	250μm（P−P）	
低压胀差	0～20mm	4～20mA	+14		B.N 装置
大轴偏心	0～100μm（P−P）	4～20mA	>原始值的 30μm（P−P）		B.N 装置

注　对于轴向位移测量，转子向发电机方向运动为正。对于胀差测量，转子伸长大于汽缸伸长为正。

一、BN3500TSI 系统综述

BN3500TSI 监视系统提供对汽轮机连续在线监测，其监视参数有：转速、轴向位移、胀差、轴承盖振动、轴振动、偏心率等。

（一）系统组成

一个完整的 BN3500TSI 监视系统包括：框架、电源、系统监视器和其他监视器及配套传感器系统。监视器主要有转速表、双通道轴向位移监视器、双通道胀差监视器、双通道轴振动监视器、双通道速度监视器和偏心监视器。

（二）BN3500TSI 监视系统的功能

BN3500TSI 监视器系统具有许多功能，包括自检、接合器选择、监控等，其中有些功能是某一具体监视器所特有的。

1. 自检功能

BN3500TSI 监视器系统具有自检程序和故障极限操作系统，它有三种自检功能：通过自检、周期性自检、用户要求进行的自检。若监视器出故障，则面板上 OK 发光管将会闪烁，提醒运行人员注意。由周期性自检发现的错误代码被存入监视器的存贮器中作为以后的参考，如果需要可以调出显示在液晶屏上，在维修可根据错误代码确定故障的位置。

故障极限操作系统利用微处理机连续检查监视器电压值。若电压超出规定范围，其结果将显示在液晶显示器上，便于查找故障。

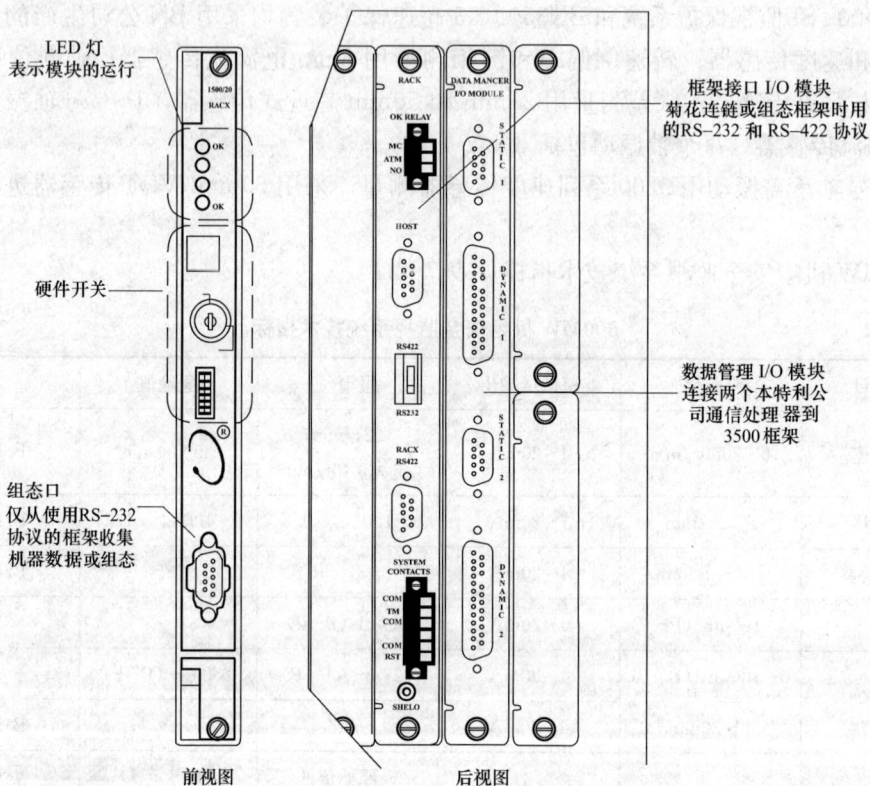

图 7-16　框架接口模块 BN3500/20 示意图

2. 接合器选择

利用插件式程序接合器（类似一种插头，插在不同位置即可对某一参数进行选择），可在现场灵活改变某一参数。大多数 BN3500TSI 的参数选择，均由程序接合器完成，包括：

（1）记录仪输出。这是一个线性模拟量输出，其输出可选择 0～-10V(DC)，+1～+5V(DC) 或+4～+20mA。

（2）报警时间延迟。指从输入信号幅值超过报警点到报警线路引起继电器动作这段时间，延迟时间可选择 0.1s，1s，3s，6s。

（3）"与"、"或"逻辑。监视器的危险继电器，可选择"或门"或"与门"逻辑驱动："或门"指每一通道报警均可驱动危险继电器；"与门"指两个通道都报警才驱动危险继电器。监视器中报警继电器均采用"或"逻辑。

（4）公共继电器。如果某一监视器中的报警信号需要去驱动其他监视器中的报警继电器，这时就要用公共继电器。

（5）继电器工作。可选择正常情况下通电或不通电。接合器设在信号输入/继电器组件上。

（6）监视器报警模式。报警和危险信号都可选择闭锁或非闭锁形式。

（7）指示首先报警。指示在最后一次通电或复位后，BN3500TSI 装置中第一个发出的报警信号。

（8）监视器满刻度范围。允许用户改变满量程范围，使之适应实际情况，监视器变更量程后需要重新校准。

（9）表头刻度。在 BN3500TSI 系统手册里备有激光印制的各种满量程的刻度表，用户可以很方便地更换，同时刻度表上可以标上不同颜色以提示所测参数正常范围以及报警点。

（10）频率响应。双通道振动监视器可选择 4~4000Hz 或 1~600Hz。

（11）闭锁或不闭锁 OK 功能。选择 OK 继电器自动复位或探测是否发生瞬间继电器故障，若"定时 OK/通道失效"功能在起作用，则 OK 继电器一定要用"非闭锁"，以使其自动复位。

（12）趋近/远离探头。根据轴在运行中可能发生的位移方向，选择探头在轴向的安装方向。

3. 监控功能

（1）通电抑制。这个功能使监视器在电源稳定后抑制报警 2s，而后恢复报警能力。这可以把电源瞬时变化导致的误报警减至最少，即防止误动作。

（2）危险旁路。用于保证用户在维修监视器及其相关线路时不会启动危险继电器。通过面板后面一个具有保护装置的开关可实现这一功能；另外在监视器电路板上有一个程序接合器，可使这一开关失去作用。

（3）通道旁路。这一功能可使一个通道不工作（两个通道都被旁路则整个监视器不工作）。这也是通过面板后面一个具有保护装置的开关实现的。由于某种理由，用户需要停止某一通道运行，这一功能将该通道退出监视系统，但 OK 继电器对其他通道依然作用。监视器处于通道旁路，面板上红色旁路发光二极管将会亮。

（4）定时 OK/通道失败。这是双振动监视器的标准功能，在 BN3500TSI 振动监视器上可用程序接合器选择，此功能分辨振动信号高的真伪，区分出是传感器瞬时故障（这时不允许报警），还是确实振幅过大（越限时应报警）。

（5）报警点设置。采用数字式调节并存入监视器的存贮器。设置报警点时，首先拨动监视器面板后的一个开关，然后再按动监视器面板上的警告（ALERT）或危险（DANGER）按钮，同时按动系统监视器面板上的上和下按钮，即可设置报警值。采用数字调节设置报警点后系统自检时，能检查并显示这些报警值，较之有电位器的模拟调节报警点有较大优点。

（6）各通道独立设置报警点。

（7）危险报警值倍增。在启动时提高危险报警点，通过一个外部接点的闭合实现此功能，可选择报警值的 2 倍或 3 倍（选择 2X 或 3X）。

（8）键相器输入。允许一台汽轮机上的四个转速或四个键相信号引入一个 BN3500TSI 监视系统装置中。缓冲的键相信号输出可提供给装置中其他监视器使用。

二、BN3500/15 电源及电源输入模块

（一）3500/15 电源

3500 电源是半高度模块，必须安装在框架左边专门设计的槽内。3500 电源框架可安装一

如果所有的输出电压都合乎规格，每个电源模块前面板上发光二极管(LED)会显示

图 7 - 17　3500 电源

个或两个电源（交流电源和直流电源的任意组合）。任何一种电源都能给整个框架供电。如果安装两个电源，第二个电源可作为基本电源的冗余。只要装有一个备用电源，拆除和安装一个电源模块时将不影响机架的运行，见图 7 - 17。

1. 电源类型

BN3500TSI 监测系统可接受三种类型电源：交流电源、高压直流电源和低压直流电源。使用两种类型电源输入模块（PIM），3500 交流电源可接受两种范围的交流输入电压。高压交流电 PIM 可接受从 175V（AC）到 250V（AC）的有效值（rms）输入。低压交流电 PIM 可接受从 85～125V（AC）有效值输入。高压直流电源可提供从 88～140V 的直流输入。低压直流电源可提供从 20～30V 的直流输入。

2. 单电源

BN3500TSI 监视系统在满负荷情况下使用单电源即可运行。当使用单电源供电时，建议将单电源安装在上部位置。

3. 双电源

当框架装有两个电源时，下部槽口电源作为主电源，上部槽口电源作为备用电源。如果主电源发生故障，备用电源将为框架供电而不会中断框架的运行。每个电源将给一个独立的电源分布网供电，这保证了一个电源分布网中发生任何故障（例如：+5 伏电源短路）将不影响第二个电源供电。在用三冗余模块时，要求用两个电源。

（二）电源输入模块概述

电源输入模块是半高度模块，与电源连接并供电。电源输入模块安装在电源模块后部（取决于架式或盘式安装）或电源上面（在隔板框架）。例如，电源安装在上部槽口，它的电源输入模块一定安装在上部槽口。在有备用电源及相应的电源输入模块时，拔出或插入一个电源输入模块将不影响 BN3500TSI 监测系统框架运行。

1. 高压交流电输入模块

当框架使用的电源是高压交流电时〔175～250V（AC）〕，用高压交流电输入模块。

2. 单点接地线连接

为避免接地回路，系统必须提供一单点接地，电源输入模块提供了一个开关，控制系统在此接地。如果装了两个电源，那么两个开关需要调到同一位置。电源输入模块运出厂时，开关调到关（CLOSED），接地系统通过末端（END）引到端子连接器上，如果系统在另一个地方接地，比如用外部安保器，需把开关调到（OPENED）；下面图示和步骤演示了如何把开关调到（OPENED）位置，如图 7 - 18 所示。

（1）从端子连接器上拆除导线保护罩。

（2）拆下边上的十字槽螺钉，该螺钉用来固定

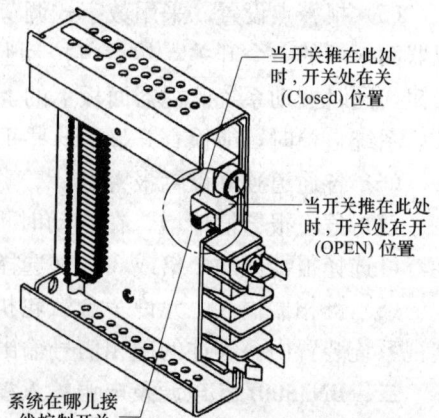

当开关推在此处时，开关处在关(Closed)位置

当开关推在此处时，开关处在开(OPEN)位置

系统在哪儿接线控制开关

图 7 - 18　电源输入模块

电源输入模块的金属罩片。

（3）松开固定外壳上地线夹子的两个螺钉，该螺钉位于端子连接器下，拆下外壳的地线夹子。

（4）拆下金属罩片底部的薄金属片，端子连接器滑过金属罩片。

（5）把开关推向开（OPENED）位置。

（6）把金属罩片和外壳地线夹子在电源输入模块上复位。

三、BN3500/50 转速表

（一）概述

BN3500/50 转速表模块是一个双通道模块，它可接受来自电涡流探头或磁探头的速度脉冲输入信号，并用此输入信号驱动报警输出。另外，BN3500/50 转速表模块可以通过组态成为框架中其他监测器模块提供键相位信号的模块，键相位信号是一个数字计时信号，它被监测器模块或其他外部诊断设备用于测定矢量参数，如：一倍频幅值及相位。用 BN3500 框架组态软件可对转速表模块编程，使其完成下列功能：转子速度、转子加速度及零转速的监测。

BN3500/50 转速表模块的基本目的是：①保护机器，通过不断地比较机器当前转速与已组态的报警值来驱动报警；②对操作员及维修人员均很重要的机器转速信息。使用 BN3500 框架组态软件设置报警设置点。可以为每个激活的比例值组态警告报警设置点（报警1），为两个激活的比例值组态危险报警设置点（报警2）。

BN3500/50 转速表模块出厂时是未组态的。需要时，将 BN3500/50 转速表模块插入 BN3500TSI 框架，并进行组态，使其完成所需的监测功能，这样就能够为多种转速应用备置一块备用模块。其正面板如图 7-19 所示。

（二）有效数据

转速表模块将转速比例值返回到通讯网关模块，并通过框架接口模块将该比例值返回给主计算机软件。转速表还将模块及通道状态返回到通讯网关模块及主计算机软件。

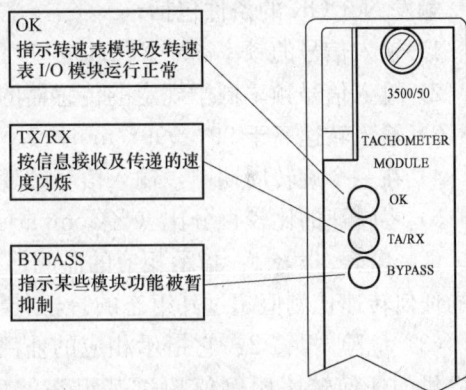

图 7-19 BN3500/50 转速表正面板

1. 模块状态值如下

（1）OK：它标识模块运行是否正确。在下列任何条件下，模块将返回非 OK 状态值：

1）模块硬件故障；

2）节点电压故障；

3）组态故障；

4）传感器故障；

5）插槽 ID 故障；

6）通道非 OK（除了触发非 OK）。

如果模块由 OK 状态变成非 OK 状态，那么框架接口模块上的 OK 继电器将被驱动成非 OK。

（2）警告/报警 1：它指示监测器模块是否已经进入警告/报警 1。当模块提供的任何转速比例值超过其组态的警告/报警 1 设置点时，模块将进入警告/报警 1 状态。

（3）危险/报警 2：它指示监测器模块是否已经进入危险/报警 2。当模块提供的任何转速比例值超过其组态的危险/报警 2 设置点时，模块将进入危险/报警 2 状态。

（4）旁路：当模块已经旁路一个通道的一个或多个比例值报警时，用它标识。一个通道的旁路状态一经设置，此模块的旁路状态亦被设置。

（5）组态失败：它标识监测器组态不正确。

（6）零转速使能：它标识用于零转速表的零转速报警功能已经被使能。有下列两种情况时此状态被激活：

1）当转速有 I/O 模块上零转速使能触点闭合（激活）。

2）模块的零转速使能软件开关被使能。

2. 通道状态

（1）OK：它标识是否已经有故障被相应模块的通道检测到。在下列任何条件下，一个非 OK 状态将被返回：

1）传感器故障；

2）探头间隙 OK 检测失败；

3）通道特定硬件故障；

触发 Not OK 的条件包括：

1）输入信号的频率高于 20kHz；

2）输入信号频率低于规定的传感器的最小频率值；

3）输入转速高于 99, 999r/min；

4）在一个旋转周期中，输入信号的变化等于或高于 50%；

5）零转速的比较百分比（%Comparison）检测失败。

（2）警告/报警 1：指示相应的监测器模块的通道是否已经进入警告/报警 1。当通道提供的任何转速比例值超过其组态的警告/报警 1 设置点时，通道将进入警告/报警 1 状态。

（3）危险/报警 2：它指示相应的监测器模块的通道是否已经进行危险/报警 2。当通道提供的任何转速比例值超过其组态的危险/报警 2 设置点时，通道将进入危险/报警 2 状态。

（4）旁路：它标识通道已经旁路了它的一个或多个比例值的报警。下列条件将导致通道处于旁路状态：

1）转速表模块从未组态；

2）转速表模块处于组态模式；

3）转速表通道组态中有错误；

4）转速表模块处于上电自检状态；

5）在自检时发现致命错误；

6）通道按零转速组态，但零转速使能触点开路（未激活）；

7）报警通过软件开关被旁路；

8）框架报警抑制被使能。

（5）Off：它标识通道是否被关闭。监测器通道可以用框架组态软件关闭（未激活）。

（6）比例值：比例值是用于监测机组的转速测量值。按照转速表模块的组态，模块返回下列比例值（见表7-3）。

表7-3　　　　　　　　　　　　　　监测机组的转速测量值

转速表	加速度表	零转速表
转速	转子加速度	零转速
转速带宽	转速	转速
峰值转速	峰值转速	峰值转速

（7）LED描述：转速表前面板上的LED指示模块运行状态，如图7-19所示，能获得的所有的LED状态。

（三）组态信息

BN3500/50转速表模块必须有一个正确的组态，以保证设备正常运行——获得组态信息，然后使用框架组态软件设置选项，并将组态下载到模块中。

1. 监测器选项

当一个组态下载到BN3500转速表模块框架时，输入一个由六个字符组成的标识。

（1）插槽输入/输出模块类型：I/O区域用于标识插在监测器后面的I/O模块的类型。所选择的选项必须与安装的I/O模块的类型一致。

（2）通道类型：指通道所实现的监测类型。模块中有效的通道类型如下：

1）转速；

2）转子速度及加速度；

3）零转速。为实现二选一的报警功能，零转速表需要双通道输入。当把监测器组态成零转速表时，两个通道必须都组态成零转速通道。

（3）激活：用于选择将通道功能打开或关闭。

（4）选项：用于显示所选通道类型的组态选项的按钮。

传感器OK％值比较（仅对零转速表）用于使能一个附加的、零转速表的双探头输入的OK检查功能。使能后，它要求在触发零转速报警之前，两个探头的输入均在设置的百分比之内（满量程的1％～10％）。转速低于1转时，此功能失效。

2. 转子速度通道选项

组态转子速度通道时，需要考虑的问题及所对应的框架组态软件的屏幕显示情况如下：

（1）组态转子速度通道时需要考虑的问题

组态转子速度通道之前，需要考虑下列几项问题：

1）目前，外部安保器尚不支持11mm及14mm涡流传感器；

2）BN3500转速表不支持BN3000系列的电涡流传感器；

3）只有在被使能的比例值上，才能设置设置点；

4）当满量程范围被修改后，与该比例值相应的设置点亦需要修改；

5）对于峰值速度的比例值不提供报警功能，峰值速度仅供显示；

6）监测低转速时，不建议使用磁性传感器，因为磁性传感器提供的信号幅值太小；

7）比例值的更新速度及报警反应时间取决于输入频率。在输入频率低时，它们也许会非常慢。

（2）转子速度通道的组态选项

1）使能（Enable）：一个使能的比例值（√使能，□禁止），由指定通道提供该值。对于转子速度通道类型，速度及峰值速度比例值总是被使能。

2）速度（Speed）：轴的旋转速度，单位为转/每分钟（r/min）。

3）转速范围（Speed Band）：特定转速范围的标志，此范围外转速不利于机器运转。

4）峰值速度（Peak Speed）：自上次峰值速度锁存复位以来，转速表记录的最大转速。模块掉电后，转速表仍可保留峰值速度。

5）满量程范围：转速及转速范围的比例值提供设置满量程范围的能力。如果下拉列表中没有所需的满量程值，请选择自定义项（Custom）。默认的峰值速度为转速比例值的满量程值，否则可在零到满量程值的最大值之间选择。探头发生故障或通道旁路时，该比例值被钳位在钳位值。当该比例值无效时，只有来自记录仪输出及通讯网关模块的值被钳位在该指定值。

6）记录仪输出：指送给 4～20mA 记录仪的比例值。4～20mA 的输出与所选的满量程比例值成比例。如果通道被旁路，输出值将被钳位在所选的钳位值上，或被钳位在 2mA（如果选择了 2mA 钳位值）。

7）门槛值：产生触发信号的传感器电压水平（如果滞回电压为零）。

8）自动：触发门槛自动被设置成大多数输入信号的正峰值及负峰值的中间值。此值跟随输入信号的变化而变化。自动门槛值需要的最小信号的幅值为 1VP－P 值，最小频率为 0.0167Hz。

9）手动：触发门槛值由用户自行设定，该值可在＋9.9～－23.9V 之间。手动门槛值需要的最小信号幅值为 500mV 峰—峰值。

10）调节：选择手动门槛值时有效。用于显示设置手动门槛值电压的对话框。

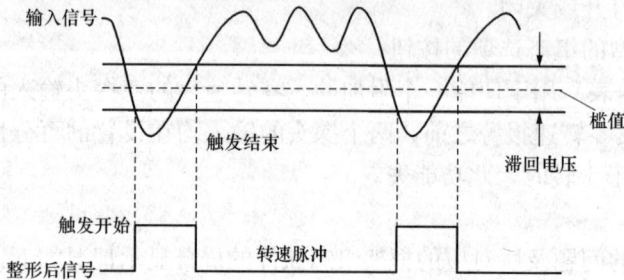

图 7-20　触发信号的形成

11）滞回电压：滞回电压是门槛值电压附近（1/2 强，1/2 弱）产生触发脉冲所需的电压。例如，当输入电压高于门槛值电压加上 1/2 的滞回电压值时，产生触发。滞回电压值越大输入信号的抗噪声性越好。你可将滞回电压设置为 0.2～2.5V 之间的任意值，见图 7-20。

12）报警延迟：比例值达到或超过上报警设置点、达到或超过下报警设置点、处于报警速度范围之中时，在触发报警之前，比例值需要保持的时间。

13）警告/报警 1：当传感器输入信号达到所选的警告/报警 1 的设置点时，产生的第一级报警，对于所有的比例值，一般都将警告/报警 1 的延迟时间设置成 1s（1～60s 可选）。

14）危险/报警 2：当传感器输入信号达到所选的危险/报警 2 的设置点时，产生的第二级报警。对于所有的比例值，一般都将危险/报警 2 的延迟时间设置成 0.1s（1～60s 可选）。

15）信号极性：①凹槽。为监测器提供的一种输出脉冲，它由输入信号中负脉冲的下跳沿触发。这种脉冲由监测轴上凹槽的键相探头产生。如果使用磁性传感器，请将凹槽/凸台选项设置在凹槽状态，这是因为在多数情况下，其正半周 10V 以上的信号将被削去。②凸台。为监测器提供的一种输出脉冲，它由输入信号中正脉冲的上跳沿触发。这种脉冲由监测轴上凸台的键相探头产生。

16）提供整形后的键相信号：整形后的键相信号是一个数字时钟信号，监测器模块及外部诊断设备用它测量矢量数据，如 1 倍频幅值、相位。BN3500 转速表能够将整形后的键相位信号送到 BN3500TSI 系统背板上，供其他监测器使用。转速表通道 1 驱动高位键相模块的通道 1，转速表通道 2 驱动高位键相模块的通道 2。

17）传感器选择：下列传感器类型适用于转子速度通道：

3300－5mm 电涡流传感器、7200－5mm 涡流传感器、3300－8mm 涡流传感器、7200－8mm 涡流传感器、7200－11mm 涡流传感器、3300RAM 电涡流传感器、7200－14mm 电涡流传感器、磁性传感器、非标准传感器。

18）自定义按钮：用于使能对 OK 极限电压的检测。如果选择了非标准传感器，也可调整 OK 极限。OK 极限的上下限差值最小为 2V。

19）使能电压检测：传感器输入的直流（DC）电压，与电涡流探头的端面到被监测物表面的间隙成正比。OK 极限指上限及下限电压，在此范围内，电涡流探头被视为 OK。OK 上限电压为负值较大的电压，OK 的下限电压为负值较小的电压（接近 0V）。OK 极限值根据所使用的传感器而变化。

选择 OK 极限的上下限选择按钮，你可以启动对探头的附加检查功能，以使得转速表能够区分探头失效及机器停机的状态。选择了这些选项后，当探头 OK 并且机器停机时，触发器 OK 状态仍保持 OK。

BN3500TSI 系统对所有电涡流传感器提供了默认的 OK 极限值。OK 极限的下限值被使能成电涡流传感器的默认极限。只有选择了非标准的传感器时，才需要改变传感器的 OK 极限值，见表 7-4。

表 7-4　　　　　　　　　　　　　　　OK 极限的上下限值

探头	OK 上限		OK 下限		间隙电压	
	带安保器	不带安保器	带安保器	不带安保器	带安保器	不带安保器
3300－5mm	−16.80V	−16.80V	−2.70V	−2.70V	−9.75V	−9.75V
3300－8mm	−16.80V	−16.80V	−2.70V	−2.70V	−9.75V	−9.75V
7200－5mm	−16.80V	−16.80V	−2.70V	−2.70V	−9.75V	−9.75V
7200－8mm	−16.80V	−16.80V	−2.70V	−2.70V	−9.75V	−9.75V
7200－11mm	−19.70V	N/A	−3.50V	N/A	−11.60V	N/A
7200－14mm	−16.80V	N/A	−2.70V	N/A	−9.75V	N/A
3300RAM	−12.60V	−12.20V	−2.40V	−2.40V	−7.50V	−7.30V
磁性传感器	N/A	N/A	N/A	N/A	N/A	N/A

20）每转事件数（EPR）：转子每旋转一周，转速探头信号中的脉冲数。如果转速探头监测的对象是两个多齿齿轮，则将每转事件数设置成齿轮的齿数。用十进制数（0.039～255）或分式来表示每转事件数，其中分式的分子为 1～255，分母为 1～255，见图 7-21。

由于转速表在其算法中使用分数，所以它总是在计算并显示该分数值。如果你输入一个非整数的每转事件数，软件将决定哪个分式最接近这个值，并显示所用的分子、分母。软件

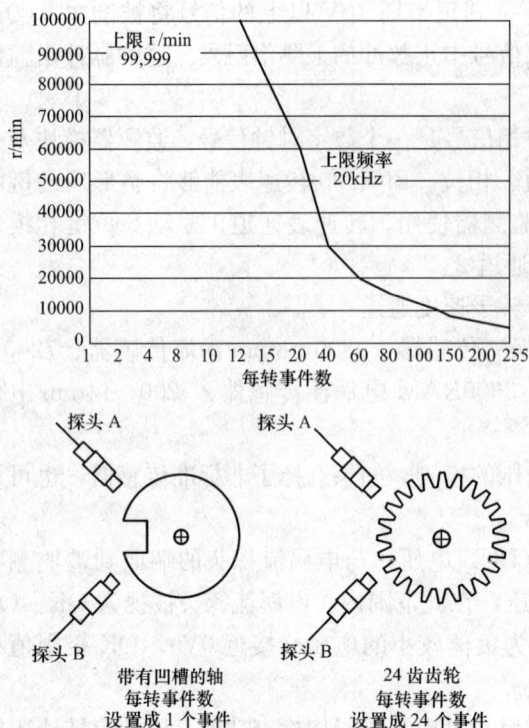

图 7-21 转速与齿轮数的关系图

到用下列方法将其复位：

• 按下 BN3500TSI 框架接口模块前面的复位开关。

• 闭合 BN3500TSI 框架接口 I/O 模块的复位触点。

• 在 BN3500TSI 框架组态软件或操作员显示软件中选择框架复位命令。

• 通过通讯网关模块发出复位命令。

②不闭锁。

当报警激活后，比例值一旦降到已设置的报警设置点以下，报警即回到未激活状态。

当探头信号达到一级报警设定值时，应该发出一级报警——警告/报警 1。当探头信号达到二级报警设定值时，应该发出二级报警——危险/报警 2。在报警设置点屏幕中设置警告/报警 1 及危险/报警 2。

22）探头定位：探头在机器上的位置。定位角范围为：从机组驱动端看向被驱动端，左右 0~180°，见图 7-23。

3. 零转速通道选项

组态零转速通道时，需要考虑的问题及所对应的框架组态软件的屏幕显示情况与转子速度通道大致相同，在此略。

还将计算并显示分式与给定的十进制值间的百分比差值。

例如，两个探头监测的轴为带有一个 11 齿齿轮的 18 齿齿轮，见图 7-22。而 11 齿齿轮被另一个 24 齿齿轮驱动。转速表用于指示 24 齿齿轮所在轴的转速。这种情况下每转事件数的算法为

$$RPR = (24/11) \times 18 = 39.2727$$

在给定的每转事件数（Desired EPR）栏中填入十进制值，以设定转速表的正确的每转事件数。本例中，计算最接近该值的软件发现每转事件数的分式应为 EPR = $157/4 = 39.25$。因为 $157/4 = 39.25$ 而非 39.2727，所以会有一点误差。本例中，误差为 0.0578% 或在 3600 转时差 2r/min。

21）报警模式：

①闭锁每转事件数最大值。

一旦报警被激活，尽管比例值已降到已组态的报警设置点以下，报警仍然保持在激活状态。通道将保持在报警状态，直

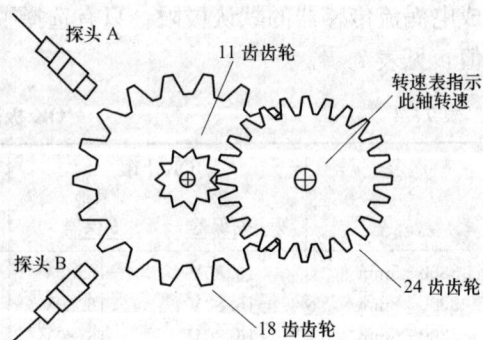

图 7-22 带两个多齿齿轮的每转事件数

（四）有效的报警设置点

报警设置点是指满量程范围内的某个值，用该值决定报警的触发。BN3500TS 监测系统允许为每种比例值（除峰值速度以外）设置警告/报警 1 设置点。如果一个或多个通道比例值达到此报警设置点，通道将发出警告/报警 1 指示。BN3500TS 监测系统还允许最多为转速通道及转子加速度通道的两个比例值，设置 4 个危险/报警 2 设置点（两个超速报警设置点及两个降速报警设置点）。零转速通道只有一个危险/报警 2 设置点（低于零转速）。报警设置显示见图 7 - 24。

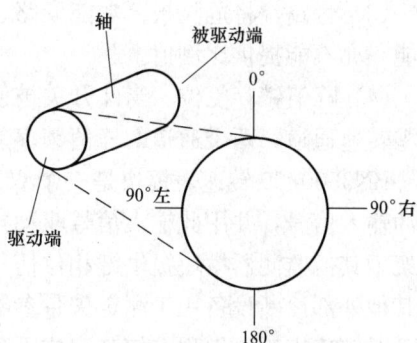

图 7 - 23　探头定位

所有报警设置点的滞回值为 10r/min（除零转速表可以组态外）。当一个通道触发报警后，在报警解除之前，其比例值必须降到滞回值之下。如图 7 - 24 所示，通道报警点为 4250r/min，通道报警解除之前，通道输入值必须低于 4240r/min。

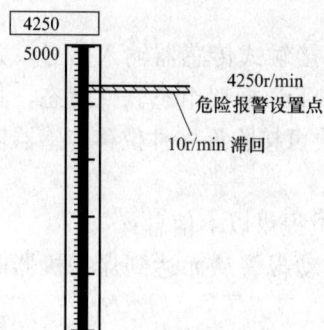

图 7 - 24　报警点的设置

（五）软件开关

转速表支持四种用于模块的软件开关和四种用于通道的软件开关。这些开关可以使我们能够暂时地旁路、抑制或调用监测器及通道的功能。可以通过框架组态软件的主屏幕，选择实用程序（Utilities）选项，并在其中的软件开关屏幕中设置这些开关。

1. 模块开关

（1）组态模式：允许监测器被组态的开关。为了能够组态监测器，请使能此开关，并将框架接口模块前面板上的钥匙开关置于编程（PROGRAM）位置。当从框架组态软件向框架下载组态信息时，此开关自动被框架组态软件使能或取消。如果在组态过程中中断了与框架的连接，使用此开关可将模块移出组态模式。

（2）监测器报警旁路：当此开关被使能时，监测器不执行报警功能，但仍然提供所有的比例值。

（3）手动键相门槛值调节：当调节手动门槛值时使用此开关。当转速表监测器选项屏幕中的调节（Adjust）按钮被按下时，此开关将被自动使能或取消。当在此模式下，转速表模块将使用暂时由框架组态软件提供的手动门槛值运行。在调节手动门槛值的过程中，比例值可能会失效，报警可能被旁路，并且将不会提供整形后的键相信号。

（4）零转速使能：零转速使能开关是一个许可性开关，它允许触发零转速报警。当此开关被使能后，出现零转速报警情况时，零转速报警被触发。如果此开关未被使能，则即使出现了报警情况，零转速报警亦将被旁路，即零转速不报警。

2. 通道开关

（1）警告旁路。将警告功能旁路，即当此开关被使能时，通道不执行警告报警功能。

（2）危险旁路。将危险报警功能旁路，即当此开关被使能时，通道不执行危险报警功能。

（3）旁路。将危险报警功能旁路、比例值闭锁，即当此开关被使能时，通道不提供报警功能，亦不能提供比例值。

（4）峰值锁存复位。当此开关被使能时，存储器中当前的通道峰值速度读数被消除。对于零转速通道，两个通道的峰值锁存复位开关必须都被使能，才能清除峰值速度读数。

BN3500/50 转速表模块是一个双通道模块，它可接受来自电涡流探头或磁探头的速度脉冲输入信号，并用此输入信号驱动报警输出。另外，BN500/50 转速表模块可以组态，为框架中其他监测器模块提供键相位信号。键相位信号是一个数字计时信号，它被监测器模块或其他外部诊断设备用于测定矢量参数，如一倍频幅值及相位。用 BN3500TSI 框架组态软件可对转速表模块编程，使其完成下列功能：转子速度，转子加速度及零转速的监测。

BN3500/50 转速表模块的基本目的是为机器运行提供服务：①保护机器，通过不断地比较机器当前转速与已组态的报警值来驱动报警；②对操作员及维修人员提供很重要的机器转速信息。使用 BN3500TSI 框架组态软件设置报警设置点，可以为每个激活的比例值组态警告报警设置点（报警1），为两个激活的比例值组态危险报警设置点（报警2）。

四、BN3500/40 位移监视器

（一）概述

BN3500/40 位移监视器是一种四通道监测器，它接收由非接触式传感器输入信号，并可用此输入信号驱动报警。BN3500/40 位移监视器可由 BN3500TSI 框架组态软件组态，具有如下功能：径向振动、轴向位置、偏心及差胀的监测。此模块可接收许多种位移传感器输入的信号。

BN3500/40 位移监测器的主要目的是向操作人员与维修人员提供以下信息：

（1）通过将机器振动的当前值与组态的报警点相比较来驱动报警从而达到保护机器的目的。

（2）重要机器的振动信息。

报警点由 BN3500/40 框架组态软件进行设置。警告报警点可被组态成每一个有效的成比例值，并且危险报警可被组态成有效的成比例值中的两个。BN3500/40 位移监视器在出厂运输中是没有被组态的，需要时，BN3500/40 位移监视器可插入 BN3500TSI 框架并组态成所需要的监测功能，因此，可为多种不同的用途使用，但只需库存一种模块作为备件使用。

（二）有效数据

位移监测器根据组态的通道类型的不同，其所提供的成比例值也有所不同，监测器也提供监测器和通道状态。状态显示方式是通用的。

1. 状态值

位移监测器提供以下状态：

（1）监测器状态：

1）OK：它用来指示位移监测器工作是否正常。发生以下任一状态，就会产生非 OK 状态：

①模块硬件损坏；

②节点电压错误；

③传感器信号不正常；

④组态失败；

⑤槽位的识别有错。

当监测器处于非OK状态，框架接口I/O模块的系统OK继电器将驱动为非OK；

2）警告/一级报警（Alert/Alarm1）：此状态用来指示位移监测器是否进入警告/一级报警状态。一旦任一成比例值超过了警告/一级警点，监测器将进入警告/一级报警状态；

3）危险/二级报警（Danger/Alarm2）：它用来指示位移监测器是否进入危险/二级报警状态。由监测器提供的任一成比例值超过组态中危险/二级报警点时，监测器进入危险/二级报警状态；

4）旁路（Bypass）：它用来指示位移监测器已旁路了一个或多个成比例值的报警。如通道旁路被设置时，监测器旁路也被设置；

5）组态错误：它用来指示监测器组态是否有效；

6）专门报警抑制：它用来指示所有不重要的警告/一级报警被抑制。当发生以下情况，此状态激活：①位移监测器I/O模块上的报警抑制接触点闭合时。②软件中专门报警抑制被激活时。

（2）通道状态：

1）OK：它用来指示相关位移监测器通道工作正常；

2）警告/一级报警（Alert/Alarm1）：它用来指示有关位移监测器通道是否已进入警告/一级报警状态。当由通道提供的任一成比例值超过组态警告/一级报警设置点时，通道进入一级报警状态；

3）危险/二级报警（Danger/Alarm2）：它用来指示相关位移监测器通道是否已进入危险/二级报警状态，当由通道提供的任一成比例值超过组态的危险/二级报警点时，通道进入危险/二级报警状态；

4）旁路：它用来指示相关的位移监测器通道已旁路了通道的一个以上的成比例值。旁路状态可能有下列原因：①传感器有问题，通道被组态为时间OK通道失效；②相关通道的键相位传感器无效，引起所有成比例值被旁路；③位移监测器被检测出有一严重的内部错误；

5）专门报警抑制：它用来指示所有次要的警告/一级报警被抑制，有下列情况时，此状态被激活：①位移监测器I/O模块上的报警抑制触点被关闭；②软件专门报警抑制激活；

6）Off状态：它用来指示通道是否被关闭。用框架组态软件可将位移监测器通道关闭。

（3）成比例值。成比例值是用于监测机器的振动测量值，从位移监测器可得到径向振动、轴向位置、差胀、偏心的成比例值。

（三）组态信息

1．软件组态选项

这部分介绍几个组态屏幕显示，用以分析用框架组态软件组态位移监测模块BN3500/40。

（1）BN3500/40组态选项：

1）槽的I/O模块类型：通过I/O区域可识别I/O模块的类型，此模块附在位移监测模块BN3500/40后面，被选的选项须与所装配的I/O模块相一致；

2）离散I/O：当每一个位移监测模块BN3500/40都有各自的I/O模块时使用。离散内部 I/O：传感器现场接线直接与位移监测模块 BN3500/40 的 I/O 模块相连。离散外部 I/O：传感器的现场接线与外部端子块连接，然后通过 24 针电缆从外部端子块连到位移监测模块 BN3500/40 上。

3）通道对 1 和 2、3 和 4：这个区域的所有选项均对通道对的两个通道进行组态。通道定义了要监测的类型，下列的通道对类型在位移监测器内有效：径向振动、轴向位移、胀差、偏心、没有键相位。若无键相位时，可用此设置，一旦有此标识，只有通频振幅值和间隙电压值有效，这块区域将自动为通道对标识（比如轴向位移和胀差）。

4）首要的键相位：键相位通道常用于测量轴振或转速。当键相位传感器被标为无效时，备用键相位传感器将提供轴的参考信息；

5）备份键相位：所选用的键相位的通道在首要键相位无效后投入使用，若无备用键相位，选用相同的键相位通道作为首在键相位；

6）激活：用（❩）或（□）分别表示此功能被选中（激活）或未被选中；

7）选项：一个按钮，用来显示所选通道类型的组态选项。

（1）径向振动通道选项：

在组态径向振动通道之前须考虑以下几点：

1）当选中"无键相位"时，1X 幅值和相位、2X 幅值和相位、非 1X 幅值和 Smax 幅值均无效。

- 当选中键相位通道时，键相位模块须安装于框架中。
- 每个成比例值所允许的满量程要根据传感器的型号选择。
- 当前外部安全栅不支持 11mm、14mm 或 3300 前置器。
- 设置点只允许设置在起作用的成比例值上。
- 监测器须成对组态（比如，通道 1 和 2 组态为径向振动，通道 3 和 4 组态为轴向位移）。
- 满量程被修改后，与成比例值相关的设置点须重新调整。
- 最好在设置零位置前设置好灵敏度和倍增值。
- 通频值，1X 幅值，2X 幅值，非 1X 幅值，Smax 幅值的可组态范围受满量程值 X 倍增值的限制［对 3000（−18V）前置器、3000（−24V）前置器和 3300RAM 前置器而言］。

2）在径向振动通道组态图面上的有效选项：

- 定时 OK 通道未通过：用来显示当通道的传感器保持 OK 状态 30s 后，方认为此通道正常，此特点在径向振动的通道中一直是起作用的：此选项保护由于间歇的传感器信号而造成的错误。
- 使起作用：一个起作用的成比例值表明这个值会由此通道提供（❩起作用，╱不起作用）；
- 通频值：此数据表示峰—峰振动值，所有在所选通频响应中的频率分量都包括在这个值内；
- 间隙：表示电涡流传感器顶端到所测表面之间的物理距离。此距离可用位移来表示，也可用电压来表示。标准的极性通用约定指出，下降的间隙值是由于输出信号的增加而致；
- 1X 幅值：在一个复杂的振动信号中，发生在转速频率下的幅值分量；
- 1X 相位延迟：在一个复杂的振动信号中，发生在转速频率下的相位延迟部分；

• 2X 幅值：在一个复杂的振动信号中，位于两倍转速频率下的幅值分量；

• 2X 相位延迟：在一个复杂的振动信号中，位于两倍转速频率下的相位延迟，2X 相位用角度测量（从键相位脉冲的上升沿到 2X 振动信号的第一个正向峰的角度）；

• 非 1X 幅值：在一个复杂的振动信号中，除转速频率以外的通频幅值；

• Smax 幅值：在测试平面内相对于一个计算出的"准零点"，XY 两探头的单峰测量值，每一通道对只有一个 Smax 幅值（通道 1 或通道 3）；

• 满量程范围：每一个可选的成比例值可以设置满量程值，如果所需要的满量程没有列出来，可用定做选择给出；

• 钳定值（也称钳位值）：当某通道或某成比例值被旁路或失效时，成比例值所处的值（比如传感器出了问题），所选定的值在满量程的最大值和最小值之间（1X 和 2X 的相位在 0~359°之间有效），若成比例值无效时，只有在通讯接口内有效的值才能被钳定为钳定值；

• 记录仪输出：对 BN3500/40 位移监测器还没有 4~20mA 记录仪输出，若需 4~20mA 输出，请用 BN3500/42 监测器；

• 延迟：成比例值在报警水平以上或报警水平之下所保持的时间（在报警起动之前）；

• 警告：传感器信号超过一级报警/警告设置点时第一水平报警发生，报警点在设置报警点的图面中设置，对所有的警告时间迟延通常设为从 1s 到 60s，以 1s 为间隙；

• 危险：当传感器信号超过二级报警点时，第二级报警发生，此点可在报警点设置图面内设置。100ms 选择只用于危险报警的时间延迟。若 100ms 选择关闭：①危险时间延迟可以 1s 的时间间隙，从 1s 到 60s 设置；②危险时间延迟可以最多设置两个成比例值。如果 100ms 选项为开：①危险时间延迟为 100ms；②危险时间延迟只能设置成一种成比例值；

• 零位置（间隙）：当间隙范围读作位移的工程单位时，表示零位置（伏特值），为确保零点调整的最大量，使探头尽量接近中心间隙电压（由 OK 限制表上得到），此功能对电压间隙标尺无效；

• 调节钮：用来调节零点位置电压。按下此钮，程序会帮助得到零间隙电压，因为这个调节需要从 BN3500TSI 框架上得到反馈，所以需要与框架相连接（调节灵敏度和零位置）；

• 倍增报警：这个值为暂时提高报警点的值。此值通常在机器启动过程中，允许机器通过共振区而不引起监测器报警指示，这样的高振区包括共振区和其他通常的瞬态振动；

• 通频响应：表示带通滤波器的高端和底端之间的范围有效区为 240~240000cpm 和 60~36000cpm；

• 传感器的选择：下列传感器的型号对径向振动通道有效：

3300-8mm 非接触传感器、7200-5mm 非接触传感器、7200-8mm 非接触传感器、7200-11mm 非接触传感器、7200-14mm 非接触传感器、3000（-18V）非接触传感器、3000（-24V）非接触传感器、3300RAM 非接触传感器、非标准类型；

• 定做钮：用来调节灵敏度，当传感类型为非标时，OK 限制值也被调节了，非标传感器的灵敏度须在 85~230mV/mil 之间，OK 限值的上限与下限的差至少为 2V；

• 传感器的方位：①角度数：传感器在机器上的安装位置，定位在范围为 0~180°左或右（从驱动端向被驱动端观察），参阅图 7-23。②安全栅：若监测器与传器之间连有外部安全栅时，请选外部选项。安全栅用来限制可能流入危险区内的能量。

2. 轴向位移通道选项

(1) 轴向位移通道组态中的考虑。对轴向位移通道组态前考虑下列几点：

1) "无键相器"被自动设置；

2) 轴向满量程范围由传感器类型决定；

3) 零位置电压范围由轴向和通频满量程决定；

4) 监测器必须成对组态 (比如，通道 1 和 2 组态为轴向位移，通道 3 和 4 被组态为径向振动)；

5) 满量程范围修改后，成比例报警点须重新设定。

(2) 轴向位移通道组态选项。

1) 通频值：转子轴向相对某参考的平均位置或位置的变化，此值可以 mils 或 μm 显示，此成比例值支持中心零位和非中心零位的量程范围；

2) 间隙：非接触探头和被测表面之间的物理距离，用电压来表示。标准极性约定指出，增大输出信号来自间隙的减少；

3) 钳定值：当某通道或成比例值旁路或失效时，一个成比例值所达到的值，此值在最大与最小满量程值之间可选，当成比例值无效时，只有从 BN3500/40 位移监测器中得到的值被钳定某一特定值。BN3500/40 传移监测器无 4~20mA 记录仪输出，若需要 4~20mA 记录仪输出，请选用 BN3500/42 监测器；

4) OK 模式：

①锁定。若某一通道被组态为锁定 OK，一旦某通道处于非 OK 状态，此状态一直持续到复位，被锁定的非 OK 状态可由以下方法复位：

• 框架接口模块上的复位开关。

• 框架接口 I/O 模块上的触点。

• 操作显示软件内的复位钮。

• 通过通讯模块发出复位命令。

②非锁定：通道的 OK 状态将随传感器的 OK 状态的变化而变化；

5) 延迟：在报警被激活前，成比例值保持在报警水平之上；

6) 危险：当传感器信号超过了所选的危险/二级报警点时发生第二级报警。此报警点可在设置点显示屏内设定；

7) 100ms 选项：100ms 选项只用于危险时间延迟。如果 100ms 选项关闭：①危险迟延时间设为 1s 的时间间隙 (从 1s 到 60s)；②所有有效的成比例值均可设置危险报警时间延迟。如果 100ms 选项为开 (ɔ)，危险时间延迟设为 100ms，此危险迟延时间只为主要的成比例值设置；

8) 零位置 (通频值)：表示相对于成比例通频值的通道标尺上的零指示的传感器的直流电压值，允许的调节量受通频满量程与 OK 限制电压的限制，为确保最大的零位置调节量，使探头尽可能接近 OK 限制电压内的中心间隙电压；

9) 调节钮：调节零点位置电压。当按下此钮时，程序会帮助你设定零位置，因为程序从 BN3500TSI 框架提供激活反馈，所以需与框架相连 (调节灵敏度和零位置)；

10) 传感器：下列传感器类型对轴向位移通道有效：

3300−8mm 前置器、7200−5mm 前置器、7200−8mm 前置器、7200−11mm 前置器、

7200-14mm 前置器、3000（-18V）前置器、3000（-24V）前置器、3300RAM 前置器。

差胀通道选项和偏心通道组态选项不再赘述。

（四）I/O 模块

BN3500/40I/O 模块从传感器接收信号并将信号送给 BN3500/40 监测器，I/O 模块也给传感器提供电源，BN3500/40 监测器后（在框架安装方式和面盘工安装方式）或监测器上部（在壁挂式安装方式中）只能有一个 I/O 模块。

五、BN3500/45 双通道胀差监视器

BN3500/45 胀差监测器是一个双通道监测器，它从电涡流传感器接收输入信号，并用该信号驱动报警。利用 BN3500TSI 框架组态软件为 BN3500/45 监测器编程，可以执行以下任何一种功能：胀差、补偿式输入胀差、机壳膨胀（仅限 CH3、CH4）的监测。BN3500/45 监测器使用位移输入/输出模块，该模块能接收来自本特利·内华达传感器的输入信号（电涡流传感器：25、35 和 50mm 扩展范围传感器及 LVDT 传感器）。

BN3500/45 监测器的基本作用是：①提供机械保护，通过连续不断地比较当时的转子位移与报警设置点来驱动报警；②将重要的转子位移信息提供给操作人员和维修人员。报警设置点可用 BN3500TSI 框架组态软件来设置。可为每个有效成比例值设置报警设置点，也可根据监测器类型为每一个或两个有效成比例值设置危险设置点。

出厂时，BN3500/45 监测器是以未组态过的形式交货的。当需要时，BN3500/45 监测器可以被安装进 BN3500 框架进行组态，以执行所要求的监测功能。

（一）有效数据

胀差监测器可送回取决于通道所组态的成比例值。监测器同样送回对于所有类型通道都通用的监测器和通道状态。

1. 监视器状态：

（1）OK：这表明监测器是否在正确运行。在以下任何一种状况下，将会返回一个非 OK 状态：

1）模块中的硬件错误；

2）节点电压故障；

3）传感器故障；

4）组态故障；

5）槽识别错误。

如果监测器从 OK 状态变到非 OK 状态，那么在框架接口输入/输出模块上的系统 OK 继电器将被驱动为非 OK 状态。

（2）警告/报警 1：这表明监测器是否已进行警告/报警 1 状态。当一个监测器提供的任何比例值超过它的警告/报警 1 设置点时，该监测器将进入警告/报警 l 状态。

（3）危险/报警 2：这表明监测器是否已进入危险/报警 2 状态。当一个监测器提供的任何比例值超过危险/报警 2 设置点时，该监测器将进入危险 1 报警 2 状态。

（4）旁路：这表明监测器已旁路了一个通道里的一个或两个比例值。当一个通道设置旁路状态时，监测器也应设置旁路状态。

（5）组态错误：这表明监测器组态是否正确。

（6）专门报警抑制：这表明是否所有监测器中的非主要的警告/报警 1 的报警是被抑制

的。在下列情况下，这种状态是有效的：

1) 在位移、速度、加速度输入/输出模块上的警报抑制接头关闭时（有效）；

2) 一个软件专门通道报警抑制有效时。

2. 通道状态

(1) OK：这表明有关的监测器通道没有检查错误。

(2) 警告/报警1：这表明有关的监测器通道是否已进入警告/报警1状态。当通道提供的任何比例值超过它的警告/报警1设置点，通道将进入警告/报警1状态。

(3) 危险/报警2：这表明有关的监测器是否已进入危险/报警2状态。当通道提供的任何比例值超过它的危险/报警2设置点时，通道将进入危险/报警2状态。

(4) 旁路：这表明这时有关的监测器通道已旁路掉一或两个通道比例值。一个旁路状态可能会产生，当存在下列情况时：

1) 一个传感器非OK或者通道定时正常/通道失效；

2) 监测器已查到非常严重的内部错误。

(5) 专门报警抑制：这表明是否所有有关监测器通道中的非重要报警/报警1的报警都被抑制。这个状态是有效的情况为：

1) 在监测器输入/输出模块上的报警抑制接点是关闭的（有效）；

2) 一个软件专门通道报警抑制是有效的。

(6) 关闭：这表明是否通道已被关闭。用框架组态软件关闭监测器通道。

3. 成比例值

成比例值是用来监测机器的振动或位移测量值。由胀差监测器送回的成比例值描述如下：

(1) 胀差：通频值为在非接触式探头顶部和观察表面之间的物理距离。通频值以mils、micrometres、millimetres或inchs为单位表示。间隙为在非接触式探头表面和观察表面之间的物理距离。间隙用伏特单位测量。

(2) 补偿式输入胀差：

1) 复合：旋转转子的胀差用以补偿方式安装的两个非接触式探头来测量。这样，旋转测量值的范围是单个非接触式探头量程的两倍。监测器用来自两个非接触式探头的每一个比例值来计算复合值；

2) 通频值：如果转子的胀差只和一个非接触式探头有关，通频值的比例值范围是复合范围的一半；

3) 间隙：在非接触式探头表面和观察表面之间的有形距离，间隙用伏特单位表示。这是每个通道种类的重要数据，可以把这些数据放进信息通路模块的寄存器中。

(二) 补偿式输入差胀通道的选项

1. 补偿式输入差胀（CIDE）通道组态注意事项

组态补偿式输入差胀（CIDE）通道之前，注意以下几点：

(1) 对于该种类型的通道自动选择"没有键相器"选项。

(2) 补偿式输入差胀（CIDE）的测量，要求使用通道对的两个通道一起进行单通道组合差胀的测量。两个探头以补偿的方式布置，用来扩大测量的范围，可以将测量范围扩大到单个探头量程的两倍。典型的安装方式如图7-25所示。

（3）应该以通道对的形式对监测器进行组态，例如：可以对通道 1 和通道 2 进行组态组成通道对作为非标准单通道斜面式差胀监测器类型；像通道 1 和通道 2 一样，可将组态通道 3 和通道 4 构成通道对，作为其他类型的通道；

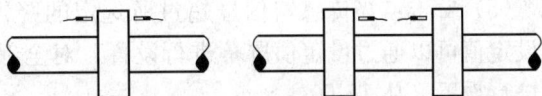

图 7 - 25 探头安装方式

（4）组合满量程被修改时，通道对的两个通道中，和比例值相关的设定值应该重新进行调整；

（5）通道对的每个通道传感器的类型要一样；

（6）截止过电压（COV），是传感器的间隙电压，监测器利用该电压进行两个传感器间的切换。受机械和电损耗的限制，布置的传感器间隙应保证截止过电压（COV）相等。传感器的截止过电压（COV）定义为组合满量程的中间值。例如：当两个探头都处于截止过电压（COV）时，组合读数应为中间刻度值。截止过电压（COV）取决于组合满量程和传感器的类型；

（7）上面的刻度指示可以通道对（1，2）的探头 1 和通道对（3，4）的探头 3 作为基准；

（8）锁定 OK 模式和非 OK 通道失效不兼容；

（9）组合零点电压取决于传感器的类型、组合满量程；

（10）通频满量程是组合满量程的一半并且不能被使用者设置；

（11）通频零点代表的是各自通道的截止过电压（COV），通频比例值的上面刻度指示总是指向探头。

2. 补偿式输入 CIDE 差胀通道对组态选项

补偿式输入 CIDE 差胀通道对组态，对下列传感器类型均有效：7200－11mm 前置器、7200－14mm 前置器、25mm 扩大量程范围的前置器、35mm 扩大量程范围的前置器、50mm 扩大量程范围的前置器、50mm 差胀传感器、非标准类型。

（1）定做按键：用来调整传感器的灵敏度。如果选择传感器的类型为非标准类型，OK 限也可以被调整。非标准类型传感器的灵敏度范围应该在 8.5~230mV/mil 内。同时，最高和最低 OK 限至少相差 2V。

传感器短接块状态（位于输入输出模块上），返回位于位移、速度、加速度输入输出模块上的传感器短接块的位置。对于所有类型的传感器，间隙电压范围都一样并且不可调整。

（2）组合钳定值：只有当被旁路或失效时（例如：传感器存在问题），组合比例值才反映组合钳定值。在最大和最小组合值范围之间，可以选择该值。当比例值无效时，只有通讯网点模块的有效值才被固定为专门的值。

（3）记录仪输出：记录仪输出为 4~20mA 的比例值。组合比例值是其唯一的选择。记录仪输出正比于组合满量程所测量的值。组合比例值显示棒图上刻度的指示，刻度值的上升将会导致记录仪输出的电流值的升高。如果通道对的任一通道被旁路，输出值都将被固定为所选定的钳定值。

（4）延时：当处于报警限或超过高报警限或低于低报警限时，宣布报警执行之前，比例值应该保留的时间。

（5）警告：当传感器信号超过所选定的警告/报警一级设定值时，一级超限报警产生。该设定值可以通过设定值屏幕进行设置。对全部有效比例值，报警时间延时以 1s 的时间间隔进行设置（从 1~60s）。

（6）危险：当传感器信号超过所选定的警告/报警二级设定值时，二级超限报警产生。该设定值可以通过设定值屏幕进行设置。

100ms（典型的）选项只用于危险时间延时和下列情况：

若 100ms 选项关闭：

1）危险时间延时以 1s 的时间间隔突行设置（从 1 到 60）；

2）危险时间延时可被设置为任意两个有效比例值。

若 100ms 选项开（ ）：

1）危险时间延时设置为 100ms；

2）危险时间延时只能被设置为基本比例值。

（7）报警模式：

1）锁定：一旦报警被激活，其至当比例值已经下降到组态设置标准限以下时，报警仍然保留。采用下列方法之一进行复位以消除通道报警：①框架接口模块前面的复位开关；②框架接口输入输出上的触点；③操作人员显示软件上的复位按键；④通过通讯网关模块的复位命令；

2）不锁定：当报警被激活时，只要比例值下降到组态设置标准限以下，报警就会失效。

当传感器信号超过所选定的值时，产生一级超限报警即警告报警；当传感器信号超过所选定的值时，产生二级超限报警即危险报警。警告和危险值可以通过设置点屏幕进行设置。

六、3500/25 键相器模块

（一）概述

BN3500/25 键相器模块是一个半高度、双通道模块，该模块用于给 BN3500TSI 框架的监测模块提供键相信号。这个模块接收来自电涡流传感器或者电磁传感器的输入信号，并且将该信号转换为数字键相信号，当轴上的键相位标记在键相传感器探头之下时，该信号指示出来。BN3500 监测系统可以接收 4 个键相信号。每个键相信号都是一个数字同步信号脉冲，用于监测模块和外部诊断设备、测量矢量参数诸如 1X 倍频振幅和相位。

（1）冗余键相传感器方式：在每一个测量位置，布置有两个相互独立的键相传感器。这种布置方式可提供主要的和备用输入信号，是一种容错性能最高和最可靠的方式。在这种情况下，主要的和备用的输入信号都和各自的键相模块相连。

（2）单键相传感器方式：这种布置方式只要求有一个键相传感器。从传感器接收的信号利用电缆输入到两个键相器模块。

（二）相关数据

键相器模块从每个键相传感器记录所测的转速值。转速作为一个基本参量被通讯网关模块和框架接口模块使用。键相器模块还可以返回模块和通道的状态。

1. 模块状态

1）正常（OK）：该状态指示键相器模块是否可以正常工作。有下列情况之一将不会得到正常（OK）状态：①节点电压错误；②模块内的硬件错误；③键相信号超过 20kHz；④一个或多通道旁路；⑤组态错误；⑥插槽标识错误。

如果模块中的 OK 状态指示非正常（OK），那么框架接口输入输出模块中的系统继电器 OK 指示都会显示状态异常；

2）组态错误：该状态指示键相器模块是否无效；

3）旁路：该状态指示键相器模块是否已被旁路。下列情况之一都将导致键相器模块旁路：①键相器模块未组态；②键相器模块处于组态模式；③自检发现致命错误；④通道组态无效；⑤任何一个工作通道旁路；

4）通道状态正常（OK）：该状态指示通道是否被检测到错误，下列情况之一将会返回非正常（NOTOK）：①节点电压错误；②模块硬件发生错误；③键相信号低于 1r/min（1r/min）；④键相信号超过 99，999r/min；⑤键相信号在一个周期中变化幅度等于或超过 50%；⑥键相传感器错误；⑦键相信号超过 20kHz；⑧一个或多个通道旁路；⑨组态错误；⑩插槽间隙错误；

5）关闭（Off）：该状态指示通道是否被关闭。当使用框架组态软件的情况时，键相通道有可能被关闭（非工作状态）。

2. 组态信息

键相器方位和每转脉冲数的组态信息直接和 BN3500 系统框架中的监测器相连。当这些参数改变时，和发生变化的键相信号相关的监测器的组态应被送往 BN3500 系统框架中。当组态信息被发往 BN3500 系统框架时，会出现一个独特的六字符标识。

（1）信号极性：

1）凹槽（键槽）：产生输出脉冲，供监测系统使用。该脉冲是由输入信号中的反向脉冲的前沿触发。通过键相传感器监测转轴上的凹槽产生该类型脉冲。如果使用的是电磁传感器的话，凹槽/凸台设置最好选择凹槽，因为在绝大多数情况下，信号的正半边将会削平；

2）凸台：产生输出脉冲，供监测系统使用，该脉冲是由输入信号中的正向脉冲前沿所触发。通过键相传感器测量转轴上的凸台处信号产生该类型脉冲，见图 7-26。

（2）每转脉冲数目：轴每转一周键相传感器信号中的脉冲数目。如果键相传感器测量的是一个多齿齿轮轴，则将每转的脉冲数设置为齿轮的齿数，有效范围为 1～225。

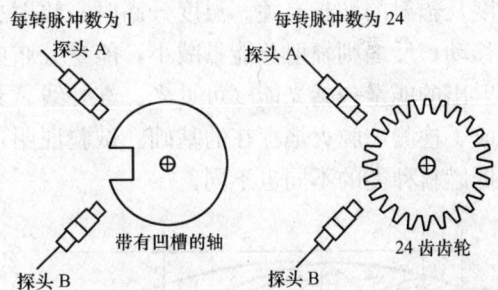

图 7-26 信号极性与齿数示意图

另外本特利·内华达公司 BN3500 的汽轮机监测仪表还有双通道振动监测器 BN3500/16、双通道轴向位移监测器 BN3500/20、偏心监测器 BN3500/40、补偿式差胀监测器 BN3500/47、机壳膨胀监测器 BN3500/48 等，这里不一一赘述。

第八章 火焰测量技术

炉膛火焰监视系统由检测器部分、信号处理部分及显示仪表组成，其中检测器所依据的原理形式及性能指标无疑是整个监视系统的构成基础，是系统中最主要的部分，也是本章重点阐述。

第一节 炉膛火焰特性及检测原理

一、炉膛火焰特性

火焰检测器是 BMS 系统中的重要设备，它是锅炉炉膛安全监控和灭火保护的关键环节，负责检测炉膛火焰，在防止炉膛爆炸判断过程中，检测燃料送入时炉膛火焰是否存在是进行保护的唯一准则，所以火焰检测的好坏决定了 BMS 动作的正确性。要求火焰检测器有良好的单火嘴火焰检测的能力（单只燃烧器火焰检测的可靠性很高）。还要求火焰检测器有足够高的识别能力，识别要监视的火焰和周围火焰的能力。

目前国内外火焰检测技术仍处于研制阶段，我国使用的主要是美国 Forney 公司和 CE 公司的火焰检测器，下面将主要讨论 Forney 公司的火焰检测技术。

众所周知，燃烧的实质是燃料中的碳或碳氢化合物与空气中的氧发生剧烈的氧化反应。燃料在炉膛燃烧过程中，温度极高的火焰将辐射出大量的能量，火焰辐射的能量分布曲线与温度及辐射的波长有关。温度升高时，辐射总能量增大，辐射能量分布曲线向较短的波长方向移动；反之则辐射总能量减小，能量分布曲线向较长的波长方向移动。在燃料燃烧过程中辐射出的能量包括光能（可见光、红外线、紫外线）、热能和声波等，所有这些形态的能量构成了检测炉膛火焰存在的基础。试验证明，燃烧辐射出的可见光具有脉动性，脉动的频率根据燃料种类的不同也不同。

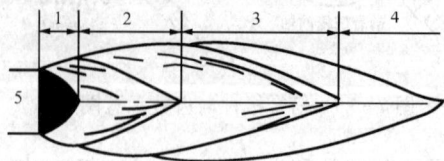

图 8-1 煤燃烧器火焰

1—黑龙区；2—初燃区；3—完全燃烧区；
4—燃烬区；5—喷燃器

燃煤锅炉中从燃烧器中喷射出的煤粉火焰大约可分为四段：如图 8-1 所示。第一段是从一风口喷射出的煤粉与一次热风的混合物流，此段称黑龙区；第二段是初始燃烧区，煤粉因受到高温烟气的回流加热开始燃烧，众多的煤粉颗粒燃烧形成亮点流，此区火焰的亮度不是最大，但亮度的变化频率达到最大值；第三段为完全燃烧区，各个煤粉颗粒与二次风充分混合完全燃烧，产生很大热能，且火焰亮度最高且稳定；第四段是燃烬区，这时煤粉大部分燃烧完毕形成飞灰，火焰亮度及亮度变化频率较低。因此，火焰检测器的安装位置对于检测火焰的强度和频率是极其有关的。

燃烧的品种不同，其火焰的频谱特性也不同，炉膛火焰按波长可分为紫外光、可见光及红外线，一般煤粉火焰有丰富的可见光和一定的紫外光，燃油火焰有丰富的可见光、紫外光和红外光，燃气火焰有丰富的紫外光和一定的可见光。同一燃料在不同的燃烧区，火焰的频谱特性也有差异，所以，火焰的频谱响应特性决定了选用的火焰检测器的类型，也就是选择何种光电转换器件及原理。

20 世纪 60~70 年代工业发达国家大量采用紫外线原理检测炉膛火焰，获得了相当成功和广泛应用，特别是在燃油和燃天然气机组上，紫外线型的火焰检测器探测火球火焰鉴别单根油枪火焰的能力相当令人满意。这是因为含氢丰富燃烧的火焰具有高能量的紫外线辐射，在燃烧带的不同区域，紫外线的含量有急剧的变化，所以，紫外光用作单火嘴的火焰检测，对相邻火嘴的火焰具有较高的鉴别率，又由于其频谱响应在紫外光波带，因此它不受可见光和红外线的影响。但另一方面，根据紫外线的频谱响应特性，它在燃煤锅炉上的火焰检测效果较差，特别是在燃煤锅炉低负荷运行时，紫外线的辐射大量减少，在燃劣质煤时更是这样，火焰检测问题就十分严重。这说明紫外火焰检测器适用于气体火焰的监测而不适合于煤或油的火焰检测。因为：①对气体火焰来讲，紫外线的辐射强度相对而言是大的，另外气体火焰干净，紫外线不易被吸收，易于穿过。②对油或煤火焰而言，紫外辐射强度较小，而且煤或油燃烧时，有油雾和水蒸气，要吸收紫外线，而且在火嘴周围有浓密的、未燃烧的煤粉遮盖，所以不适合采用紫外检测器来检测燃煤炉的火焰。

另外，随着大容量电站锅炉广泛采用四角喷射切圆燃烧，特别是采用摆动火嘴时火焰检测探头只能安装在风箱内，这样的布置使探头工作条件十分恶劣，同时风箱外面的煤尘也大量吸收紫外线，这一切使得紫外线型的火焰检测装置在燃煤锅炉上工作更加困难，为此 70 年代后期国外开始研制以红外线和可见光检测原理为基础的火焰检测装置。80 年代初相继投入试验和运行，如美国 CE 公司研制的 Safe Scan—Ⅰ和 Safe Scan—Ⅱ型火焰检测器，就是对燃烧过程所发出的可见光固有频率和强度进行测量，后面所要讨论的 Forney 公司的 DPD 型火焰检测装置则是利用红外光原理检测火焰。这些新型的火焰检测器与传统的紫外线型火焰检测器相比，由于其频谱响应在可见光和红外光波段，所以其灵敏度在检测燃煤火焰时大大高于紫外线型（因为红外波长较长，不易被粉尘、CO_2 等吸收，因而其穿透能力较强），对燃油的单根油枪的火焰鉴别能力也优于紫外线型，同时其现场维护量较少，具有更大的通用性。因此，对于燃煤机组来说，采用可见光或红外光型火焰检测器最为有利和可靠。

有了火焰检测装置，还需要火焰检测理论，即能否正确判断炉膛灭火。一般火焰检测探头检测单支火焰的着火过程和灭火过程，而炉膛是否灭火，不取决于个别燃烧器是否灭火，因此要有相应的炉膛灭火判断方法。从利用光能原理检测炉膛火焰这个角度来说，火焰辐射的光强是在某个平均值上下波动的，即火焰的光强可看作平均光强叠加上闪烁光强后的总和。只有当锅炉灭火时，平均光强与闪烁光强才同时消失，另外，炉膛火焰存在闪烁量也是它区别自然光和炉壁结焦发光的一个重要特性，所以，可以利用检测火焰的闪烁光强存在与否来判断是否发生灭火事故。如果再加上检测火焰的平均光强与闪烁光强两信号相与，只有当平均光强和闪烁光强同时消失，才能判断为炉膛灭火。这种检测方法有较高的分辨率和可靠性。炉膛火焰的平均光强也可作为判断炉膛火焰强度的依据，由于炉膛里燃料燃烧得愈充分（稳定燃烧），其平均光强愈大，反之，燃烧得不充分，恶化到危急锅炉安全运行（不稳定燃烧），平均光强则显著下降，因此可根据平均光强下降到某个整定值，判断炉膛火焰发暗需要报警。

二、火焰监视的原理类型

火焰检测的原理种类较多，大致可分为下列五种类型：

（1）温度开关型。

（2）差压开关型。

（3）火焰棒型。

（4）光学型。光学型又有四种类型：紫外光敏管（UV管）型；光敏电阻（红外线和可见光）型；光电池（硅光电池和光电二极管）型；摄像管（可见光黑白或彩色电视火焰图像）型。

（5）声学或其他类型。

火焰检测的方法虽多，但应用到不同燃料或不同类型的锅炉燃烧器上，并非都能收到满意的效果，而火焰测量的可靠性和准确性又是锅炉安全运行和灭火保护的重要依据。如何准确探测燃烧器的火焰是一个值得仔细研究的问题。

不同类型甚至同种类不同类型的火焰检测器，都有它既定的工作持性和相应的使用条件。既定特性主要由产品设计和制造厂来保证。使用条件主要由使用者在考虑对象给予的燃烧器型式、燃烧种类、运行方式、负荷分配比例的基础上根据既定特性予以满足。检测器只有在既定特性和使用条件相协调的情况下，才能取得满意效果。为了说明这个事实，有助于按不同对象对火焰检测器进行合理的选型，我们回顾一下炉内火焰形成时的物理特征。

在燃料剧烈燃烧的化学反应过程中，除放出热能外还伴随着紫外线、红外线、可见光、热辐射和声波等，这些能量是检测火焰存在与否的基础。

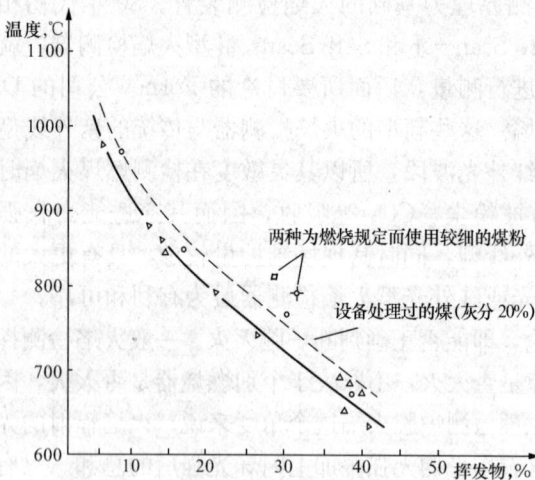

图 8-2 干质并去灰煤的失火强度反应试验曲线

△——洗选过的煤（灰分5%）试验点，实线为其拟合曲线；
○——没有处理过的煤（灰分20%）试验点，虚线为其拟合曲线

（一）温度开关型

利用热能温度原理检测火焰是最先采用的方法。江苏热工研究所在为30万kW机组配套的n-50煤粉锅炉上，推荐了一种改革的Vn-λ型火焰检测器。它是利用热电偶测取靠近火焰根部的烟气温度变化速度来判断重油引燃或熄灭的。虽然这个方法可以判断锅炉点火时重油是否引燃，但是利用热能温度原理检测燃煤火焰存在与否，其不可避免的缺点是：燃料种类必须稳定，而且使用前要对燃料进行准确的分析试验。

图 8-2 为干质并去灰煤的灭火强度反应试验曲线。由图中可看出，仅由于煤的可燃质挥发分不同就显示出熄火温度有较大差异。煤质挥发物在5%以下，灰分20%的煤熄火温度在1050℃以上，而灰分5%的煤，熄火温度在1000℃以上。对我国实际情况，用热能温度原则来检测火焰的缺陷是明显的。干质并去灰为我国通称可燃质挥发分。

（二）差压开关型

利用燃烧产生热流形成差压的原理即差压开关式检测天然气是否点燃，从大港电厂

FRANCO TOSI（意大利）1050t/h 微正压燃油锅炉天然气点火嘴的涡流板火焰检测应用效果来看是行之有效的。这种检测方法比较简单，但差压开关动作整定值受燃料和送风出口温度、混合好坏及燃烧动压波动的影响较大，而且它只适用于气体燃料火焰检测。

（三）利用电离导电原理测量

根据燃料燃烧电离导电原理，用火焰电极检测火焰的导电性是国外 1970 年开始作为商品广泛应用于电站锅炉的。这种原理的火焰检测器优点是容易调整。对火焰方位的分辨力高，着火和灭火的输出电压比（S/N）较高（当燃烧一般的油和气体燃烧时，电极和火嘴间的电阻约 0.2~0.3MΩ，在无火焰状态下则高于 500MΩ），作为轻油或气体燃料的单火嘴火焰检测较为理想。

（四）火焰棒型

陡河电站 BABCOCK−HITACHI（日立公司）850t/h 燃煤锅炉轻油点火器以及清河电站 TKZ（苏联）μ−670/140 型锅炉气体点火器都应用了火焰棒式（又名直接式）火焰检测器，效果较好。从该检测器的调试和运行考验来看，它的使用条件必须保证：

（1）电极对地绝缘电阻应不小于 2000MΩ；

（2）电极冷却风量和点火时调风器风量应调整适当，不应使火焰偏离或发生电线的支持套筒过热变形。

（五）利用光学原理测量火焰

光学类型的火焰检测器在电厂中得到普遍应用。通常使用的光电元件有紫外线光敏管、光敏电阻、硅光电池等。紫外光敏管的频谱响应在紫外线波段，光敏电阻和硅光电池的频谱响应在可见光和红外波段。如 FORNEY 公司的 AFS−1000 系用 IDD−Ⅱ型火焰检测器检测煤和重油的燃烧火焰，其原理是检测火焰的红外波段，用 UV 型紫外光敏管检测轻油火嘴火焰，如 UR−300−4020 型及 UVISOR100 型火焰监测器。另外，美国的 CE 公司、BAILEY 控制公司都有光学类型的火焰检测器。

下面以 FORNEY 公司的 IDD−Ⅱ型火焰检测器为例来介绍利用光学原理的火焰测量技术。

IDD−Ⅱ红外动态检测装置由检测器和放大器组成，其工作原理图如图 8-3 所示。

1. 光电转换

IDD−Ⅱ型火焰检测探头采用硫化铅光敏电阻，将火焰的波动频率及强弱转换成电阻值的变化，然后经阻抗变换、交流放大器，得到 1~3V 交流电压信号（火焰信号）送到放大电路，这个信

图 8-3 IDD−Ⅱ型火焰检测工作原理框图

号既反映了火焰强度，又反映了火焰跳动的频率。在放大电路中，电压信号被转换成 ±500μA 的电流信号，分别送到远方处理机的三个通道里进行处理，这三个通道分别对火焰强度和频率进行检测。只有这三个通道分别在特定范围内都发出"有火焰"逻辑信号，火焰检测器才能发出"有火焰"信号。

2. 火检放大器

火检放大器由电源单元、放大电路、测试电路、自检电路、延时解除电路、报警电路和输出电路等组成，如图 8-4 所示。

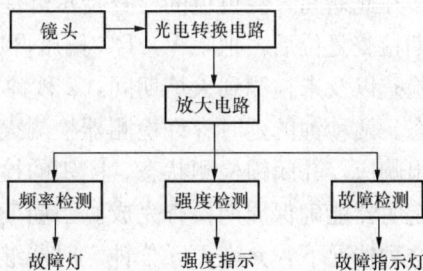

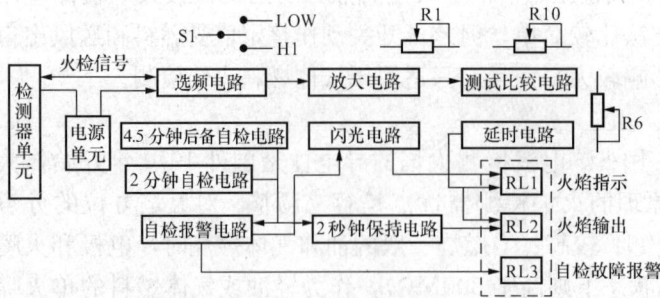

图 8-4 IDD-Ⅱ型火检放大器工作原理图

从检测器传送过来的火焰信号经过选频电路进行选频滤波后输出到火检放大器，放大器对各种不同类型的火焰频率特性作出响应。被放大的火焰信号可由增益电位器 R1 调整，并用与电位器 R10 所建立的背景电平相比较，当火焰信号超过背景电平时，火焰电路就被闭锁在检测到火焰的状态。

火焰信号输送给自检电路的定时器和输出电路，在壳体上的红色火焰批示灯亮且继电器 K12 和 K13 带电，输出开关量的"火焰检测到"信号。自检电路中有两个一次定时电路，一个为 2 分钟定时器，用于正常情况下的周期自检；另一个为 4.5 分钟定时器用于后备自检计时，当火焰状态被锁定时，电路周期、自动地进行正常检查，当 2 分钟时器到时后，检查周期被闭锁。

在周期检查被闭锁时，电路自动地将检测器的 +50V，DC 偏置电压源切断，并且启动 12 秒钟"检查失败"定时器，当周期检查被闭锁时，面板上淡黄色的批示灯亮。

在火焰被检测到的条件下，火焰检测电路始终保持在闭锁状态，直到复归"解除"定时器。当失去火焰（即实际火焰信号低于背景电平）时，"解除定时器"启动，大约在失去火焰 3.5s 后，该定时器计时完毕，复位火焰电路。"解除定时器"可用电位器 R6 调整。

当由于火焰失去而引起检测到火焰的状态被复归时，周期检查电路也要被复归。如果在 12s "检查失败定时器"到时之前，周期检查没有被复位，则继电器 K1 通电，发出报警信号，启动闪光电路。闪光电路使火焰继电器 K3 周期地"断开"、"吸合"，使火焰指示灯闪光。在此期间，淡黄色的检查指示灯保持发亮，直到周期检查由于火焰信号失去而复位。在周期检查复位后，把 50V，DC 偏压再加到检测器上，并启动 2 秒钟"恢复定时器"，在未进行检查以及未检测到火焰期间，2 秒钟定时器保持火焰继电器和火焰批示器在火焰被检测的状态。两秒钟的延时容许检测器检测火焰。自检完成一个周期后，放大电路重新对火焰信号作出响应，并闭锁检测状态，闭锁的检测状态将 4.5 分钟检查定时器启动两分钟。该 4.5 分钟定时器能确保周期检查完成。当周期检查没有被两分钟定时器启动，火焰状态继续存在，在这种情况下，允许 4.5 分钟定时器继续计时，如果 4.5 分钟定时器完了，则后备自检电路输出使继电器 K1 带电，发出报警信号，并启动闪光电路，使火焰指示器闪光。

3. 频率检测

不同燃料燃烧时，其火焰波动频率是不同的，如煤燃烧火焰波动频率为 100Hz，油为 300Hz，这是由燃料的固有特性决定的。由于这种特性，在多种燃料同时燃烧时，需要检测各种燃料的燃烧状态，如煤粉和油同时燃烧，要鉴别油枪火焰。尽管检测器探头对准油枪火焰，但炉膛背景火焰（煤粉燃烧形成的火球）不可避免地被摄取，但由于两种火焰的脉冲频率有明显的差异，油火焰脉冲频率大于煤火焰脉冲频率，那么采用高频滤波器就可以将火焰信号的低频成分滤去，然后收到的就完全是油火焰信号。

火焰频率检测原理如图 8-5 所示。交流电压信号进入频率检测回路后，首先经过半波整流变成方波信号。送入高通/低通滤波器，高通/低通滤波器的频率设定可以在现场进行试验来确定频率设定值，以保证油/煤火焰电平信号频率分量的

火焰信号 → [半波整流 方波整形] → [可调监频] → [2s 延时] → 火焰显示

图 8-5　火焰频率检测原理框图

通过，这样就可以区别油/煤火焰状态和背景火焰状态，2s 延时是为了防止火焰频率瞬时波动。

4. 强度检测

强度检测是对火焰的直流分量进行检测，火焰直流分量反映的是火焰强度（亮度），火焰强度越高，信号的直流分量就越大。燃烧单一的燃料时，虽然炉膛各处火焰的脉动频率差异不大，但是各处的火焰强度是有差异的，如燃烧器火焰包络的根部火焰强度最大，其远端火焰强度就相对弱些，根据这种特性就可以在有背景火焰的情况下，对开始点火的燃烧器状态进行监视，判断燃烧器是否点着。火焰强度检测电路就是检测这种功能的。

强度检测电路的火焰信号强度设定值也分为上限和下限设定值，正常火焰信号的强度在上下限设定范围内，下限设定值略低于燃烧器燃烧时火焰强度。将火焰检测器探头对准燃烧器，只要燃烧器没有火焰，虽然有背景火焰的强度分量摄入，但下限设定值大于输入信号的强度分量，所以电路不会有火焰强度信号输出，如果燃烧器点燃，火焰的强度分量就会变得大于下限设定值，电路就会输出火焰强度信号，显示有火焰。对于上限设定值的设定根据检测器使用的目的而定，如果检测器不仅单独用于燃烧器监视，而且还用于全炉膛火焰监视，则上限值的设定略低于火球强度值，即由于所监视的燃烧器熄火后炉膛仍有火焰，这时火焰强度虽然低于上限值，但不低于下限值，仍然要显示火焰直至炉膛熄火，强度信号低于下限值，这时才显示无火焰。若检测器单独使用，仅用来监视燃烧器，上下限设定值就十分接近，只要燃烧器熄灭，即显示无火焰，这时背景火焰对检测器应无影响。显然上下限设定值应通过现场试验来确定。另外，火焰强度信号还可送到火焰强度指示表（模拟量显示）去显示。

5. 故障检测

火焰信号送到故障检测回路后，与事先整定好的火焰信号电压设定值进行比较，电压设定值分上限及下限设定值。当光电转换电路工作正常时，火焰信号电平在上、下限之间的正常范围内，检测电路输出低电平信号，经反相后，表示无故障，故障批示灯不亮。反之，当光电转换回路出现故障时，如断路等，火焰信号电平就会超过上下限设定值，检测器输出高电平报警信号，故障批示灯亮，火焰批示信号被闭锁。

无故障信号、火焰检测信号和火焰检测信号经过"与"运算后，输出"有火焰"信号。

第二节　火焰检测装置

一、检测原理

以福尼 DPD 火焰检测装置为例介绍。

邯峰电厂采用的 DPD（Digital Profile Detector）数控剖面火焰检测器是美国 FORNEY 公司生产的采用红外光原理的火焰检测装置，它通过测量煤或重油燃烧时从燃烧器处火焰区域的红外辐射来检测火焰的有无，适用于各种煤、油、天然气等燃料燃烧的火焰监视，被广

泛用于电厂锅炉的火焰监视与保护。它主要由两大部分组成：检测器单元和放大器单元。常规 DPD 检测单元采用硫化铅元件（红外领域最成熟的光敏元件）进行红外检测。硫化铅（PbS）是一个光敏电阻，工作在 700～3200nm 的光谱范围内，其电阻值随光强弱的变化而变化。由于紫外线的波长大约在 400nm 以下。可见光的波长在 300～900nm 范围内，所以这种光敏元件不受可见光和紫外光的干扰。放大器单元接受检测器单元产生的火焰脉冲率，检测多燃烧器环境中火焰存在与否，并将结果转化为相应继电器输出。

　　FORNEY 公司的火焰检测器是一种利用火焰高频闪烁原理、带有自动增益控制的红外线探测器。它的探头采用光电管（硫化铅 PbS）或硅光二极管，其电子线路只响应信号的闪烁或交流分量，而不受火焰距离和亮度的影响，最后获得恒定的闪烁振幅。它的恒定的闪烁频率视燃烧器型式、布置方式、燃料种类而异，具体数据需在现场调试，一般情况下它的恒定闪烁频率为 30～200Hz，这是"有火"或"无火"的标志。

　　锅炉着火受煤粉成分和一次风的影响，煤粉中可燃基挥发分 V^{y} 的含量大，容易着火，初始燃烧区向根部移动，反之则向远段方向移动。同理，一次风的浓度越高、风速较低和风温较高时，煤粉易着火，初始燃烧区向根部移动，反之亦然。而红外火焰检测器就是利用初始燃烧区的火焰亮度和闪烁频率来判断火焰的真实存在的。

　　单只燃烧器投入时，在固定闪烁频率下输出与喷口距离的关系和火焰闪烁频率与输出的关系曲线见图 8-6 和图 8-7。

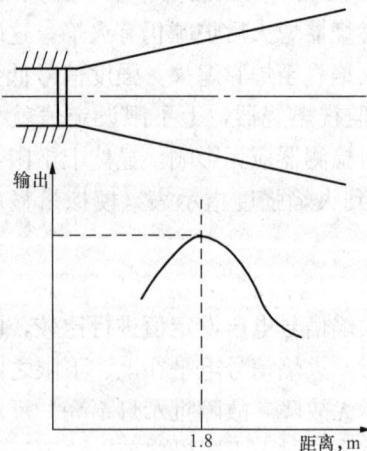

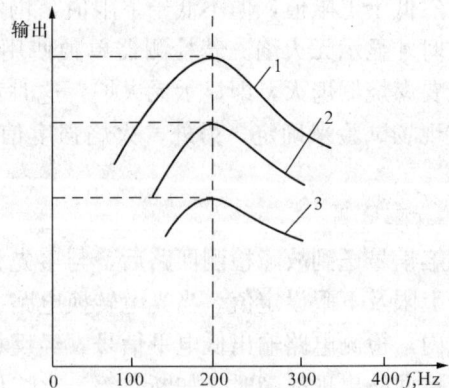

图 8-6　在固定闪烁频率下输出　　　　　　图 8-7　火焰闪烁频率与输出关系
　　　　　 与喷口距离的关系　　　　　　　　　1—火焰根部；2—火焰前端；3—干涉区

　　当该燃烧器投用时，检测器测得燃烧根部（一次燃烧体）固有脉动频率的明亮火焰信号，在频率合适而幅值又足够时，检测器有输出——"有火"，输出继电器动作。当该燃烧器熄火时，由于没有煤粉遮盖，检测器测得亮度更高的远处火焰。但亮度的增加反而通过自动增益回路减少放大器增益，导致闪烁电平衰减；同时由于火焰较远产生空间平均效应，闪烁频率也大大降低，放大器输出几乎为零——"失火"，输出继电器释放。

　　FORNEY 公司的检测器具有鉴别单火嘴火焰燃烧检验的能力，要求有抗来自相邻火嘴火焰干扰的能力。以典型的四角布置燃烧器、探头设在一次风管口中并探入炉膛 300～400mm 左右、探头角度可调的型式为例，说明它的抗干扰能力（参见图 8-8）。

（1）同一平面燃烧器火焰间的干扰。A角的火焰检测器只对A点反应灵敏，B、C、D点虽然闪烁频率相近，但由于距离远，传到A角的信号振幅已大为降低，故对A角检测器输出影响不大，而中心火球区由于闪烁频率低于A点固有闪烁频率，对A角检测器的输出几乎也无影响。

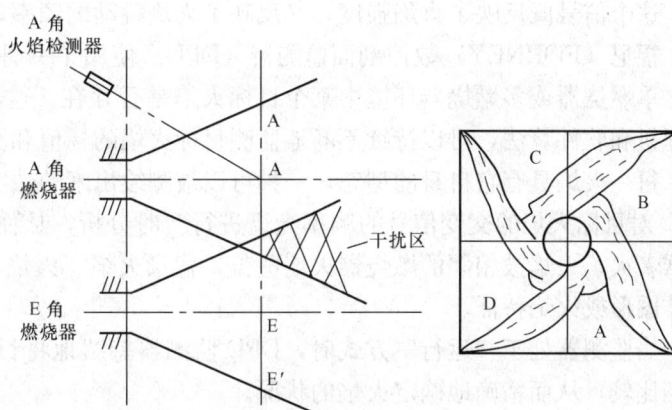

图 8-8　红外线火焰检测器对火焰鉴别能力示意图

（2）上下层燃烧器火焰间的干扰。从图 8-8 和图 8-9 可分析出：A角火焰在固定闪烁频率（如 180Hz）相应区中，根部A点输出最大，而干扰区输出仅为A点的一半，因此能足够地区分上下角火焰。

目前红外线火焰检测器应用最广，日本的三菱重工的日立公司在燃烧锅炉设计和旧锅炉改造中都有采用。

二、燃烧器火焰特性

燃煤锅炉中煤粉火焰大约可以分四段，在前面已讲过。DPD 火焰检测器就是利用初始燃烧区的火焰亮度和闪烁频率来判断火焰的真实存在。可以证明，初燃区有火/无火的辐射强度差最大。炽热的炉壁会产生极强的红外辐射，然而它的亮度变化频率却是很低的，最高值一般也不超过 2Hz，炉壁上的火焰反射光光线所产生的频率一般也是这样。由于滤色镜和滤波电路的选频作用，使检测器仅对初始燃烧区的红外辐射波动响应，而背景高强度红外辐射对检测效果不存在有效的影响作用。多燃烧器炉膛中相邻或相对的喷然器会干扰信号的采集和响应，因此电路中另外设置了灵敏度调整与背景调整，以消除干扰信号。

在视角确定的检测范围内，喷燃器产生的火焰有可能发生偏离、脱出或其他火焰窜入的情况，为了防止因燃烧的瞬时波动而使输出产生断续的陡状输出，在电路中设有延迟电路，时间一般为 0.2~8s，由经验总结出的延时时间为 3~4s。

试验证明，不同燃料燃烧时，其火焰波动频率是不同的，如煤燃烧火焰波动频率大约为 100Hz，油为 300Hz，这是由燃料的固有特性所决定的。由于这种特性，在多种燃料同时燃烧时，需要检测各种燃料的燃烧状态，如煤粉和油同时燃烧，要鉴别油枪火焰，尽管检测器探头对准油枪火焰，但炉膛背景火焰（煤粉燃烧形成的火球）不可避免地被摄取，但由于两种火焰的脉冲频率有明显的差异，油火焰脉冲频率大于煤火焰脉冲频率，那么采用高通滤波器就可以将火焰信号的低频分量滤去，然后收到的就完全是油火焰信号。

强度检测是对火焰的直流分量进行检测，火焰直流分量反映的是火焰强度（亮度），火焰强度越高，信号的直流分量就越大。燃烧单一的燃料时，虽然炉膛各处火焰的脉动频率差异不大，但是各处的火焰强度是有差异的，如燃烧器火焰包络的根部，火焰强度最大，其远端火焰强度就相对弱些，根据这种特性就可以在有背景火焰的情况下，对开始点火的燃烧器状态进行监视，判断燃烧器是否点着。

DPD 火焰检测探头采用硫化铅光敏电阻，将火焰的波动频率及强弱转换成电阻值的变化，这个信号既反映了火焰强度，又反映了火焰跳动的频率。

福尼（FORNEY）数控剖面监测器（DPD）使用了一种全新的火焰检测方法，可以测定在单燃烧器或多燃烧器环境中某个目标火焰是否存在。这种已获得专利权的 DPD 采用微处理机和软件算法，可以持续不断地监测目标火焰的幅值和频率特性。

每一火焰具有它自身的型态，一种可以被测绘出来的数字"指纹"。在"学习"方式下，DPD 对目标火焰的交变信号的频率光谱进行实时分析，从而确定被检测的火焰类型（如燃烧器着火，火焰被相邻的燃烧器火焰覆盖、背景火焰、火焰丧失等），并且确定火焰频谱的具体图形或火焰特征。

当监测器处于"运行"方式时，DPD 监测器持续地将目标火焰信号与已学过的火焰型态相比较，从而精确地确定火焰的状况。

DPD 设计上的先进性，使它性能优良，易于使用，尖端的电子技术帮助用户实现对检测器进行瞄准或编程，避免数小时的反复调试，自诊断技术和按键编程方式使得 DPD 的后续操作既简单又方便。

DPD 以三维空间来分析火焰的特征，燃料的类型和燃烧器的类型会影响到这些特征。气体火焰（丙烷、甲烷、天然气）能产生大量的紫外线，而固体粉末（煤粉）和液体（燃油）火焰产生大量的红外线。燃烧器的类型会影响火焰的闪烁频率。

红外检测器只能识别一个目标火焰中的红外线。

红外检测器能检测到气体火焰中的红外线，且能直接穿过气体火焰检测到对面火焰的红外线。DPD 通过分析这些复杂的火焰变量，从而可靠、精确地确定火焰是燃烧还是熄灭。

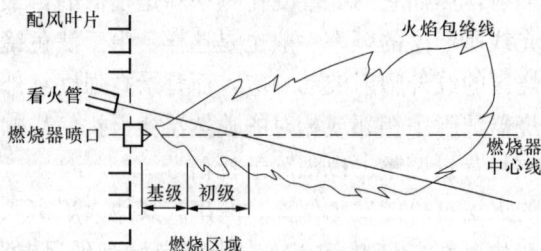

图 8-9 检测器观测位置

三、机械安装

（1）如图 8-9 所示，当检测器的视线与燃烧器中心线成一个小的角度（即 5°），可以看到最大的初燃区，进而获得最佳的测量结果。如果每一燃烧器只使用一个火焰检测器，检测器的视线还必须与点火火焰相交叉。

（2）如果采用单独的火焰检测器分别对主火焰及点火器火焰进行监测，则应调准主火焰检测器，使它不能看到点火器火焰。

（3）火焰检测器应不受限制地观察到主火焰的全景，必须将诸如锅炉配风调节器叶片、干扰叶片或其他硬件的物理障碍物截短、开孔或移走，从而使它们不会落在图 8-9 所示的检测器的视线上。

（4）必须考虑到燃烧器二次风的旋转（一些燃烧器具有顺时针空气旋转，而其他则是逆时针旋转）。如果燃烧器空气以较高速度的旋转运动进入锅炉，足以使点火器的火焰在旋转方向上发生偏转，则需将检测器定位于点火器下风向的 10°~30° 位置，并使检测器和点火器位于以主燃烧器为中心的圆周上。

（5）一个可接受的检测位置必须保证在所有空气流量及炉膛负荷范围内，都能可靠地检测到主火焰和点火器火焰。

（6）对表面固定型检测器固定时，最好使用一个转台。将转台对准在燃烧器板上的一个

2in（50.8mm）的孔或对准一个燃烧器视管，用三个六角帽的有头螺钉固定，将视管安装在转台上。如果不使用转台，将试管插入该孔，将孔与所需的观察角度对准，并点焊。焊接必须足够强，能支撑住安装检测器的重量。还必须将视管安装成向下倾斜，避免灰尘、脏物在内部堆积。检测器通过其 LED 显示输出反馈信息，用来帮助调整，并有助于适当地将检测器对准。

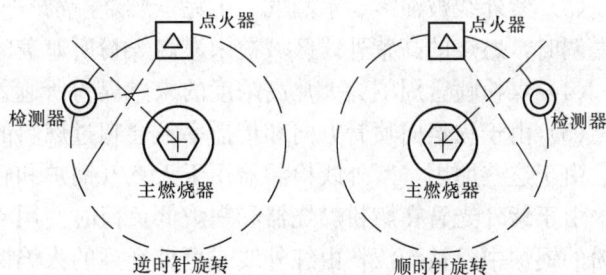

图 8-10 与二次风旋转方向相对应的检测器

（7）通过运行测试并使用 AIM（瞄准）功能，确认已得到了满意的观察效果之后，则可以拧紧位于转台环上的三个六角帽有头螺钉。

四、火检冷却

必须保证检测器镜头不受污染（油、灰、煤焦、脏物），而且检测温度不能超过最大额定值 150℉（65℃）。

由于火焰检测探头工作在高温环境中，所以必须对它进行冷却，将火焰探头全部装入冷却室中，冷却风充满整个冷却室，冷却室的出口对着炉膛，将冷却风排进炉膛内，这样探头可以被有效地冷却，探头长期工作温度最高允许 65℃。若不采用冷却室，探头外壳直接暴露在炉墙周围的环境中，局部环境温度可达 107～860℃。尽管探头内部有冷却风冷却，但探头外壳暴露在高温中致使探头超温烧坏。

火焰探头的冷却采用两套互为备用的冷却风机，保证冷却过程中不中断冷却风量，从而延长探头的使用寿命，正常运行时一台冷却风机投入，另一台备用，一旦冷却风量中断或过小，则备用冷却风机自动投入运转，保证冷却风量。连续地注入吹扫空气，就可满足检测器镜头吹扫（防污）和检测器冷却两个要求。

在正常情况下，使用干净的燃料，并在适中的环境温度下，通常吹扫空气流量为 4SCFM（标准 ft³/min）（133L/min）就足够了，当燃料产生了大量飞灰、煤焦，或在炎热的环境下为了保证检测器内部温度在规定范围之内，要求的吹扫空气可高达 15SCFM(425L/min)。

第三节　火焰监视在电厂中的应用

一、火焰监视的原理

电站锅炉使用的轻油或天然气燃料中含有较丰富的氢元素。根据含氢燃料燃烧火焰具有高能量紫外线辐射的原理，应用紫外光敏管检测燃烧火焰有较大的技术发展。含氢燃料在燃烧氧化的第一阶段的第一燃烧区将产生波长 $250\mu m$ 的紫外辐射。对这一狭窄范围的能源鉴别，为分辨第二和第三燃烧区的宽度波长提供了基础。

实践证明，在煤粉燃烧器和锅炉低负荷时使用紫外光敏管效果不佳，原因是：

（1）煤粉燃烧器产生紫外线强度远远小于油燃烧器所产生的紫外线强度；

（2）探头受炉膛辐射热、煤粉尘埃、飞灰和腐蚀性气体的影响，工作环境十分恶劣，使用寿命大为缩短；

（3）紫外线被油雾、水蒸气、不完全燃烧产物——碳黑之类所吸收，特别在煤—空气配比失调时，燃烧的高紫外线区域被未燃烧煤粉所遮盖的情况，火焰检测器工作是不可靠的；

（4）煤粉喷管周围为大片高浓度的未燃煤粉所遮盖；

（5）由于火焰向喷管方向和传播率不会超过燃料的喷出速限，所以喷管出口有脱火区。

由于这些原因，紫外线检测器用于天然气锅炉和轻油点燃比较适用。

由于紫外光管在燃粉燃烧器和锅炉低负荷时使用不佳的限制，在新设计的燃用劣质油和煤粉的锅炉中已被淘汰，由红外线或可见光型的火焰探测器和其他类型所代替。

利用光敏电阻（又名光导管）的阻值特性制作的火焰检测装置常用于炉内热源的亮度检测。然而在许多情况下亮度并不能表示燃料是否在燃烧。例如煤气、天然气、液态氢等燃料燃烧时发出深蓝和紫色的暗光，光导管对此暗光是无反应的，因此它不能鉴别上述燃料是否燃烧，此外炉内某些辐射热体，如燃煤焦渣或接触火焰炉墙辐射出的亮光，都要造成光导管错误判断为燃料的燃烧亮光。那么能否还有更好代表火焰燃烧状态的特征呢？我们知道火焰给人的直觉是亮度和火焰根部亮度的闪烁，炉膛内火焰的辐射能量也有这两个特性，而这个低频闪烁是区别于自然光的一个重要特性。总结起来就是说炉膛内火焰的辐射能量是在某个平均值上下闪烁着的。因此可以用火焰闪烁光强存在与否来判断火焰的有无，若再加上检测火焰的光强平均值，把这两个信号相与就可以较准确地判断炉内是否灭火。

根据燃烧理论和实测结果，着火燃料的初始燃烧区存在光谱范围 $0.2 \sim 2 \mu m$ 的光波闪烁或脉动，其频率与燃料类别有关，应用光电池可以检测这个频率和脉动分量，并把它送至带宽为 $150 \sim 180 Hz$ 的放大器上。测取初始燃烧区的光波频率，在于它切除了相邻火焰尾部的低频光波干扰，此外，由于不同燃料的燃烧强度有不同亮度和闪烁频率，燃烧越炽烈，亮度和频率越高；燃烧越弱其亮度和频率越低；火焰熄灭其亮度和频率为零。根据此理，用光电池检测火焰闪烁频率（交流分量）的同时，又以此交流分量作为对火焰亮度（直流分量）的相对比值，即根据交流分量越大则直流分量越大这二者相对关系来确定火焰是否存在。根据以上原理，国内外大部分火检装置均采用了双通道技术来完成火焰的检测。

二、火焰检测器在燃煤锅炉的应用

1. PED-DSI 型（日本）双信号火焰检测器在陡河电站 850t/h 燃煤锅炉中的应用

图 8-11 是陡河电站 850t/h 燃煤锅炉用于低负荷燃烧器（又名启动喷燃烧）和全炉膛火焰监视的 PED-DSI 型（日本）双信号火焰检测器原则框图和探头示意图。

该检测器用硅光电池光电二极管作为探测火焰元件。光电池面积小（直径约 4mm），但电池被球面玻璃罩住，它既保护了光电池，又有聚光作用，再加上探头对此光电池的聚焦，因此，PED-DSI 型检测器测光灵敏度很高。如图 8-12 所示，由于它测得的是火焰亮度相对变化而不是绝对值，所以当炉膛烟气或潮湿气体导致探头透镜污浊时，虽然探头接收火焰亮度

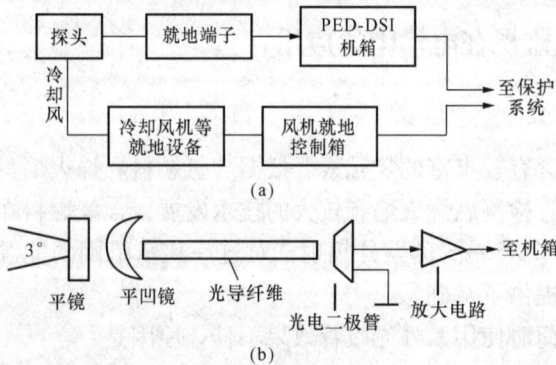

图 8-11 PED-DSI 型火焰检测器原则框图和探头示意图
（a）原理框图；（b）探头示意

I_d 和亮度变化 I_a 相应地降至 I'_d 和 I'_a，但光电池输出 V_a 和 V'_a 相差不大。即火焰燃烧强度恒定的情况下（亮度和闪烁频率恒定）虽然透镜污浊，但光电池测得的亮度相对变化几乎未受影响。然而透镜是否被污浊可以从 V_d 绝对值下降至 V'_d 而检测出来。采用这种双信号的鉴别方式，在很大程度上使检测器对火焰是否真实存在的辨别力得到提高。

从对 PED−DSI 型检测器的调试和运行考验来看，该检测器还存在以下缺点：

（1）用于分层布置的燃烧器工作单火嘴火焰监视时，相邻燃烧器的根部火焰也常被导光反射镜接收而带来干扰；

（2）硅光电池探头许可在 −10～80℃ 的环境温度中使用，在此范围内每变化 10℃ 检

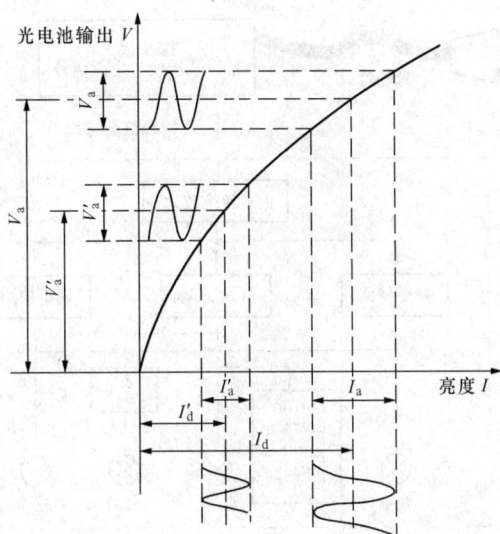

图 8-12　PED−DSI 型探头灵敏度曲线

测器直流模拟亮度输出即变化约 0.25V。若环境温度由 15℃ 升至 55℃，输出将由 0.55V 升至 1.55V，这对于输出满量程为 8V，输出小于 2V 便发出炉膛暗度报警的探头来说，环境温差带来的零位飘移是非常可观的。为了改进上述火焰探测器的缺点，FORNEY 和 CE 技术公司进行了一些技术上的改进。用光纤管将探头插入炉膛内被测燃烧器距喷口端面 300～400mm 处，为了防止高温烧坏探头，采用冷风进行冷却。

为了提高探头的分辨率，典型的装置（如 CE 公司的火焰检测装置）采用了频率检测、强度检测及线路故障检测，只有这三个检测符合正常的与条件时，火焰指示灯才表示有火焰，如图 8-14 所示，其中探头板如图 8-15 所示。火焰的光信号通过光纤送到探头壳，使光电二极管发出相应的电信号。光电二极管为一带红外滤波器的特种光电管，它的光谱范围在 400～700μm 可见光范围内，见图 8-13 中光电二极管的频率响应，此为 CE 公司的 Safe scamI 型火焰检测器的可见光频率响应特性。从光谱图中可看出它只响应可见光，

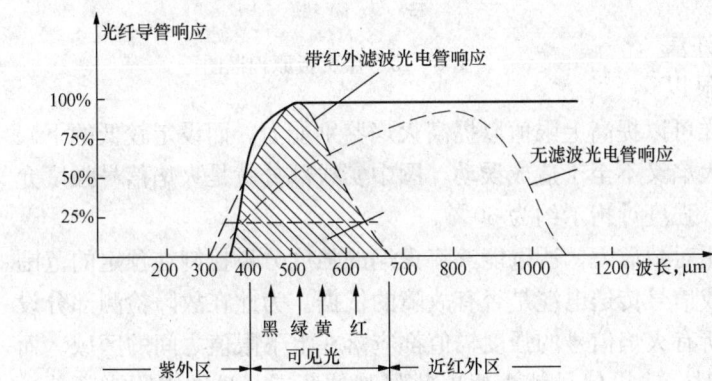

图 8-13　光电二极管的频率响应特性

非可见光信号被光电管隔离，根本不能进入放大电路。光信号转变成电信号以后进入对数放大器（参见图 8-15），光强电流每变化一个数量级，对数放大器输出变化一个单位，即 $\log_{10} N = N$，把大范围变化的光亮度转变为一个小范围变化的电量。实际电路上，对数放大器输出端还接有一个发光二极管，光强愈低对数放大器输出电压愈高，发光二极管愈亮。此光线对准光电二极管，形成光负反馈。在炉膛内黑暗无光时，发光二极管产生最大光强，光

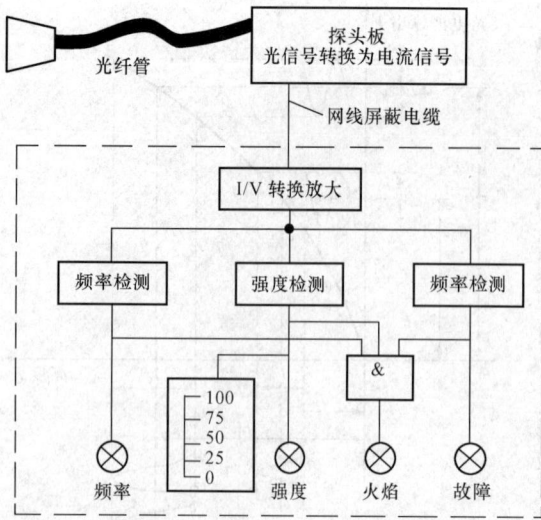

图 8-14 双通道及故障检测完成的火焰监视系统框图

电二极管接受发光二极管的光线，使对数放大器输出稳定在一定数值，并使之不会进入死区。它也使检修人员在停炉时通过强度表读到一微弱读数以证明元件良好、线路畅通。对数放大器输出到电压/电流转换器，用四芯电缆将一电流信号送至机箱。机箱集中安放于控制室附近的火焰检测屏机架上，它接受从探头来的火焰电流信号，经电流/电压转换后分送强度、故障、频率检测电路（参考图 8-14）。

光信号的强度和频率检测是整个信号处理的关键部分，由于辐射的光强度与探头的距离有关，因此被探测的燃烧器离探头越近，光强愈强，未被探测的燃烧器远离探头，光强最弱，这样可提高探头的分辨率。火焰的频率可以正确反应燃烧是否正在进行，由于燃料在燃烧时存在一个闪烁频率，而燃烧器的闪烁频率与整个炉膛的火球频率又有区别，利用这个频率的差别，可以探测出炉膛火焰与燃烧器火焰的存在。图 8-16 为检测器机箱的原理框图，它示意了强度信号的处理方法，即分别设定强度信号的上限和下限，一旦强度信号超过上限设定点，强度信号就能生效，给出强度允许信号，而在此信号降低到低于下限以

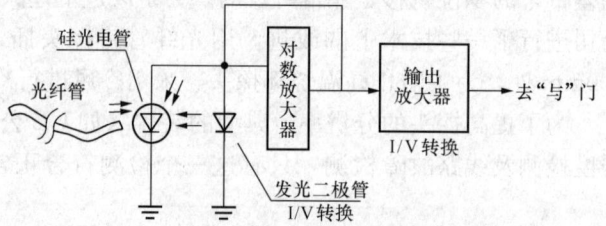

图 8-15 探头板原理框图

前，强度允许信号始终保持，这样可以提高上限值以提高火焰鉴别能力。而设定较低的下限值则能保证有足够的灵敏度检测火焰又不至于造成误动，图中实线部分就是火焰信号强度允许的区域。在锅炉满负荷运行时，强度计指示约为 60%。

由于在探头的预处理部分采用对数放大，所以能够将火焰的强度分量控制在预定的范围内，这就可以将它作为探头部分或信号传送电缆是否有故障的依据。为此在故障检测部分设置了上限和下限值，正常工作时所有火焰信号的强度辐值都应落在上下限值之间的区域。而当探头部分或信号电缆出现故障时，输出信号就会超出此限制的范围（见图中阴影部分）。故障检测的上、下限是预先固定的，在火焰检测的运行期间不作任何调整。

频率检测部分的核心是一个频率比较器，它利用不同燃料的火焰和火焰燃烧的情况不同时的火焰脉冲频率有很大区别这一个原理来判断所要检测的那种火焰是否存在。其工作原理是将从电流/电压变换器来的火焰信号经电容隔直后，把交流分量送至频率检测电路，支流放大电路将交流信号放大，把幅值较高的交流信号变成方波，信号送频率比较电路，被检测的火焰频率与人为设定的机内频率在一个可调频率鉴别器中进行比较，当其高于机内频率时，2s 后发出频率允许信号。机内整定频率范围为 3.5～103Hz。这个频率整定范围充分考

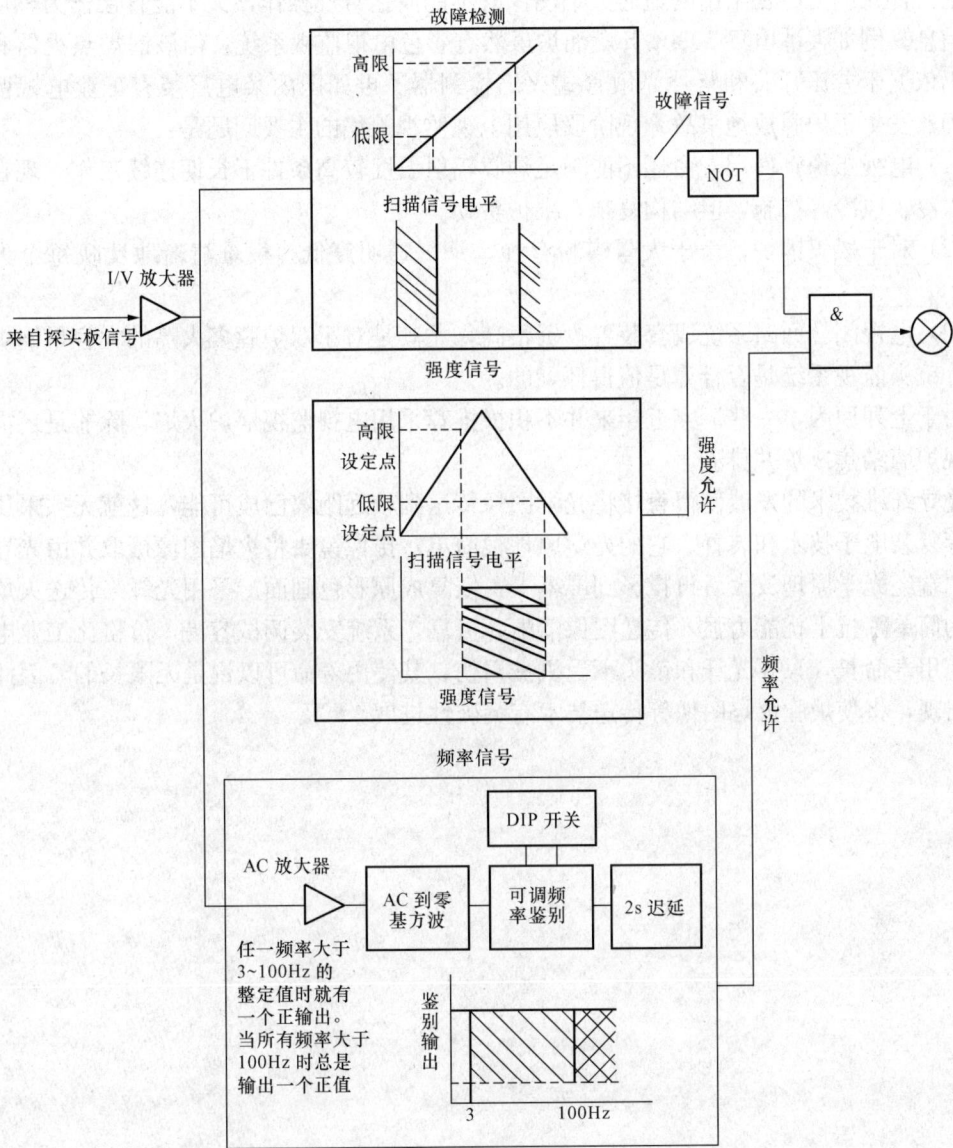

图 8-16 检测器机箱电路原理框图

虑了各种锅炉在不同的燃料和不同的燃烧条件下的各种情况而确定的。它包括了现代电站锅炉所有可能的覆盖范围，内部振荡频率可以通过频率插件面板上的 8 个开关来调整。频率检测部分对火焰装置的运行是至关重要的，因为火焰脉动频率常比强度信号更能表现火焰的特征。比如，煤的火焰形成的火球，其脉动频率通常在 18Hz 或更低一些，而燃油时可达 40～60Hz。至于炉墙或热烟等炉膛内辐射源的频率则更低，几乎接近于零。所以用调整频率鉴别器的内部频率，将要检测的火焰鉴别出来，但是这种方法也受到相邻火嘴窜来的频率信号的干扰，很难达到单火嘴鉴别能力。

2. 其他火焰监视

用黑色或彩色电视闭合回路系统监视燃烧火焰是最直观的方法。但对它的使用价值还有些争论。首先因为电视给出的适时火焰图像既不能简化常规操作，又不能直接作为燃烧器控制的信息。例如大港电厂 1050t/h 燃油炉虽然有彩色电视监视系统，但该锅炉点火器和主燃烧器仍依据于差压开关和紫外光敏管式火焰检测器。再如国内某电厂装有工业电视监视火焰，仍然发生了炉膛放炮事故。现阶段应用电视监视火焰的主要问题是：

（1）电视摄像管使用寿命还不能满足炉膛辐射温度较高条件下长期连续工作，现在虽然加了水冷、风冷等措施，但结构复杂，维护费劲。

（2）对于燃煤锅炉，由于大量煤粉存在，烟气透明度低，很难清晰地反映每个火嘴的情况。

（3）电视闭合回路系统成套装置投资很高，尤其是对于双炉膛多火嘴的大容量锅炉采用多个分镜头监视系统是否合算是值得怀疑的。

由于上列原因，一些厂家近年来并不积极推荐采用电视监视锅炉火焰，除非是还需要用它监视炉墙结焦或炉井排渣。

光导纤维技术的发展使得直接将光学图像传送到较远距离已成可能，这就无须采用光电转换等复杂电子技术和装置。它的光学原理很简单：摄像镜头将火焰图像摄取并由光导纤维在另一端经光学原理放大后再投影到屏幕上，恢复成原彩色画面。采用光纤来传送火焰图像其结构简单，抗干扰能力强，传递图像清晰、可靠，系统安装调试容易，价格比工业电视低廉，使用寿命长，只要光纤和镜头不受机械损伤，其使用寿命可以说是无限长的，因此该新技术出现，将使炉膛火焰图像等传送技术有突破性进展。

第九章 现代测量技术

20世纪70年代以来，随着计算机技术、网络通信技术、仪表技术和控制理论的发展，在测量领域中出现了许多新型测量仪表和新的测量技术。本章将简要介绍智能传感器、虚拟仪表和现场总线仪表等新型仪表，以及软测量技术、传感器信息融合技术。

第一节 传感器的发展趋势

近20年来，微电子技术、计算机技术、精密机械技术、高密封技术、特种加工技术、集成技术、薄膜技术、网络技术、纳米技术、激光技术、超导技术和生物技术等高新技术得到了迅猛发展。这一背景和形势，促进传感器朝着微型化、集成化、多功能化、智能化和网络化等方向发展。

一、微型化

传感器微型化归功于计算机辅助设计技术、微机电系统技术以及敏感光纤技术的发展。

传感器的设计手段从传统的结构化生产设计转变为基于计算机辅助设计的模拟式工程化设计，使得设计人员能够在较短的时间内设计出低成本、高性能的新型传感器系统，从而推动了传感器系统以更快的速度向着能够满足科技发展需求的微型化方向发展。

微机电系统技术除全面继承氧化、光刻、扩散、沉积等微电子技术外，还发展了平面电子工艺技术、各向异性腐蚀、固相键合工艺和机械分段技术。由于微电子技术、微机械加工与封装技术的巧妙结合，从而能够制造出体积小巧但功能强大的新型传感器系统，由此也将信息系统的微型化、智能化、多功能化和可靠性水平提高到了一个新的高度。

光纤传感器或通过光纤传送信号，或者将光纤作为敏感元件，使得光纤传感器具有传统的传感器无法比拟的重量轻、体积小、敏感性高、动态测量范围大、传输频带宽、易于转向作业以及它的波形特征能够与客观情况相适应等优良性能。

目前，微型传感器已经在航空、远距离探测、医疗及工业自动化等领域的信号探测系统得到了大量的应用。

二、传感器的集成化和多功能化

半导体、电介质、强磁体等固态功能材料的进一步开发和集成技术的不断发展，为传感器集成化开辟了广阔的前景。传感器的集成化是指在同一芯片上将众多同一类型的单个传感器集成为一维线型、二维阵列（面）型传感器，或将传感器与调理、补偿电路集成一体化。前一种集成化使传感器的检测参数由点到线到面到体的扩展，甚至能加上时序，变单参数检测为多参数检测；后一种传感器由单一的信号变换功能，扩展为兼有放大、运算、误差补偿等多种功能。

传感器多功能化是指将若干种敏感元件总装在同一种材料或单独一块芯片上，用来同时测量多种参数，全面反映被测量的综合信息，或对系统误差进行补偿和校正。美国MER-RITT公司研制开发的无触点皮肤敏感系统，包括无触点超声波、红外辐射引导、薄膜式电容、以及温度、气体传感器等。DTP 型智能压力传感器中集成压力、环境压力和温度三种传感元件。其中，主传感器为差压传感器，用来探测差压信号，辅助传感器为温度和环境压力传感器，它们用于调节和校正由于温度和工作环境的压力变化而导致的测量误差。

三、传感器的智能化

智能化传感器是微型机与传感器结合的产物，它不仅能进行外界信号的测量、转换，而且能实现信息存储、信息分析和结论判断等功能。它的出现是传感技术的一次革命，对传感器的发展产生了深远的影响。

四、网络化

传感器的网络化是传感器与计算机技术和网络技术相结合的产物。网络化传感器是在智能传感器基础上，把网络协议作为一种嵌入式应用，嵌入现场智能传感器的 ROM 中，使其具有网络接口能力，这样，网络化传感器像计算机一样成为了测控网络上的节点登陆网络，并具有网络节点的组态性和互操作性。利用现场总线网络、局域网和广域网，处在测控点的网络传感器将测控参数信息加以必要的处理后登陆网络，联网的其他设备便可获得这些参数，进而再进行相应的分析和处理。随着分布式测控网络的兴起，网络化传感器必将得到广泛的应用。

1. 基于现场总线技术的网络化测控系统

现场总线是用于过程自动化和制造自动化的现场设备或仪表互连的现场数字通信网络，它嵌入在各种仪表和设备中，可靠性高、稳定性好、抗干扰能力强，通信速率快，造价低廉、维护成本低。

但是目前各种现场总线标准都有自己规定的协议格式，相互之间互不兼容，这就要求在某个现场总线中使用的智能仪表必须符合该现场总线的有关规定。目前，IEEE 已经制定了兼容各种现场总线标准的智能网络化传感器接口标准 IEEE1451，用户可以根据自己的需要随意选择不同厂家生产的现场总线仪表，而不用考虑会受到总线的影响，从而实现真正意义上的即插即用。

本章将在第四节简要介绍现场总线仪表的工作原理及其构造的测控系统。

2. 面向 Internet 网络测控系统

当今时代，以 Internet 为代表的网络技术的迅速发展以及它与其他高新科技的相互结合，也为测量与仪器技术带来了前所未有的发展空间和机遇，网络化测量技术与具备网络功能的新型仪器应运而生。把 TCP/IP 协议作为一种嵌入式的应用，嵌入现场智能仪器（主要是传感器）的 ROM 中，使信号的收、发都以 TCP/IP 方式进行。

典型的面向 Internet 的测控系统结构如图 9-1 所示。图中现场智能仪表单元通过现场级测控网络与企业内部网 Intranet 互连，而具有 Internet 接口能力的网络化测控仪器通过嵌入于其内部的 TCP/IP 协议直接连接于企业内部网上。如此，测控系统在数据采集、信息发布、系统集成等方面都以企业内部网络 Intranet 为依托。将测控网和企业内部网及 Internet 互联，便于实现测控网和信息网的统一。在这样构成的测控网络中，网络化仪器设备充当着网络中独立节点的脚色，信息可跨越网络传输至所及的任何领域，实时、动态（包括远程）的在线测控成为现实。将这样的测量技术与过去的测控、测试技术相比不难发现，今天，测控能节约大量现场布线、扩大测控系统所及地域范围。使系统扩充和维护都极大便利的原因，就是因为在这种现代测量任务的执行和完成过程中，网络发

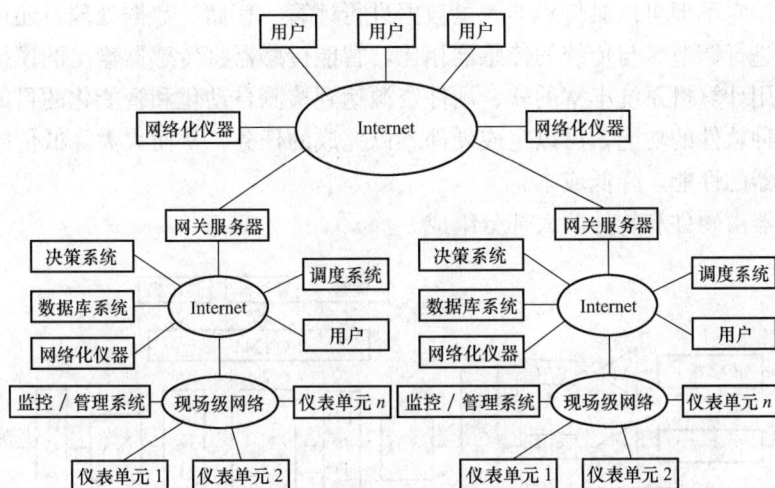

图 9-1　面向 Internet 的测控系统结构

挥了不可替代的关键作用，即网络实实在在地介入了现代测量与测控的全过程。

随着智能化、微机化仪器仪表的日益普及，联网测量技术已在现场维护和某些产品的生产自动化方面得以实施，还必将在现代化工业生产等越来越多的领域中大显身手。

第二节　智能传感器

随着时代的进步，传统的传感器已经不能满足现代工农业生产，20 世纪 70 年代以来，计算机技术、微电子技术、光电子技术获得迅猛发展，加工工艺逐步成熟，新型的敏感材料不断被开发，在高新技术的渗透下，在 20 世纪 80 年代产生了基于微处理器技术的智能传感器。

一、智能传感器的概念

智能传感器具有一定的人工智能，能够用电路代替一部分脑力劳动。传感器在发展与应用过程中越来越多地和微处理器相结合，使传感器不仅具有"电五官"的功能，而且还具有了存储、思维和逻辑判断等人工智能。

传感器与微处理器结合可以通过以下两种途径来实现：一是采用微处理器或微型计算机系统以强化和提高传统传感器的功能，即传感器和微处理器可分为两个独立部分，传感器的输出信号经处理和转换后，由接口送入微处理器部分进行运算处理，这便是传感器智能化途径之一；二是借助于半导体技术把传感器部分与信号预处理电路、输入输出接口、微处理器等制作在同一块芯片上，即成为大规模集成电路智能传感器，这类传感器具有多功能、一体化、精度高、适宜于大批量生产、体积小和便于使用等优点。后者是传感器发展的必然趋势。就目前来看，已少数以组合形式出现的智能传感器作为产品投入市场，如美国霍尼韦尔公司推出的 DSTJ3000 就是一种智能差压和压力传感器。

无论是传感器智能化或是智能传感器，都是指具有检测和信息处理功能的传感器。

二、智能传感器的结构

智能传感器的结构可用图 9-2 简单表示。传感器将被测的物理量转换成相应的电信号，送到模拟量输入通道，进行滤波、放大、模－数转换后，送到微处理器中。微处理器是智能传感器的核心，它不但可以对传感器测量数据进行计算、存储、数据处理，还可以通过反馈回路对传感器进行调节。与传统的传感器相比，智能传感器将传感器输出的模拟信号转换为数字信号，利用计算机系统丰富的软、硬件资源达到检测自动化和智能化的目的。由于计算机充分发挥各种软件的功能，可以完成硬件难以完成的任务，从而大大降低传感器制造的难度，提高传感器的性能，降低成本。

智能传感器由硬件和软件两大部分组成。

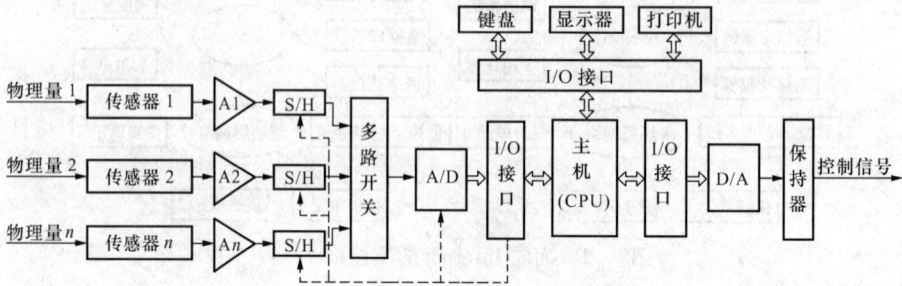

图 9 - 2　智能传感器的结构框图

1. 硬件部分

智能传感器的硬件主要由主机电路、模拟量输入输出、人机联系部件及其接口电路、标准通信接口等组成。

（1）主机部分。主机部分通常由微处理器 CPU、存储器、输入输出 I/O 接口电路组成，或者其本身就是一个具有多种功能的单片机。由于智能传感器对主机电路控制功能的要求更强于对数据处理速度和容量的要求，因此目前我国的智能传感器广泛采用 8 位的 MCS－51 系列单片机作为其主机电路。

微处理器 CPU 是智能传感器的核心，它作为控制单元，控制数据采集装置进行采样，并对采样数据进行计算及数据处理，如数字滤波、标度变换、非线性补偿、数据计算等等。然后，把计算结果进行显示和打印。

（2）模拟量输入输出部分。模拟量输入输出部分用来输入输出模拟量信号，主要由传感器、相应信号处理电路、转换器、输入输出 I/O 接口等几部分组成。其中，传感器把被测物理量转换为电信号输出，信号处理电路将传感器输出的微弱电信号进行适当放大、滤波、调制、电平转换和隔离屏蔽等，提高信号质量，以满足转换器的转换要求，转换器包括A/D 和 D/A 转换器。

在智能传感器中，无一例外地采用 CPU 作为核心。CPU 能处理的只能是数字量，而绝大多数传感器输出的都是模拟量，同时要求智能传感器的输出量也为模拟量，以便送入执行机构，对被控对象进行控制或调节，这就使得 CPU 与其外围电路之间存在模拟量与数字量之间转换的问题。因此，A/D 及 D/A 转换电路是智能传感器中必不可少的部分。A/D 转换电路是把模拟电信号转换成 CPU 可以接受的数字量信号，D/A 转换电路则是把 CPU 处理后的数字量信号转换成模拟信号输出。

（3）人机联系部分。人机联系部分的作用是沟通操作人员和传感器之间的联系，主要由传感器面板中的键盘、显示器等组成。

（4）标准通信接口。标准通信接口用于实现智能传感器与通用型计算机的联系，使传感器可以接受计算机的程控指令,较易构成多级分布式自动测控系统(集散控制系统)。目前生产的智能传感器一般都配有 GP-IB、RS232C、RS485、USB 等标准通信接口。

2. 软件部分

智能传感器的软件主要包括监控程序、接口管理程序和数据处理程序三大部分。监控程序面向传感器面板的键盘和显示器,帮助实现由键盘完成的数据输入或功能预置、控制以及由显示器对 CPU 处理后的数据以数字、字符、图形等形式显示等任务。接口管理程序主要通过控制接口电路的工作以完成数据采集、I/O 通道控制、数据存储、通信等任务。数据处理程序主要完成数据滤波、运算、分析等任务。

3. 智能传感器中的信息处理技术

传感器输出的模拟量经 A/D 转换器转换后变成数字量送入计算机,这些数字量在进行显示、报警及控制之前,还必须根据需要进行一些加工处理,如量程自动转换、标度变换、自动校准、数字滤波及非线性补偿等,以满足各种不同的需要。以上这些处理也称为软件处理。

(1) 量程自动转换。如果传感器和显示器的分辨率一定,而仪表的测量范围很宽,为了提高测量精确度,智能化仪表应能自动转换量程。多回路检测系统中,当各回路参数信号不一样时,为保证送到计算机的信号一致(0~5V),也必须能够进行量程的自动转换。

量程自动转换是指采用一种通用性很强的可编程增益放大器 PGA,根据需要通过程序调节放大倍数,使 A/D 转换器满量程信号达到一致化,因此大大提高测量精确度。

(2) 标度变换。生产过程中的各个参数都有着不同的量纲和数值,根据不同的检测参数,采用不同的传感器,就有不同的量纲和数值。如检测常用热电偶,温度单位为℃。且热电偶输出的热电势也各不相同,如铂铑—铂热电偶在 1600℃时,其电势为 16.677mV,而镍铬—镍铬热电偶在 1200℃时,其电势为 48.87mV。又如测量压力用的弹性元件有膜片、膜盒以及弹簧管等,其压力范围从几帕到几十帕。所有这些参数都经过传感器及检测电路转换成 A/D 转换器所能接受的 0~5V 统一电压信号,又由 ADC 转换成 0000H~0FFFH(12 位)的数字量,以便于 CPU 进行各种数据的处理。为进一步进行显示、记录、打印以及报警等,必须把这些数字量转换成与被测参数相对应的参量,便于操作人员对生产过程进行监视和管理,这就是所谓的标度变换,也称为工程量变换。标度变换有各种不同类型,它取决于被测参数测量传感器的类型,应根据实际情况选择适当的标度变换方法。

(3) 自动校准。在智能传感器的测量输入通道中,一般均存在零点偏移和漂移,产生放大电路的增益误差及器件参数的不稳定等现象,他们会影响测量数据的准确性,这些误差属于系统误差,必须对这些误差进行校准。自动校准包括零点自动校准和增益自动校准。其中零点自动校准是在零输入信号时,由于零漂的存在,输入不为零,预先将它检测出来并存入内存单元,在检测传感器输出值时再从检测值中扣除这个零位漂移值的影响。而增益自动校准是在输入标准信号时,记录检测值和标准信号的比值,即标准增益,预先将它存放在内存单元中,在检测传感器输出值时用此标准增益进行修正,以消除由于增益变化所带来的影响。

(4) 数字滤波。由于被测对象所处的环境比较恶劣,常存在干扰源,如环境温度、电场、磁场等,在测量信号中往往混有噪声、干扰等,使测量值偏离真实值。对于各种随机出现的干扰信号,在智能传感器中,常通过一定的计算程序,对多次采样信号构成的数据系列进行平滑加工，以提高其有用信号在采样值中所占的比例，减少乃至消除各种干扰及噪声，从而保证系统工作的可靠性，这就是数字滤波。

数字滤波的方法很多，如算术平均法、加权平均法、中值法、系数滤波法、统计法等等。这里仅以算术平均滤波为例进行说明。

算术平均滤波是指利用智能仪表中的微处理器对某点参数作连续 n 次采样测量，获得参数值 x_1，x_2，x_3，$\cdots$，x_n，然后求取其平均值作为该点参数的测量值，它可以有效地减小或消除压力、流量参数中的周期性脉动干扰。

（5）非线性补偿。在许多智能化传感器中，一些参数往往是非线性参数，常常不便于计算和处理，有时甚至很难找出明确的数学表达式。例如在温度测量系统中，热电阻及热电偶与温度之间的关系，即为非线性关系，很难用一个简单的解析式来表达。在某些时候，即使有较明显的解析表达式，但计算起来也相当麻烦。例如在流量测量中，流量孔板的差压信号与流量之间也是非线性关系，即使能够用公式计算，但开方运算不但复杂，而且误差也比较大。

对于诸如此类的问题，在智能仪表中可以采用软件进行非线性补偿。具体的实施方法是，先找出输入与输出关系的数学模型（如数学方程式），或在线检测时用回归法拟合数学公式，存入内存中。测量时，只要把传感器的输出送入微处理器进行数据处理，即能把实际测量结果输出，从而完成传感器的输出补偿，提高测量的准确度。

（6）温度误差补偿。对于高精度传感器，温度误差已成为提高其性能指标的严重障碍（如硅压阻、应变式、间隙电容式传感器等），尤其在环境温度变化较大的应用场合更是如此。依靠传感器本身附加一些简单的硬件补偿措施实现温度补偿是很困难的。在智能传感器中，由于引入了微处理器，通过精确建立温度误差的数学模型可以利用软件就可很容易实现温度误差补偿。

4. 结构特点

与传统的传感器相比，智能化传感器具有以下特点。

（1）开发性强，可靠性高。计算机软件在智能传感器中起着举足轻重的作用。它不仅对信息测量过程进行管理和调节，使之工作在最佳状态，而且利用计算机软件能够实现硬件难以实现的功能，因为以软件代替部分硬件，可降低传感器的制作难度。

在不增加硬件设备情况下，以软件替代硬件，通过开发不同的应用软件使测量系统实现不同的功能，使得智能传感器的研制开发具有费用低、周期短等特点；同时由于"硬件软化"的效果，减少了硬件电路和所用元器件数目，也就减少了故障发生率，提高了传感器的可靠性。

（2）改善了仪表性能，提高了测量精确度。利用微处理器的运算、逻辑判断、统计处理功能，可对测量数据进行分析、统计和修正，还可进行线性、非线性、温度、噪声以及漂移等的误差补偿，提高了测量准确度，极大地改善仪表的性能。

（3）智能化。传感器的智能化表现在：①具有自诊断、自校准功能，可在接通电源时进行开机自检，可在工作中进行自检，并可实时自行诊断测试以确定哪一组件有故障，提高了工作可靠性。②具有自适应、自调整功能，可根据待测物理量的数值大小及变化情况自动选择测量量程和测量方式，提高了测量的适用性。③具有记忆、存储功能，可进行测量数据的随时存取，加快了信息的处理速度。④具有组态功能，可实现多传感器、多参数的复合测量，扩大了测量与使用范围。⑤可通过改变程序或采用可编程的方法增减传感器功能和规模来适应不同环境和对象，甚至达到改变传感器性质的目的。这些都是传统传感器无法实现的。目前有些智能传感器还运用了专家系统技术，使传感器可根据控制指令或外部信息自动地改变工作状态，并进行复杂的计算、比较推理，使之具有较深层次的分析能力，帮助人们思考，具有类似人的智能。

（4）具有友好的人机对话界面。操作人员通过键盘输入命令，智能传感器通过显示器显示仪表的运行情况、工作状态以及对测量数据的处理结果，使得人机联系非常密切。

（5）具有数据通信功能。智能化传感器具有数据通信功能，采用标准化总线接口，可方便地与网络、外设及其他设备进行数据交换，提高了信息处理的质量。

总之，智能传感器使得自动化测量技术变得更加灵活，更为经济有效，适应多种要求，具有多功能、高性能和高可靠性等优点。

三、智能模糊传感器

模糊传感器是顺应人类的生活实践、生产和科学的需要而提出的，并得到迅速的发展。它是在经典数值测量的基础上，经过模糊推理和知识合成，以模拟人类自然语言符号描述的形式输出测量结果的一种新型智能传感器。它的核心部分是模拟人类自然语言符号的产生及其处理部件。

图 9-3 是模糊传感器的简单结构功能示意图。其中，经典数值测量单元的作用是提取传感信号，并对其进行滤波等数值预处理。符号产生和处理单元是模糊传感器的核心部分，它的作用是利用存放在知识库中的知识或经

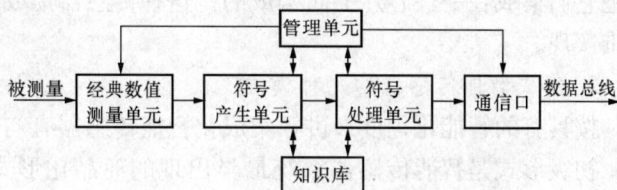

图 9-3　模糊传感器的结构功能示意图

验，对已恢复的传感器传感信号进一步处理，得到符号测量结果。符号处理单元的作用是采用模糊信息处理技术，对模糊化后得到的符号形式的传感信号，结合知识库内的知识（主要有模糊判断规则、传感信号特征、传感器特性及测量任务要求等信息），经过模糊推理和运算，得到被测量的符号描述结果及其相关知识。模糊传感器可以经过学习新的变化情况（如任务发生改变，环境变化等等）来修正和更新知识库内的信息。

模糊传感器的"智能"表现在它可以模拟人类感知的全过程。它不仅具有智能传感器的一切优点和功能，而且具有学习推理的能力，具有适应测量环境变化的能力、能够根据自我管理和调节的能力。模糊传感器的作用应当与一个丰富经验的测量工人的作用是等同的，甚至更好。

模糊传感器的突出特点是具有强大的软件功能，它与一般智能传感器的根本区别在于模糊传感器具有实现学习功能的单元和符号产生、处理单元，能够实现专家指导下的学习和符号的推理及合成，使模糊传感器具有可训练性，经过学习与训练，模糊传感器可以适应不同测量环境和测量任务的要求。

四、集成式智能传感器

传感器的集成化是指将多个功能相同或不同的敏感元件制作在同一个芯片上构成传感器阵列，主要有三个方面的含义：一是将多个功能完全相同的敏感单元集成制造在同一

个芯片上，用来测量被测量的空间分布信息，例如压力传感器阵列。二是对不同类型的传感器进行集成，例如将压力、温度、湿度、流量、加速度、化学等敏感单元集成在一起，能同时测到环境中的物理特性或化学参量，用来对环境进行监测。三是对多个结构相同、功能相近的敏感单元进行集成，例如将不同气敏传感元集成在一起组成"电子鼻"，利用各种敏感元对不同气体的交叉敏感效应，采用神经网络模式识别等先进数据处理技术，可以对混合气体的各种组分同时监测得到混合气体的组成信息，同时提高气敏传感器的测量精确度；这层含义上的集成还有一种情况是将不同量程的传感元集成在一起，可以根据待测量的大小在各个传感元之间切换，在保证测量精确度的同时，扩大传感器的测量范围。

1. 智能传感器的实现途径

从结构上划分，智能传感器可以分为模块式和集成式。初级的智能传感器是由许多互相独立的模块组成，如将微计算机、信号调理电路模块、数据电路模块、显示电路模块和传感器装配在同一壳结构内则组成模块式智能传感器。混合式智能传感器是将敏感元件、信号处理电路、微处理器单元、数字总线接口等环节以不同的组合方式集成在两块或三块芯片上，并装在一个外壳里，目前这类结构较多。集成化智能传感器系统是采用微机械加工技术和大规模集成电路工艺技术，利用硅作为基本材料制作敏感元件、信号调理电路、微处理单元，并把它们集成在一块芯片上而构成的。这种传感器集成度高，体积小，但目前的技术水平还很难实现。

2. 集成智能传感器的几种模式

按具有的智能化程度来讲，集成化智能传感器有初、中、高三种存在形式。

初级形式是智能传感器系统最早出现的商品化形式，因此被称为"初级智能传感器"。它是将敏感元件与智能信号调理电路（不包括微处理器）封装在一个外壳里。其中智能信号调理电路用来实现比较简单的自动校零、非线性的自动校正、温度自动补偿功能。

中级形式是将敏感元件、信号调理电路和微处理器单元封装在一个外壳里，强大的软件使它具有完善的智能化功能。

高级形式是将敏感元件实现多维阵列化，同时配备更强大的信息处理软件，使之具有更高级的智能化功能。它不仅具有完善的智能化功能，而且具有更高级的传感器阵列信息融合功能，或具有成像与图像处理等功能。

3. 集成智能传感器实例

美国 Honeywell 公司研制的 DSTJ－3000 型智能式差压压力传感器，是在同一块半导体基片上用离子注入法配置扩散了差压、静压和温度三种传感元件，其组成包括变送器、现场通信器、传感器脉冲调制器等，如图 9-4 所示。

传感器的内部由传感元件、电源、输入、输出、存储器和微处理机（8 位）组成，成为一种固态的二线制（4～20mA）压力变送器。现场通信器的作用是发信息，使变送器的监控程序开始工作。传感器脉冲调制器是将变送器的输出变为脉宽调制信号。为了使整个传感器在环境变化范围内均可得到非线性补偿，生产后逐台进行差压、静压、温度试验，采集每个测量头的固有特性数据并存入各自的 PROM 中。

DSTJ－3000 型智能压力传感器的特点是量程宽，可调到 100：1（一般模拟传感器仅达 10：1）；精确度高达 0.1%。

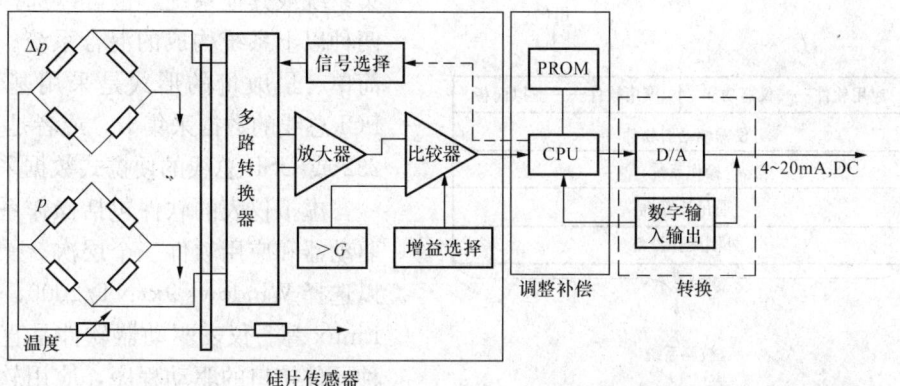

图 9-4 DSTJ-3000 型智能压力传感器方框图

第三节 虚 拟 仪 表

一、虚拟仪表的基本概念

虚拟仪表 VI（Virtual Instrument）是 20 世纪 80 年代末出现的一种测量仪表，它是指以通用计算机作为系统控制器、由软件来实现人机交互和大部分仪表功能的一种计算机仪表系统。仪表的操控和测量结果的显示是借助于计算机显示器以虚拟面板的形式来实现的，数据的传送、分析、处理、存储是由计算机软件来完成的。

虚拟仪表中"虚拟"的含义表现在以下两方面。

1. 虚拟仪表面板

对于传统仪表，操作人员可以通过操纵仪表物理面板上的各种开关、按键、旋钮等来实现仪表电源的通断、通道选择、量程、放大倍数等参数的设置，通过面板上的发光二极管、数码管、液晶或 CRT 等来识别仪表状态和测量结果。

而虚拟仪表中，物理的开关、按键、旋钮以及数码管等显示器件均是由与实物外观很相似的图形控件来代替并在显示器上显示，操作人员通过鼠标或键盘来操作图形界面实现测量结果和对仪表的操控。

2. 软件编程来实现仪表功能

在虚拟仪表中，仪表的许多功能由软件编程来实现的，如测量所需要的激励信号由软件产生的数字采样序列控制 D/A 转换器产生，数字滤波等系统硬件模块不能实现的一些数据处理功能由软件编程很方便就可实现。

总之，虚拟仪表就是指在通用计算机上添加几种带共性的基本模块化仪表功能硬件，通过专用的控制软件来组合成各种功能的仪表或系统。当需要建立一个仪表系统时，只要调出仪表相应的图标，输入相关条件、参数，并用鼠标按测试流程进行链接，就完成了一套新仪表的设计工作。

二、虚拟仪表的系统构成

如图 9-5 所示，虚拟仪表由硬件和软件两大部分构成。

虚拟仪表的硬件通常包括通用计算机和外围硬件设备。通用计算机可以是笔记本电脑、台式计算机或工作站等。外围硬件设备可以选择 GPIB 系统、VXI 系统、PXI 系统、数据采

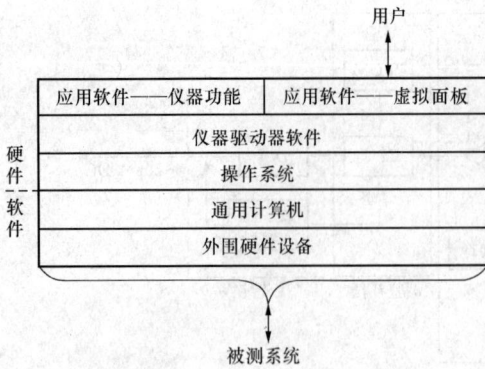

图 9-5　虚拟仪表的系统构成

集系统或其他系统，也可以选择由两种或两种以上系统构成的混合系统。其中，最简单、最廉价的形式是采用基于 ISA 或 PCI 总线的数据采集卡，或者是基于 RS-232 或 USB 总线的便携式数据采集模块。

虚拟仪表的软件包括操作系统、仪表驱动器和应用软件三个层次。操作系统可以选择 Windows 9x/NT/2000、SUN OS、Linux 等。仪表驱动器软件是直接控制各种硬件接口的驱动程序，应用软件通过仪表驱动器实现与外围硬件模块的通信连接。应用软件包括实现仪表功能的软件程序和实现虚拟面板的软件程序。用户通过虚拟面板与虚拟仪表进行交互。

目前，HP、NI 等公司推出了专用于虚拟仪表开发的集成开发环境，以方便仪表制造商和用户进行仪表驱动器和应用软件的开发。常用的仪表开发软件有 LabVIEW、LabWindows/CVI、VEE 等等。这些软件已相当完善，而且还在升级、提高。以 LabVIEW 为例，这是基于图形化编程语言 G 的开发环境，用于如 GPIB、VXI、PXI、PCI 仪表及数据采集卡等硬件的系统构成，而且，具有很强的分析处理能力。去年，LabVIEW 6i 问世，将智能化测量与控制技术进一步扩展到了 Internet。

三、虚拟仪表的特点

与传统仪表相比，虚拟仪表有以下一些特点。

1. 软件是核心

根据系统设计要求，在选定系统控制用计算机以及一些标准化的仪表硬件模块后，软件部分就成为构建和使用虚拟仪表的关键所在。用户就可以通过软件构成几乎任何功能的仪表，从这种意义上讲，甚至可以说，软件是仪表，这是对传统仪表概念的一个重要变革。

2. 灵活性和可扩展性

虚拟仪表实质上就是一台完全由计算机软件所定义的通用测量仪表。它的出现，进一步缩小了仪表制造厂商与用户之间的距离，使得用户能够根据自己不断变化的需求，自由发挥自己的想象力定义仪表的功能，方便灵活地组建更好的测量系统，并且可以很方便地升级换代。可以说，当用户的测量需要发生变化时，无需购置新的仪表设备即可轻松对其进行修改或扩展。或者只需要更新计算机或测量硬件，就能以最少的硬件投资和极少的、甚至无需软件上的升级即可改进用户的整个系统。

3. 性价比高

虚拟仪表将传统仪表中一些由硬件完成的功能转为软件来实现，减少了自动测量系统的硬件环节，降低了系统的开发成本和维护成本；虚拟仪表能够同时对多个参数进行实时高效的测量，信号传输大部分采用数字信号的形式，数据处理也主要依赖软件来实现，大大降低了环境干扰和系统误差的影响；用户可以随时根据不同的测量要求采用变更计算机软件的方法，使得测量仪表具有灵活多变的特点。因此，使用虚拟仪表比传统仪表更经济。

4. 良好的人机界面

虚拟仪表的操控界面是采用图形化编程技术设计的虚拟面板,它可以模拟传统仪表面板的风格来设计,也可以由用户根据实际需求定制设计。测量结果可以通过计算机屏幕以曲线、图形、数据或表格等形式显示出来,操作人员可以通过点击鼠标对仪表进行操作。

5. 与其他设备互联的能力

虚拟仪表通常具备标准化总线或通信接口,具有与其他设备互联的能力。例如,虚拟仪表能够通过以太网与 Internet 相连,或者通过现场总线完成对现场设备监控和管理等。这种互连能力使虚拟仪表系统的功能显著增加,应用领域明显扩大。

概括起来,虚拟仪表与传统仪表的性能差别可以用表 9-1 来描述。

表 9-1   **虚拟仪表与传统仪表的比较**

虚拟仪表	传统仪表
关键是软件	关键是硬件
用户定义仪表功能	厂商定义功能
软件的应用使得开发与维护费用降至最低	开发与维护费用高
开放,灵活,与计算机技术保持同步发展	封闭、固定
技术更新周期短(1~2 年)	技术更新周期长(5~10 年)
与网络及其他周边设备互连方便	功能单一,互连能力有限
价格低,可复用,可重配置性强	价格昂贵

第四节 现场总线仪表

现场总线仪表是未来工业过程控制系统的主流仪表,它与现场总线是组成 FCS 的两个重要部分。本节以现场总线差压变送器为例简单介绍其工作原理及其组成的测控系统。

一、现场总线差压变送器

1. 工作原理

现场总线差压变送器采用电容式传感器(电容膜盒)作为差压感受部件,其结构及原理见前面相关内容。电路工作原理参见图 9-6,每一部分的功能描述如下:

(1)振荡器。产生一个频率与传感器电容有关的振荡信号;

(2)信号隔离器。将来自 CPU 的控制信号和来自振荡器的信号相互隔离,以免共地干扰;

(3)CPU、RAM 和 PROM。CPU 是变送器的智能部件,

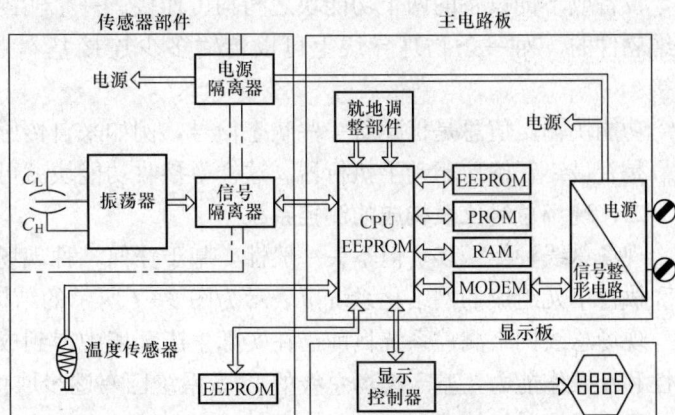

图 9-6   现场总线差压变送器的电路原理方框图

它负责完成测量工作、功能块的执行、自诊断以及通信任务。程序储存器在 PROM 中，为了暂存中间数据，设有 RAM。如果电源失去，RAM 中的数据就会丢失。但 CPU 还有一个内部非易失存储器 EEROM，在那里保存着那些必须要保留的数据，例如调校、组态以及识别数据；

（4）EEROM。在传感器部件中另有一个 EEROM，它保存着不同压力和温度下传感器的特性数据。每只传感器都在制造厂进行标定。主电路上的 EEROM 用来保存组态参数；

（5）MODEM。监测链路活动，调制和解调通信信号，插入和删除起始标志和结束标志；

（6）电源。由现场总线上获得电源，为变送器的电路供电；

（7）电源隔离器。与输入部分的信号隔离类似，送至输入部分的电源也必须隔离；

（8）显示控制器。接收来自 CPU 的数据，控制液晶显示器各段的显示。控制器还提供各种驱动控制信号；

（9）就地调整部件。就地调整部件有两个可用磁性工具调整的磁性开关，因而没有机械和电气接触。

2. 应用介绍

现场总线仪表是以网络节点的形式挂接在现场总线网络上，它采用功能块的结构，通过组态设计，完成数据采集、A/D 转换、数字滤波、压力温度补偿等各种功能。

功能块是用户对设备的功能进行组态的模型。某些功能块通过转换块直接由硬件读写数据，块输出可由总线上的其他设备读取，其他设备也可以把数据写到块的输入端。以模拟量输入块为例，它接受一个来自转换块的变量，即实际测量值，并进行标度变换、滤波，然后输出为其他块所用。输出可以是输入的线性函数或者平方根函数。块可以报警并且换到手动，以便迫使输出成为一个可调整的值。

功能块有输入、输出、内含等三类参数。输入参数是功能块接收到要处理的值，输出参数是可送给其他块、硬件或者使用者的处理结果，内含参数是用户块的组态、运行和诊断。在现场总线系统中，用户可以把这些功能块连接起来组态一定的控制策略实现相应的功能。控制策略的组态是把功能块的输出与其他功能块的输入连接在一起，当这种连接完成之后，后一个功能块的输入就由前一个功能块的输出"拉出"数值，因而获得它的输入值。处于同一个设备或不同设备的两个功能块之间均可连接。一个输出可以连接到多个输入，这种连接是纯软件的，对一条物理导线上可以传输多少连接基本上没有限制。内含变量不能建立连接。

功能块输出值总是伴随着一些状态信号，例如来自传感器的数值是否适合于控制，输出信号是否最终正确地驱动了执行器。这样，接收功能块就可以采用适当的动作。

二、现场总线仪表构成的测控系统

现场总线种类繁多，但不失一般性，基于任何一种现场总线系统，由现场总线测量、变送和执行单元组成的网络化系统可表示为图 9 - 7 所示的结构。

现场总线网络测控系统目前已在实际生产环境中得到成功的应用，由于其内在的开放式特性和互操作能力，基于现场总线的 FCS 系统已有逐步取代 DCS 的趋势。

三、现场总线协议

目前的智能化传感器系统本身尽管全都是数字式的，但其通信协议却仍需借助于 4～

20mA 的标准模拟信号来实现。一些国际性标准化研究机构目前正在积极研究推出相关的通用现场总线数字信号传输标准。不过，在眼下过渡阶段仍大多采用远距离总线寻址传感器（HART）协议，这是一种适用于智能化传感器的通信协议，与目前使用 4～20mA 模拟信号的系统完全兼容，模拟信号和数字信号可以同时进行通信，从而使不同生产厂家的产品具有通用性。

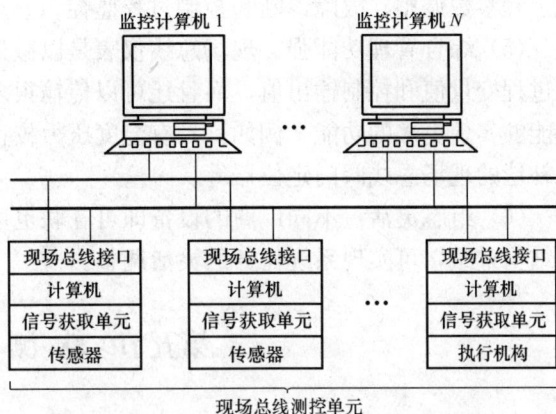

图 9-7 基于现场总线技术的测控网络

HART 是可寻址远程传感器数据通路（Highway Addressable Remote Transducter）的缩写。最早由 Rosemount 公司开发，得到了 80 多家仪表公司的支持，并于 1993 年成立了 HART 通信基金会。HART 协议参考了 ISO/OSI 参考模型的物理层、数据链路层和应用层。

1. 物理层

在物理层采用基于 Bell 202 通信标准的频移键控 FSK 技术。在现有的 4～20mA 模拟信号上叠加 FSK 数字信号，以 1200Hz 的信号表示逻辑 1，以 2200Hz 的信号表示逻辑 0，通信速率为 1200bps，单台设备的最大通信距离为 3000m，多台设备互连的最大通信距离为 1500m，通信介质为双绞线，最大节点数为 15 个。

2. 数据链路层

数据链路层采用可变长帧结构，每帧最长为 25 个字节，寻址范围为 0～15。当地址为 0 时，处于 4～20mA 与数字通信兼容状态。而当地址为 1～15 时，则处于全数字通信状态。通信模式为"问答式"或"广播式"。

3. 应用层

应用层规定了三类命令：第一类是通用命令，适用于遵循 HART 协议的所有产品；第二类称为普通命令，适用于遵循 HART 协议的大多数产品；第三类成为特殊命令，适用于遵循 HART 协议的特殊设备。另外 HART 还为用户提供了设备描述语言 DDL（Device Description Language）。

四、现场总线仪表的特点

与传统测控仪表相比，基于现场总线仪表单元具有如下优点：

（1）彻底网络化：从最底层的传感器和执行器到上层的监控/管理系统均通过现场总线网络实现互联，同时还可进一步通过上层监控/管理系统连接到企业内部网甚至 Internet。

（2）一切 N 结构：一对传输线、N 台仪表单元、双向传输多个信号、接线简单、工程周期短、安装费用低、维护容易，彻底抛弃了传统仪表一台仪器、一对传输线只能传输一个信号的缺陷。

（3）可靠性高：现场总线采用数字信号实现测控数据，抗干扰能力强，精度高；而传统仪表由于采用模拟信号传输，往往需要提供辅助的抗干扰和提高精度的措施。

（4）操作性好：操作员在控制室即可了解仪表单元的运行情况，且可以实现对仪表单元的远程参数调整、故障诊断和控制过程监控。

（5）综合管理功能强：现场总线仪表是以微处理器为核心构成的智能仪表，不但可以传输过程变量值和控制输出值，而且还可以传输很多用于设备管理的信息。所以，现场总线仪表能够实现更多的功能。例如，具有温度压力校正的现场总线流量变送器，具有阀门流量特性补偿的现场总线阀门定位器等。

（6）组态灵活：不同厂商的设备即可互联也可互换，现场设备间可实现互操作，通过进行结构重组，可实现系统任务的灵活调整。

第五节　软 测 量 技 术

在过程控制和系统优化领域，有很多非常重要的工艺过程变量由于技术或是经济上的原因，很难通过传感器进行在线连续测量。为了解决此类变量的测量问题，目前已经形成了软测量方法及其应用技术。

软测量（软仪表）技术，区别于现代传统测量分析技术，是一种全新的过程在线分析技术。所谓软测量就是选择与被测变量相关的一组可测变量，构造某种以可测变量为输入、被测变量为输出的数学模型，使用计算机软件进行模型的数值运算，从而得到被测变量的估计值。被测变量称为主导变量，可测变量称为二次变量或辅助变量，这类数学模型及相应的计算机软件也被称为软测量估计器或软测量仪表，软测量得到的估计值可作为控制系统的被控变量或反映过程特征的工艺参数，为优化控制与决策提供重要信息。软测量技术主要包括辅助变量选择、辅助变量的采集及处理、软测量模型建立和在线校正等步骤。

一、辅助变量的选择

辅助变量的选择一般是根据工艺机理分析，在可测变量集中，初步选择所有与被测变量有关的原始辅助变量，这些变量中部分可能是相关变量。在此基础上进行精选，确定最终的辅助变量个数。辅助变量的数目应大于或等于被估计的变量数，而最佳数目则与对象的自由度、测量噪声及模型的不确定性有关。

二、辅助变量的采集及处理

建立软测量模型，就必须采集被测变量和原始辅助变量。对这些变量的采集，应从时间和空间的分布上尽量多加以包容，数据的数量越多越好。

由于采集回来的数据一般都不可避免地带有误差，有时甚至是严重的过失误差，因此，对输入数据的处理在软测量技术中显得特别重要。

输入数据的处理包含两个方面，即换算和数据误差处理。换算直接影响过程模型的精确度和非线性映射能力，以及数值优化算法的运行效果。数据误差包括随机误差和过失误差两类。随机误差是由于随机因素，如操作过程的微小波动或检测信号的噪声等因素造成，在工程上一般都采用递推数字滤波的方法，如变通滤波、低通滤波、移动平均滤波等减小随机误差。

过失误差是由于仪表产生故障、操作者的失误或重大的外界干扰所引起的测量误差。由于过失误差一旦出现，会造成软测量、乃至过程优化全盘失败，所以及时侦破、剔除和校正含过失误差的数据是至关重要的。对于该类误差的剔除可以采用多种措施，比如残差分析法、校正量分析法。最现实的方法是，对重要的输入数据采用硬件冗余，如用相似的检测元件或采用不同的检测原理对同一数据进行检测，以提高该数据的可信度。

三、软测量模型的建立

软测量模型就是设法由可测变量得到无法直接测量的被测变量的估计值，它是软测量方法的核心。

1. 线性软测量模型

线性软测量模型基于 Kalman 滤波理论，它通过建立过程输出模型和辅助测量变量模型，并进行一系列的线性运算，得到输出变量与辅助变量之间的关系。但是由于该模型对模型误差和测量误差都很敏感，实施过程繁琐，且没有考虑过程输出和辅助变量之间的非线性问题，所以该模型并不适用。

2. 非线性软测量模型

目前较常用的非线性的软测量方法主要有机理建模方法和统计回归方法等。机理建模方法是在全面深刻了解生产过程的工艺机理后，就可以列出多种有关的平衡方程式，从而确定不可测的被测变量和可测辅助变量之间的数学关系，建立起用来估计被测变量的机理模型。机理模型的性能最优越，它能处理动态、静态、非线性的各种对象。但目前生产过程中仍有许多机理并不完全清楚，所以使用机理建模往往会有一定困难。统计方法有主元分析、主元回归、部分最小二乘法等。

模糊模式识别的方法脱离了传统数学方程式的模型结构，它以系统输入输出数据为基础，通过对系统特征的提取构成以模式识别描述分类方法为基础的模式描述模型。它几乎不需要有关系统的先验知识，可直接利用系统日常操作相关数据，因此非常适用于非线性系统软测量模型的建立，并且有成功的应用实例。

3. 基于神经网络的软测量模型

神经网络技术根据对象输入输出数据直接建模，无需对象的先验知识，在估算高度非线性和严重不确定性系统方面具有巨大的潜力，而且其较强的学习能力对模型的在线校正十分有利。多层前向 MFN 是神经元网络的一种，它提供了能够逼近广泛非线性函数的模型结构，理论上只要允许有足够多的神经元，任何非线性连续函数都可由一个三层前向网络以任意精确度来近似。在 MFN 中应用最广泛的学习算法是 BP 方法，多层前向网络在软测量技术中得到广泛的应用。模糊逻辑控制技术是模仿人脑的逻辑思维，它在处理非线性和不确定性的对象模型时也得到大量的应用，将神经元网络和模糊逻辑控制技术有机地结合起来，取长补短，形成模糊神经网络技术，在软测量建模中将发挥更大的作用。

四、软测量模型的在线校正

由于生产过程的时变性，以及由于工艺改造、原料特性变化、操作条件改变等引起的对象特征发生变化，因此软测量模型必须进行在线校正，尤其是对于复杂的工业过程。

软测量模型的在线校正可采用在线自校正和不定期更新。在线自校正是指软测量模型在线运行一段时间后，根据对被测变量的离线测量值与软测量模型中的被测变量的估计值之间的偏差对软测量模型进行在线校正，以得到更适合于新情况的软测量模型。不定期更新是指特性发生较大变化，当前的软测量模型无法保证测量精确度时，则必须利用已积累的新样本对软测量模型进行校正。

软测量技术已经在过程控制与系统优化领域得到了广泛的应用。如人工神经网络应用于预估催化重整生成油辛烷值和汽油分离塔产品性质，神经网络模型用于估算原油分馏中间产品的质量，以及 RBF 神经网络用于原油蒸馏塔常三线柴油 90％点质量在线估计，这些应用都取得了满意的结果。

第六节　传感器信息的融合技术

20 世纪 90 年代，当信息处理技术从单个传感器处理演变为多个传感器处理时，传感器信息融合技术开始成为传感器技术发展的一个重要方向。

传感器信息融合又称数据融合，可以定义如下：它是将经过集成处理的多传感器信息进行合成，形成一种对外部环境或被测对象某一特征的表达方式。单一传感器只能获得环境或被测对象的部分信息，而多传感器信息经过融合后能够完善地、准确地反映环境的特征。经过融合后的传感器信息具有以下特征：信息冗余性、信息互补性、信息实时性、信息获取的低成本性。

一、传感器信息融合的应用

传感器信息融合技术的理论和应用涉及到信息电子学、计算机和自动化等多个学科，是一门应用广泛的综合性高新技术。

信息融合技术的实现和发展以信息电子学的原理、方法、技术为基础。它采用多种传感器收集各种信息，包括声、光、电、运动、视觉、触觉、力学以及语言文字等，这些分布式信息通过无限网络、有线网络、智能网络、宽带智能综合数字网络等通信网络汇集到融合中心进行融合。

在信息科学的自动化领域，信息融合技术以各种控制理论为基础，采用了模糊控制、智能控制、进化计算等系统理论，结合生物、经济、社会、军事等领域的知识，进行定性、定量分析。按照人脑的功能和原理进行视觉、听觉、触觉、力觉、知觉、注意、记忆、学习和更高级的认识过程，将空间、时间的信息进行融合，对数据和信息进行自动解释，对环境和态势给予判定。

信息融合思想的最佳体现，是在智能机器人的研究上。智能机器人的仿生机构研究和探索，机器人视觉中的三维、时变图像处理，主动视觉研究，机器人的内部、外部非视觉传感器信息的获取和理解，智能机器人的行为失制、环境建模与处理，知识的认知与逻辑推理，以及神经网络技术在机器人控制和传感器信息处理等方面的应用，都与信息融合思想有关，信息融合的技术将会得到迅速发展。

二、传感器信息融合的分类和结构

1. 传感器信息融合的分类

传感器信息融合方法可分为组合、综合、融合和相关 4 类。

（1）组合：组合是一种最基本的方式，它是由组合成平行或互补方式的多个传感器的多组数据来获得输出的一种处理方法。比较典型的例子是：使用视觉探测到物体的方位，再用激光测距仪准确地测量物体的位置，并在视屏上同时显示出距离参数。

（2）综合：综合是信息优化处理中的一种获得明确信息的有效方法。典型的例子是在虚拟现实技术中，使用两个分开设置的摄像机同时拍摄到一个物体的不同侧面的两幅图像，综合这两幅图像可以复原出一个准确的有立体感的物体的图像。

（3）融合：融合是将传感器数据组之间进行相关或将传感器数据与系统内部的知识模型

进行相关而产生信息的新的表达的处理方法。典型的实例是机器人视觉和触觉的融合，得到物体和环境的空间和形状的优化信息。

（4）相关：通过处理传感器信息来获得某些结果，不仅需要单项信息处理，而且需要通过相关来进行处理，以便获悉传感器数据组之间的关系，从而得到正确信息，剔除无用和错误的信息。相关处理的主要目的在于对识别、预测、学习和记忆等过程的信息进行综合和优化。

2. 信息融合的结构

信息融合可大大提高具有多个模型各异的传感器的测试系统的性能，特别是它能减少全体或单个传感器探测信息的损失。信息融合的结构分为串联和并联两种。

（1）串联结构

信息融合的串联结构如图 9 - 8（a）所示。其中：c_1，c_2，$\cdots c_n$ 表示单个传感器；s_1，s_2，$\cdots s_n$ 表示来自各个传感器信息融合中心的数据；y_1，y_2，$\cdots y_n$ 表示融合中心。

串联结构的信息融合过程如下：在第 $j-1$ 级，融合中心 y_{j-1} 综合传感器 c_{j-1} 的信息和来自上一级融合中心 y_{j-2} 的判断数据 s_{j-2}，形成一种新的判断数据 s_{j-1}，并把它传送给第 j 级融合中心 y_j。y_j 将来自传感器 c_j 的信息与 s_{j-1} 进行综合，得到一种新的判断数据 s_j 并传送到下一有融合中心 y_{j+1} 中进行综合。依次类推，直到最后一级融合中心得到最终的判定信息。

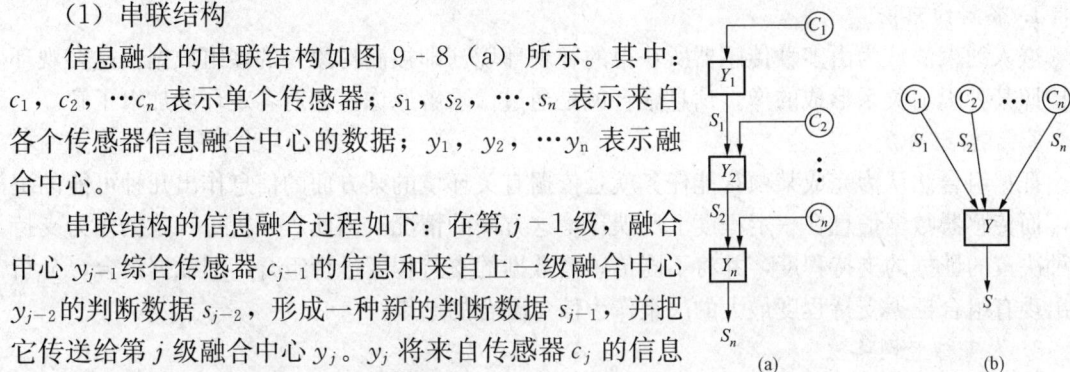

图 9 - 8　信息融合的结构
(a) 串联；(b) 并联

串联结构的信息融合的特点是信息处理速度较快，但是融合的顺序是固定的，若中间任一个传感器发生了故障，没有信息传向下一环节，整个信息融合都将停止。

（2）并联结构

信息融合的并联结构如图 9 - 8（b）所示。并联融合结构只有当接收到来自所有传感器的信息后才对信息进行融合。

相比较而言，并联融合结构的信息优化效果更好，且不会出现某个传感器故障终止信息融合的问题。但是并联融合结构的信息处理速度比串联结构慢。为改善处理速度，可以采取每接收到一个传感器的信息就进行一次融合的措施。

3. 信息融合系统结构的实例

图 9 - 9 为 T·B·Bullock 所设计的一种用于雷达检测的信息融合系统，它主要提供目标的高度、方位、距离和临近速度等综合信息。该系统由三个基本部分组成：①中央处理器；②一个或多个局部处理器；③被称作"外部逻辑"的传感器故障检测系统。

各传感器的局部处理器利用中央处理器的预先统计信息和传感器的探测信息可得出局部状态

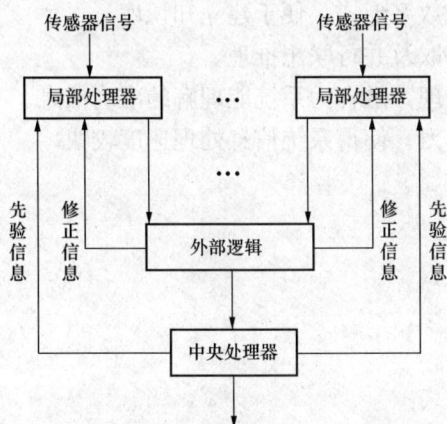

图 9 - 9　一种雷达测量的信息融合结构

信息的处理结果。必要时可通过传感器故障检测系统自适应调整。传感器故障检测系统进行局部估算，综合各局部估算值，并能检查、排除传感器故障。中央处理器采用一定的融合算法进行处理，再接收并处理来自传感器故障检测系统的有效数据，给出全局状态信息处理结果。然后，中央处理器将预先统计的信息反馈给每个处理器，这样就在信息融合系统中完成了一个信息流动周期。

从结构上看，它属于并联融合结构，各个传感器（包括局部处理器）之间的关系是并联的。

三、传感器信息融合的一般方法

最常用的传感器信息融合方法主要有嵌入约束法、证据组合法、人工神经网络法等。

1. 嵌入约束法

嵌入约束法认为由多种传感器所获得的客观环境（即被测对象）的多组数据就是客观环境按照某种影射关系形成的像，信息融合就是通过像求解原像，即对客观环境加以了解。

2. 证据组合法

证据组合法认为完成某项智能任务就是依据有关环境的某方面的信息作出几种可能的决策，而传感器数据信息在一定程度上反映环境这方面的情况。因此，分析每一数据作为支持某种决策的证据的支持程度，并将不同传感器数据的支持程度进行组合，即证据组合，分析得出现有组合证据支持程度最大的决策作为信息融合的结果。

3. 人工神经网络法

神经网络多传感器信息融合的实现，可分为三个重要步骤：

（1）根据智能系统的要求以及传感器信息融合的形式，选择神经网络的拓扑结构。

（2）各传感器的输入信息综合处理为一个总体输入函数，并将此函数映射定义为相关单元的映射函数，它通过神经网络与环境的交互作用把环境的统计规律反映到网络本身的结构中来。

（3）多传感器输出信息进行学习、理解、确定权值的分配，完成知识获取信息融合，进而对输入模式作出解释，将输入数据向量转换成高层逻辑（符号）概念。

基于神经网络的传感器信息融合有如下特点：

（1）具有统一的内部知识表示形式，通过学习算法可将网络获得的传感器信息进行融合，获得相应网络的参数，并且可将知识规则转换成数字形式，便于建立知识库。

（2）利用外部环境的信息，便于实现知识自动获取及并行联想推理。

（3）能够将不确定环境的复杂关系，经过学习推理，融合为系统能理解的准确信息。

（4）由于神经网络具有较大规模并行处理信息能力，使得系统信息处理速度较快。

参 考 文 献

[1]　杜维，张宏建，乐嘉华编．周春晖审定．过程检测技术及仪表．北京：化学工业出版社，2002

[2]　何适生主编．热工参数测量及仪表．北京：水利电力出版社，1992

[3]　朱祖涛主编．热工测量和仪表．北京：水利电力出版社，1994

[4]　叶江祺编著．热工测量和控制仪表的安装．北京：中国电力出版社，1998

[5]　常健生编．检测与转换技术．北京：机械工业出版社，1987

[6]　吴石增，黄鸿编著．传感器与测控技术．北京：中国电力出版社，2003

[7]　常太华，苏杰，田亮编著．检测技术与应用．北京：中国电力出版社，2003

[8]　林金泉主编．自动检测技术．北京：化学工业出版社，2003

[9]　陈润泰，许琨编著．检测技术与智能仪表．长沙：中南工业大学出版社，1997

[10]　梁国伟，蔡武昌主编．流量测量技术及仪表．北京：机械工业出版社，2002

[11]　陈瑞阳等主编．机械工程检测技术．北京：高等教育出版社，2000

[12]　吴天送编．化工测量仪表．北京：化学工业出版社，1986

[13]　张文溥．程序控制与热工保护．北京：水电出版社，1994

[14]　赵会兵编著．虚拟仪器技术规范与系统集成．北京：北方交通大学出版社，2003

[15]　王卫华，丁汉，熊有伦编著．基于 IEEE1451.2 标准的网络传感器 TM1451.2—KC．自动化仪表，
　　　Vol. 22 No. 8 2001

[16]　奚日立编．环境监测．北京：高等教育出版社，1995

[17]　郭绍霞编．热工测量技术．北京：中国电力出版社，1997

[18]　吴永生编．热工测量及仪表．北京：水利电力出版社，1988

[19]　王俊杰主编．检测技术与仪表．武汉：武汉理工大学出版社，2002

[20]　滕汜颖，李永光，周伟国，马昕霞．气固两相流动测量技术的现状与展望．上海电力学院学报，
　　　Vol. 18 No. 4 2002

[21]　蔡武昌．流量仪表若干发展趋势和应用进展（节录）．2000 工业仪表与自动化学术会议论文
　　　集，2000

[22]　陈杰编．传感器与检测技术．北京：高等教育出版社，2002

[23]　孙健民编．传感器技术．北京：清华大学出版社，2005